De Vidas e Vínculos

As Lutas dos Motoristas Plataformizados
por Reconhecimento, Redistribuição
e Representação no Brasil

AUTORIA
ANA CAROLINA R. P. LEME

LTr®

De Vidas e Vínculos

As Lutas dos Motoristas Plataformizados por Reconhecimento, Redistribuição e Representação no Brasil

2023

LTr Editora Ltda.

Rua Jaguaribe, 571
CEP 01224-003
São Paulo, SP — Brasil
Fone: (11) 2167-1101
www.ltr.com.br
Maio, 2023

Projeto Gráfico e Editoração Eletrônica: Peter Fritz Strotbek – The Best Page
Imagem de Capa: Guilherme Van Putten Gomes e Martins
Projeto de Capa: Danilo Rebello
Impressão: Meta Brasil

Versão impressa: LTr 6390.1 — ISBN 978-65-5883-196-9
Versão digital: LTr 9884.1 — ISBN 978-65-5886-197-9

Dados Internacionais de Catalogação na Publicação (CIP)
(Câmara Brasileira do Livro, SP, Brasil)

Leme, Ana Carolina Reis Paes
De vidas e vínculos : as lutas dos motoristas plataformizados por reconhecimento, redistribuição e representação no Brasil / Ana Carolina Reis Paes Leme. — São Paulo : LTr, 2023.

Bibliografia.
ISBN 978-65-5883-196-9

1. Acesso à justiça 2. Direito do trabalho — Brasil 3. Inovações disruptivas 4. Motoristas — Direitos 5. 99 (Empresa) 6. Software de aplicação 7. Transporte — Trânsito de passageiros 8. Uber (Empresa) I. Título.

22-135528 CDU-347.9:331:647.3

Índice para catálogo sistemático:

1. Motoristas de aplicativos : Acesso à justiça : Processo do trabalho : Direito 347.9:331:647.3

Cibele Maria Dias – Bibliotecária – CRB-8/9427

Aos meus professores, todos eles.

Aqui incluem muitas pessoas, minha avó, grande professora, meus pais, referências que me inspiraram a olhar o espaço e a realidade sob diferentes perspectivas, minha irmã, minhas tias, tios, primos, meu marido, grande pensador do Direito do Trabalho, minhas cunhadas, meus amigos doutorandos que, ao trocar conhecimento, contribuíram muito para construção desta obra; meus professores do ensino médio, em especial o de Geografia que, desenhando mapas a lápis, me ensinou a importância da representação espacial para compreensão da realidade e construção do conhecimento; minha orientadora da iniciação científica da Geografia também, meus professores da UFMG, em especial as de metodologia, que me ensinaram a "pensar fora da caixa" e me incentivaram a ser criativa e a buscar a riqueza da empiria; os professores que integraram as bancas de qualificação, ao pensar e repensar coletivamente a tese, minha professora literária que me ensinou as artes do roteiro e a riqueza do uso das metáforas, as minhas orientadoras, duas mulheres inspiradoras que lutam contra injustiças de todas as formas.

Por tudo e por tanto.

Dedico esta pesquisa aos meus professores, todos eles, pelos valiosos ensinamentos.

Agradecimentos

À Tia Shirley, pelas noites de conversa na biblioteca e suas instalações que tanto me inspiraram (e me inspiram).

Agradeço à minha orientadora, Professora Adriana Goulart de Sena Orsini, que foi essencial para direcionar "*o leme*" não apenas desta pesquisa, mas dos meus passos como pesquisadora e profissional. Tenho a sorte de ter tido uma orientadora que não apenas corrigiu cada frase desta tese, mas se entregou nesse labor intelectual, mergulhou nas ideias da minha cabeça e dialogou com cada uma delas, além de trazer sua experiência inestimável como pesquisadora e magistrada para esta produção científica e ter sido sempre tão generosa comigo desde quando comecei a trilhar o embrião dessa trajetória durante o mestrado. Sou grata pela sua energia e disponibilidade, mesmo em período de férias, e incentivo que foram fundamentais para realizar este estudo. As suas críticas construtivas, os seus *insights*, as discussões e reflexões foram fundamentais ao longo de todo o percurso. Eternamente grata por todo o apoio, cuidado e carinho.

À Professora Rayza Sarmento, pelo acolhimento, orientação, disponibilidade e atenção. Foi quem guiou a revisão da literatura de Nancy Fraser e trouxe novas luzes para minha pesquisa de campo, que alcançou outro patamar depois da sua orientação. Ao Professor José Eduardo, mais conhecido como "*Pepe*", que me apresentou a nuvem (e os trovões também), esteve comigo desde a confecção do meu primeiro projeto de pesquisa, e ao Professor Antônio Gomes, sempre aberto a discutir ideias comigo, por mais malucas que parecessem, de quem apropriei a figura metafórica do "*rolo compressor*". Às Professoras Ana Cláudia Moreira Cardoso e Maria Cecília Máximo Teodoro, ao Professor Gustavo Seferian e aos Professores Guilherme Guimarães Feliciano e Murilo Carvalho Sampaio Oliveira, pela atenção e disponibilidade em compartilhar conhecimentos e por estabelecer diálogo comigo, pensando e repensando o instigante tema das lutas dos motoristas plataformizados. À Professora Tereza Thibau, que me estendeu a mão em momentos difíceis, de quem o apoio foi muito importante e especial.

Aos amigos do RECAJ-UFMG, que compartilhando momentos, conhecimento e experiências, crescemos juntos sob a coordenação da Professora Adriana Goulart de Sena Orsini. A Viviane Vidigal, Mariana Bazzo, Rafael Ramos e Lucas Magno, meus fiéis amigos doutorandos e confidentes de todas as horas.

À minha mãe e ao meu pai, pelo apoio constante, disposição para ler, pesquisar e discutir comigo o tema e os dados da pesquisa. À Lília, essencial em cada linha desta tese. Sua mentoria, auxílio e apoio foram fundamentais para a fase final de escrita da tese (*#todosqueremosermentorandosdeLiliaFinelli*). À Gisele, por suas aulas de roteirização, essenciais para traçar esta viagem e chegar ao destino. Ao Léo, pelo apoio imprescindível para montar este mapa, organizar a bagagem e viajar junto comigo. À Tia Beatriz, elo com a Geografia, que foi a base para que hoje eu esteja defendendo uma tese com ressignificações espaciais.

Às Professoras Mariah Brochado e Marcella Furtado, pelo incentivo para persistir. Ao Professor Sidnei Machado e ao colega pesquisador Michael Conradt, pela troca de conhecimento e experiência no grupo de estudos da Clínica de Direito do Trabalho da UFPR e pelos ensinamentos acerca da relevância da pesquisa empírica no Direito.

À Bel, minha "*top enteada*", e à Tatiana Souza, pelas ideias, ajuda e auxílio técnico com a confecção dos mapas. Ao Guilherme Van Putten, pela belíssima arte da capa. Ao Tom Scheire, pela minha fotografia, da contracapa.

À Professora Sayonara Grillo, pelo prefácio que fez meus olhos brilharem, gratidão pela sensibilidade e dedicação para escrever um texto profundo, delicado e poético que conseguiu traduzir a essência da luta dos trabalhadores contratados por empresas-plataforma: demandas por dignidade.

Ao Ministro Cláudio Brandão, meu muito obrigada, pelo charmoso posfácio com registros históricos e recortes modernos sobre o trabalho, a internet e o automóvel, finalizando este meu segundo livro com uma bela dose de realidade ao abordar o "novo Direito do Trabalho".

Às amigas da pracinha, que junto comigo estiveram nesses últimos três anos e tornam a minha vida mais leve. Às amigas do "*Café das Patroas*", "*Boadrastas*" e "*Cats*", e às minhas amigas de Uberlândia que me apoiaram emocionalmente durante o período pré-banca. À minha amiga Beatriz, pelo carinho e atenção que teve comigo na reta final do doutorado e foi, inclusive, a "*Uber*" da minha tese, em Belo Horizonte.

À minha família, irmã, cunhado, cunhadas, tias, tios, primos, sobrinhos, top enteados, sogrão, amigos e amigas, vizinhos e vizinhas que contribuíram para que essa trajetória até aqui acontecesse da melhor forma.

À Mel, lindíssima, que assistiu a toda a escrita do livro e me levou para passear diariamente.

"De vidas e vínculos" é obra mais do que necessária para a compreensão dos (des)caminhos da regulação do trabalho humano na assim dita *sharing economy*. A expressão, já o disse, não é feliz: a meu juízo, o atual estágio da economia mundial cada vez mais se revela como o que realmente é: *gig economy* ("economia de bicos"), fazendo valer a máxima de Karl Marx em *"Das Kapital"*, l. 3, v. 2: ao aumentar a produtividade, os capitalistas diminuem cada vez mais o valor de suas mercadorias; e, nesse caso, o "valor de troca" do trabalho humano. As linhas seguintes, aliás, bem demonstrarão essa entropia de valores (econômico, ético, jurídico).

Eis o papel e o lugar deste invulgar estudo. Com grande desassombro, Ana Carolina Paes Leme escrutina, no plano coletivo, como os motoristas que prestam serviços às plataformas digitais de locomoção veicular (e não "por intermédio" delas, advirta-se) têm se organizado, por todo o território brasileiro, para lutar por reconhecimento, redistribuição e representação. Esse, aliás, é o subtítulo da obra, a bem revelar o seu principal referencial teórico (Nancy Fraser), que não poderia ser mais adequado. Fraser observou, em entrevista de 2014 ao *El País*, que os cidadãos se sentem cada vez mais abandonados pelas instituições, carentes de canais aptos a escoarem suas queixas, reclamações e propostas; e, se era assim ao tempo — e por conta — da crise econômica e política de 2008, também é assim para o 1,5 milhão de brasileiros que atualmente tem no transporte de passageiros por aplicativos a sua principal fonte de renda (IPEA, 2022). O Estado, com efeito, não tem oferecido respostas adequadas; nem pelo Legislativo, nem pelo Judiciário, e tanto menos pelo Executivo (até aqui). Aliás, não por acaso, a Autora revela, com sua pesquisa de campo, agudos gargalos nas demandas coletivas por diálogo e por acesso à justiça. O que lhes resta, afinal? Exatamente o objeto desta pesquisa única: a *organização coletiva*. A esse respeito, você terá diante de si, caro leitor, muito mais que um livro. Terá uma admirável janela para a realidade que o cerca e que, no entanto, segue invisível. Contemple sem moderação.

Guilherme Guimarães Feliciano
Juiz do Trabalho e Professor da Faculdade
de Direito da Universidade de São Paulo.

O título "De vidas e vínculos" traduz bem a alma desta importante contribuição aos estudos sobre as formas degradantes de trabalho emergentes nestes tempos de ditadura econômica neoliberal. Nela, a autora traz uma profunda discussão bibliográfica dentro da sociologia e da ciência do direito para mostrar o poder devastador da uberização, que se irradia das relações de trabalho para os vínculos familiares, políticos e sociais dos trabalhadores. E o faz aproximando a teoria à jurisprudência casuística, de modo que pode demonstrar como as urdiduras plataformizadas de emprego fraudam os direitos trabalhistas históricos camuflando o empregador e o vínculo empregatício, cujas ausências esta tese contesta de forma definitiva. Isso por si só justificaria a sua inclusão na prateleira dos livros mais elucidativos sobre os impactos das formas fraudulentas de emprego que se normatizam nestes tempos de horror econômico. Mas Ana Carolina vai mais longe: ela desacomoda o campo das abstrações do direito com o método jornalístico e sociológico da entrevista aos protagonistas sociais. Assim, motoristas e líderes sindicais plataformizados singularizam a palavra jurídica canonizada com a palavra vivida e silenciada. Esse aspecto original da obra devolve ao direito a voz e a luta dos coletivos uberizados que nos calam fundo com depoimentos de carne e sangue como este: "A gente pensa que tá empregado, nunca viu o patrão, de repente a gente tá na rua, sem justificativa e sem direito de se justificar".

Raquel Wandelli
Jornalista e Doutora em Literatura pelo Programa de Pós-Graduação em Literatura da UFSC com estágio realizado pela Capes na Sorbone Nouvelle (Université de Paris 3).

Ana Carolina Paes Leme mostra como se fazer pesquisa empírica qualitativa, da qual o ramo do Direito tanto carece. Tradicionalmente, a pesquisa em Direito perde instrumentalidade, ficando muito dogmática e se afastando da realidade. Neste livro, a autora corajosamente logrou traçar o mapa da Uber, catalogando os dados reais dessa realidade nua e crua. Com a metáfora da viagem e usando como bagagem a teoria tridimensional de Nancy Fraser, traça o percurso precário enfrentado pelos motoristas de plataforma e os bloqueios quase literais de acesso à justiça enfrentados pela categoria. Com sua obstinação e brilhantismo pavimenta o caminho, bastando aos aplicadores do Direito a intenção de percorrê-lo e derrubar as barreiras para que os trabalhadores que tanto lutam por direitos cheguem ao destino da vida digna no trabalho.

Maria Cecília Máximo Teodoro
Professora PPGD-PUC/Minas

A injustiça é um sentimento. Ela vem antes, experimentada como negação de aspectos essenciais da vida. Só depois chega a justiça, como esforço de racionalização de critérios que dão sentido à luta contra a injustiça. Em sua nova obra, Ana Carolina Paes Leme parte dos relatos das múltiplas injustiças vivenciadas pelas lideranças de motoristas plataformizados para pensar os obstáculos do acesso à justiça. Poder dizer a injustiça vivida no trabalho, furando o bloqueio discursivo e o domínio territorial das empresas, depende, para os trabalhadores, da formação de vínculos de pertencimento e solidariedade coletiva pelos quais se fortalecem simbolicamente e se sustentam na luta. Escutando a voz de quem vive e se insurge contra a injustiça, a autora nos oferece uma brilhante formulação teórica, em diálogo com a filosofia política de Nancy Fraser e autores de diferentes campos, que amplia o próprio marco de compreensão do acesso à justiça no Brasil. *De Vidas e Vínculos* será referência tanto no debate atual sobre a regulação do trabalho plataformizado, em que a definição do vínculo jurídico de emprego é central, quanto nas análises futuras que se seguirão, acerca das persistentes formas de denegação de justiça reproduzidas nas novas modalidades da velha exploração capitalista do trabalho.

Leonardo Vieira Wandelli
Doutor em Direitos Humanos.
Juiz do Trabalho.

Sumário

Lista de Figuras, Quadros e Tabelas

"[...] se eu pudesse mandar um recado pros juízes que vão julgar a ação, é que eles sigam o que determina a lei, que não olhem para o motorista como se fosse um microempreendedor, mas sim como um trabalhador, que vejam os abusos que sofremos todos os dias. Nós que fazemos atendimento ao cliente, nós que fazemos a mobilidade da cidade. Hoje, você pode chamar um carro de aplicativo 1h, 2h, 3h, 5h da manhã, no lugar mais longe que for, o motorista vai estar lá pronto para te atender. Então, por que não dar um valor para essa categoria que está tanto ajudando a sociedade, lutando para que a mobilidade da cidade funcione? Peço que analisem a lei e entendam que o motorista é a relação mais frágil dessa relação de trabalho, que eles possam sim reconhecer esse vínculo do motorista e essa vulnerabilidade, porque assim como os enfermeiros, médicos e policiais, nós também estamos propícios a sofrer contaminação e, o pior, ficamos ali a menos de um metro de alguém, fazendo serviço de ambulância, socorrendo as pessoas para os hospitais de madrugada, então, assim, somos uma atividade essencial sim, somos trabalhadores e a gente quer que sejamos reconhecidos como trabalhador."

(Vicente, 7 de junho de 2020)[1]

(1) Excerto de entrevista realizada por *WhatsApp* em junho de 2020 pela doutoranda. O nome real do trabalhador foi substituído por um fictício, para preservá-lo. Depoimento contido em: ORSINI, Adriana Goulart de Sena; LEME, Ana Carolina Reis Paes. Salário mínimo, máscara e *alquingel:* acesso ao mínimo ou mínimo de acesso? *Revista Direito UnB*, v. 4, n. 2, p. 171-197, maio/ago. 2020. Disponível em: <encurtador.com.br/bclOS>. Acesso em: 23 abr. 2022, p. 175.

Vicente entrega comida durante a pandemia.
Se expõe ao vírus, se arrisca, não recebe proteção.
Sem máscara ou alquingel, no fim do mês,
nem o mínimo ele ganha de remuneração.
Em um dia de justiça, chega a notícia
de que um juiz humano, Germano, no nordeste do país,
julgou procedente a situação.
O Sindicato venceu a ação.
O Tribunal do Trabalho do Ceará,
na pessoa do desembargador Parente,
disse que na pandemia é direito de toda a gente
salário-mínimo, máscara e alquingel.
Empregados ou não, são seres humanos,
têm direitos, trabalham! Mas a mão da injustiça
veio como medida de correção,
sob o argumento de insegurança jurídica
Brasília disse não e cassou a liminar.
Salário mínimo, máscara e alquingel.
Proteção ao vírus que se pega pelo ar.
Acesso aos direitos previstos na Constituição,
Por que não?[(2)]

(2) Poesia de autoria da doutoranda, cf.: ORSINI, Adriana Goulart de Sena; LEME, Ana Carolina Reis Paes. Salário mínimo, máscara e alquingel: acesso ao mínimo ou mínimo de acesso? *Revista Direito UnB*, v. 4, n. 2, p. 171-197, maio/ago. 2020. Disponível em: <https://periodicos.unb.br/index.php/revistadedireitounb/article/view/32405/27452#:~:text=O%20Sindicato%20venceu%20a%20a%C3%A7%C3%A3o,humanos%2Ct%C3%AAm%20direitos%2C%20trabalham!>. Acesso em: 23 abr. 2022, p. 172.

Apresentação

"De vidas e vínculos: as lutas dos motoristas plataformizados por reconhecimento, redistribuição e representação no Brasil" trata-se da recente obra de Ana Carolina Reis Paes Leme, Mestre e Doutora pelo Programa de Pós-Graduação em Direito da UFMG.

Sob a ótica da teoria tridimensional de Nancy Fraser e do acesso via Direitos de Marona, Avritzer e Gomes, a autora investiga a multiplicidade de bloqueios, de diferentes naturezas, ao acesso à justiça dos motoristas plataformizados pela via dos Direitos. Para tanto, utiliza-se de denso referencial teórico que orientam as pesquisas realizadas na área de estudos do Acesso à Justiça na Linha 2 do PPGD UFMG.

Outro destaque da produção bibliográfica ora apresentada é a metodologia utilizada. Estruturada em dois eixos: pesquisa bibliográfica e realização de entrevistas semiestruturadas, a pesquisa é exploratório-descritiva, descrevendo um fenômeno social e ancorada em uma abordagem central do tipo qualitativa.

Com rigor e competência, a cada página de sua obra, a autora demonstra profundo e ampliado conhecimento do tema. Ademais, demonstra contínua dedicação e atualização sobre as mais diversas questões que o circunscrevem.

Neste livro, o leitor poderá acessar os resultados da pesquisa doutoral, tendo a autora, a partir das entrevistas realizadas, destacado quatro categorias distintas: condições de trabalho, organização coletiva, demandas por diálogo e acesso à justiça.

De modo a realizar o de debate crítico sobre os múltiplos bloqueios no acesso à justiça pela via dos Direitos, sob a luz da concepção tridimensional de Fraser, a autora realizou a sua análise em torno dos seguintes eixos: 1) a indivisibilidade das categorias, redistribuição, reconhecimento e representação; 2) do gênero ao reconhecimento como pessoa; 3) o discurso defensivo quanto ao vínculo de emprego e a compreensão em extensão da relação jurídica em suas proteções e limites; e 4) as decisões judiciais e a alavancagem/desmobilização do movimento sindical.

Com o objetivo de delinear a extensão da pesquisa e reafirmar sua relevância territorial, a autora produziu mapas relativos as entidades sindicais de trabalhadores em empresas e plataformas existentes, com explicitação da técnica utilizada, bem como do número de sindicalizados, com todo o cuidado científico que o modo representativo requer. Tanto das entrevistas realizadas, quanto dos mapas produzidos, há possibilidade de extração de outros resultados, outros eixos, outras categorias, o que nos leva a afirmar que a pesquisa é um marco para os pesquisadores e estudiosos do tema.

Utilizando a criatividade que lhe é inerente, a autora presta verdadeira homenagem aos trabalhadores entrevistados, pois a obra leva o leitor a viagem, que diuturnamente, realizam os motoristas plataformizados, com rota, mapa, bagagem, caminhos, estradas e destinos.

Neoliberalismo, uberização, manipulações, atos antissindicais, o papel do Direito do Trabalho, a voz empiria neste dado momento histórico e geográfico, dentre outros temas centrais e circundantes são apresentados no texto e trabalhados de forma minuciosa.

É uma obra de destaque, própria daqueles que bem escrevem e se conectam com o tempo e os problemas que dele emergem e contribuem ao debate público científico de qualidade.

Belo Horizonte, 20 de setembro de 2022.

Adriana Goulart de Sena Orsini
Professora do Programa de Pós-Graduação
em Direito da UFMG.
Desembargadora do Trabalho no TRT-3.

Prefácio

Demandas por Dignidade: Experiências de Injustiça e Lutas por Direitos dos Trabalhadores de Plataformas Digitais

"L'exigence de justice au travail a été un moteur de la transformation des institutions."

Alain Supiot. *Le travail de la justice dans l'histoire*, 2022.

C'est injuste! O desabafo do trabalhador no documentário *"A bout de course, les chauffeurs français contre Uber"*(1) está em francês, mas é perfeitamente compreendido em todo o mundo que vivencia a mundialização das práticas empresariais abusivas e de desconexão injustificada da plataforma digital promovidas pela empresa que distribui o trabalho e dirige a prestação pessoal de serviços pelos motoristas aos seus clientes cadastrados no App de uma das maiores empresas de transporte individual de passageiros e de entregas de produtos e serviços, externalizando o trabalho e os custos dos equipamentos. Experiências de injustiça vivenciadas nas vias, calles, avenidas e ruas do mapa da vida de gente de carne e osso, engendradas por tantas outras na rede virtual do capitalismo digital que, como avatares desprovidos de alma e de pudor, constroem relações de trabalho moralmente indecentes. Experiências de injustiça acionam reivindicações morais e demandas por justiça.(2)

(1) Título do documentário escrito e produzido por Benjamin Carle et Ella Cerfontaine, para a France Télevisions, sobre as lutas jurídicas e sindicais dos motoristas de VTC em Paris, a partir dos depoimentos de Brahim Ben Ali, da representação dos motoristas de Villeneuve-d'Ascq e do advogado trabalhista Jérôme Giusti, e sobre as denúncias trazidas nos documentos conhecidos como "Uber Files", denunciadas por um ex-lobista da empresa. O documentário está disponível em *france.tvpreview*, maiores informações em: <https://www.francetvpro.fr/contenu-de-presse/41825014>, e foi lançado no último dia 18 de outubro, por ocasião da greve geral convocada por centrais sindicais francesas por aumento salarial e contra as reformas anunciadas pelo governo Macron.

(2) DUBET, François. *Injustiças:* a experiência das desigualdades no trabalho. Florianópolis : Editora da UFSC, 2014.

"Sans papiers, des livreurs Uber Eats réclament leur régularisation".(3) Publicada no do *Le Monde* poucos dias após a defesa da tese de Ana Carolina Paes Leme, a notícia demonstra como as lutas coletivas contra a precarização do trabalho, intensificada no capitalismo de plataformas pelas empresas que exploram de modo predatório a força de trabalho de pessoas em situação de vulnerabilidade, estão na ordem do dia. Em diversos países nos quais *big techs* espoliam leis, burlam regras e buscam impor um modelo de organização produtiva por meio de plataformas e aplicativos, sem proteção social e direitos trabalhistas, há reclamos contra as injustiças perpetradas pela gestão algorítmica, pelo unilateralismo das plataformas e que, em muitos momentos, eclodem em movimentos coletivos de resistência.

No mês de setembro de 2022, trabalhadores imigrantes desconectados unilateralmente pela *Uber Eats* francesa e sem perspectivas de sobrevivência, protestaram coletivamente contra a decisão da empresa de desconectá-los da plataforma sob o argumento de que suas inscrições seriam irregulares, por uso de documentos inválidos. O cancelamento das 2.500 "contas" foi realizado pela *Uber Eats* com a justificativa de ocorrência de "fraude documental" na criação dos perfis, bem como outras práticas tidas pela empresa como irregulares. A marcha dos entregadores agrupou mais de três centenas de trabalhadores pelas ruas de Paris, expressando coletivamente esta experiência de injustiça e suas demandas por justiça, reclamando regularização de seus vistos para permanência e trabalho e reconexão para manutenção da atividade de entrega e obtenção de renda. Argumentam que suas atividades eram conhecidas e registradas pela plataforma, que utilizou largamente de sua força de trabalho durante a pandemia e os desconectou quando a calamidade sanitária cessou e o risco diminuiu. Reclamam, ainda, o reconhecimento de seu tempo de serviço prestado na França, necessário para os fins de obtenção do visto para trabalho e permanência no país.

O trabalho durante a pandemia, em risco acentuado de contágio, foi um argumento mobilizado pelos trabalhadores em suas denúncias contra a desconexão coletiva realizada pela plataforma ao final do verão francês. Na França, permite-se a regularização administrativa dos vistos de estrangeiros, residentes há mais de três anos, com trabalho remunerado por mais de 24 meses. Contudo, os procedimentos de regularização não estão acessíveis aos entregadores e a instabilidade decorrente da ausência de visto dificulta as demandas e as manifestações públicas dos trabalhadores. As manifestações dos entregadores *sans papiers* explicitam a dimensão de precariedade contida nesta atividade intensa e degradada, longe dos discursos de liberdade,(4) bem como agregam o elemento da dupla condição de

---

(3) PASCUAL, Julia. *Sans papiers, des livreurs Uber Eats réclament leur régularisation Plus de 2 500 travailleurs sans titre de séjour ont vu leurs comptes désactivés par la plate-forme et n'ont désormais plus de revenus.* Disponível em: Sans papiers, des livreurs Uber Eats réclament leur régularisation Plus de 2 500 travailleurs sans titre de séjour ont vu leurs comptes, *Le Monde*, 25-26 set. 2022.

(4) "Doctorant en sociologie au Conservatoire national des arts et métiers (CNAM) et auteur d'une thèse sur les travailleurs de plates-formes de livraison de repas, Arthur Jan rappelle qu'au lancement des plates-formes, 'il y avait beaucoup d'étudiants ou de jeunes peu diplômés, attirés par une promesse de flexibilité, d'indépendance et la pratique du vélo'. 'Mais les rémunérations ont chuté et, au fur et à mesure de la dégradation des conditions de

estrangeiros e estrangeiros indocumentados. Em recente pesquisa (2021), menos de 10% dos entregadores tinham nacionalidade francesa, sendo que maior parte dos entrevistados (85%) emigraram da África (31% da região do Maghreb e 54% da África subsariana). Os restos da colonização se evidenciam quando se observa que, em 2021, os entregadores de nacionalidade algeriana correspondem a 21% dos entregadores(5) na França. Além da caminhada à sede da empresa, os trabalhadores organizaram bicicleatas,(6) atos de protestos, demonstrando a força do que nasce quando se vivencia uma situação de injustiça, com reivindicações (7) que permitam viver e trabalhar com dignidade.

Os relatos dos entregadores publicados pelo *Le Monde* demonstram o "sentimento de frustração" diante da desconexão coletiva promovida pelo Uber Eats depois de um longo período de trabalho arriscado durante a pandemia da Covid-19.(8) Frustração pelos direitos

---

travail, on a vu de plus en plus de travailleurs issus de l'immigration, relate-t-il. Depuis deux ans, on observe une population massivement composée d'étrangers arrivés il y a moins de cinq ans et, pour beaucoup, sans-papiers'". In: PASCUAL, Julia. Sans papiers, des livreurs Uber Eats réclament leur régularisation Plus de 2 500 travailleurs sans titre de séjour ont vu leurs comptes désactivés par la plate-forme et n'ont désormais plus de revenus. Disponível em: Sans papiers, des livreurs Uber Eats réclament leur régularisation Plus de 2 500 travailleurs sans titre de séjour ont vu leurs comptes. *Le Monde*, 25-26 set. 2022. Disponível em: <https://www.lemonde.fr/societe/article/2022/09/24/des-livreurs-uber-eats-sans-papiers-reclament-leur-regularisation_6142974_3224.html>. Acesso em: 25 set. 2022.

(5) Dablanc L. (Dir.), Aguiléra A., Krier C., Adoue F. et Louvet N., (2021). Étude sur les livreurs des plateformes de livraison instantanée du quart nord-est de Paris. Rapport final, 98 p. 16)

(6) Organizada com apoio do *Collectif des livreurs autonomes des plates-formes, do syndicat CNT-SO e da Fédération SUD Commerces et Services*, no dia 1º de outubro de 2022.

(7) Segundo o Le Monde, *"L'intersyndicale a également écrit aux ministères de l'intérieur et de l'économie le 19 septembre afin de réclamer des régularisations. Aujourd'hui, une personne sans-papiers peut être régularisée par le travail si elle remplit certaines conditions, comme une présence en France depuis trois ans, un contrat de travail et 24 fiches de paie. Un cadre détaillé dans une circulaire ministérielle de 2012 dite 'circulaire Valls' mais qui ne prévoit rien pour ceux qui relèvent du statut d'autoentrepreneur, excluant de facto la plupart des livreurs".* Em cada lugar, as injustiças se apresentam de forma diversa e com múltiplos aspectos, todos decorrendo das políticas disruptivas em relação aos direitos e à fuga à formalização dos contratos de trabalho promovidas pelas plataformas. Caso tivessem seus vínculos empregatícios reconhecidos, as entregadores que imigraram para França em busca de melhores condições de vida e sobreviência poderiam ter seus vistos de trabalho deferidos, superando-se eventuais irregularidades. *"Nous vous demandons d'actualiser la circulaire en incluant les 'factures' et les 'preuves de paiement' émises par les différentes plates-formes dans la liste des pièces qui justifient le travail en France, demande l'intersyndicale. Une revendication que soutient Uber Eats: 'Il faudrait que le travail indépendant (...) soit pris en compte dans la procédure de régularisation', écrit la plate-forme au Monde. Sollicité, le ministère de l'intérieur n'a pas souhaité réagir. Auditionné mardi 20 septembre devant la commission des lois de l'Assemblée nationale, Gérald Darmanin a soutenu la régularisation 'des gens qui travaillent depuis des années sur le territoire' mais a, dans le même temps, indiqué son souhait de faire en sorte 'qu'on ne puisse pas créer une entreprise lorsqu'on n'est pas régulier sur le territoire'".* Disponível em: <https://www.lemonde.fr/societe/article/2022/09/24/des-livreurs-uber-eats-sans-papiers-reclament-leur-regularisation_6142974_3224.html>.

(8) 'Uber Eats, ça les arrangeait bien qu'on travaille pendant la pandémie ou l'hiver. Ils ont fait semblant de ne pas savoir', s'indigne Aboubakar, qui a plongé dans la 'galère' depuis la désactivation de son compte. 'On pensait qu'on allait être récompensés pour avoir travaillé pendant le confinement mais au lieu de ça, ils nous mettent à la porte comme des merdes', peste Kevin, un livreur sénégalais de 30 ans. ("O Uber Eats era um bom ajuste para eles, quer trabalhemos durante a pandemia ou no inverno. Eles fingiram não saber", disse Aboubakar, que mergulhou

sonegados, frustração pela despedida arbitrária abusiva e injusta, travestida de "desconexão". No caso dos entregadores franceses, penso que a decisão de demandar relaciona-se à percepção de ruptura em uma confiança estabelecida, uma traição, a desilusão diante da impossibilidade de permanência no trabalho e, quiçá no país.(9)

As experiências dos trabalhadores considerados "essenciais" durante os períodos de confinamento e distanciamento na calamidade sanitária e suas demandas por dignidade impulsionam ainda mais movimentos de resistência, de reconhecimento de direitos sonegados e pleitos por alterações normativas. No Brasil, com alta taxa de mortalidade e contaminação e inexistência de políticas governamentais ou regras que garantissem o fornecimento gratuito de itens de prevenção à contaminação pelo Sarvs-Cov2, os trabalhadores invisibilizados pelas plataformas realizaram manifestações coletivas, como o #brequedosApps e se organizaram.(10) Com muito atraso e pouca proteção, a Lei n. 14.297/2022 estabeleceu medidas de prevenção e reparação devidas pelas empresas de aplicativos aos entregadores durante a calamidade sanitária, bem como a explicitação formal pelas plataformas das hipóteses de suspensão, bloqueio ou descredenciamento dos entregadores em seus termos de uso. (11) Impõe à empresa fornecedora do serviço que garanta ao entregador acesso à agua potável e às instalações sanitárias. Determina que a empresa proprietária do aplicativo contrate seguro capaz de cobrir danos decorrentes de acidentes sofridos pelos entregadores durante a atividade de retirada e entrega, bem como assegura pagamento de indenização e "assistência financeira", calculada de acordo com a média trimestral dos valores recebidos, em caso de afastamento por Covid-19. Com vigência limitada ao período de emergência sanitária e aprovada depois de 18 meses de calamidade de saúde e mais de 500 mil pessoas mortas no Brasil, a Lei assegura que, em caso de afastamento de entregador em razão de infecção comprovada pela Covid-19, a empresa plataforma efetue seu pagamento por 15 dias, prorrogáveis por mais 30 dias (Lei n. 14.297/2022, art. 4º). O magro regime de direitos explicita o grau de precariedade dos entregadores, sem reconhecimento do assalariamento a que

---

em "problemas" desde a desativação de sua conta. "Pensamos que seríamos recompensados por trabalhar durante o confinamento, mas, em vez disso, eles nos expulsam como", disse Kevin, um entregador senegalês de 30 anos."). Disponível em: <https://www.lemonde.fr/societe/article/2022/09/24/des-livreurs-uber-eats-sans-papiers-reclament-leur-regularisation_6142974_3224.html>.

(9) São os sentimentos de traição, de frustração e de percepção de que se sofreu um ato injusto que, segundo François Dubet (*Injustiças:* a experiência das desigualdades no trabalho. Florianópolis: editora UFSC, 2014), constituem elementos importantes para a decisão dos trabalhadores em demandar contra seus empregadores ou tomadores de serviço, para além do descumprimento das normas legais ou contratuais ajustadas entre as partes.

(10) GONDIM, Thiago Patrício. A Luta por direitos dos trabalhadores "uberizados": apontamentos iniciais sobre organização e atuação coletivas. *Mediações — Revista de Ciências Sociais*, 25(2), 2020, 469–487. Disponível em: <https://doi.org/10.5433/2176-6665.2020v25n2p469>.

(11) BRASIL. *Lei n. 14.297, de 05 de janeiro de 2022.* Dispõe sobre medidas de proteção asseguradas ao entregador que presta serviço por intermédio de empresa de aplicativo de entrega durante a vigência da emergência em saúde pública decorrente do coronavírus responsável pela Covid-19. Disponível em: https://www.planalto.gov.br/ccivil_03/_ato2019-2022/2022/lei/l14297.htm Acesso em: 30 set. 2022.

estão submetidos, desprovidos das proteções que as lutas sindicais, políticas e legislativas dos trabalhadores arrancaram no século passado, com a construção do constitucionalismo social, da seguridade social e do Direito do Trabalho.

Na agenda de debates sobre os entregadores e motoristas acionados por aplicativos, os temas da precarização do trabalho, da deterioração das condições de vida, dos elevados riscos à integridade físico-psíquica e de acidentes de trabalho, estão intimamente ligados com a sonegação dos direitos sociais que decorrem da (des)responsabilização das plataformas digitais em face aos trabalhadores, considerados como "parceiros", "clientes", "autônomos", "prestadores de serviços", em um movimento de fuga da legalidade juslaboral, com a reiterada recusa em reconhecer a presunção de assalariamento por parte das empresas. Por sua centralidade, o assunto desperta o interesse de pesquisadores vinculados às boas universidades, sejam elas nacionais ou estrangeiras. Na área do Direito do Trabalho, assim como as pesquisas realizadas na UFRJ, na UFBA e na UFPR[12], também são precursores os estudos oriundos da Universidade Federal de Minas Gerais,[13] centro de excelência e que conta com uma competente equipe de docentes e pós-graduandos. O livro publicado pela LTr Editora em 2019, de autoria de Ana Carolina Reis Paes Leme, "*Da máquina à nuvem:* caminhos para o acesso à justiça pela via de direitos dos motoristas da Uber" é um dos frutos do trabalho desenvolvido no âmbito do Programa de Pós-Graduação em Direito da UFMG, assim como o é a obra que tenho a alegria de prefaciar, originária de tese de

(12) Sem pretender esgotar a lista das referências sobre o tema, cito: OLIVEIRA, Murilo Carvalho Sampaio. O Direito do Trabalho (des)conectado nas plataformas digitais. *Teoria Jurídica Contemporânea*, v. 4, n. 1 (2019). Disponível em: <https://revistas.ufrj.br/index.php/rjur/article/view/24367>; CARDOSO, Ana Claudia Moreira; ARTUR, Karen; OLIVEIRA, Murilo Carvalho Sampaio. O trabalho nas plataformas digitais: narrativas contrapostas de autonomia, subordinação, liberdade e dependência. *Revista Valore*, [S.l.], v. 5, p. 206-230, set. 2020; OLIVEIRA, Murilo Carvalho Sampaio; CARELLI, Rodrigo de Lacerda; GRILLO, Sayonara. Conceito e crítica das plataformas digitais de trabalho. *Revista Direito e Práxis*, Rio de Janeiro, v. 11, n. 4, p. 2.609-2.634, 2020; OLIVEIRA, Murilo de Carvalho Sampaio. *As Plataformas Digitais e o Direito do Trabalho:* como entender a tecnologia e proteger as relações de trabalho no século XXI. Belo Horizonte: Editora Dialética, 2021; GONDIM, Thiago. A Luta por Direitos dos Trabalhadores "Uberizados": Apontamentos iniciais sobre organização e atuação coletivas. *Mediações — Revista de Ciências Sociais*, 25, 469, 2020; MACHADO, Sidnei; ZANONI, Alexandre Pilan (Orgs.). *O trabalho controlado por plataformas digitais:* dimensões, perfis e direitos. Curitiba: UFPR, Clínica Direito do Trabalho, 2022. *E-book*.

(13) Dentre os quais destaco: LEME, Ana Carolina Reis Paes; RODRIGUES, Brusno Alves; CHAVES JÚNIOR, José Eduardo de Resende (Coords.). *Tecnologias disruptivas e a exploração do trabalho humano*. São Paulo: LTr, 2017. p. 162-164; ORSINI, Adriana Goulart de Sena; LEME, Ana Carolina Reis Paes. Litigância manipulativa da jurisprudência e plataformas digitais de transporte: levantando o véu do procedimento conciliatório estratégico. *Revista eletrônica [do] Tribunal Regional do Trabalho da 9ª Região*, v. 10, n. 95, p. 24-44, jan. 2021. Disponível em: <https://juslaboris.tst.jus.br/handle/20.500.12178/182394>. Acesso em: 18 abr. 2022; ORSINI, Adriana Goulart de Sena; LEME, Ana Carolina Reis Paes. Salário mínimo, máscara e alquingel: acesso ao mínimo ou mínimo de acesso? *Revista Direito*, UnB, v. 4, n. 2, p. 171-197, maio/ago. 2020. Disponível em: <https://periodicos.unb.br/index.php/revistadedireitounb/article/view/32405/27452#:~:text=O%20Sindicato%20venceu%20a%20a%C3%A7%C3%A3o,humanos%2Ct%C3%AAm%20direitos%2C%20trabalham!>. Acesso em: 23 abr. 2022. REIS, Daniela Muradas; CORASSA, Eugênio Delmaestro. Aplicativos de Transporte e Plataforma de Controle: o mito da tecnologia disruptiva e a subordinação por algoritmo. In: LEME, Ana Carolina Reis Paes; RODRIGUES, Bruno Alves; CHAVES JÚNIOR, José Eduardo de Resende (Coords.). *Tecnologias disruptivas e a exploração do trabalho humano*. São Paulo: LTr, 2017.

doutorado orientada pela professora Adriana Goulart de Sena Orsini (UFMG) e aprovada por banca integrada pelos professores Guilherme Guimarães Feliciano (USP), Ana Claudia Moreira Cardoso (UFJF), Maria Cecília Máximo Teodoro (PUC-Minas), Tereza Cristina Baracho Thibau (UFMG), Adriana Goulart de Sena Orsini (UFMG) e Raysa Sarmento de Souza (UFPA) e que mereceu a nota máxima, por sua qualidade.

*"**De vidas e vínculos**: as lutas dos motoristas plataformizados por reconhecimento, redistribuição e representação no Brasil"* é fruto de um diálogo entre saberes acadêmicos distintos e de uma pesquisa empírica consistente.(14) À rica e consistente análise, somam-se a crítica indispensável para a construção de saberes sobre relações jurídicas que envolvem fenômenos hipercomplexos e a bela escritura de Ana Carolina Reis Paes Leme, que nos permite uma fluidez de leitura e um rico aprendizado. A autora assume o desafio de aproximar os campos judicial e judiciário do acadêmico, com o objetivo de furar bloqueios ao acesso à justiça e contribuir para que o Poder Judiciário não sucumba às *"estratégias que conspiram contra o Estado Constitucional Democrático de Direito"*. Em suas palavras, "a Justiça precisa não apenas tirar a venda — fazendo uma referência a Têmis, a deusa da justiça que tem os olhos vendados —, mas olhar de perto, percebendo as demandas anteriores e também aquelas concomitantes ao reconhecimento jurídico." Não se trata, adverte Ana Carolina Leme, de agir com parcialidade ou de se distanciar à necessária imparcialidade intrínseca à função jurisdicional, mas de erigir uma *"Têmis da modernidade"*, que não seja *"vendada, enganada ou manipulada"*.

Graduada em Direito na Universidade Federal de Uberlândia, desde cedo Ana Carolina beneficiou-se da perspectiva interdisciplinar que as universidades públicas permitem ao se engajar no programa de iniciação científica no curso de geografia, sob os auspícios da UFU e CNPq. A construção social do espaço, o pensamento inovador e rigoroso de Milton Santos — intelectual brasileiro cuja obra é de leitura obrigatória a meu sentir — sobre o ambiente, o consumo, cidadania e globalização, influenciaram a autora a prosseguir para as áreas ambiental e quando percebeu como a "pobreza e as injustiças sociais afetam o meio ambiente natural, 'debandou' do Direito Ambiental para o Direito do Trabalho".

No Direito do Trabalho, sua trajetória é de sucesso, pois foi aprovada em concurso público e empossada como servidora do Tribunal Regional do Trabalho na 3ª Região e nos processos seletivos para os programas de Mestrado e Doutorado da Universidade Federal de Minas Gerais. Orientada pela competente professora e desembargadora Adriana Sena, escolheu seus temas de pesquisa a partir da percepção sobre a injustiça a que estavam submetidos os motoristas de Belo Horizonte que forneciam os serviços de *Uber Black*. Seu

(14) Sindicato dos Condutores de Veículos que utilizam aplicativos de Minas Gerais, o Sindicato dos Motoristas de Transporte Privado Individual de Passageiros por Aplicativo do Estado do Pernambuco, o Sindicato de Motoristas de Transportes por Aplicativo do Estado do Pará, o Sindicato dos Trabalhadores com Aplicativos de Transporte Terrestre Intermunicipal do Estado de São Paulo, o Ride-share Drivers United, a Associação dos Motoristas Parceiros das Regiões Urbanas do Brasil, a Associação de Motoristas Autônomos e de Plataforma Digital de Brasília.

depoimento sobre os motivos da escolha dão conta de sua insatisfação com as injustiças cotidianas quando soube que um trabalhador que haviam buscado organizar um coletivo para dialogar com a empresa plataforma havia sido "*bloqueado porque fez motim*". O mito da economia do compartilhamento começava a desmontar e a partir de congressos e discussões conjuntas entre diversos juristas do trabalho, a consistência das reflexões sobre as evidências empíricas conduziram à construção de um objeto de pesquisa dentro de um campo que se abria. Com os colegas José Eduardo de Resende Chaves Júnior e Bruno Alves Rodrigues, e apoio da editora LTr, organizaram o livro *Tecnologias Disruptivas e a Exploração do Trabalho Humano.* Seus artigos sobre "Uber e o Uso do *Marketing* da Economia Colaborativa" e "A Relação entre o Implemento das Inovações Tecnológicas Disruptivas e a Potencialização de Práticas Antissindicais" foram escritos durante o mestrado.

Durante a pandemia, assim como demonstraram nossas pesquisas na UFRJ sobre trabalhadores essenciais e judicialização, a "ação da pandemia" foi a reivindicação judicial por fornecimento de equipamentos de proteção individual, em um momento no qual o direito de emergência do trabalho no Brasil, ao contrário do que ocorreu em outros países, voltou-se para proteger a continuidade das atividades econômicas ou suspensão de contratos e redução salarial, em vez de instituir deveres claros para empregadores e tomadores de serviços de proteção à saúde e à vida de seus trabalhadores, com o fornecimento das medidas adequadas para proteção e prevenção. Se por toda a história será importante contar e relembrar os pequenos fatos que contribuiram para que mais de 670 mil famílias brasileiras perdessem seus entes queridos durante a emergência sanitária da Covid-19, para a academia brasileira é importante registrar os estudos que visibilizaram o papel que as instituições do trabalho — dentre as quais as entidades sindicais, o Ministério Público do Trabalho e a Justiça do Trabalho, cada qual com suas possibilidades e limites — desempenharam neste período de dor e luto. Enquanto no Rio catalogávamos as ações dos trabalhadores do setor de saúde e as respostas institucionais dadas pelos sindicatos e justiça do trabalho às necessidades prementes dos técnicos, enfermeiros e auxilares de enfermagem que lutavam pela vida,[(15)] na UFMG a autora e sua orientadora refletiam sobre o mínimo de acesso para o acesso ao mínimo pelo Sindicato dos Trabalhadores em Aplicativos no Ceará.[(16)] Foi então que os primeiros passos para a construção da pesquisa que resultou neste livro começaram, com a observação sobre o movimento sindical dos motoristas de transporte individual de

---

(15) Refiro-me ao projeto de pesquisa que desenvolvi, envolvendo bolsistas de iniciação científica do programa PIBIC-UFRJ e CNPq, mestrandos e doutorandos vinculados ao PPGD-UFRJ e pós-doutorando vinculado à CAPES, sobre Direito do Trabalho e Pandemia (2020-2022), e que resultou em alguns artigos, dentre os quais o de minha coautoria com Thiago Patrício Gondim e Joyce Moreira da Rocha Forte intitulado "Saúde em Pandemia: demandas sindicais de trabalhadores essenciais e respostas institucionais", no livro "*Cidade standard:* precarização e reconfigurações urbanas", publicado em 2020 pelo PROURB da UFRJ, disponível no *link*: <https://bit.ly/3EEYo6C>.

(16) Salário minimo, máscara e *alquingel*: acesso ao mínimo ou mínimo de acesso? In: *Revista Direito.* UnB, v. 4, n. 2, p. 171-197, maio/ago. 2020.

passageiros por plataformas e a observação presencial da reunião de fundação da FENASMAPP, federação sindical assim denominada em virtude da autonomia organizativa que os trabalhadores têm, que a Constituição lhes assegura, embora a dogmática tradicional tenda a encarar de outro modo, pela discrepância com as formas jurídicas talhadas no ultrapassado título V da CLT. Paro por aqui, para não dar mais *spoilers* sobre o livro que tenho a alegria de prefaciar, não sem antes observar que a trajetória de uma doutoranda diz muito sobre sua tese. Em sua tese, Ana retoma o pensamento crítico de Milton Santos, não à toa. Diga-me o que lês, diga-me o que vês, que te direi minha percepção sobre o que és. Lembro-me, então, do encanto que também tive ao ler que a globalização era fábula, perversidade, possibilidade, quando caiu em minhas mãos a brochura de "Por uma outra globalização". Inovador, Milton Santos revelava a globalização como ápice do processo de internacionalização capitalista, mas antecipava a necessidade de compreender o fenômeno por um olhar conjunto sobre o estado das técnicas e o estado da política. A tecnologia das informações, a cibernética, a informática, a eletrônica (e, hoje, acrescentaríamos a IA e os algorítmos) que conformam o atual estágio das técnicas possibilitam a simultaneidade de ações, a aceleração do tempo e dos processos históricos, ao tempo em que o olhar para a política nos permite compreender que existem sujeitos que constroem, agem ou se omitem, para a construção desta história. O pensamento de Milton Santos esteve sempre presente nesta trajetória, ampliando o espaço dos saberes, abrindo caminhos e fornecendo lentes para ver um fenômeno que, assim como a globalização é, ao mesmo tempo, *fábula, perversidade e possibilidade.*[17]

Que superadas as *fábulas* que nos contam sobre as plataformas, possamos nos sensibilizar sobre as *perversidades* que engendram as empresas que as desenvolvem e controlam com processos de trabalho precarizados e desprotegidos, para construir *possibilidades* de inclusão, movimentos coletivos e empatia. Da *fábula* da economia do compartilhamento, da *perversidade* do capitalismo de plataforma devemos engendrar *possibilidades* para que as plataformas sejam locais de encontro, trabalho digno e utopia de um mundo melhor.

De Paris para Minas Gerais, outubro de 2022.

Sayonara Grillo
Professora da Faculdade Nacional de Direito.
Desembargadora do Trabalho no TRT-1.

---

(17) Tomo de empréstimo para a analogia, as expressões e pensamento de Milton Santos. Globalização como *fábula* de um discurso que retrata um fenêmeno tal como nos fazem vê-lo: as ideias de aldeia global, de morte do Estado, de mercado dito global indicam a ideologização maciça embutida no discurso da globalização. Como *perversidade*, porque não podemos desprezar a dimensão do mundo global tal como é, com desemprego, pobreza, exclusão social crescente, aumento das desigualdades e polarização, mas também como *possibilidade*. Afinal, é preciso jamais olvidar que se as bases materiais que propiciaram a globalização forem postas a serviço de outros fundamentos sociais e políticos, estarão criadas as condições para diminuir a nocividade inerente à atual globalização econômica. In: *Por uma outra globalização:* do pensamento único à consciência universal. Rio de Janeiro: Record, 2000.

Introdução

Escrito no calor do debate e em um período turbulento, durante a pandemia do vírus SARS-CoV-2, o presente livro, analisando um fenômeno contemporâneo e complexo, objetiva compreender as lutas por acesso à justiça via direitos dos motoristas que dirigem para as plataformas Uber e 99 no Brasil. Percebeu-se que existem muitas e infinitas lentes para olhar o trabalho de motoristas plataformizados, e que o presente trabalho se soma a tantos outros que buscam contribuir para o debate acerca do tema, o qual, diga-se de passagem, instiga e preocupa pesquisadores não apenas no Brasil, mas em todo o mundo e, inclusive, em organismos internacionais. Nesse sentido, optou-se por compreender como se conforma a luta desses trabalhadores por reconhecimento, redistribuição e representação, sob a ótica da teoria tridimensional de Nancy Fraser.

A pesquisa, embora baseada em teoria da justiça sob uma perspectiva interdisciplinar, teve o Direito como eixo central. E assim se diz porque a luta dos motoristas plataformizados é um problema de acesso à justiça, e esse problema ocorre em grande medida em face a construção forjada pelas plataformas de transporte individual de passageiros de um espaço de não incidência do Direito, em especial do Direito do Trabalho, campo social e econômico no qual as plataformas construíram e seguirão construindo suas teses de afastabilidade do seu espectro protetivo. No Brasil, segundo pesquisa empírica realizada pela Universidade Federal do Paraná (UFPR), de todas as decisões de Tribunais Regionais do Trabalho (TRTs) e do Tribunal Superior do Trabalho (TST) envolvendo a Uber e a 99, de 2017 a 2021 (485 decisões), 78,14% destas decisões são desfavoráveis à caracterização da relação de emprego entre o motorista e as plataformas Uber e 99, dados que revelam que, aparentemente, as plataformas estariam ganhando a disputa pelo espaço jurídico-laboral.

O mapeamento feito pela autora deste livro, durante a pesquisa de mestrado revelou que, até julho de 2018, não havia nenhum acórdão de Tribunal Regional do Trabalho (TRT) reconhecendo vínculo de emprego entre o motorista e a Uber. Nesse mapeamento identificou-se que havia algo disfuncional com a via de acesso à justiça. Percebeu-se ser necessário realizar pesquisa de campo mais aprofundada para a compreensão do dado que exsurgia – inexistência de decisão contrária, uma vez que deslocado da práxis e da própria ciência jurisprudencial. A análise realizada desvendou que a jurisprudência dos tribunais do trabalho do Brasil estava sendo manipulada. Trata-se de um achado da pesquisa do mestrado da autora deste livro, cujos desdobramentos serão retomados no capítulo 2 desta obra. A defesa pública da dissertação de mestrado em Direito no Programa de Pós-Graduação em Direito no dia 03 de agosto de 2018 expôs a estratégia processual da empresa Uber em face ao Poder Judiciário brasileiro.

A primeira decisão que reconheceu o vínculo de emprego do motorista plataformizado é de 16 de agosto de 2018 do TRT da 2ª Região (São Paulo). Na sessão de julgamento o pedido das partes de retirada dos autos de pauta foi indeferido pela Des. Relatora, tendo sido dado provimento do recurso do autor para conceder provimento parcial ao recurso ordinário para declarar o vínculo de emprego entre o motorista e a Uber do Brasil Tecnologia Ltda. pelo período de 14.07.2015 a 14.06.2016, condenando-a ao pagamento de aviso prévio indenizado (30 dias); décimo terceiro proporcional de 2016 (6/12) e de 2017 (6/12), férias proporcionais (11/12) acrescidas de 1/3, FGTS, com a indenização de 40%, e multa do art. 477 da CLT. Trata-se do primeiro acórdão do Brasil reconhecendo o vínculo de emprego.[3]

Em agosto de 2019 foi proferida a primeira decisão do TRT da 3ª Região (Minas Gerais), reconhecendo o vínculo de emprego entre um motorista e a Uber. Observou-se, inclusive, com artigo publicado no decorrer da pesquisa[4], que a Uber fazia predição e, com isto, apenas os processos indicados pela inteligência artificial com a decisão de improcedência iam a julgamento. Entretanto, como a inteligência artificial e a predição não conformam a realidade que lhes escapam na alteridade, o processo n. 0010806-62.2017.5.03.0011, da 11ª Turma do TRT da 3ª Região, foi levado a julgamento. Entretanto, uma alteração na composição da Turma em face ao afastamento justificado por um dos desembargadores na sessão, acabou por alterar o entendimento turmário sobre o vínculo de emprego, com o seu reconhecimento.

No âmbito do TST, até dezembro de 2021, havia cinco decisões, todas relacionadas à empresa Uber. A primeira decisão ocorreu em janeiro de 2019, seguida de outras duas, em fevereiro e setembro de 2020, e mais duas em fevereiro e maio de 2021, em quatro diferentes turmas da Corte. Essas decisões, com argumentos semelhantes, não reconheceram o vínculo de emprego entre motorista e Uber. A mencionada pesquisa da UFPR demonstrou que essas decisões geraram um impacto importante em decisões de instâncias inferiores,

---

(3) BRASIL. Tribunal Regional do Trabalho da 2ª Região. Processo n. 1000123-89.2017.5.02.0038 (ROT). Recorrente: Márcio Vieira Jacob. Recorrido: Uber do Brasil Tecnologia Ltda.; relª. Desª. Beatriz de Oliveira Lima. 2018. Disponível em: <https://pje.trt2.jus.br/consultaprocessual/detalhe-processo/1000123-89.2017.5.02.0038/2#14899d9>. Acesso em: 8 ago. 2022.

(4) ORSINI, Adriana Goulart de Sena; LEME, Ana Carolina Reis Paes. Litigância manipulativa da jurisprudência e plataformas digitais de transporte: levantando o véu do procedimento conciliatório estratégico. *Revista eletrônica [do] Tribunal Regional do Trabalho da 9ª Região*, v. 10, n. 95, p. 24-44, jan. 2021. Disponível em: <https://juslaboris.tst.jus.br/handle/20.500.12178/182394>. Acesso em: 18 abr. 2022.

como indicam "as redes de citações", isto é, quais precedentes foram citados nas decisões. Apenas em abril de 2022 foi proferida a primeira decisão do TST, pela sua 3ª Turma, que considerou presentes os elementos fático-jurídicos do vínculo de emprego.

Ressalte-se que o problema se refere ao acesso à justiça e não somente da via de acesso ao Poder Judiciário ou ao sistema de justiça. A estratégia de manipulação processual realizada pela Uber, ao não permitir que os tribunais decidam a questão por seus inúmeros magistrados e órgãos fracionários, interfere no acesso à justiça de forma integral. Salienta-se que, quando uma potência empresarial interfere nos julgamentos e nos processos nos tribunais do país, permitindo que apenas parcela de seus magistrados ou órgãos fracionários, por predição, julguem segundo um único entendimento, o empresarial, é algo gravíssimo. Trata-se de utilização da inteligência artificial preditiva de forma a impedir o exercício da jurisdição pelo Poder Judiciário, nos termos da CF/1988 e de todo o sistema de acesso via direitos.

A análise de mérito de relações fático-jurídicas é direito e dever do Poder Judiciário como um todo e não apenas a parcela escolhida por uma potência econômica-empresarial transnacionacional. A importância da pesquisa científica é inexorável, como se demonstra. O Poder Judiciário centrado em suas obrigações funcionais diárias muitas vezes não tem condições materiais ou mesmo órgãos de pesquisas voltados à avaliação e atuação em estratégias antiéticas, antijurídicas, manipuladoras etc. Portanto, o papel da academia é fundamental para a construção de um sistema de Justiça que possa viabilizar o acesso à Justiça via direitos.

No caso da uberização do trabalho dos motoristas de transporte privativo de passageiros, verificou-se que as plataformas — a Uber como precursora e a 99 "de carona" — atuam em busca da construção de um espaço do não enquadramento seja jurídico, seja legal. Objetivam, na realidade, um desenquadramento do arcabouço jurídico-legal nacional, como se o direito e os institutos jurídico-legais existentes não pudessem ser validamente aplicáveis para o modelo de negócios plataformizado. A retórica divulgada e reprisada é que se trata de uma novidade e nada que existe se lhe aplica. Em um cenário de obstrução de vias, pensar o acesso à Justiça em sua concepção tradicional, importantíssima sob o critério histórico-evolutivo e proveniente da obra de Mauro Cappelletti e Bryant Garth(5), pode até ser de interesse de algumas investigações científicas. Não é o caso desta pesquisa, que compreende a concepção tradicional como uma etapa do caminho e das estradas que levam ao acesso à justiça. A desobstrução de vias de acesso e a compreensão aprofundada do fenômeno jurídico-econômico-social do trabalho do motorista em plataformas realizadas sob o marco teórico do acesso à Justiça pela via dos direitos é a opção metodológica que aqui se faz, pois sua base de compreensão do justo é tridimensional com reconhecimento, com redistribuição e com representação.

---

(5) CAPPELLETTI, Mauro; GARTH, Bryant. *Acesso à justiça*. Trad. Ellen Gracie Northfleet. Porto Alegre: Fabris, 1988.

O espaço concreto de atuação adequada e justa do Direito em relações fundadas em fenômenos jurídico-econômico-sociais hipercomplexos só pode ser alcançada com o diálogo rigoroso com outros campos do saber e suas disciplinas. A dialogicidade com rigor científico permitirá conhecer e utilizar pesquisas de outros campos do saber, realizar pesquisas com outros aportes, além de proceder a análises mais ricas ao campo jurídico, ampliadas pelo diálogo realizado e pelos dados do campo. Fazer chegar ao campo judicial e judiciário, o conhecimento empírico que vem sendo produzido de modo cada vez mais consistente pela academia, é um dos desafios atuais nacionais com vistas a romper obstáculos ou bloqueios existentes ao acesso à justiça via direitos no e pelo Poder Judiciário.

Para divulgar esse conhecimento empírico, será utilizada a imagem metafórica da viagem, em alusão às corridas que os motoristas fazem, mas também buscando inferir a ideia do caminho que foi traçado para se chegar a tal compreensão, de que a luta dos motoristas plataformizados é uma disputa por espaço de incidência do Direito. A via do acesso à justiça está não apenas congestionada, como mencionado no livro "*Da máquina à nuvem: caminhos para o acesso à justiça pela via dos direitos dos motoristas da Uber*", mas obstruída com tantas interferências realizadas por essas plataformas no território e que continuam a ser realizadas, como será demonstrado nesta obra. Seguindo a metáfora proposta, ao iniciar a corrida, será traçada a rota, situada a viagem no mapa, organizada a bagagem, percorridos os caminho e as estradas, chegando-se aos destinos.

No capítulo 1, iniciada a corrida, será traçada a rota da viagem, justificando-se as escolhas metodológicas e a importância da pesquisa empírica no e para o Direito. A pesquisa desenvolvida foi exploratório-descritiva, ao descrever um fenômeno social. O método foi o de realizar entrevistas em profundidade. Para responder às perguntas elaboradas, esta pesquisa foi ancorada em uma abordagem central do tipo qualitativa. Atentou-se ao alerta de que o passo a passo do processo da pesquisa qualitativa deve ser descrito de forma clara e transparente, para não gerar desconfiança em relação aos resultados. Por esse motivo, serão explicados, no capítulo 1, os caminhos seguidos nesta pesquisa, elaborada sobre dois eixos: pesquisa bibliográfica e realização de entrevistas semiestruturadas. Estas foram realizadas em profundidade e com posterior elaboração de mapas sobre a abrangência de atuação das empresas citadas.

Traçada a rota, antes de iniciar a viagem, o capítulo 2 será desenvolvido com uma alusão simbólica ao mapa, item essencial para se realizar qualquer viagem que se queira chegar a um lugar desejado. Esse mapa indicará que o panorama da uberização insere-se no contexto do capitalismo globalizado, neoliberal e financeirizado, em um cenário de ausência de um Estado de bem-estar social. O mapa que se tem por referência neste trabalho não é uma realidade já dada e estática sobre um papel. Mapas se referem à representação gráfica e participam de realidades em processo contínuo de construção. Busca-se a compreensão do espaço como "sistemas de objetos e ações", concepção desenvolvida por Milton Santos[6] para compreender o que se denomina aqui de "manipulação do território", realizada pela atuação da Uber e da 99 no Brasil. Tanto nos mapas de dados em representação geográfica, quanto no panorama de contextualização que todo o capítulo 2 traça, aborda-se a relação entre os algoritmos e a prática de atos sindicais, mais uma forma de manipulação do Direito que as plataformas se utilizam, buscando impedir a formação das organizações coletivas — e também aponta-se o relevante papel do Direito do Trabalho para regular, impor limites e garantir direitos, abeberando-se da contribuição dos estudos realizados academicamente[7].

Concebido o mapa da viagem, será preciso organizar a bagagem, lançando mão de teorias que possam dialogar com a pesquisa empírica. No capítulo 3, justificar-se-á o motivo da ampliação do marco teórico para além do campo estritamente jurídico. Analisar-se-á a luta dos motoristas por Justiça e por acesso cujas demandas se inserem na tridimensionalidade fraseana: redistribuição, reconhecimento e representação. Fraser, ao conceituar as escalas da justiça, indaga como assegurar representação adequada e igual voz para aqueles que reclamam posição a respeito de um assunto determinado, mas que se sentem excluídos por marcos existentes baseados em territorialidade, lente na qual se enfoca o conflito dos motoristas plataformizados.

Traçada a rota no capítulo 1, compreendido o mapa da viagem no capítulo 2 e organizada a bagagem no capítulo 3, será o momento de iniciar a corrida, percorrendo estradas e caminhos para se chegar aos destinos.

Após a realização das entrevistas, foi preciso reunir o vasto material da pesquisa qualitativa. Cada uma das entrevistas trouxe questões pertinentes a esta pesquisa. Na análise dos dados extraídos e do material qualitativo, buscou-se compreender o universo de pessoas que exercem posição de liderança sindical, e que também são motoristas plataformizados e as questões que por eles foram problematizadas como a luta pela justiça em sua concepção tridimensional.

A técnica adotada para o mapeamento e espacialização dos sindicatos de motoristas de plataforma foi a conhecida como *snowball*, utilizando-se redes de contatos para identificar os entrevistados. Como limitação da pesquisa, compreende-se que o mencionado universo não contempla todas as formas de organizações coletivas de motoristas plataformizados, pois embora seja possível identificar, por outras vias, organizações coletivas que não foram citadas pela rede de pesquisa, a opção por não as mapear foi necessária, para não ferir a metodologia adotada, que se baseia em mapear as organizações coletivas sindicais a

(6) SANTOS, Milton. *A natureza do espaço:* técnica e tempo, razão e emoção. 4. ed. São Paulo: Edusp, 2009.

(7) Nos momentos em que se quiser referir às investigações realizadas por pesquisadores no âmbito das universidades, será utilizada a palavra Academia, para englobar tanto as publicações (artigos, dissertações, teses) quanto os eventos, aulas, grupos de estudo, de pesquisa e de extensão que nelas acontecem.

partir da indicação dos próprios sujeitos. Reconhece-se, assim, que, pela limitação metodológica, não se encontram aqui presentes as associações e lideranças de grupos de *Whatsapp*, certamente existentes, como também outros sindicatos no Brasil, passíveis de existência, que não foram mapeados. Tal opção metodológica está justificada no primeiro capítulo.

Antes de examinar os dados, cabe uma reflexão sobre a metodologia de pesquisa e análise de conteúdo desenvolvida nesta obra, resultado da pesquisa de doutorado da autora. Acredita-se que os achados desta pesquisa representam um processo de enriquecimento da construção do conhecimento científico-jurídico, ao ultrapassar a pesquisa bibliográfica e jurisprudencial, principalmente porque existem inúmeros trabalhos científicos nacionais e estrangeiros sobre o assunto da plataformização e da uberização do trabalho. Por esse motivo, o diferencial da obra e o que a distingue e a caracteriza está em ir além do que já existe no campo jurídico, enriquecendo a construção do conhecimento científico-jurídico com dados da empiria, encontrando-se aqui o ineditismo da pesquisa e a sua pertinência como contribuição para a transformação e solução dos problemas sociais em nosso País.

O que instigou a pesquisadora foi olhar para o "mundo real", com as vivências, vidas e vínculos sob as lentes dos motoristas de transporte privado de passageiros. E, com esse olhar, questionar que mundo é esse em que as condições de trabalho (de vida) foram impostas pelas plataformas e em que o Direito permite e até mesmo confirma a exploração ditada por uma potência transnacional e, por meio de um algoritmo que chega até a sociedade, via aplicativo.

Para além de determinar o que deveria ser considerado como acesso à justiça dos motoristas plataformizados, o enfoque é mostrar o que ele é pela voz dos próprios motoristas plataformizados e o que está por trás das suas lutas por direitos. Dessa forma, traçada a rota e compreendido o mapa da viagem, organizada a bagagem, percorridas estradas e caminhos, onde estão impressos os dados extraídos da realidade e do território e, dando continuidade ao uso das metáforas, chega-se a destinos.

Nesse contexto, o capítulo 4 apresentará os dados e análises. Foi requerido nesse ponto um esforço pessoal e profissional da pesquisadora, já que a pesquisa de campo, por meio de entrevistas em profundidade, gerou dados primários reunidos em um arquivo de mais de 800 páginas. Relatos marcantes, todos eles são. A opção pela análise categorial se respalda no fato de que se trata da melhor alternativa quando se quer examinar valores, opiniões, atitudes e crenças por meio de dados em pesquisa qualitativa. Portanto, a interpretação dos dados se deu pelo método de análise de conteúdo, corroborado pelas observações *in loco*, sem a utilização de qualquer *software* ou inteligência artificial de análise. O exame foi feito de forma artesanal, mediante gravação, impressão, leitura e estipulação das categorias.

A partir das entrevistas, foi possível a análise de quatro categorias distintas, criadas como uma forma de organizar o texto: 1) condições de trabalho; 2) organização coletiva; 3) demandas por diálogo; e 4) acesso à justiça. Em cada categoria foi possível identificar demandas por reconhecimento, redistribuição e representação que, como se verá ao longo do livro, são dimensões que não se apresentam de forma isolada, trabalhando de maneira tridimensional. A efetivação de uma delas não basta para que se realizem as demandas por justiça via direitos, como se desenvolverá ao longo do texto.

No capítulo 5, com o intuito de guiar o debate crítico sobre os múltiplos bloqueios no acesso à justiça pela via dos Direitos, sob a luz da concepção tridimensional de Fraser, dividiu-se novamente a análise, agora em torno dos seguintes eixos: a indivisibilidade das categorias redistribuição, reconhecimento e representação; do gênero ao reconhecimento como pessoa; o discurso defensivo quanto ao vínculo de emprego; e as decisões judiciais e a alavancagem/ desmobilização do movimento sindical. Posteriormente à indicação dessas divisões, serão tecidas considerações acerca da dimensão críticas ao vínculo de emprego, apontando o que a empiria tem a dizer à normatividade positivada, para além dos direitos trabalhistas existentes.

Chegando próximo ao fim desta trajetória, existem destinos, o último campo do mapa oferta uma análise sob a lanterna dos conceitos de remédios afirmativos e também daqueles transformativos, explicados no capítulo 3. Parte-se, assim, de uma base empírica, declara-se os seus pressupostos, em forma de categorias, e conjuga-se teoria, realidade e alto teor crítico para identificar e problematizar a multiplicidade de bloqueios de diferentes natureza ao acesso dos motoristas plataformizados. Chega-se, dessa forma, à ponderação de que a Justiça precisa não apenas tirar a venda – fazendo uma referência a Têmis, a deusa da justiça que tem os olhos vendados -, mas olhar de perto, percebendo as demandas anteriores e também aquelas concomitantes ao reconhecimento jurídico. Não se trata, como se verá, de parcialidade, de afastamento ou de recusa ao exercício de poderes e deveres inerentes a função jurisdicional ou judicial. Trata-se de uma Têmis da modernidade, que não quer mais ser vendada, enganada, manipulada, inserida em estratégias que conspiram contra o Estado Constitucional Democrático de Direito e que não lhe permite realizar justiça em todas as dimensões.

Nas considerações finais, apresentam-se temas que fogem ao campo restrito do objeto de exame nesta pesquisa. A apresentação desses temas justifica-se na medida em que questões e fenômenos foram descobertos, juntamente com os dados da pesquisa no campo. Tornou-se oportuno destacar que os movimentos sociais merecem atenção da Academia em novas pesquisas a serem desenvolvidas. O campo é riquíssimo. Eis a proposta derradeira do trabalho. Aliás, importante deixar consignado, para que não se diga de eventual amplitude da temática, que não se pretende oferecer respostas a todas, complexas e tão diversas questões que envolvem o tema do acesso à justiça, pela via dos direitos, dos motoristas plataformizados no Brasil. Mas, sem dúvida, o que se pretendeu foi ampliar a lente jurídica, bem como a visão crítica acerca das injustiças que bloqueiam e impedem referido acesso.

Capítulo 1

A Rota: Opções Metodológicas da Pesquisa

A pesquisa desenvolvida foi exploratória-descritiva, descrevendo um fenômeno social. O método foi o de realizar entrevistas em profundidade. Para responder às perguntas elaboradas, esta pesquisa foi ancorada em uma abordagem central de tipo qualitativa. Nesse sentido, "a abordagem qualitativa atua levando em conta a compreensão, a inteligibilidade dos fenômenos sociais e o significado e a intencionalidade que lhe atribuem os atores"(8). O passo a passo do processo da pesquisa qualitativa deve ser descrito de forma clara e transparente, para não gerar desconfiança em relação aos resultados.

Por esse motivo, serão explicados os caminhos da pesquisa, que se estruturou em dois eixos: pesquisa bibliográfica e realização de entrevistas semiestruturadas em profundidade, com a elaboração de mapas sobre a abrangência de atuação das empresas. A intenção é que essas técnicas forneçam maior riqueza de informação e de compreensão, contribuindo para um melhor entendimento do fenômeno, aumentando também a plausibilidade dos dados.(9)

1.1. Relevância da pesquisa empírica no Direito

Rebecca Lemos aponta que a análise do Direito, como objeto de uma pesquisa empírica, é bem recente e ainda muito pouco consolidada na formação acadêmica das faculdades da área disciplinar. O que se observa "em nossa cotidianidade é a transmissão da ideia de um Direito formalista, positivista, dogmático, distante do universo da pesquisa empírica". Essa perspectiva tende a desconsiderar os diversos estudos empíricos realizados, especialmente pelas Ciências Sociais, que buscam demonstrar que "o Direito, longe de ser uma entidade abstrata, está imerso em um contexto social, cultural e histórico específico, que lhe molda e lhe condiciona." Nas mais diferentes abordagens desses estudos, "o Direito, assim, seria o reflexo de relações de poder, de hierarquias e de processos sociais e culturais vigentes em

---

(8) MINAYO, Maria Cecília de Souza *et al.* Métodos, Técnicas e Relações em Triangulação. In: MINAYO, Maria Cecília de Souza; ASSIS, Simone Gonçalves de; SOUZA, Edinilsa Ramos de (Orgs.). *Avaliação por triangulação de métodos:* Abordagem de Programas Sociais. Rio de Janeiro: Fiocruz, 2010. p. 73.

(9) POZZEBON, Marlei; PETRINI, Maira de Cassia. Critérios para Condução e Avaliação de Pesquisas Qualitativas de Natureza Crítico-Interpretativa. In: TAKAHASHI, Adriana Roseli Wünsch. *Pesquisa Qualitativa em Administração:* fundamentos, métodos e usos no Brasil. São Paulo: Atlas, 2013. p. 51-72.

um determinado contexto". A autora adverte que "longe de refletir uma postura neutra e universal de aplicação de justiça, "o Direito responderia a um campo de relações de força presentes na sociedade".[(10)]

O que se busca estimular, segundo Rebecca Lemos, é um maior interesse do próprio Direito pela análise empírica do fenômeno jurídico:

> Observa-se, desde já, que embora de forma difusa e, especialmente, na América Latina onde as desigualdades de acesso à justiça são evidentes, professores e pesquisadores do campo do Direito começam a dedicar-se à realização de pesquisas empíricas com o objetivo principal de observar a efetividade da lei, a eficácia das instituições jurídicas e a garantia de respeito aos direitos de todos os cidadãos. É nesse intuito que surge a Rede de Estudos Empíricos em Direito — REED no Brasil com objetivo de promover a articulação desses pesquisadores e de suas pesquisas em um diálogo com outras áreas de conhecimento e com o fim de promover a difusão e capacitação em métodos e técnicas de pesquisa empírica em direito.[(11)]

Sobre entrevistas em profundidade, José Roberto Franco Xavier ensina que fazer uma entrevista de pesquisa comporta muitos desafios, "talvez o maior deles seja se colocar genuinamente numa posição de escuta". Afinal, "fazê-lo é se colocar numa posição contramajoritária numa sociedade que de nós exige falar, não ouvir". Para além da técnica e das estratégias expostas em seu artigo, afirma ser fundamental, para que haja de fato a possibilidade de uma entrevista relevante, "desenvolver a capacidade de ouvir o outro". Conclui enfatizando que, em que pesem as dificuldades, "conhecer o mundo a partir da escuta da alteridade pode ser uma grande fonte de realização profissional e pessoal para o pesquisador".[(12)]

Acerca da relevância da pesquisa empírica no Direito, Sidnei Machado aponta a tarefa da academia de colaborar com produção de dados mais abrangentes, particularmente sobre temas relacionados ao campo das relações de trabalho nesse cenário de uberização ou plataformização[(13)]. Junto com Alexandre Zanoni, publicou um rico material empírico compilado na obra "O trabalho controlado por plataformas digitais", no qual afirmam que:

> No Brasil de hoje, em que o conflito social se ampliou, vivemos momentos de incertezas caóticas e de dilaceramento e aprofundamento da crise democrática.

(10) IGREJA, Rebecca Lemos. O Direito como objeto de estudo empírico. In: MACHADO, Maíra Rocha (Org.). *Pesquisar empiricamente o direito*. São Paulo: Rede de Estudos Empíricos em Direito, 2017. p. 11.

(11) *Ibidem*, p. 13.

(12) XAVIER, José Roberto Franco. Algumas notas sobre a entrevista qualitativa de pesquisa . In: MACHADO, Maíra Rocha (Org.). *Pesquisar empiricamente o direito*. São Paulo: Rede de Estudos Empíricos em Direito, 2017. p. 157.

(13) *Live* "O trabalho controlado por plataformas digitais no Brasil: dimensões, perfis e direitos". Disponível em: <https://www.youtube.com/watch?v=hxrbLPM2Y98>. Youtube da Clínica de Direito do Trabalho da UFPR.

> Nesse sentido, os dados empíricos e as análises produzidas ao longo da pesquisa lançam muitos e potentes desafios para a atualidade e o futuro dos direitos. A superação desses desafios requer o restabelecimento de laços de solidariedade e de resistências, mas também tempos de escuta, para captar as novas dinâmicas e reconfigurações nas relações de poder das quais derivam novas assimetrias e desigualdades.(14)

Cabe, pois, considerar essa reflexão sobre a metodologia de pesquisa aqui empregada, que busca revelar a importância desse novo olhar da pesquisa empírica em Direito, vislumbrando reflexões mais profundas sobre o acesso à justiça a partir da perspectiva vivenciada pelos sujeitos, no caso, as lideranças sindicais de motoristas plataformizados no Brasil. Acredita-se que isso representa um processo de enriquecimento da construção do conhecimento científico jurídico sobre o tema, juntamente com outras pesquisas atuais, transcendendo a tradição de pesquisa, no Direito, limitar-se à bibliográfica e jurisprudencial.

1.2. Trajetória da pesquisa

O projeto da presente pesquisa foi submetido ao Colegiado do PPGD-UFMG e ao Comitê de Ética da UFMG, com vistas à realização das entrevistas com os sindicalistas, presidentes e assessores jurídicos, proposta central da pesquisa de campo. Para as entrevistas serem realizadas no formato proposto, houve a aprovação do Comitê de Ética e Pesquisa(15). Todos os entrevistados foram formalmente informados da origem, usos e objetivos da pesquisa e consentiram no uso dos dados. No caso das entrevistas em profundidade, os entrevistados autorizaram o registro em áudio e a transcrição das análises, além de consentirem na divulgação dos dados.

Fato relevante, nos primeiros meses de 2020, quando se iniciaria a segunda fase da pesquisa, a pandemia do vírus SARS-CoV-2 se espalhou rapidamente pelo mundo e no Brasil. Assim, por motivos de saúde, entendeu-se que as entrevistas deveriam ser realizadas em ambiente virtual. Esse formato, por outro lado, proporcionou cobrir uma área maior de atuação — ou seja, todo o Brasil. Portanto, a pesquisa teve como *lócus* o território nacional, o que se definiu por questões de ordem prática metodológica, e se justifica diante da diversidade de contextos e sujeitos.

1.3. Acesso ao campo

A aproximação com o campo, que se deu no dia 30 de outubro de 2020, na cidade de Lagoa Santa – MG. Nessa reunião presencial, ainda durante a pandemia, utilizando todos

---

(14) MACHADO, Sidnei; ZANONI, Alexandre Pilan (Org.). *O trabalho controlado por plataformas digitais:* dimensões, perfis e direitos. Curitiba: UFPR, Clínica de Direito do Trabalho, 2022. E-book. p. 30.

(15) CAAE: 46859021.9.0000.5149. Submetido em: 08.07.2021. Instituição Proponente: Universidade Federal de Minas Gerais. Situação da Versão do Projeto: Aprovado Localização atual da Versão do Projeto: Pesquisador Responsável. Patrocinador Principal: Financiamento Próprio foi aprovado 15.07.2021, data da minha 1ª entrevista - Entrevistado 1, MG, 15.07.2021.

os equipamentos de segurança necessários, estavam presentes 16 representantes sindicais para a eleição da presidência da Federação Nacional dos Sindicatos dos Motoristas de Aplicativos — FENASMAPP, com chapa única[16]. No encontro houve discussão sobre quais seriam as principais reinvindicações da categoria. Nessa oportunidade, a pesquisadora teve conhecimento sobre os sindicatos de motoristas plataformizados existentes nos estados de MG, SP e MT.

Após aprovação do Comitê de Ética, o acesso ao campo de pesquisa foi realizado por meio de entrevistas, posteriormente com mapeamento, como se mostrará a seguir. A técnica utilizada se aproxima daquela denominada como *snowball*[17], não probabilística, na qual os próprios entrevistados têm a prerrogativa de indicar para a pesquisa participantes que estejam em suas redes de amigos e conhecidos. A justificativa para o uso dessa técnica é o fato de que ela aumenta o acesso aos indivíduos, tornando a pesquisa mais eficaz no agrupamento, além de favorecer o contato entre os trabalhadores, embora se reconheça aqui o risco dos vieses nesse tipo de técnica.

1.3.1. Entrevistas

As entrevistas tiveram papel fundamental para que as hipóteses levantadas fossem mais bem discutidas. Na visão de Pierre Bourdieu[18], quem realiza a entrevista deve fazer as vezes do parteiro, na maneira como ajuda o pesquisado a dar o seu depoimento. As entrevistas contribuirão para ilustrar as principais tendências encontradas em seus percursos e trajetórias profissionais.

Todos entrevistados foram muito receptivos e nenhum dos abordados negou o convite à conversa com a pesquisadora, sendo que todos viram relevância na pesquisa e manifestaram vontade de contribuir com o tema. Os entrevistados solicitaram que seus nomes aparecessem na redação final do livro, o que não foi possível de ser realizado, já que a pesquisadora assumiu um compromisso, perante o Comitê de Ética, de não divulgar voz, imagem e nome dos entrevistados. Ao longo do texto que se segue, tomou-se o cuidado de não identificar nenhuma das pessoas informantes. A forma pela qual se ocultou o nome real dos entrevistados foi pela utilização de números como "entrevistado 1", "entrevistado 2", mantendo apenas o Estado de origem.

---

(16) A Federação Nacional dos Sindicatos dos Motoristas de Aplicativos — FENASMAPP não possuía, até agosto de 2021, registro em cartório de pessoas jurídicas, mas será aqui denominada como "federação" porque é como os entrevistados a denominam.

(17) VINUTO, Juliana. A amostragem em bola de neve na pesquisa qualitativa: um debate em aberto. *Temáticas*, Campinas, 22, (44): 203-220, ago./dez. 2014. Disponível em: <https://revistas.unipar.br/index.php/empresarial/article/download/8346/4111>. Acesso em: 27 abr. 2022.

(18) BOURDIEU, Pierre. A precariedade está hoje por toda parte. In: BOURDIEU, Pierre. *Contrafogos:* táticas para enfrentar a invasão neoliberal. Rio de Janeiro: Jorge Zahar, 1998.

Compreendem-se por sindicatos, para fins desta pesquisa, aquelas organizações coletivas que possuem registro em cartório de pessoas jurídicas, fizeram assembleia para constituição da entidade e para eleição de dirigentes e se autodenominam de sindicatos[19]. As entidades entrevistadas podem ser definidas por sindicatos em formação, na medida em que declararam preencher os requisitos legais para constituição de entidade sindical, faltando apenas a carta sindical. Sabe-se que a concessão de carta sindical é um ato político e depende, muitas vezes, de apoio político ou *lobby*, junto ao órgão administrativo responsável pelo registro sindical.[20]

O entrevistado de São Paulo informou que já requereu a carta sindical perante o Ministério do Trabalho e Previdência (MTP) e os demais informaram que estão aguardando a carta sindical do Sindicato de São Paulo sair para pleitearem a deles. A jurisprudência prevalece no sentido de admitir a atuação judicial de sindicatos constituídos, que comprovem efetiva atuação[21], ainda que antes da concessão da carta sindical, embora haja algumas decisões em sentido diverso.

A maioria das entrevistas foi realizada via videoconferência, utilizando a plataforma *Zoom*, estando a pesquisadora em computador notebook e os entrevistados, em absoluta maioria, por aparelho celular. Algumas delas foram complementadas por conversa de áudio no aplicativo *Whatsapp*. Uma das entrevistas realizada no Paraná foi presencial e registrada em áudio. Cada entrevista teve a duração de 2 horas a 2 horas e meia e, nas que foram realizadas de forma remota, houve dificuldades pontuais de conexão por parte de alguns

---

(19) Todas as entidades entrevistadas declararam possuir registro em cartório de pessoas jurídicas, fizeram assembleia para constituição da entidade e para eleição de dirigentes, e se autodenominam de sindicatos. Não houve análise da mencionada documentação.

(20) O órgão responsável pelo controle do registro sindical para fins de unicidade, historicamente vinculado ao Ministério do Trabalho, passou a fazer parte, em 2018, Secretaria Nacional de Justiça do Ministério da Justiça e Segurança, com a extinção do Ministério do Trabalho, sendo posteriormente realocado na Secretaria Especial de Previdência e Trabalho do Ministério da Economia. Atualmente, com a recriação do Ministério do Trabalho e Previdência, voltou a estar ligado à pasta. Um dos entrevistados forneceu à pesquisadora cópia de ofício expedido por ordem do Ministro do Trabalho e Previdência, em agosto de 2021, respondendo a manifestação de um Senador da República que solicitou atenção ao pedido de registro sindical apresentado pelo sindicato e que ainda estava em trâmite administrativo aguardando a concessão da carta sindical.

(21) BRASIL. Tribunal Regional do Trabalho da 3ª Região. Acórdão da Primeira Turma, proferido em 14 de dezembro de 2020. Sentença proferida pela 26ª Vara do Trabalho de Belo Horizonte, proferida em 23 de setembro de 2020. **Sicovap x Cabify ATOrd 0010251-49.2020.5.03.010**, protocolada em 13 abr. 2020. Neste acórdão regional, foi rechaçada a tese empresária de ilegitimidade sindical por ausência de comprovação de registro junto ao Ministério do Trabalho. Constou da fundamentação que eventual problema de registro sindical junto ao MTE não era suficiente para invalidar a existência do Sindicato e que o Tribunal Superior do Trabalho, por sua Seção de Dissídios Coletivos já se posicionou no sentido de admitir a possibilidade de a entidade sindical comprovar sua legitimidade por outros meios que não a apresentação do registro no órgão competente do executivo. Verificado que foram colacionados o estatuto sindical, a ata de fundação e aprovação de estatuto, eleição e posse da diretoria e do conselho fiscal, registro do Sindicato no cartório de registro de pessoas jurídicas, inscrição no Cadastro Nacional de Pessoa Jurídica — CNPJ, publicações em jornal de grande circulação noticiando a sua criação, a legitimidade do Sindicato postulante foi reconhecida nesse processo.

entrevistados. Alguns deles tinham disponibilidade de conceder a entrevista apenas dentro do carro, entre uma corrida e outra.

Foram confeccionados dois tipos de roteiros de entrevista semiestruturada, para coleta de dados, um direcionado aos dirigentes sindicais e outro aos assessores jurídicos dos sindicatos. A versão final dos questionários se encontra presente no Apêndice A.

Durante as entrevistas foi seguido o roteiro inicial, que tinha a função de manter o foco nos pontos de interesse. As perguntas propostas pelo roteiro davam início à conversa com os sindicalistas e assessores; no entanto, de acordo com as respostas, era possibilitada livre continuidade à conversa, com a formulação de novas perguntas e respostas. Foi permitido ao entrevistado se pronunciar livremente, da forma como preferisse, a partir do desenvolvimento da entrevista.

A princípio, planejava-se fazer um trabalho de campo mais extenso. Pretendia-se realizar um total de 20 entrevistas semiestruturadas seguindo inicialmente as indicações de Rosália Duarte, segundo a qual "a prática tem indicado um mínimo de 20 [entrevistas], mas isso varia em razão do objeto e do universo de investigação"(22). Entretanto, ao longo das entrevistas, começaram a repetir-se os aspectos que se desvelaram como centrais. Dessa forma, foram coletados relatos até que as categorias que emergiram das entrevistas fossem sendo saturadas.(23) Para Anselm Strauss e Juliet Corbin, a saturação é atingida quando: "(a) nenhum dado novo ou relevante emerge de uma categoria, (b) a categoria está bem desenvolvida em termos de suas propriedades e dimensões demonstrando variação, (c) as relações entre as categorias está bem estabelecida e validada"(24).

Ao todo, 17 entrevistas foram consideradas aptas para análise. O quadro a seguir apresenta um resumo delas, já excluídas aquelas relacionadas a trabalhadores que não tinham cargos de presidência, vice-presidência ou assessoria jurídica:

Quadro 1 — Entrevistas a trabalhadores com cargos de presidência, vice-presidência ou assessoria jurídica de sindicatos

	Cargo/Estado	Data da Entrevista
Entrevistado 1	Assessor Jurídico (MG)	15.07.2021
Entrevistada 2	Presidente (MT)	18.07.2021
Entrevistado 3	Presidente (PA)	19.07.2021
Entrevistada 4	Assessor Jurídico (CE)	20.07.2021

(22) DUARTE, Rosália. "Pesquisa qualitativa: reflexões sobre o trabalho de campo". *Cadernos de Pesquisa*, n. 115, p. 139-154, mar. 2002. Disponível em: <http://www.scielo.br/pdf/cp/n115/a05n115.pdf>. Acesso em: 26 abr. 2022, p. 144.

(23) STRAUSS, Anselm; CORBIN, Juliet. *Basics of qualitative research:* techniques and procedures for developing grounded theory. Thousand Oaks, London, New Delhi: SAGE Publication, 1998.

(24) STRAUSS, Anselm; CORBIN, Juliet. *Basics of qualitative research:* techniques and procedures for developing grounded theory. Thousand Oaks, London, New Delhi: SAGE Publication, 1998. p. 212.

	Cargo/Estado	Data da Entrevista
Entrevistada 5	Presidente (MG)	21.07.2021
Entrevistado 6	Presidente (SP)	21.07.2021
Entrevistado 7 Entrevistado 8	Presidente Assessor Jurídico (RN)	04.08.2021
Entrevistado 9	Vice-Presidente (RS)	18.08.2021
Entrevistada 10	Assessor Jurídico (PA)	18.08.2021
Entrevistada 11 Entrevistado 12	Presidente Assessor Jurídico (BA)	19.08.2021
Entrevistada 13 Entrevistado 14	Presidente Assessor Jurídico (PR)	26.08.2021
Entrevistado 15	Presidente (SE)	27.08.2021
Entrevistado 16	Presidente (DF)	30.08.2021
Entrevistada 17	Presidente (RS)	31.08.2021

Fonte: elaboração da autora.

Além dessas 17 entrevistas, foi também entrevistado um líder de movimento de trabalhadores plataformizados no Rio de Janeiro que não se constituiu como entidade sindical e outra entrevista com dois motoristas que, após terem sido bloqueados pela plataforma Urbano Norte, de Sorriso-MT, criaram uma cooperativa e um aplicativo de motoristas. Estas duas entrevistas, por não estarem incluídas no critério de eleição definido no projeto de pesquisa, não integram o *corpus* dos dados apresentados, tendo servido para conhecimento empírico da pesquisadora e serão referidos nas considerações finais.

As entrevistas foram gravadas e posteriormente transcritas com o auxílio de outra pesquisadora do programa de graduação do Departamento de Ciências Sociais da Universidade Federal de Viçosa, Júlia Evelyn Almeida Santos, resultando em material impresso de 17+2 entrevistas transcritas de aproximadamente 40 páginas cada. As entrevistas passaram pela chamada conferência de fidedignidade: oitiva da gravação tendo o texto transcrito em mãos, acompanhando e conferindo cada frase, mudanças de entonação, interjeições, interrupções etc.(25)

Trata-se de um universo significativo, considerando que foram entrevistas qualitativas de integrantes de quase todas as entidades mapeadas, cada qual com grande riqueza de informações e experiências vividas por pessoas que exercem posição de liderança sindical e também são motoristas plataformizados.

Não se trata de um universo que contempla todas as formas de organizações coletivas de motoristas plataformizados, pois também foi identificada a existência de associações e lideranças de grupos de *Whatsapp* e cooperativas e pode haver outros sindicatos no Brasil

---

(25) DUARTE, Rosália. "Pesquisa qualitativa: reflexões sobre o trabalho de campo". *Cadernos de Pesquisa*, n. 115, p. 139-154, mar. 2002. Disponível em: <http://www.scielo.br/pdf/cp/n115/a05n115.pdf>. Acesso em: 26 abr. 2022, p. 220.

que não foram mapeados. A técnica de mapeamento e espacialização dos sindicatos de motoristas de plataforma é identificada pelo sistema *snowball*, de modo que é a própria rede de entrevistados quem indica as entidades de característica sindical conhecidas, ainda que se possa identificar em pesquisas em buscadores de internet ou redes sociais referências a outras entidades.

Os dados coletados previamente foram examinados, por meio da análise categorial de Laurence Bardin(26) que consiste no desmembramento do texto em categorias agrupadas analogicamente. A opção pela análise categorial se respalda no fato de que essa é a melhor alternativa quando se quer estudar valores, opiniões, atitudes e crenças, por meio de dados qualitativos. Portanto, a interpretação dos dados se deu pelo método de análise de conteúdo, respaldada pelas observações in loco, sem a utilização de qualquer software ou inteligência artificial de análise. O exame foi feito de forma artesanal, mediante degravação, impressão, leitura e estipulação das categorias.

A partir das entrevistas, foi possível a criação de quatro categorias distintas: 1) condições de trabalho; 2) organização coletiva; 3) demandas por diálogo, 4) acesso à justiça. Foram aqui utilizadas para embasar a análise do material coletado a partir da averiguação, na pesquisa de campo, de pontos em comum que se repetiam nas falas dos entrevistados, revelando aspectos como condições de trabalho, a demanda por diálogo, a invisibilidade do motorista como indivíduo, a necessidade de união e organização em entidade coletiva para conquistar melhores condições de trabalho e os obstáculos ao acesso à justiça e ao Poder Judiciário. Dentro de cada categoria, criada como uma forma de organizar o texto, foi possível identificar demandas por reconhecimento, redistribuição e representação que, como já referido, são dimensões que não funcionam isoladamente, mas, que trabalham de maneira tridimensional, já que apenas a efetivação de uma delas não basta para que se realizem as demandas por justiça.

De forma complementar e paralela, foi desenvolvido um mapeamento da abrangência de atuação dos sindicatos de trabalhadores das empresas no Brasil. O objetivo, conforme se demonstrará a seguir, foi delinear a extensão da pesquisa e reafirmar sua relevância territorial.

1.3.2. Mapeamento

Para se chegar ao mapeamento dos sindicatos representativos de motoristas plataformizados no Brasil, base deste trabalho, a pesquisadora percorreu o caminho da análise interdisciplinar com a Geografia e a análise de representações espaciais por meio de mapas.

(26) BARDIN, Laurence. *Análise de Conteúdo*. Tradução de Luís A. Reto e Augusto Pinheiro. 5. ed. Lisboa: Edições 70, 2009.

Análise interdisciplinar essa que teve início desde o primeiro ano da faculdade de Direito, época em que foi bolsista do CNPq, na Geografia.[27]

A partir do material levantado para o doutorado, foi desenvolvida a representação espacial por mapas sobre o território nacional, a partir da qual foi possível comparar dados entre os sindicatos, como, por exemplo, o número de filiados.

O uso de materiais cartográficos teve a finalidade de espacializar, quantificar e qualificar os dados levantados ao longo da pesquisa. Esses mapas foram criados por meio do *software* livre Quantum GIS (QGIS) versão 3.10. O QGIS é uma plataforma de informação geográfica que permite visualizar, editar e analisar dados georreferenciados, ou seja, dados passíveis de indicar sua localização em relação a superfície terrestre por meio de coordenadas geográficas. Foram criados quatro mapas de localização e dois mapas de intensidade (magnitude) de fenômeno utilizando a técnica de símbolos pontuais proporcionais disponível no próprio *software*.

Para a elaboração dos mapas, foram necessárias bases cartográficas (também denominadas camadas ou arquivos *shapefile*[28]), uma contendo os limites da América do Sul e outra a camada relativa as unidades federativas (UFs). Ambos os arquivos foram baixados pelo Portal de Mapas[29] do Instituto Brasileiro de Geografia e Estatística (IBGE) pelo caminho: *Portal de mapas > Galeria (exibição por tema) > Cartas e mapas > Bases cartográficas contínuas > Escala 1:250.000 > BC250 [adotou-se a versão mais recente, no caso, 2018] > Limites* para a camada sul-americana; e *Portal de mapas > Galeria (exibição por tema) > Organização do Território > Malhas territoriais > Malha de unidade da federação > Malha com todas as UFs [adotou-se a versão mais recente, no caso, 2018]* para a camada dos estados.

Como não havia nenhum tipo de georreferenciamento sobre o campo de domínio das empresas estudadas no território brasileiro, foi necessário mapear de forma manual aqueles municípios que possuem atuação da 99 e/ou da Uber. Para tal mapeamento foi escolhido o *software* livre *Google Earth Pro*, plataforma tridimensional que permite a busca, observação virtual e delimitação pontual de qualquer localidade da Terra. Os dados mapeados (municípios)[30] foram retirados dos *sites* oficiais das empresas objeto de exame.

---

(27) O projeto no qual a pesquisadora foi bolsista se denominava "Meio ambiente e qualidade de vida urbana, em Uberlândia/MG", tendo como coordenador a professora Marlene Terezinha de Muno Colesanti, registrado na Diretoria de Pesquisa da Universidade Federal de Uberlândia (UFU) sob o n. 127/2001, com duração entre agosto de 2001 e julho de 2002

(28) "Shapefile é um formato de arquivo vetorial usado no mapeamento por meio do software livre Quantum GIS – (QGIS) versão 3.10 – para representar objetos do mundo real armazenando informações sobre sua localização, forma e atributos de recursos geográficos em um mapa." (IOWA STATE UNIVERSITY. *GIS and Geoespacial Technology*. 2017. Disponível em: <https://store.extension.iastate.edu/product/QGIS-Digitizing-I-Creating-New--Shapefiles>. Acesso em: 09 ago. 2022).

(29) BRASIL. IBGE. *Portal de Mapas*. Disponível em: <https://portaldemapas.ibge.gov.br>. Acesso em: set. 2021.

(30) Vale mencionar que o material cartográfico foi produzido em setembro de 2021, assim sendo, não levou em consideração atualizações da 99 após o referido mês e trabalhou com os dados de 2018 disponibilizados pela *Uber*.

A empresa 99 mantém um *site*[31] constantemente atualizado, o que facilitou a tarefa. Porém, a página da Uber[32] encontra-se no momento com informações bastante desatualizadas; a última modificação sobre municípios em que atua é datada de 28 de junho de 2018, ou seja, há quatro anos não é atualizada. De 2018 a 2022, a Uber passou a operar em novos municípios[33], no entanto, essa informação não consta em seu canal oficial. Dessa maneira, trata-se de um *shapefile* inédito, tendo sido criado exclusivamente para a pesquisa, todavia, ao ser disponibilizado após a defesa, poderá ser utilizado em trabalhos futuros.

A partir da ferramenta *Google Earth Pro*, foi possível adicionar um "marcador" definindo cada município indicado nos respectivos *sites*. Adotou-se a cor amarela para a 99 e a cor preta para a Uber, buscando coincidir com a coloração da identidade visual das empresas. Ao final do mapeamento manual, os marcadores (municípios identificados) foram exportados em formato KML de forma separada por empresa. Esse dado exportado foi transformado em arquivo vetorial no *QGIS* e, a partir de então, foi possível ter novas camadas *shapefile* e assim organizá-los para geração de mapas. Informações vetoriais têm como função equivaler feições da Terra em um Sistema de Informações Geográficas (SIG). Essa feição é representada geralmente por um ponto (quando se trata de arquivos vetoriais) e, por estarem georreferenciadas, carregam as coordenadas geográficas (latitude e longitude) a elas atribuídas. Nesse caso, cada ponto representa um município com atuação da empresa.

Houve a necessidade de criação de uma última camada *shapefile*, responsável por espacializar os dados que se referem ao número de filiados. As informações para esse mapa em específico foram obtidas por meio de pesquisa de campo adotando a metodologia *snowball*, técnica que faz uso da rede de referências e aproximações que se estabelece entre grupos fechados, privados ou de difícil acesso.[34] A forma de funcionamento se deu da seguinte maneira: estabelecia-se um contato com um determinado sindicato; esse por sua vez informava se tinha conhecimento de outros sindicatos; caso houvesse, os novos sindicatos informavam se também tinham ciência de outras organizações similares e assim por diante, estabelecendo uma rede de conexões.

Para apresentar o número médio de filiados pautou-se na técnica de símbolos pontuais proporcionais. Nela, cada círculo simples — símbolo escolhido — representa a proporção de filiados definida em intervalo de classes. Nesse tipo de mapa é definido um símbolo e

(31) 99. *Cidades*. Disponível em: <https://99app.com/sobre-a-99/cidades/>. Acesso em: 21 set. 2021.

(32) UBER. *Em quais cidades a Uber está no Brasil*. Disponível em: <https://www.uber.com/pt-BR/blog/em-quais-cidades-a-uber-esta-no-brasil/>. Acesso em: 21 set. 2021.

(33) No caso da Uber, houve várias tentativas para obtenção dos dados via e-mail e até mesmo mídias sociais, porém não se teve respostas até a presente data.

(34) VINUTO, Juliana. A amostragem em bola de neve na pesquisa qualitativa: um debate em aberto. *Temáticas*, Campinas, v. 22, n. 44, p. 203-220, ago./dez. 2014. Disponível em: <https://revistas.unipar.br/index.php/empresarial/article/download/8346/4111>. Acesso em: 27 abr. 2022.

este é posicionado no local de ocorrência do fenômeno de interesse — como os sindicatos se organizam em estados, o círculo foi posicionado no centro de cada UF. O símbolo, de forma automática, cria um tamanho (que pode ser definido em milímetros — mm, pontos, pixels, unidades do mapa ou polegadas) do círculo proporcional ao número indicado de acordo com a faixa escolhida. Nesse caso a faixa foi definida de forma manual e variou de 1 a 12 mm, em virtude de serem 12 estados diferentes com dados dos motoristas de plataforma digital sindicalizados, e milímetros por ser a unidade de medida de melhor visualização no mapa. Vale mencionar que, consoante a metodologia empregada, 15 das 27 UFs possuem sindicatos da citada categoria. Em três estados (AM, AP e RJ) não foi possível obter o número de filiados, pois tais dados relativos à quantidade de trabalhadores filiados a estes três sindicatos não foram informados pelos representantes das entidades sindicais contactados (*vide* figura 2). Há nove estados em que não foram encontrados sindicatos e há dois estados (SC e ES) que a rede de informantes indicou que não possuem sindicatos para motoristas de plataformas digitais, como mostra a figura 1.

A respeito do número de motoristas de plataformas digitais sindicalizados, obteve-se dois mapas, sendo que um deles – Figura 2 – adotou agrupamento em intervalo de classes, com uso de seis frequências: 1 – 500; 501 – 1.000; 1.001 – 5.000; 5.001 – 10.000; 10.001 – 15.000 e > 15.001. Já o outro – Figura 3 – mostra em números exatos a informação especializada, segundo a metodologia anteriormente empregada. Os intervalos de classes foram feitos de acordo as regras estatísticas sugeridas pelo IBGE, bem como as simbologias (símbolos pontuais proporcionais; cores[(35)]) e terminologias seguiram as normas cartográficas conforme instruções reguladoras das Normas Técnicas da Cartografia Nacional, cujo objetivo é definir, relacionar ou conceituar termos, expressões técnicas, símbolos, abreviaturas e similares visando ao estabelecimento de linguagem e representação gráfica uniforme e de acordo com as convenções cartográficas.[(36)]

Em relação aos elementos cartográficos, adotou-se a escala gráfica cujo intervalo varia de 250 a 750 Km (o que equivale a 1:50.000.000 em escala numérica) em todas as figuras retratadas, por acreditar que houve uma adequada representação das áreas e suas respectivas informações. O sistema de coordenadas escolhido foi o geográfico, cuja função baseia-se em determinar a localização de um dado objeto diante da intersecção entre linhas

(35) A título de exemplo, uma das convenções cartográficas das normas técnicas indica que um mesmo fenômeno não deve ser representado por cores diferentes em um dado mapa, pois cada cor representa um único tipo de fenômeno no mapa. Por essa razão, as Figuras 2 e 3 apresentam a mesma simbologia e coloração cada, pois apresentam o mesmo tipo de informação especializada, enquanto a Figura 1 mostra os estados coloridos de forma diferente, pois cada sindicato recebe uma nomenclatura distinta.

(36) BRASIL. *Decreto n. 89.817, de 20 de junho de 1984*. Estabelece as Instruções Reguladoras das Normas Técnicas da Cartografia Nacional. Brasília, DF, jun 1984. Disponível em: <planalto.gov.br/ccivil_03/decreto/1980-1989/D89817.htm#:~:text=DECRETO%20N.%2089.817%2C%20DE%2020,Normas%20Técnicas%20da%20Cartografia%20Nacional>. Acesso em: 28 jun. 2022.

imaginárias determinadas a partir dos paralelos e meridianos, chamados respectivamente de latitudes e longitudes. Tais números são expressos em graus (°) e minutos ('), com variação de 0° a 90° para Norte e Sul e 0° a 180° para Leste e Oeste. Conforme orienta o IBGE(37), o Datum — modelo matemático de representação da superfície do planeta — empregado foi o Sistema de Referência Geocêntrico para as Américas de 2000, ou apenas SIRGAS 2000.

A figura 1 preocupou-se com a espacialização dos sindicatos de motoristas dos aplicativos. Das 27 Unidades da Federação existentes, 15 possuem sindicatos (cerca de 55%), segundo foi possível identificar via rede de contatos, mediante a técnica do *snowball*. Há dois Estados — Santa Catarina e Espírito Santo — que não possuem sindicato, conforme foi informado pela rede de contatos; e não foi possível conseguir informações, via rede de contatos, sobre a presença ou não de sindicatos nos dez demais estados(38), como demonstrado a seguir:

Figura 1 – Espacialização dos sindicatos de motoristas de aplicativo no Brasil

BRASIL: Espacialização dos sindicatos de motoristas de plataformas digitais (agosto, 2021)

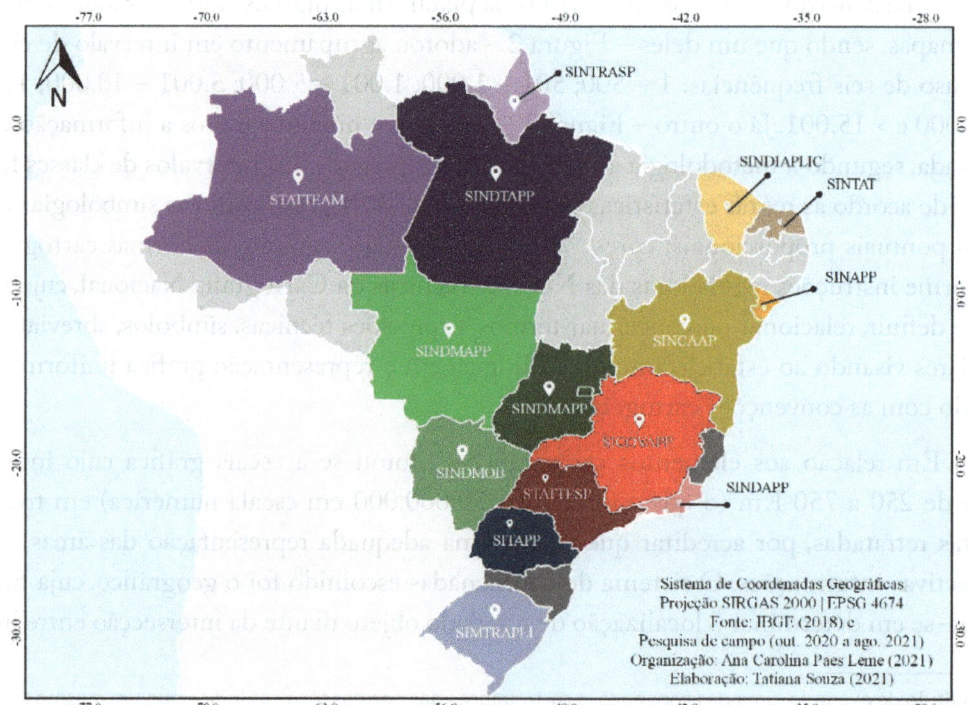

(37) BRASIL. IBGE. *Especificações e normas gerais para levantamentos geodésicos*. Resolução PR 22/83, Boletim de Serviço – Suplemento, Rio de Janeiro, 12 p., 1983. Disponível em: <ftp://geoftp.ibge.gov.br/metodos_e_outros_documentos_de_referencia/normas/bservico1602.pdf>. Acesso em: 28 jun. 2022.

(38) A rede mundial de computadores sinaliza a existência de entidade sindical de motoristas plataformizados no Espírito Santo, contudo, a rede de contatos utilizada como metodologia ("bola de neve"), desconhece a existência de sindicato neste Estado.

Legenda

- Sindicato de motoristas por aplicativo de Macapá (SINTRANSP - AP)
- Sindicato dos trabalhadores com aplicativos de transportes terrestres do Estado do Amazonas (STATTEAM - AM)
- Sindicato dos motoristas de transporte por aplicativo do Estado do Pará (SINDTAPP - PA)
- Sindicato dos motoristas de trans. privado e particular individual de passageiros por aplicativo e plataformas digitais do Ceará (SINDIAPLIC - CE)
- Sindicato dos trabalhadores em aplicativos de transporte do Rio Grande do Norte (SINTAT - RN)
- Sindicato dos motoristas do aplicativo do Estado de Sergipe (SINAPP - SE)
- Sindicato dos condutores autónomos cadastrados em aplicatvos do Estado da Bahia (SINCAAP - BA)
- Sindicato dos motoristas autónomos de transportes privado individual por aplicativos no Distrito Federal (SINDMAAP - GO e DF)
- Sindicato dos motoristas de aplicativo do estado do Mato Grosso (SINDAMAPP-MT)
- Sindicato dos motoristas de mobilidade urbana do Estado do Mato Grosso do Sul (SINDMOB - MS)
- Sindicato dos trabalhadores com aplicativos de transportes terrestres intermunicipais do Estado de São Paulo (STATTESP - SP)
- Sindicato dos condutores de veículos que utilizam aplicativos do Estado de Minas Gerais (SICOVAPP - MG)
- Sindicato dos trabalhadores em aplicativos do Estado do Rio de Janeiro (SINDAPP - RJ)
- Sindicato dos trabalhadores de aplicativos do Estado do Paraná (SITAPP - PR)
- Sindicato dos motoristas de transporte individual por aplicativos do Estado do Rio Grande do Sul (SIMTRAPLI - RS)
- Estados que não possuem sindicato
- Não foram encontradas entidades sindicais representativas da categoria dos motoristas plataformizados

Importante esclarecer que, apesar de existirem notícias veiculadas na rede mundial de computadores acerca da existência de sindicato no Estado de Pernambuco, como será visto no capítulo 2, o fato de a rede de contatos não ter conhecimento sobre a efetiva existência dessa entidade sindical fez com que ele não constasse no mapeamento acima, que levou em consideração a metodologia *snowball,* técnica já explicitada anteriormente.

A opção por não incluir no mapeamento as entidades sindicais que figuram na rede mundial de computadores, mas sim a que a rede de referências tem conhecimento, foi intencional e foi feita de modo a preservar no mapeamento acima (Figura 1) somente as entidades que declararam possuírem registro em cartório de pessoas jurídicas, fizeram assembleia para constituição da entidade e para eleição de dirigentes, e se autodenominam de sindicatos.

As figuras 2 e 3, a seguir, demonstram, respectivamente, número de filiados dos sindicatos de motoristas de plataformas digitais, a partir de um intervalo de frequência, e com número exato.

Para facilitar a leitura do mapa, foram adicionadas algumas informações já contidas na Figura 1, mas sem a necessidade de nomear as instituições sindicais para evitar poluição visual. As entradas de legenda definidas para compressão da informação foram: estados que não possuem sindicatos; estados com sindicatos, mas para os quais não foi possível obter o número de filiados; estados em que não foi possível encontrar se há ou não sindicatos e estados com sindicatos e que se conseguiu o número (exato ou aproximado) de filiados. A técnica adotada — símbolos pontuais proporcionais — permitiu a compreensão da informação por meio do tamanho do indicador: quanto maior o círculo, maior também o número de filiados. Os estados com mais filiados no Brasil foram São Paulo e Mato Grosso, como se pode ver das figuras a seguir:

Figura 2 – Número aproximado de filiados dos sindicatos de motoristas de plataformas digitais no Brasil, a partir de um intervalo de frequência.

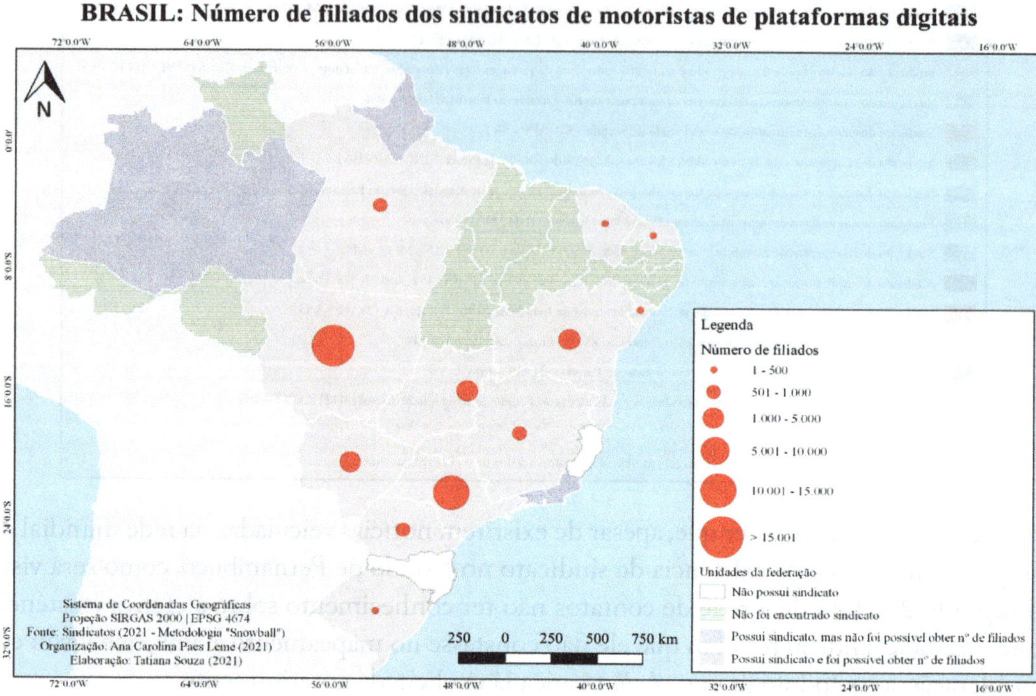

Figura 3 – Número exato de filiados dos sindicatos de motoristas de plataformas digitais no Brasil

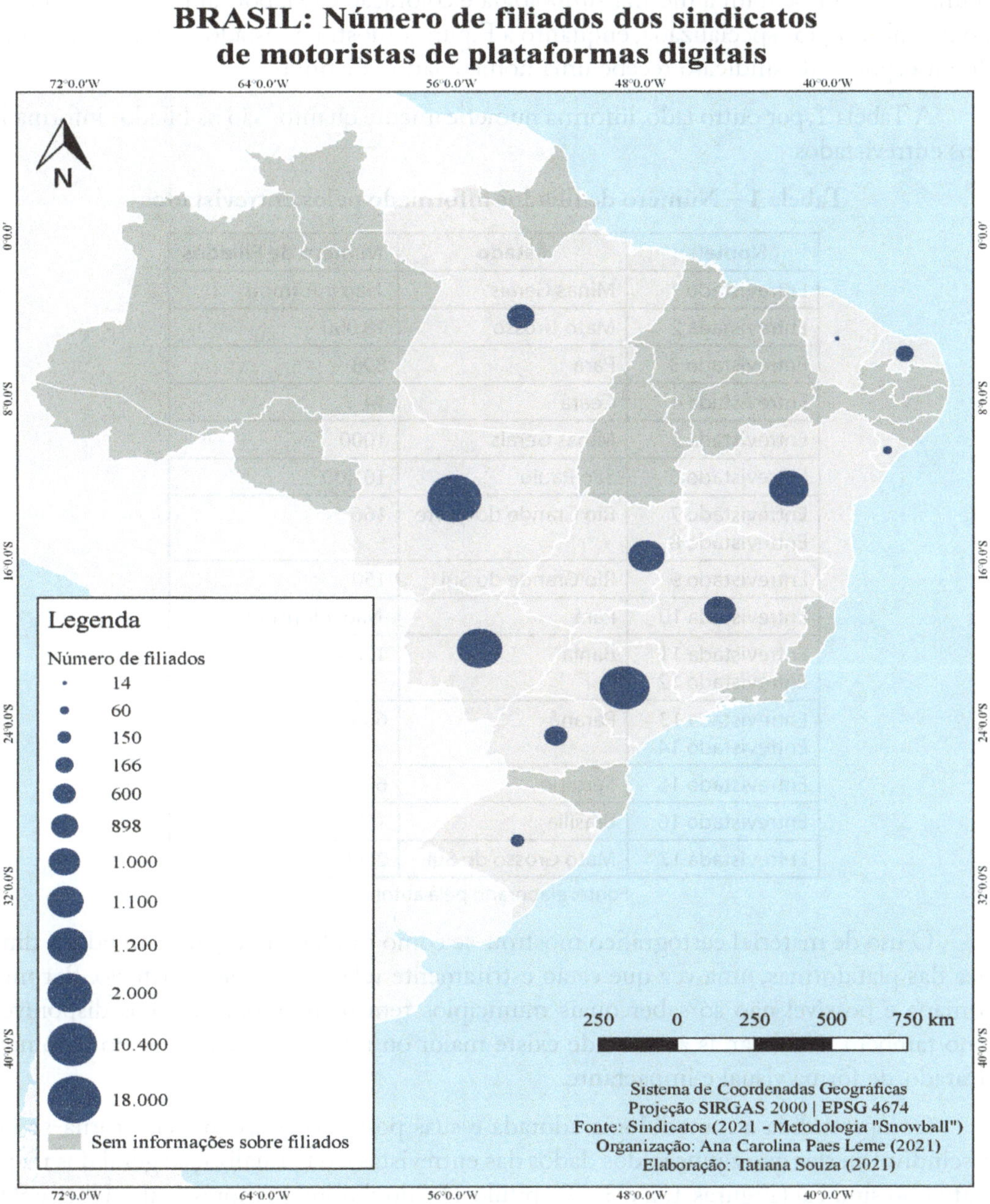

A Figura 3 informa o número exato de filiados dos sindicatos de motoristas de plataformas digitais, conforme relatado por eles nas entrevistas. Os dados acerca do número de filiados foi obtido mediante declaração dos entrevistados, ressaltando-se que não houve análise documental.

Um mesmo fenômeno não deve ser representado por cores diferentes em um dado mapa, pois cada cor representa um único tipo de fenômeno no mapa. Por essa razão, as Figuras 2 e 3 apresentam a mesma simbologia e coloração cada, pois apresentam o mesmo tipo de informação especializada, enquanto a Figura 1 mostra os estados coloridos de forma diferente, pois cada sindicato recebe uma nomenclatura distinta.

A Tabela 1, por outro lado, informa numericamente quantos são os filiados informados pelos entrevistados:

Tabela 1 – Número de filiados informado pelos entrevistados

Nome(s)	Estado	Número de Filiados
Entrevistado 1	Minas Gerais	Não informou
Entrevistada 2	Mato Grosso	18.000
Entrevistado 3	Pará	898
Entrevistada 4	Ceará	14
Entrevistada 5	Minas Gerais	1000
Entrevistado 6	São Paulo	10.400
Entrevistado 7 Entrevistado 8	Rio Grande do Norte	166
Entrevistado 9	Rio Grande do Sul	150
Entrevistada 10	Pará	Não informou
Entrevistada 11 Entrevistado 12	Bahia	1200
Entrevistada 13 Entrevistado 14	Paraná	600
Entrevistado 15	Sergipe	60
Entrevistado 16	Brasília	1100
Entrevistada 17	Mato Grosso do Sul	2000

Fonte: elaborado pela autora.

O uso de material cartográfico mostrou-se como fundamental para entender a dinâmica das plataformas, uma vez que estão estritamente relacionadas ao território. Por meio do mapa é possível não só saber quais municípios tem os referidos serviços disponíveis, como também visualizar as áreas onde existe maior ou menor concentração do fenômeno retratado, de forma visual e impactante.

Compreendida a metodologia adotada e suas possíveis consequências torna-se imprescindível alertar que a junção dos dados das entrevistas e da visualização geral dos mapas de atuação sindical (Figuras 1, 2 e 3 – Capítulo 1) e do domínio empresarial – Uber e 99 – no Brasil (Figuras 4, 5 e 6 – Capítulo 2) será feita quando da categorização das entrevistas e as considerações críticas pertinentes (capítulos 4 e 5).

Traçada a rota, antes de iniciar a viagem, o capítulo 2 será desenvolvido com uma alusão simbólica ao mapa, item essencial para se realizar qualquer viagem que se queira chegar ao destino desejado.

Capítulo 2

O Mapa: O Contexto das Lutas por Acesso à Justiça dos Motoristas Plataformizados

Tudo começa com um mapa. Não apenas o geográfico, mas e inclusive o mental, aquele que idealiza a bagagem, os caminhos, as estradas e os destinos. Antes de iniciar uma viagem, definida a rota, é preciso compreender os percalços da travessia: os econômicos, os sociais, os culturais e, até mesmo, os políticos.

No entanto, a viagem dos motoristas plataformizados por justiça não se trata apenas de uma simples jornada, mas de uma árdua saga. Em uma terra ameaçada pelos domínios das plataformas transnacionais, há a manipulação do espaço geográfico, por meio de barreiras impostas nos caminhos que ligam um ponto a outro, sob o olhar eternamente vigilante dos algoritmos, protegidos por escudos intransponíveis. A prática de atos sindicais é a forma que os motoristas encontraram para transporem juntos os empecilhos desse caminho. Em união, os percalços montanhosos e os vales do silêncio das plataformas parecem mais passíveis de serem percorridos. Nesse contexto, o Direito é o "graal" capturado pelas plataformas, escondido e abafado, obstruindo o acesso dos motoristas àquele destino que lhes pertence por direito: a Justiça.

Neste capítulo, será feita a contextualização das lutas por acesso à justiça dos motoristas plataformizados, indicando a exploração do espaço pelas plataformas de transporte — com a manipulação do território, construção do campo de atuação da Uber e da 99 no Brasil, a relação entre os algoritmos e a prática de atos sindicais — e o papel do Direito do Trabalho, com a contribuição da Academia. Também será traçado o panorama das lutas desses trabalhadores via o acesso individual e o acesso coletivo à Justiça, em busca do enquadramento jurídico, iniciando-se pelo surgimento da uberização dentro do contexto capitalista neoliberal.

2.1. A uberização no contexto do capitalismo neoliberal e pandêmico

O panorama das lutas por acesso à justiça dos motoristas plataformizados se insere no contexto do capitalismo global, neoliberal e financeirizado, no cenário tecnológico da

Indústria 4.0.[39] Capitalismo não é mero sistema econômico, mas algo maior, "uma ordem social institucionalizada"[40], que depende, para sua reprodução, de um conjunto de condições não econômicas de fundo, indispensáveis para uma economia capitalista, tais como:

> as atividades não remuneradas da reprodução social, que asseguram a oferta de trabalho assalariado para a produção econômica; um aparato organizado de poder público (leis, polícia e agências reguladoras) que fornece a ordem, a previsibilidade e a infraestrutura necessárias para a acumulação sustentada; e, finalmente, uma organização relativamente sustentável da interação metabólica com o resto da natureza, que assegure suprimentos essenciais de energia e matérias-primas para a produção de mercadorias, além de um planeta habitável que possa sustentar a vida.[41]

O capitalismo, nas palavras de Fraser, é "um problema e um objeto digno de atenção política e intelectual", na medida em que corresponde a essa "crise sistêmica severa" que se enfrenta nos dias de hoje e não se limita a um conjunto de problemas pontuais, mas "uma profunda disfunção estrutural alojada no coração de nossa forma de vida".[42] Fraser explica que o problema não é apenas "econômico", não está relacionado somente à desigualdade, ao desemprego ou à má distribuição, por mais sérias que sejam tais questões. A autora explicita que "também não é só o 1% contra os 99%, ainda que essa retórica tenha inspirado muita gente a começar a fazer perguntas sobre o capitalismo". Fraser aponta que "acima e para além da questão de como a riqueza é distribuída, há o problema do que conta como riqueza em primeiro lugar e de como essa riqueza é produzida". Aprofundando na abordagem da crise do capitalismo, a autora aborda a questão que considera central para discutir "quem recebe quanto por qual tipo de trabalho", que é saber "o que conta como trabalho", "como ele é organizado", "do que essa organização demanda hoje das pessoas" e "do que está fazendo com elas"[43].

Muito além de discutir por que alguns têm mais e outros menos, embora isso não seja nada irrelevante, Fraser convida ao debate acerca do "por que tão poucas pessoas têm hoje

---

(39) "A Indústria 4.0 também chamada de Quarta Revolução Industrial, engloba um amplo sistema de tecnologias avançadas como inteligência artificial, robótica, internet das coisas e computação em nuvem que estão mudando as formas de produção e os modelos de negócios no Brasil e no mundo." (*INDÚSTRIA 4.0:* entenda seus conceitos e fundamentos. Disponível em: <https://www.portaldaindustria.com.br/industria-de-a-z/industria-4-0/>. Acesso em: 27 jun. 2022).

(40) FRASER, Nancy; JAEGGI, Rahel. *Capitalismo em debate*. Uma conversa na teoria crítica. São Paulo: Boitempo, 2020. p. 13.

(41) FRASER, Nancy. *O velho está morrendo e o novo não pode nascer*. Tradução de The old is dying and the new cannot be born/ Verso, 2019. São Paulo: Autonomia Literária, 2020. p. 65.

(42) FRASER, Nancy; JAEGGI, Rahel. *Capitalismo em debate*. Uma conversa na teoria crítica. São Paulo: Boitempo, 2020. p. 14-15.

(43) *Ibidem*, p. 15.

a vida estável e uma sensação de bem-estar" e "por que tantas pessoas têm de lutar por trabalhos precários, fazendo malabarismos com diversos empregos com menos direitos, proteções e benefícios, enquanto se endividam".[44] Fraser alerta que o termo capitalismo continua sendo usado como sinônimo de "modernidade" em alguns círculos e, na sua concepção, muito pelo contrário, o capitalismo deve ser visto, hoje, como "forma de vida abrangente, ancorada, como diria Marx, num modo de produção", que abrange "um conjunto específico de pressupostos, dinâmicas, tendências de crise, bem como contradições e conflitos fundamentais".[45]

O capitalismo pode ser descrito, segundo a autora, em quatro fases históricas, segundo diferentes regimes de acumulação: mercantil, liberal, administrado pelo Estado e financeirizado neoliberal, que se caracterizam não só por diferentes modos de relacionar Estado e mercados, mas também específicas formas de relacionar produção e reprodução, natureza e sociedade.[46]

O capitalismo financeirizado[47] é entendido como uma nova fase do capitalismo que surge como reação aos problemas do capitalismo administrado pelo Estado, o qual entra em crise nos anos 1970. Essa crise foi não apenas econômica, mas também política. Uniram-se, no aspecto político, tanto a crítica à esquerda que buscava transcender os limites da social-democracia, incorporando as lutas raciais, de gênero e a crítica à burocracia, quanto a crítica propriamente neoliberal, destinada a liberar as forças de mercado do controle e de fronteiras estatais e que se apropriou das críticas ao Estado, deslegitimando o Estado de bem-estar.[48] O resultado foi a hegemonia do capital financeiro e, "como a vida social como tal é cada vez mais dependente da economia, a busca desenfreada do lucro desestabiliza as próprias formas de reprodução social, sustentabilidade ecológica e poder público do qual depende".[49] Por conseguinte, é inerente a uma "formação social propensa a crises", compreendido o capitalismo financeiro como uma organização social profundamente predatória e instável, que libera a acumulação de capital das próprias restrições (políticas, ecológicas, sociais, morais) necessárias para sustentá-la ao longo do tempo. Assim, "liberto de tais

(44) FRASER, Nancy; JAEGGI, Rahel. *Capitalismo em debate*. Uma conversa na teoria crítica. São Paulo: Boitempo, 2020. p. 15.

(45) *Idem*.

(46) *Ibidem*, p. 82 e ss.

(47) Conforme Ricardo Antunes, o capital financeiro engloba desde o capital fictício até aquele que controla a produção e concebe o trabalho estritamente como "custo". (ANTUNES, Ricardo. *Capitalismo pandêmico*. São Paulo: Boitempo, 2022. p. 20).

(48) FRASER, Nancy; JAEGGI, Rahel. *Capitalismo em debate*. Uma conversa na teoria crítica. São Paulo: Boitempo, 2020. p. 96-100.

(49) FRASER, Nancy. Do neoliberalismo progressista a Trump — e além. *Política & Sociedade*, Florianópolis, v. 17, n. 40, p. 43-64, set./dez. 2018. Disponível em: <https://periodicos.ufsc.br/index.php/politica/article/download/2175-7984.2018v17n40p43/38983/215885>. Acesso em: 02 maio 2022, p. 63.

restrições, a economia capitalista consome suas próprias condições básicas de possibilidade", caracterizada metaforicamente por Fraser "como um tigre que come seu próprio rabo".[50]

A financeirização significa o desmantelamento das barreiras e das proteções à livre circulação do capital, a desregulamentação bancária, a ampliação de dívidas predatórias e a desindustrialização, com o enfraquecimento dos sindicatos e difusão dos trabalhos precários e mal remunerados[51]. Esse capitalismo financeirizado contemporâneo é produto do neoliberalismo[52], que gera, além da crise política global, uma crise mais ampla e multifacetada que atua também nas vertentes econômica, ecológica e social, contexto no qual proliferaram trabalhos precários e mal remunerados[53]. Esse é o terreno que se considera ter sido propício para que a uberização se instalasse.

Para Fraser, o capitalismo financeirizado não dispensou ou suprimiu a regulação política da economia. Ao revés, ele estabeleceu uma nova arquitetura político-financeira internacional, reconfigurando aquela antes vigente no regime dos acordos de Bretton Woods[54]. O capitalismo desenvolveu-se rumo a um sistema econômico mundial sem, porém, um Estado mundial, articulando-se com o sistema mundial de Estados existentes e suas múltiplas assimetrias de poder. Daí que a autora afirma, com David Harvey, que "a lógica política do capitalismo é distinta de sua lógica econômica". O capital opera no espaço transnacional e tende a ignorar os limites, mas tem de se defrontar com as fronteiras políticas nacionais. Assim, "o espaço transnacional no qual o capitalismo opera tem de ser politicamente construído"[55]. A economia de mercado sempre dependeu da estrutura jurídico-política que

---

(50) FRASER, Nancy. *O velho está morrendo e o novo não pode nascer*. Tradução de The old is dying and the new cannot be born/ Verso, 2019. São Paulo: Autonomia Literária, 2020. p. 66.

(51) FRASER, Nancy. Do neoliberalismo progressista a Trump — e além. *Política & Sociedade*, Florianópolis, v. 17, n. 40, p. 43-64, set./dez. 2018. Disponível em: <https://periodicos.ufsc.br/index.php/politica/article/download/2175-7984.2018v17n40p43/38983/215885>. Acesso em: 02 maio 2022, p. 46.

(52) Nancy Fraser faz um exame do neoliberalismo partindo do pressuposto da falência do modelo politicamente hegemônico de uma aliança entre uma versão progressiva das políticas de reconhecimento e uma versão regressiva da política econômica, chamada por ela de "neoliberalismo progressista" e, frente à emergência de uma versão hiper-reacionária do neoliberalismo, simbolizada por Donald Trump, a autora defende a ideia de uma versão progressista do populismo como ator contra-hegemônico no atual contexto social em FRASER, Nancy. Do neoliberalismo progressista a Trump — e além. *Política & Sociedade*, Florianópolis, v. 17, n. 40, p. 43-64, set./ dez. 2018. Disponível em: <https://periodicos.ufsc.br/index.php/politica/article/download/2175-7984.2018v17n 40p43/38983/215885>. Acesso em: 02 maio 2022.

(53) FRASER, Nancy. Do neoliberalismo progressista a Trump — e além. *Política & Sociedade*, Florianópolis, v. 17, n. 40, p. 43-64, set./dez. 2018. Disponível em: <https://periodicos.ufsc.br/index.php/politica/article/download/2175-7984.2018v17n40p43/38983/215885>. Acesso em: 02 maio 2022. p. 44.

(54) Para saber mais sobre o regime dos acordos de Bretton Woods, propostas definidas entre os participantes da Conferência Monetária e Financeira Internacional das Nações Unidas e Associadas, realizada entre 1 e 22 de julho de 1944, compreendido, por Fraser, como sistema de controle de capital, estabelecido sob a hegemonia dos Estados Unidos, vide: FRASER, Nancy; JAEGGI, Rahel. *Capitalismo em debate*. Uma conversa na teoria crítica. São Paulo: Boitempo, 2020. p. 92 e ss.

(55) FRASER, Nancy; JAEGGI, Rahel. *Capitalismo em debate*. Uma conversa na teoria crítica. São Paulo: Boitempo, 2020. p. 95.

lhe propiciaram os Estados territoriais, a fim de garantir os direitos de propriedade, o cumprimento dos contratos, decidir conflitos, impor a ordem e a segurança e reprimir rebeliões. Isso significa, segundo a autora, que a globalização neoliberal, na medida em que esvazia as capacidades político-jurídicas do Estado, coloca em xeque uma das condições de possibilidade do próprio capitalismo, configurando uma "crise política da sociedade capitalista [...] ancorada numa contradição especificamente política da sociedade capitalista: o fato de que sua economia, a um só tempo, depende e tende a desestabilizar os poderes públicos"[(56)].

Por outro lado, a reação ao capitalismo globalizador neoliberal deve enfrentar questões urgentes como mudança climática e regulação do capital financeiro, que não têm como ser tratadas em nível nacional, exigindo formas de governança global.[(57)] Esse aspecto evidencia aquilo que a autora identifica como necessidade de reenquadrar a Justiça em um mundo globalizado, diante da ultrapassagem do quadro westfaliano-keynesiano[(58)] pela globalização neoliberal, que será retomado no capítulo 3, no qual será explicitado o seu conceito.

Resolver a crise, na visão de Fraser, requer uma transformação estrutural do capitalismo financeirizado, com uma nova maneira de relacionar a economia com a política, a produção com a reprodução, a sociedade humana com a natureza não humana, o que demanda como solução, "um projeto que seja, no mínimo, antineoliberal, se não anticapitalista"[(59)].

Dentre os autores nacionais, Ricardo Antunes destaca a enorme expansão do neoliberalismo a partir do final dos anos 1970, com consequente crise do *Welfare State* e como resultado de um processo de regressão da social-democracia, que passou a atuar de maneira muito próxima da agenda neoliberal. Segundo ele, o "neoliberalismo passou a ditar o ideário e o programa a serem implementados pelos países capitalistas, inicialmente no centro e logo depois nos países subordinados". Sua caracterização envolve um pacote de medidas que incluem "reestruturação produtiva, privatização acelerada, enxugamento do estado, políticas fiscais e monetárias, sintonizadas com os organismos mundiais de hegemonia do capital como Fundo Monetário Internacional".[(60)]

---

(56) FRASER, Nancy; JAEGGI, Rahel. *Capitalismo em debate*. Uma conversa na teoria crítica. São Paulo: Boitempo, 2020. p. 56.

(57) *Ibidem*, p. 233.

(58) Segundo Fraser, a expressão enquadramento keynesiano-westfaliano tem o objetivo de sinalizar a dimensão nacional-territorial das bases das disputas judiciais no apogeu do Estado de bem-estar democrático, aproximadamente de 1945 até a década de 1970. O termo "westefaliano" refere-se ao Tratado de 1648, que estabeleceu algumas características do moderno sistema de estados internacionais. In: FRASER, Nancy. *Scales of Justice* — Reimagining Political Space in a Globalizing World. 1. reimp. New York: Columbia University Press, 2009. Nota n. 1. p. 160.

(59) FRASER, Nancy. *O velho está morrendo e o novo não pode nascer*. Tradução de The old is dying and the new cannot be born/ Verso, 2019. São Paulo: Autonomia Literária, 2020. p. 66.

(60) ANTUNES, Ricardo. Capítulo II: Trabalho e precarização numa ordem neoliberal. In: ANTUNES, Ricardo. *A cidadania negada*. Políticas de exclusão na educação e no trabalho. Buenos Aires: Consejo Latinoamericano de Ciencias Sociales, 2000. p. 35-48. Disponível em: <http://bibliotecavirtual.clacso.org.ar/clacso/gt/20101010021549/3antunes.pdf>. Acesso em: 11 jun. 2022.

Mesmo nos países centrais, os efeitos do capital em sua fase financeirizada neoliberal são sentidos em termos de deterioração progressiva das condições de trabalho e vida das populações trabalhadoras, aumento das desigualdades, aprofundamento das vulnerabilidades e perda da capacidade de ação reguladora dos mercados pelos poderes públicos. Já em países periféricos[(61)] como o Brasil, onde as conquistas do chamado Estado de Bem-Estar Social não chegaram nem perto dos níveis de concretização obtidos naqueles centrais, em que pese o plano normativo estabelecido pelo constituinte de 1988, os efeitos da onda precarizadora impactam "a seco" relações sociais já significativamente desprovidas de um colchão de segurança.

Desponta, em virtude disso, a importância de se voltar os olhos para o referencial normativo desempenhado pelo Estado de Bem-Estar Social, que Lorena Vasconcelos Porto e Mauricio Godinho Delgado apontam como "paradigma de controle civilizatório do capitalismo", ao sintetizar em sua "fórmula de gestão pública e social"[(62)], a afirmação de valores fundamentais à democracia, como a valorização do trabalho e do emprego, a justiça social e o bem-estar. Para os autores, a história recente do capitalismo demonstra que o grau de sucesso da inserção das economias no mundo globalizado tende a ser diretamente proporcional a seu distanciamento do ideário ultraliberalista e que, nos países periféricos, com economias pouco competitivas, baixa qualificação profissional e baixos salários, há maior "empreendedorismo" entre jovens. Indicam que os jovens, em países desenvolvidos, com economias mais estáveis, onde há um Estado de Bem-Estar Social, optam massivamente pelo contrato de emprego, por trabalharem em uma empresa na qual possam desenvolver uma carreira profissional.[(63)]

A reflexão acima se faz necessária para compreender a íntima relação entre a ausência de uma anterior efetivação do Estado de Bem-Estar Social no Brasil e a atual disseminação de trabalhos precários por meio da "uberização" no território brasileiro. Na época da realização da pesquisa de mestrado, "Da máquina à nuvem: caminhos para acesso à justiça pela via dos direitos dos motoristas da Uber", que antecedeu a este trabalho, o conceito de "uberização" ainda não possuía consolidação científica ou doutrinária. Até aquele momento, tal expressão era tida como derivada de um fenômeno mundial de repercussão econômica e

---

(61) Os países periféricos são os do chamado "Terceiro Mundo", em que Miracy Barbosa de Souza Gustin há muito já compreendia ser "visível que há nos países periféricos uma desesperança em relação a mudanças efetivas que possam recompor o bem-estar social e atribuir maior dignidade à população como um todo, em especial àquela em condição de pobreza e indigência". E em razão disso, afirmou que "a eticidade do acordo político fica abalada e, com ela, também a manutenção das relações democráticas e solidárias para o funcionamento da economia e a sustentação da governabilidade" e "assim, ficam minadas as possibilidades de expansão dos direitos humanos e fundamentais". In: GUSTIN, Miracy Barbosa de Souza. Resgate dos direitos humanos em situações adversas de países periféricos. *Revista da Faculdade de Direito UFMG*, Belo Horizonte, n. 47, 2005, p. 181-212.

(62) DELGADO, Mauricio Godinho; PORTO, Lorena Vasconcelos. O Estado de Bem-Estar Social (Welfare State) no capitalismo contemporâneo. In: DELGADO, Mauricio Godinho; PORTO, Lorena Vasconcelos (Orgs.). *Welfare State:* os grandes desafios do estado de bem-estar social. São Paulo: LTr, 2019. p. 35.

(63) *Ibidem*, p. 36.

social, surgida a partir da eclosão, no ano de 2010, do sistema produtivo da empresa "Uber", baseado em uma suposta ideia de economia compartilhada (*sharing economy*), que influenciou práticas de prestação de serviços e de contratação de trabalhadores. No panorama atual, a uberização se caracteriza, segundo Antunes, como "um processo no qual as relações de trabalho são crescentemente individualizadas e invisibilizadas, assumindo, assim, a aparência de prestação de serviços" enquanto as reais relações de assalariamento e de exploração do trabalho ficam eclipsadas"(64).

Em meio a essa crise profunda e estrutural do sistema capitalista, algumas empresas conseguem se aproveitar de uma massa imensa de trabalhadores e trabalhadoras que precisam de qualquer trabalho, uma miríade de homens e mulheres, em virtude da alta força de trabalho sobrante(65). Tais plataformas se utilizam de tecnologia magistralmente dispendida para controlar e gerir esse trabalho multitudinário, detendo controle da tecnologia, das redes de servidores e do maquinário digital. Foram esses os fatores que levaram à eclosão do capitalismo de plataforma.(66) Para Antunes, a uberização é uma genial articulação do capital, a massa de homens e mulheres desempregados, precarizados, proletarizados e sem trabalho são convertidos em empreendedores, virando todos burgueses, em um passe de mágica e, com essa jogada de transformar trabalhador em empreendedor com autonomia, as plataformas burlam a legislação do trabalho.(67)

A expansão dos supostos trabalhos autônomos e dos "empreendedorismos" manifesta-se como formas ocultas de assalariamento do trabalho, introduzindo um "véu" ideológico(68)

---

(64) ANTUNES, Ricardo. Trabalho intermitente e uberização do trabalho no limiar da Indústria 4.0. In: ANTUNES, Ricardo (Org.). *Uberização, trabalho digital e Indústria 4.0*. São Paulo: Boitempo, 2020. p. 11.

(65) Marcelo Manzano e André Krein, ao analisarem o contexto do mercado de trabalho brasileiro no período que as plataformas iniciaram suas operações no Brasil, preceituam que "apesar do mercado de trabalho brasileiro nunca ter passado por um processo de estruturação de fato e historicamente ser marcado pela forte presença da informalidade, de 2003 a 2014 foi possível observar um crescimento do emprego e um processo de formalização do trabalho no país, ainda que esse movimento tenha tido contradições. A partir de 2015, contudo, com a crise econômica impulsionada pela política de austeridade e as reformas de orientação liberal que se seguiram (a lei do Teto de Gastos de dezembro de 2016, a Reforma trabalhista de novembro de 2017 e a Reforma da Previdência de novembro de 2019), o desemprego dobrou e permaneceu em patamar superior aos 11%, a subutilização da força de trabalho alcançou 1/4 da população ativa e houve uma proliferação do número de trabalhadores em ocupações precárias, bem como um aumento da exploração do trabalho". (MANZANO, Marcelo; KREIN, André. A pandemia e o trabalho de motoristas e de entregadores por aplicativo no Brasil. *CESIT*, 1º jul. 2021. Disponível em: <https://www.cesit.net.br/a-pandemia-e-o-trabalho-de-motoristas-e-de-entregadores-por-aplicativo-no-brasil/>. Acesso em: 27 jun. 2022).

(66) As informações constantes neste parágrafo vieram de anotações de sala de aula da matéria Sociologia do Trabalho III ministrada por Ricardo Antunes na Unicamp, no 2º semestre do ano de 2021 (09.08.2021 a 31.12.2021), cujo título era: *"A Uberização do Trabalho"*. O conceito de capitalismo de plataforma será desenvolvido adiante.

(67) Expressões que Ricardo Antunes usou na Live "Capitalismo de crise e crise das esquerdas". Evento salão do livro político. *Canal da Boitempo*, aconteceu no dia 23.06.2022 e que está disponível em: <https://www.youtube.com/watch?v=6lb8gluEKPA>.

(68) Oportunas as palavras de Gustavo Seferian: "[...] se quisermos desacobertar esse véu ideológico, imprescindível se faz buscar a expressão dessa ideologia em sua materialidade, nas instituições, nas práticas sociais humanas". MACHADO, Gustavo Seferian Scheffer. *A ideologia do contrato de trabalho:* contribuição à leitura marxista da relação

para obliterar uma realidade incapaz de oferecer vida digna para os trabalhadores. Isso ocorre porque, "ao tentar sobreviver, o 'empreendedor' se imagina como proprietário de si mesmo, um quase-burguês, mas frequentemente se converte em um proletário de si próprio, que autoexplora seu trabalho"(69).

Ranúlio Moreira explicita que o "mercado globalizado neoliberal impõe sua ideologia" e, "antes de sugar toda a força produtiva do trabalhador, já consegue fazer dele um derrotado, pois lhe mostra a todo instante que ele não é capaz de acompanhar a velocíssima evolução tecnológica", fazendo-o se sentir "frágil, impotente, incompetente e culpado". E conclui que "as novas técnicas de gestão nessa fase informacional, com a propagação dos meios informatizados de produção, fazem o operário acreditar que ele não se atualizou", e que, portanto, a culpa é toda dele e que está "fadado à exclusão do mercado de trabalho pela sua própria inércia"(70).

Além de dar materialidade a processos muito fortemente associados ao neoliberalismo, a uberização pode ser entendida como uma espécie de generalização e espraiamento de características estruturantes da vida de trabalhadores da periferia, que transitam entre ocupações formais e informais, as quais compõem sua trajetória pela instabilidade e pela ausência de uma identidade profissional definida, raramente contando com uma rede de proteção e segurança socialmente instituída via mundo do trabalho.(71) Segundo Ludmila Abílio, ao se destacar como expoente desse processo de uberização, a empresa Uber deu visibilidade a um novo passo na subsunção real do trabalho(72), que, no caso brasileiro, seria, de acordo com a autora, uma subsunção real da "viração"(73), isto é, das formas anteriores de sobrevivência dos mais pobres no mercado de trabalho.

---

jurídica laboral. Dissertação (Mestrado em Direito do Trabalho). São Paulo: Faculdade de Direito, Universidade de São Paulo, 2012.

(69) ANTUNES, Ricardo. Trabalho intermitente e uberização do trabalho no limiar da Indústria 4.0. In: ANTUNES, Ricardo (Org.). *Uberização, trabalho digital e Indústria 4.0.* São Paulo: Boitempo, 2020. p. 16. O conceito de autoexploração é desenvolvido em HAN, Byung-Chul. *Psicopolítica.* Barcelona: Herder, 2015. p. 38-48.

(70) MOREIRA, Ranúlio Mendes. O neoliberalismo e a banalização da injustiça social. *Revista do Tribunal Regional do Trabalho 3ª Região,* Belo Horizonte, v. 45, n. 75, p. 173-184, jan./jun. 2007. Disponível em: <http://as1.trt3.jus.br/bd-trt3/handle/11103/27364>. Acesso em: 27 jun. 2022, p. 181.

(71) ABILIO, Ludmila Costhek. Uberização: gerenciamento e controle do trabalhador just-in-time. In: ANTUNES, Ricardo (Org). *Uberização, trabalho digital e indústria 4*.0. São Paulo: Boitempo, 2020. p.111-124. p. 113.

(72) Os processos de aquisição primária são processos de subsunção formal, assim como a compra de força de trabalho é um processo de subsunção formal. A subsunção real é aquela na qual o capital transforma em valor aquilo que ele próprio produziu. Pensar na subsunção real do trabalho significa pensar na subsunção real total de um trabalho que o capital produziu por inteiro, desde a formação intelectual, cultural, reprodução, ou seja, como definiu Ludmila Costhek Abílio, o processo de uberização absorve também os saberes das formas anteriores de sobrevivência. ABÍLIO, Ludmila Costhek. Uberização do trabalho: subsunção real da viração. *Passa Palavra,* 19 fev. 2017. Disponível em: <http://passapalavra.info/2017/02/110685>. Acesso em: 16 out. 2020.

(73) ABÍLIO, Ludmila Costhek. Uberização do trabalho: subsunção real da viração. *Passa Palavra,* 19 fev. 2017. Disponível em: <http://passapalavra.info/2017/02/110685>. Acesso em: 16 out. 2020.

Tal raciocínio se liga à reflexão de Fraser que parte daquilo que Marx desvendou, o "laboratório secreto" do capital ou a origem do valor, na esfera da produção, para além da aparência da esfera da circulação. Contudo, para que haja produção, Fraser chama à percepção o fato de que são necessárias "condições de fundo", das quais o capital depende, mas que o próprio capital não produz, ligadas respectivamente à reprodução social, à ecologia da terra e ao poder político.(74) Dessa forma, fica reforçada a ideia de que o capitalismo se apoia em recursos que ele próprio não produz, tanto humanos, como os modos de sociabilidade, vínculos de solidariedade, aprendizado, formas de vida, estruturas político-jurídicas, quanto naturais, a terra, as dádivas do planeta. O que a uberização recrudesceu foram os processos diretos de apropriação dos recursos de sobrevivência e da cooperação social dedicados ao trabalho pela "viração" da "classe-que-vive-do trabalho".(75)

A esse trágico cenário de devastação das relações sociais sob o domínio do capital, veio se somar a pandemia global. A crise estrutural do capital somada à explosão do vírus SARS-CoV-2 resultou no que Antunes denomina de "capitalismo pandêmico", cuja dinâmica é muito mais brutal e intensa para as pessoas que dependem do trabalho para viver. Nesta posição, a classe trabalhadora se viu sob "intenso fogo cruzado entre a situação famélica e a contaminação virótica, ambas empurrando para a mortalidade e a letalidade"(76). Antunes

---

(74) FRASER, Nancy. Por trás do laboratório secreto de Marx: por uma concepção expandida do capitalismo [*Behind Marx's Hidden Abode, for an Expanded Conception of Capitalism*]. Trad. Mayra Cotta; Miguel Patriota. *Direito & Práxis*, v. 6, n. 10, p. 704-728, 2015. A estratégia de Fraser, nesse texto, foi a olhar primeiro para Marx e depois para além dele, na esperança de jogar uma nova luz sobre o que exatamente é o capitalismo e como melhor defini-lo. Segundo Fraser, "Nos faltam concepções sobre o capitalismo e a crise capitalista que sejam adequadas ao nosso tempo.[...] O caminho passa pelo de Karl Marx, cuja concepção do capitalismo eu me proponho a reexaminar com este objetivo em mente. O pensamento de Marx tem muito a oferecer como uma fonte de conceitos gerais.[...] Enquanto Marx olhou para além da esfera de troca, analisando o 'laboratório secreto' da produção, para descobrir os segredos do capitalismo, eu procurarei as condições de possibilidade da produção para além desta esfera, em domínios ainda mais secretos. Para Marx, a primeira característica definidora do capitalismo é a propriedade privada dos meios de produção, o que pressupõe uma divisão de classes entre os proprietários e os produtores. Esta divisão surge como resultado do fim de um mundo social anterior, no qual a maioria das pessoas, independentemente de sua posição, tinha acesso aos meios de subsistência e aos meios de produção; acesso, em outras palavras, a comida, moradia e vestimenta, e a ferramentas, terra e trabalho, sem a necessidade de mediação dos mercados de trabalho. O capitalismo decididamente acabou com esta configuração. Ele cercou o comum, revogou o direito costumeiro de uso da maioria e transformou os recursos compartilhados em propriedade privada de uma reduzida minoria. Isso nos leva diretamente à segunda característica central de Marx, o mercado de trabalho livre, porque os outros — isto é, a vasta maioria — agora precisa se desdobrar de uma forma bastante peculiar, a fim de que possa trabalhar e conseguir o necessário para continuar vivendo e criar seus filhos". (*Op. cit.*, p. 707-708).

(75) ANTUNES, Ricardo. Capítulo II: Trabalho e precarização numa ordem neoliberal. In: ANTUNES, Ricardo. *A cidadania negada*. Políticas de exclusão na educação e no trabalho. Buenos Aires: Consejo Latinoamericano de Ciencias Sociales, 2000. p. 35-48. Disponível em: <http://bibliotecavirtual.clacso.org.ar/clacso/gt/20101010021549/3antunes.pdf>. Acesso em: 11 jun. 2022.

(76) Ricardo Antunes explicita que "a visceral contradição que atingiu a totalidade da classe trabalhadora, que se encontrava sob o fogo cruzado: era preciso que houvesse isolamento social e quarentena para evitar o contágio pelo coronavírus. Sem isso, a classe trabalhadora seria cada vez mais contaminada, adoecendo e perecendo em maior quantidade. Mas como ficar em isolamento social o(a)s desempregado(a)s, o(a)s informais, o(a)s trabalhadore(a)s intermitentes, o(a)s uberizado(a)s, o(a)s subutilizado(a)s, o(a)s terceirizado(a)s, isto é, aqueles

expõe que o evidente caráter discriminatório com a "classe-que-vive-do-trabalho" se acentuou fortemente no Brasil pela autocracia instalada pelo Presidente Jair Bolsonaro e pela "pragmática neoliberal primitiva e antissocial do Ministro da Economia Paulo Guedes".(77)

O cenário político que o Brasil vivencia hoje se resume a um desmonte avassalador da legislação social protetora do trabalho, com a destruição da política de seguridade social, aliado a medidas que visam enfraquecer os organismos de classe e restringir a atuação da Justiça do Trabalho. Tudo isso a mando do que Antunes denomina de (des)governo. (78)

Nesse contexto político brasileiro desse (des)governo, que se declara neoliberal e apoiador do sistema capitalista financeirizado, em meio ao cenário pandêmico, é que se dão as lutas por acesso à justiça dos motoristas plataformizados. "Vidas foram (e estão sendo destroçadas), direitos são extirpados, misérias são intensificadas e desigualdades exacerbadas"(79). Tal agravamento trazido pela pandemia encontrou como contexto, já analisado em pesquisa anterior, o surgimento de novas formas de exploração do trabalho humano em rede, com a chamada "uberização da economia", quando se vislumbrou a necessidade de mapear os novos conflitos entre capital e trabalho, sob a justificativa de que o primeiro possui hipermobilidade maximizada (é virtual), enquanto o segundo é sedentário (é uma pessoa física). Tal concepção, trabalhada durante a pesquisa de mestrado, encontra atualização no presente trabalho, a partir da percepção de que as plataformas de transporte não são nunca apenas virtuais, pois "é no território que realizam sua função concreta, permitindo uma ação eficiente e instantânea, por meio do controle remoto do trabalho"(80) dos motoristas e seus veículos.

---

que não têm direitos sociais e que recebem salários somente quando executam algum trabalho?" (ANTUNES, Ricardo. *Capitalismo pandêmico*. São Paulo: Boitempo, 2022. p. 21-23).

(77) ANTUNES, Ricardo. *Capitalismo pandêmico*. São Paulo: Boitempo, 2022. p. 21-23.

(78) Referindo-se ao Governo de Jair Bolsonaro, que tem se mostrado comprometido com a desconstrução da regulação pública trabalhista: a flexibilização do mercado de trabalho, a prevalência do negociado sobre o legislado, o trabalho insalubre ampliado para as trabalhadoras, as restrições à Justiça do Trabalho, dentre tantos outros pontos nefastos, foram consubstanciados na Reforma Trabalhista (Lei n. 13.467), de 2017. E como se isso não bastasse, a "contrarreforma" introduziu o trabalho intermitente, "um dos mais nocivos elementos presentes no mundo do trabalho contemporâneo" e, a partir de então, "trabalhadores e trabalhadoras ficam disponíveis para o trabalho, mas recebem somente se forem chamados, o tempo de espera não é remunerado". Além da "demolição da previdência pública, o Governo de Bolsonaro ainda pretendeu criar a "Carteria de Trabalho Verde e Amarela", em que o contrato individual prevalecerá sobre a CLT. ANTUNES, Ricardo. *Capitalismo pandêmico*. São Paulo: Boitempo, 2022. p. 78-85.

(79) ANTUNES, Ricardo. *Capitalismo pandêmico*. São Paulo: Boitempo, 2022. p. 11. Como define Antunes, "o trabalho, antes entendido como valor, se tornou um desvalor, para criar mais-valor" e "Se assim é no sistema de metabolismo social do capital, será preciso reinventar um novo modo de vida". Nas palavras de Ricardo Antunes: "There is no alternative. Esse é o imperativo crucial do nosso tempo".

(80) TOZI, Fábio; DUARTE, Leandro Ribeiro; CASTANHEIRA, Gabriel Rocha. As plataformas digitais de transporte por aplicativos no Brasil: atritos e tensões entre o território e as corporações. In: *VIII Simpósio Nacional de Ciência, Tecnologia e Sociedade*. As plataformas digitais de transporte por aplicativos no Brasil: atritos e tensões entre o território. Anais..., ESOCITE.BR, p. 186-196, 2019.

Dessa feita, "embora se definam como empresas de tecnologia, sua ação concreta ocorre no setor de transportes e depende da organização pretérita dos territórios onde agem", apoiando-se, assim, nas infraestruturas urbanas, estações de trem, metrô, localização de moradias, empregos, serviços e comércios"(81), razão pela qual é imprescindível compreender a construção do espaço pelas plataformas de transporte. Há de se buscar também, aí, qual é o papel exercido pelo Direito, em especial o do Direito do Trabalho, na apropriação do espaço territorializado das plataformas. Estes dois últimos aspectos serão tratados em tópicos próprios mais adiante. Antes, porém, faz-se necessário compreender a própria dinâmica das plataformas de trabalho. O chamado "capitalismo de plataforma"(82), é visto aqui como uma das facetas da fase capitalista neoliberal financeirizada e globalizada.

Há uma vasta literatura sobre conceito e classificação das plataformas de trabalho. Florian Schmidt possui uma compreensão abrangente das plataformas, classificando-as em plataformas de bens, de serviços, de dinheiro, de comunicação, de entretenimento e de informação(83). Valério de Stefano e Antonio Aloisi propõem uma divisão entre plataformas de trabalho e aquelas que facilitam o acesso a bens, propriedade e capital(84).

Rodrigo de Lacerda Carelli e Murilo Carvalho Sampaio conceituam especificamente as plataformas digitais de trabalho como "infraestruturas digitais que possibilitam a interação de dois ou mais grupos, tendo como objeto principal o trabalho intensivo". Consideram como plataforma "não a natureza do serviço prestado pela empresa, mas sim o método, exclusivo ou conjugado, para a realização do negócio empresarial". Explicam que tanto as plataformas digitais como as que não se digitalizaram, são "simplesmente um modelo de organização empresarial que logo serão onipresentes, não fazendo nenhum sentido tratá-las como um setor da atividade econômica"(85).

Os supracitados autores ressaltam a conhecida tática das empresas de transporte por plataforma apresentarem-se como empresas de tecnologia, bem como se confundirem em seu funcionamento como *marketplace*(86). Em pesquisa anterior, já foi ressaltada a utilização

(81) TOZI, Fábio; DUARTE, Leandro Ribeiro; CASTANHEIRA, Gabriel Rocha. As plataformas digitais de transporte por aplicativos no Brasil: atritos e tensões entre o território e as corporações. In: *VIII Simpósio Nacional de Ciência, Tecnologia e Sociedade*. As plataformas digitais de transporte por aplicativos no Brasil: atritos e tensões entre o território. Anais..., ESOCITE.BR, p. 186-196, 2019.

(82) SNIRCEK, Nick. *Platform Capitalism*. Cambridge: Polity Press, 2017. p. 36.

(83) SCHMIDT, Florian. *Digital Labour markets in the platform economy:* mapping the political challenges of crowd work and gig work. Bonn: Friedrich-Ebert-Stiftung, 2017.

(84) DE STEFANO, Valerio; ALOISIO, Antonio. *European legal framework for "digital Labour platforms"*. Luxembourg: Publications Office of The European Union, 2018.

(85) CARELLI, Rodrigo de Lacerda; OLIVEIRA, Murilo de Carvalho Sampaio. *As Plataformas Digitais e o Direito do Trabalho:* como entender a tecnologia e proteger as relações de trabalho no século XXI. Belo Horizonte: Editora Dialética, 2021. p. 60-67.

(86) *Ibidem*, p. 57.

intensa do *marketing* da economia colaborativa e a deturpação linguística com a intenção deliberada de fuga da aplicabilidade da legislação trabalhista. Todavia, aponta-se que, desde 20 de dezembro de 2017, o Tribunal Europeu já reconheceu que a empresa Uber desempenha um serviço de transporte, rechaçando aquela argumentação empresarial.(87)

Nick Snircek chama a atenção para a operação de plataformas industriais em plantas fabris, ressaltando aspecto muito menos visível, de que as plataformas de inteligência artificial estão sendo usadas dentro de empresas convencionais, transformando profundamente os processos de trabalho nessas empresas(88). Esse fenômeno, muito menos visível do que a plataformização do trabalho uberizado, traz à consideração o quanto o uso de estratégias de gestão do trabalho e a coordenação de fatores baseada em plataformas que empregam inteligência artificial não implica ruptura em relação àquilo que vem ocorrendo com maior ou menor intensidade em todas as organizações de trabalho. Constatar a ordinarização do uso de plataformas digitais baseadas em inteligência artificial para a gestão do trabalho em espaços empresariais convencionais ou não, permite demonstrar, assim, que é uma mistificação pretender que a gestão por plataforma esteja a introduzir uma nova forma de organização das relações de trabalho e que não possa ser captada pelos conceitos legais existentes.

Importantíssimo também refutar a crença de que existam "trabalhadores digitais", pois "o trabalhador sempre é de carne e osso, com necessidades, desejos, vontades, e realiza o seu trabalho no mundo real". Nesse sentido, o trabalho é sempre localizado" e "o que pode se deslocar de maneira quase que instantânea é o produto do trabalho". Outra crença que merece ser desbancada é a do suposto "ciberespaço": ele não existe, "é uma ficção trazida para possibilitar ou justificar a fuga da legislação"(89).

Carelli e Sampaio ressaltam a importância de identificar tais erros para a análise de plataformas e do mundo digital em geral, sendo especialmente central para a regulação do trabalho. Afirmam que "mesmo o trabalho dito *on-line* é localizado" e "justamente por ser realizado por um trabalhador a partir de um local e seu resultado poder ser imediatamente recebido em outra parte do planeta também localizável é que o trabalho em plataforma"(90) pode trazer desafios cruciais que demandam adequada articulação entre o global e o local.

---

(87) LEME, Ana Carolina Reis Paes. *Da máquina à nuvem:* caminhos para o acesso à justiça pela via de direitos dos motoristas da Uber. Dissertação (Mestrado em Direito) – Programa de pós-graduação em Direito da Faculdade de Direito da UFMG, 2018. Disponível em: <https://repositorio.ufmg.br/handle/1843/40138>. Acesso em: 28 abr. 2020, p. 34.

(88) SNIRCEK, Nick. *Platform Capitalism*. Cambridge: Polity Press, 2017.

(89) CARELLI, Rodrigo de Lacerda; OLIVEIRA, Murilo de Carvalho Sampaio. *As Plataformas Digitais e o Direito do Trabalho:* como entender a tecnologia e proteger as relações de trabalho no século XXI. Belo Horizonte: Editora Dialética, 2021. p. 66.

(90) *Ibidem*, p. 67.

Demandas por justiça dos trabalhadores, localmente situados, frente a corporações transnacionais[91] que mascaram sua atuação territorial, podem esbarrar em obstáculos intransponíveis pela falta de instâncias adequadas capazes de fazer essa articulação em condições de paridade de participação[92], valendo-se dos limitados instrumentos do direito nacional e organismos internacionais.

O espaço jurídico-laboral está em disputa, contudo, as empresas de transporte individual plataformizado já o vêm construindo largamente a seu favor, antes, durante e após a publicação dos textos normativos e decisões dos tribunais, que não estão protegidos da força de influência das transformações fáticas produzidas pelos dispositivos de atuação das plataformas e pelo seu grande poder de lobby sobre os poderes estatais.[93] Exemplo desse poder de influência deu-se com a própria Comissária responsável pela agenda digital da Comissão Europeia, Neelie Kroes, que, no exercício do cargo, manifestara-se a favor da companhia, qualificando de "loucura" a decisão de um tribunal de Bruxelas que, em 2014, proibiu a atuação da Uber na Bélgica e, alguns meses após deixar a Comissão Europeia, passou a integrar, em 2016, o Comitê de Conselho em Política Pública da Uber[94]. Ademais, já nos momentos finais de escrita desta obra, em 10.07.2022, vieram a público os denominados *Uber Files*, conjunto de mais de 124 mil arquivos digitais vazados e publicados por um consórcio de jornalistas em conjunto com os jornais *The Guardian* e *Le Monde*, também reproduzido nas mídias brasileiras, os quais trazem várias evidências de como a Uber violou leis, escondeu informações de autoridades de diferentes países, chegando a ações de *lobby* exercidas diretamente com o presidente dos Estados Unidos, Joe Biden e o atual presidente da França, Emmanuel Macron, à época em que exercia o cargo de ministro da economia.[95]

Essas revelações confirmaram a estratégia que aqui já se vinha apontando, de ter a Uber atuado para criar um espaço protegido da aplicação do direito para permitir a sua operação no país criando uma fictícia "zona cinzenta" — como se define adiante —, pela qual ora se vale de normas criadas de acordo com seus interesses, ora simplesmente se furta à aplicação da lei ou a manipula a seu favor. Essa a estratégia que confundiu pessoas

---

(91) Observa-se que as plataformas nacionais também vêm se utilizando da mesma organização do trabalho implantada no país pelas transnacionais.

(92) FRASER, Nancy. Reconhecimento sem ética? Tradução de Ana Carolina Freitas Lima Orgando e Mariana Prandini Fraga Assis. Lua Nova, São Paulo, v. 70, p. 101-138, 2007. p. 113 (artigo originalmente publicado na *Revista Theory, Culture e Society*, v. 18, p. 21-42, 2001). O conceito de paridade de participação será explicitado no capítulo 2.

(93) Diversas dessas estratégias de lobby da Uber são descritas pelo observatório Corporate Europe (UBER: an EU lobby profile. *Corporate Europe*, 11 jul. 2022. Disponível em: <https://corporateeurope.org/en/uber-eu-lobby-profile>. Acesso em: 1º ago. 2022).

(94) SUPIOT, Alain. *La justice au travail*. Paris: Le Seuil, 2022. p. 34 e 63.

(95) Jornal *O Tempo*, 10 jul. 2022. Disponível em: <https://www.otempo.com.br/mundo/documentos-vazados-mostram-que-uber-violou-leis-diz-jornal-britanico-1.2697195>. Acesso em: 11 jul. 2022. UBER Files: Documentos vazados mostram como a empresa interferiu em leis locais. *Estadão*, 10 jul. 2022. Disponível em: <https://link.estadao.com.br/noticias/empresas,uber-files-documentos-vazados-mostram-como-a-empresa-interferiu-em-leis-locais,70004113081>. Acesso em: 11 jul. 2022. INVESTIGAÇÃO revela lobby da Uber para mudar leis trabalhistas. *G1 Website*, 10 jul. 2022. Disponível em: <https://g1.globo.com/globonews/jornal-das-dez/video/investigacao-revela-lobby-da-uber-para-mudar-leis-trabalhistas-10746289.ghtml>. Acesso em: 11 jul. 2022.

e trabalhadores sobre uma suposta ausência de regulação pública do serviço de transporte privado de passageiros intermediado por plataforma digital e do trabalho plataformizado. Trata-se de um processo muito mais amplo do qual as disputas pela produção, interpretação e aplicação do direito fazem parte.

Por tal razão, percebe-se que a disrupção das plataformas não está na "nuvem", ou seja, na tecnologia que utilizam ou em seu "novo modelo de negócio", a disrupção está "para além da nuvem": a disrupção encontra-se na violação sistêmica do Direito, no caso do Brasil, tanto na violação do Direito nacional como na construção de um espaço de suposta ausência de lei aplicável ao contrato de trabalho pactuado com os motoristas.

2.2. Para além da nuvem: a construção do espaço pelas plataformas de transporte

Estar nas nuvens é uma expressão idiomática que costuma significar sentir-se feliz, no melhor dos mundos, inteiramente realizado. A nuvem também se tornou a imagem metonímica do grande modelo da indústria 4.0, algo que remete ao imaginário de que o capital globalizado e financeirizado, com a revolução tecnológica digital, o capitalismo de dados, a governança pelos dispositivos digitais de controle, teria enfim se libertado das determinações e limitações do mundo concreto do trabalho realizado por pessoas de carne e osso e do território, conquistando assim a sua própria felicidade. Com efeito, as primeiras abordagens sobre as plataformas digitais de transporte atentaram naturalmente para a força disruptiva do modelo de negócios baseado nos dispositivos tecnológicos e em sua capacidade de dominar digitalmente o trabalho vivo. Inegavelmente, se nas duas primeiras revoluções industriais a máquina consubstanciava a essência do controle do trabalho vivo pelo trabalho morto, nas duas últimas revoluções industriais, esse controle se desloca substancialmente da máquina para a nuvem, mas não integralmente como já foi demonstrado.

Não obstante, como as pesquisas mais recentes sobre o tema – inclusive a pesquisa de campo aqui apresentada – têm revelado, não se trata de um dos polos da relação, o capital, ficar "nas nuvens", porque ficticiamente "está nas nuvens", mas não está, está em concreto. Explica-se: por mais que o diferencial introduzido pelos dispositivos digitais de controle, capazes de arregimentar e controlar o trabalho humano, clientes e dados em grande escala, seja crucial, o seu intento de domínio depende de um arsenal estratégico muito mais amplo. Um grande conjunto de condicionantes que se materializa na necessidade de construção de um espaço territorial que viabilize, ao ser dócil e receptivo, o modelo de negócio dessas empresas. Por isso, para pensar as questões pertinentes à (in)justiça no trabalho dos motoristas plataformizados, é relevante uma abordagem que perceba a ação das plataformas em termos de construção do espaço e conformação do seu território de atuação.

Nos tópicos deste capítulo, abordar-se-á a construção do espaço pelas plataformas de transporte, mediante diferentes frentes estratégicas. Inicialmente, apresenta-se o mapa de atuação das plataformas de transporte em termos de estruturação do espaço geográfico e manipulação do território. A seguir, relata-se o processo de chegada e expansão do campo de atuação da Uber e da 99 no Brasil. Na sequência, revela-se a relação entre a manipulação dos motoristas pelos algoritmos e a prática de atos antissindicais como estratégia de combate às iniciativas de reconfiguração do espaço de regulação pelos trabalhadores. Por fim, sedimentado o papel do Direito do Trabalho e da jurisprudência na regulação civilizatória do trabalho dos motoristas plataformizados, será problematizada a estratégia empresarial de manipulação do Direito, com a contribuição da pesquisa acadêmica, para desvelar os bloqueios no acesso à justiça.

2.2.1. As plataformas de transporte e o espaço: a manipulação do território

As plataformas de transporte otimizam o aproveitamento e a apropriação dos recursos existentes no espaço territorial. Todavia, também interferem diretamente sobre o território, transformando-o e construindo-o de acordo com as suas necessidades. Isso também inclui os recursos político-jurídicos ligados ao Estado nacional, atuando fortemente para manter-se o mais longe possível de qualquer regulação jurídica nacional que a vincule, mesmo sem deixar de se beneficiar da mesma estrutura jurídica de garantia de contratos, preservação de marcos de atuação e demais condições que lhe disponibilizam contingentes massivos de trabalhadores e consumidores.

Assim, tais empresas estabeleceram seu espaço por meio de manipulação da linguagem, manipulação ideológica (o "empreendedorismo"), manipulação da mídia, manipulação da legislação e da competência para legislar (vide a competência legislativa para o transporte privado de passageiros por plataformas, deslocada da União para os municípios ("Lei do Uber"), como também a manipulação da jurisprudência. Esse movimento pode ser visto como fuga do território legal, por meio da criação de uma zona cinzenta de não enquadramento ou, mais precisamente, de enquadramento híbrido, via regras manipulatórias, criando vácuos seletivos para a atuação estatal de modo a ampliar o espaço de atuação territorial das plataformas.

O exame da construção do espaço pela Uber pode ser incrementado a partir do conceito de Milton Santos que define o espaço geográfico como "conjunto indissociável de sistemas de objetos e de ações"(96). O objeto geográfico é visto na interação entre permanência e transformação, ou seja, atravessado pelo tempo. Essa interação se estabelece na relação entre o que o autor denomina de fixos e fluxos.(97)

Os elementos fixos são aqueles que podem ser apontados em cada lugar do mapa com certa permanência no tempo, constituindo suportes estáveis para a vida social. Além disso, os fixos têm sempre uma função. Como exemplos, o sistema viário de um local, o relevo, as residências, os estabelecimentos de alimentação, ambientes de trabalho, escolas, bosques, lugares de lazer, veículos etc. São formas que se perpetuam no espaço e, por isso,

(96) SANTOS, Milton. *A natureza do espaço:* técnica e tempo, razão e emoção. 4. ed. São Paulo: Edusp, 2009.

(97) SANTOS, Milton. *Técnica, Espaço, Tempo: globalização e meio técnico científico e informacional*. 5. ed. São Paulo: Editora da Universidade de São Paulo, 2013.

permitem que ações modifiquem o próprio lugar, por meio de fluxos novos ou renovados que recriam as condições ambientais e as condições sociais.[98]

Os fluxos, por sua vez, são "um resultado direto ou indireto das ações". Eles atravessam ou se instalam nos fixos, modificando a sua significação e o seu valor, ao mesmo tempo em que, também, se modificam.[99] Uma montanha, como fixo, sofre a ação de perfuração humana (fluxo) resultando em um fixo (túnel) no qual está instalada aquela ação transformadora. Pelo túnel, que compõe o sistema viário (fixo), passará o fluxo dos veículos — que também são fixos —, conduzidos, vários deles, por motoristas plataformizados, levando o cidadão doente para o hospital, a estudante à faculdade, a gestante que deu à luz antes de chegar à maternidade, em suma, o fluxo da vida, quiçá da morte, que se inclui no estar vivo.

Pelos telefones celulares circulam os fluxos de chamados via aplicativo, informações de rotas e comandos impulsionados automaticamente pelos algoritmos, que se situam em trânsito entre dispositivos fixos. Edifícios de bancos são fixos pelos quais circula o fluxo de dinheiro físico ou digital, mas que abrigam, em si, um fluxo de ações humanas conformadoras do espaço econômico. Corporações, como bancos ou empresas de plataformas de transporte, são centros de gestão (fixos) que mobilizam enormes fluxos de serviços, dados, informações, comandos e mobilizam ações humanas e objetos fixos.

Milton Santos alerta para o fato de que os fixos são cada vez mais artificiais, "fixados ao solo" ou fixos-móveis, como veículos, ao passo que os fluxos são cada vez "mais diversos, mais amplos, mais numerosos, mais rápidos".[100] Com a multiplicação de objetos e de ações transformadoras, o espaço ganha espessura, a "profundidade do acontecer"[101]. Compreendendo a crescente integração de fluxos e fixos, Santos chega ao conceito de espaço como sistema de sistemas de objetos e de ações. Ações podem transformar objetos — como numa colisão entre veículos — como desencadear fluxos de ações — numa conversa durante a viagem, que pode resultar em amizade, desprezo ou mesmo chegar à violência. Objetos também induzem ou limitam as ações. O objeto-aplicativo, ao bloquear o acesso do motorista plataformizado, bloqueia a sua ação como trabalhador. O espaço, para Santos, é, assim, a interação constante dos sistemas de objetos e sistemas de ações.

A partir dele, o conhecimento sistemático do território pode ser entendido como a relação entre fixos e fluxos. Ao conceituá-lo, Milton Santos afirma que o território é "imutável em seus limites, corresponde a uma linha traçada de comum acordo ou pela força".

---

(98) BARROS, José D'Assunção. Fixos e fluxos: revisitando um par conceitual. *Cuadernos de Geografía: Revista Colombiana de Geografía*, v. 29, n. 2, p. 493-504, 2020. Disponível em: <https://doi.org/10.15446/rcdg.v29n2.81618>. Acesso em: 27 jun. 2022.

(99) SANTOS, Milton. *A natureza do espaço:* técnica e tempo, razão e emoção. 4. ed. São Paulo: Edusp, 2009. p. 38.

(100) *Idem.*

(101) SANTOS, Milton. *Técnica, Espaço, Tempo:* globalização e meio técnico científico e informacional. 5. ed. São Paulo: Editora da Universidade de São Paulo, 2013. p. 34.

Para ele, o território não tem forçosamente a mesma extensão ao longo da história, mas em um momento específico ele representa um dado fixo. O território passa a se chamar espaço quando encarado segundo "a sucessão histórica de situações de ocupação efetiva por um povo". A utilização do território pelo povo, portanto, cria o espaço.(102)

A construção do espaço é, nesse contexto, a obra da sociedade em sua marcha histórica ininterrupta. A sociedade se transforma em espaço pela sua "redistribuição sobre as formas geográficas, e isto ela o faz em benefício de alguns e em detrimento da maioria; ela também o faz para separar os homens entre si, atribuindo-lhes um pedaço de espaço segundo um valor comercial". Milton Santos adverte que o exame do espaço exige que se reconheçam os agentes dessa obra, o lugar que cabe a cada um, seja um organizador da produção e dono dos meios de produção, seja fornecedor de trabalho.(103)

Esse é o marco da pesquisa do Instituto de Geografia da Universidade Federal de Minas Gerais (UFMG), coordenada pelo Professor Fábio Tozi, que mostra o cruzamento entre precarização do trabalho e a divisão espacial do território e da forma de urbanização das cidades. Segundo Tozi, a chegada de corporações globais às cidades cria processos de "vampirização" da renda que antes circulava no circuito inferior em direção ao circuito superior da economia urbana e que as taxas cobradas pelas plataformas, entre 20% e 40% do preço de cada viagem, representam montantes que alimentariam formas de economia mais horizontais (locais e regionais).(104)

Ensina Tozi que, acerca do debate sobre um possível aprimoramento dos sistemas de deslocamento no território ou de sua maior eficiência graças aos aplicativos, é imperioso considerar que as corporações adotam o "cerceamento geográfico" (*GeoFencing*), um tipo de "censura técnico-geográfica" ao território que, no caso da Uber, é denominada como "restrição virtual de zonas ao embarque de passageiros", prática pela qual a empresa assume um papel político de organização do território, definindo, via GPS, áreas atendidas e áreas impedidas, conforme seus critérios, sob a alegação de insegurança. Conclui Tozi que, concretamente, essa decisão tem deixado zonas populares e periféricas fora de sua área de cobertura.

Explica o autor que, no caso brasileiro, a questão do deslocamento se fundamenta em elementos estruturais como: (i) os processos de periferização, que impõem deslocamentos pela distância entre a moradia e o trabalho; (ii) a insuficiência (qualitativa e quantitativa) das redes de transporte de diferentes idades em todas as suas configurações e capacidades

---

(102) SANTOS, Milton. *Por uma Geografia Nova:* da crítica da Geografia a uma Geografia Crítica. 2. ed. São Paulo: Editora da Universidade de São Paulo, 2012. p. 233.

(103) *Ibidem*, p. 233.

(104) TOZI, Fábio. Da nuvem ao território nacional: uma periodização das empresas de transporte por aplicativo no Brasil. *GEOUSP Espaço e Tempo (On-line)*, [S. l.], v. 24, n. 3, p. 487-507, 2020. DOI: 10.11606/issn.2179-0892.geousp.2020.168573. Disponível em: <https://www.revistas.usp.br/geousp/article/view/168573>. Acesso em: 27 abr. 2022.

(ônibus, trens metropolitanos, regionais ou de longa distância, ciclovias, sistemas fluviais), o que estimula o uso de veículos pessoais; e (iii) a tendência à fragmentação territorial de atividades, serviços (públicos e privados), comércio e instituições.

Logo, a promessa de um novo "modal" só se realiza verdadeiramente em áreas que já têm alta densidade de sistemas públicos e privados de transporte, reforçando, portanto, a concentração da oferta onde ela já é proporcionalmente favorável. Esse efeito concentrador também deveria ser considerado em debates e pesquisas sobre o impacto no trânsito de dezenas de milhares de carros circulando com reduzido tempo de estacionamento. A falta de publicidade dos dados das empresas dificulta pesquisas mais detalhadas também sobre esse processo.

As pesquisas produzidas pela Geografia mostraram, então, que essa nova relação de trabalho deixou ainda mais vulneráveis aquelas pessoas que moram em bolsões, afastadas da região central das grandes metrópoles, relegadas a uma condição de abandono no que diz respeito ao acesso mínimo a condições de urbanização, pois não têm acesso a banheiros ou locais de descanso, dormem no chão, em praças ou dentro do carro. O que se vê são pessoas com fome entregando comida, além da cobrança de taxas altas, muitas horas de trabalho, que chegam a, aproximadamente, quatorze horas por dia, trabalho sob grande pressão, presente insegurança diante da precariedade, medo de assaltos, roubos e outras agressões, ao passo que possuem necessidade de trabalhar, sendo colocadas em uma situação de constante descartabilidade e, por esse mesmo motivo, submetem-se a tais condições.[105]

Por outro lado, as empresas-nuvem não fornecem dados, não conversam com pesquisadores nem com motoristas e raramente aceitam dialogar com o poder público para negociar projeto de lei que beneficie os trabalhadores. Assim, criam "curto-circuito" entre os espaços local e global, apropriando-se das condições de reprodução dos trabalhadores, com drenagem de recursos de uma economia local, que estão sendo levados para fora da região e do país, o que leva também a uma questão de geopolítica.[106]

A manipulação do território pelas plataformas digitais, que resulta em tal "vampirização do trabalho", é sustentada por meio do investimento direcionado para ações de *marketing*. Esse procedimento se utiliza de manipulação da linguagem para fins ideológicos, enaltecendo o empreendedorismo, em frases como "seja patrão de si mesmo"[107], além

---

(105) TOZI, Fábio; DUARTE, Leandro Ribeiro; CASTANHEIRA, Gabriel Rocha. Trabalho precário, espaço precário: as plataformas digitais de transporte e os circuitos da economia urbana no Brasil. *Ar@cne*. Revista Electrónica de Recursos de Internet sobre Geografía y Ciencias Sociales. Barcelona: Universidad de Barcelona, 1º mar. 2021, vol. XXV, n. 252. DOI: <https://doi.org/10.1344/ara2021.252.33968>. Acesso em: 28 abr. 2022.

(106) *Live* em 1º jul. 2020. por meio do Instagram A GREVE dos entregadores de aplicativo: a precarização do trabalho em pauta. Fábio Tozi e Mariah Brochado. Vídeo (56min). Publicado no canal [continente] OPD – UFMG. Disponível em: <https://www.youtube.com/watch?v=leXmF_KrfuA>. Acesso em: 02 jul. 2022.

(107) LEME, Ana Carolina Reis Paes. *Da máquina à nuvem:* caminhos para o acesso à justiça pela via de direitos dos motoristas da Uber. Dissertação (Mestrado em Direito) – Programa de pós-graduação em Direito da Faculdade de Direito da UFMG, 2018. Disponível em: <https://repositorio.ufmg.br/handle/1843/40138>. Acesso em: 28 abr. 2020. p. 44.

de manipulação das mídias, inclusive com ações publicitárias para aprovação de projetos legislativos, como ocorreu no caso da Lei n. 13.640/2018, a "Lei do Uber", e mesmo com a manipulação da jurisprudência dos tribunais sobre o tema, como se verá adiante.

Toda essa manipulação, frisa-se, é do espaço, no sentido de interferir territorialmente em locais onde há uma regulamentação prévia acerca de transporte de passageiros que não permitiria a entrada de tais plataformas. A ação das plataformas de transporte interfere sobre o conjunto de fixos da infraestrutura urbana — aeroportos no Brasil passaram a ter "trilhas" impressas no chão até os locais destinados para embarque e desembarque de passageiros de aplicativos, chamados de "Espaço Uber" e "Lounge 99". Há também indicativos do aumento do número de veículos nas cidades, demanda por veículos alugados e de produção de CO^2[(108)]. Mas, sobretudo, interfere sobre o fluxo de ações de transporte de pessoas e de busca de trabalho e renda, em um mercado altamente precarizado, gerando novas ações, que se submetem a esse tipo de exploração e também reagem em resistência.

Os conflitos daí advindos desembocam em parte como conflitos jurídicos, seja em torno da aplicação do direito existente, seja em torno da produção de novas normas. Normas jurídicas interferem na mobilização de objetos, assim como limitam, obrigam ou possibilitam fluxos de ações humanas que interferem no espaço. Foi mediante, primeiro, uma ação sobre o território muito mais calcada em estratégias de *marketing*, mas à margem de um marco regulatório, que, inicialmente, a Uber começou a atuar. Contudo, foi mediante a associação dessa estratégia inicial a intensas ações de lobby sobre os poderes públicos, que a Uber conseguiu estabilizar juridicamente o seu espaço de atuação corporativa no Brasil, inscrevendo e garantindo as suas necessidades operativas na legislação existente, primeiro mediante o reconhecimento jurídico no plano nacional, que deslocou a competência reguladora para as legislações municipais, tendencialmente mais suscetíveis de interferência. Foi preciso, ainda, criar um enquadramento do trabalho, ou melhor, produzir um desenquadramento, a fim de obliterar todo o arcabouço de regras locais e nacionais e instituir uma "zona cinzenta". Esta, entendida como espaço público de "regulação híbrida onde nada garante

---

(108) LEME, Ana Carolina Reis Paes. *Da máquina à nuvem:* caminhos para o acesso à justiça pela via de direitos dos motoristas da Uber. Dissertação (Mestrado em Direito) – Programa de pós-graduação em Direito da Faculdade de Direito da UFMG, 2018. Disponível em: <https://repositorio.ufmg.br/handle/1843/40138>. Acesso em: 28 abr. 2020. p. 33. Nesta oportunidade, informou-se que a Uber tem parceria com empresas de aluguéis de veículos, como Localiza, Movida e Unidas, para que seus *Uber Drivers* possam alugar carros, pagando o valor mensal de R$1.500,00, desde que dirijam para ela, dado revelador sobre como a empresa contribui para que existam mais automóveis transitando pelas ruas das cidades, já congestionadas. Existe, ainda, um problema de terceirização afeto a essa temática, uma vez que mais intermediários passam a fazer parte da cadeia. Assim, donos de veículos alugam seus carros a motoristas que não os possuem e cobram parcela de sua remuneração. Isso ocorre, primordialmente, em razão da alta taxa de aluguel das empresas especializadas e pelo fato de que a quilometragem dos carros por elas alugados é limitada. Sobre o tema, ver a seguinte matéria, que entrevista funcionários públicos que alugam seus próprios carros particulares: UBER movimenta o mercado de aluguel de carros. *Mano a Mano Rent a Car Website*, 28 ago. 2016. Disponível em: <http://manoamanorentacar.com.br/uber-movimenta-o-mercado-de-aluguel-de-carros/>. Acesso em: 20 jun. 2018.

nem a estabilidade nem a coerência *a priori*"[109], na qual as regras do "patrão"[110] transnacional[111] podem incidir geograficamente, tornando possível transposição do mesmo padrão de gestão e exploração da mão de obra.

Como exemplo disso, no Brasil, merece destaque a campanha #LeiDoRetrocesso.[112] O projeto de lei pretendia igualar os serviços da empresa Uber aos do transporte privado de passageiros realizado por taxistas e, portanto, seriam exigidos licença, placa específica, impostos e taxas, o que alteraria o modelo de negócio da plataforma, baseado na ampla base de motoristas controlada somente por ela e não pelo poder público. A Uber fez publicidade direta com o intuito de influenciar as decisões sobre o tema no parlamento.

Às vésperas de ser votado o Projeto de Lei que visava regulamentar o transporte remunerado privado individual de passageiros na Câmara dos Deputados, em 2017, a Uber lançou, em rede nacional, a campanha publicitária contra a aprovação da lei, chamada de #LeiDoRetrocesso. O vídeo publicitário da referida campanha[113], carregado de cenas de pessoas de todas as idades e etnias, com esparadrapos pretos na boca, foi transmitido pelas redes sociais e em TV aberta em horário nobre, passando a ideia de que se tratava de uma tentativa dos poderes legislativo e executivo de calar a voz dos consumidores, afirmando que seria "a sua vez de fazer valer a sua vontade". [114]

Na mesma mídia, eram utilizadas inúmeras queixas da população acerca do transporte e da segurança pública, para justificar e legitimar a continuidade da operação da Uber no Brasil, mesmo tendo a própria reafirmado muitas vezes ao Judiciário não se tratar de empresa de transporte. A campanha também foi direcionada aos endereços dos e-mails pessoais dos usuários cadastrados no aplicativo, com texto personalizado, convocando o cliente, por seu próprio nome, a integrar o movimento por ela criado em face do que chamou de "Lei do Retrocesso".[115]

---

(109) AZAÏS, Christian; DIEUAIDE, Patrick; KESSELMAN, Donna. Zona cinzenta do emprego, poder do empregador e espaço público. In: CARELLI, Rodrigo L.; CAVALCANTI, Tiago M.; FONSECA, Vanessa P. (Orgs.). *Futuro do trabalho:* os efeitos da revolução digital na sociedade. Brasília: ESMPU, 2020. p. 441-458.

(110) O termo jurídico constante da legislação é empregador ou tomador de serviços, mas utiliza-se "patrão" entre aspas para dar voz à oralidade das falas dos entrevistados que se referem à figura do empregador como sendo o "patrão".

(111) Utiliza-se a expressão, que não tem estofo jurídico ou teórico, em face de ser tipicamente utilizada pelos entrevistados para designar as plataformas de transportes como empregadoras.

(112) LEME, Ana Carolina Paes Leme. *Da máquina à nuvem:* caminhos para o acesso à justiça pela via de direitos dos motoristas da Uber. São Paulo: LTr, 2019. p. 60.

(113) O conteúdo completo pode ser visto em: <https://www.uber.com/pt-BR/lei-do-retrocesso/>.

(114) LEME, Ana Carolina Paes Leme. *Da máquina à nuvem:* caminhos para o acesso à justiça pela via de direitos dos motoristas da Uber. São Paulo: LTr, 2019. p. 60-61.

(115) A íntegra do e-mail ditava:
"Olá Carolina,
No final de 2017, o Senado escutou a sua voz e alterou o PLC 28, a #LeidoRetrocesso. Ela ameaçava o direito de escolha de 20 milhões de usuários da Uber no Brasil, como você, e a renda de 500 mil motoristas parceiros. O Projeto

A campanha publicitária direcionava-se a motivar os usuários a emitirem opinião contrária à proposição legislativa. A consulta pública sobre o PL n. 28/2017, por exemplo, recebeu mais de 176 mil contribuições. Do total, mais de 136 mil votos foram contrários ao projeto de Lei.(116) Isso significa que, como afirmou acertadamente Trebor Scholz, a Uber faz do aplicativo "plataforma política que pode ser usada para ativar clientes para opor qualquer esforço regulatório contra eles"(117), criando, por sua vez, seu espaço de atuação no território, por meio de manipulação da regulação. A empresa se utilizou da manipulação social e da "política do *marketing*-oriented"(118) para direcionar os usuários a aderirem à campanha.

Após a não aprovação do projeto de lei acima citado, houve *lobby* da Uber para a edição da conhecida "Lei do Uber", a Lei n. 13.640/2018, que superou a controvérsia acerca da clandestinidade ou "pirataria" do serviço de transporte privado de passageiro.(119) A mídia noticiou que o CEO da Uber acompanhou presencialmente a votação da lei em Brasília(120).

A partir da sua vigência, passou a jurisprudência a compreender que "eventual proibição da atividade privada constante do sistema Uber viola a livre-iniciativa, a liberdade de

---

voltou para a Câmara e agora é a vez dos deputados federais. Eles vão ter que escolher entre ouvir você ou calar a sua voz e aprovar a #LeidoRetrocesso.

A votação deve acontecer nesta terça-feira (27/2) e a Uber estará, mais uma vez, defendendo o seu direito de escolha.

É por isso que te convidamos a fazer parte deste movimento. Assista hoje (24/2 – sábado), no intervalo do *Jornal Nacional*, à campanha contra a #LeiDoRetrocesso e pressione os deputados do seu Estado."

(116) RIBEIRO, Gabriel Francisco. Uber tem 500 mil motoristas no Brasil e diz: "modelo fica inviável com PL". *Uol Tecnologia Website*, 27 out. 2017. Disponível em: <http://tecnologia.uol.com.br/noticias/redacao/2017/10/27/uber-tem-500-mil-motoristas-no-brasil-e-diz-modelo-fica-inviavel-com-pl.htm>. Acesso em: 20 jun. 2018.

(117) SCHOLZ, Trebor. Platform Cooperativism vs. The Sharing Economy. *Medium Website*, 5 dez. 2014. Disponível em: <https://medium.com/@trebors/platform-cooperativism-vs-the-sharing-economy-2ea737f1b5ad#.moydlbsf8>. Acesso em: 20 jun. 2018. p. 36.

(118) DE MASI, Domenico. *Alfabeto da sociedade desorientada:* para entender nosso tempo. Tradução de Federico Carotti e Silvana Cobucci. São Paulo: Objetiva, 2017. p. 318.

(119) Oportuno noticiar que a Corte Italiana de Milão confirmou a decisão do juiz italiano Claudio Marangoni que, em 20 de março de 2015, decidiu banir aplicativos de serviço de transporte, na categoria Uber Pop, porque considerou tais aplicativos como serviço de taxi sem licença e sem regulamentação. Ponderou que o serviço oferecido pela Uber era uma concorrência desleal para com os taxistas italianos. Mais detalhes sobre decisões italianas envolvendo a Uber em: CHAVES, Letícia Righi Rodrigues de Xavier. Informe sobre ações envolvendo a Uber no Direito Comparado. In: LEME, Ana Carolina Reis Paes; RODRIGUES, Bruno Alves; CHAVES JÚNIOR, José Eduardo de Resende (Coords.). *Tecnologias disruptivas e a exploração do trabalho humano*. São Paulo: LTr, 2017. p. 333.

(120) Notícias sobre o CEO da Uber, Dara Khosrowshahi, acompanhar presencialmente a votação no Congresso Nacional da Lei n. 13.640/2018. RODRIGUES, Paloma. Uber fica no Brasil com regra rígida, mas motoristas 'vão sofrer', diz CEO. *Poder 360*, 31 out. 2017. Disponível em: <https://www.poder360.com.br/congresso/uber-fica-no-brasil-com-regra-rigida-mas-motoristas-vao-sofrer-diz-ceo/>. Acesso em: 27 jun. 2022. CEO da Uber vem ao Brasil na véspera da votação no Senado. *Convergência digital*, 27 out. 2017. Disponível em: <https://www.convergenciadigital.com.br/Governo/Legislacao/CEO-da-Uber-vem-ao-Brasil-na-vespera-da-votacao-no-Senado-46586.html>. Acesso em: 27 jun. 2022.

exercício de trabalho, ofício ou profissão, assim como a livre concorrência"(121). Em virtude de vultosos investimentos em *lobby*, a regulamentação do transporte privado de passageiros passou a ser uma faculdade do Município (ou Distrito Federal), portanto, o fato de o ente municipal não regulamentar a atividade não a tornaria ilícita, o que significou a total legalização da atuação empresarial da Uber e de plataformas similares, como empresas de transporte privado de passageiros no território brasileiro.

Nesse contexto, a escolha da Uber e da 99 Tecnologia como objetos de análise desta pesquisa justifica-se por ambas terem grande operação territorial no Brasil, como se mostrará a seguir.

2.2.2. O campo de atuação da Uber e da 99 no Brasil

A Uber é uma empresa-rede, de âmbito transnacional, quase planetário, com hipermobilidade de capital, que instituiu uma organização do trabalho copiada por outras empresas, como a 99 Tecnologia. Tais empresas são ícones do denominado fenômeno da "uberização do trabalho", facilitado pelo uso das novas tecnologias da informação e comunicação, cujas ferramentas conceberam a organização da produção em rede, no contexto da chamada Indústria 4.0.

A tecnologia da "Internet das Coisas" viabilizou a criação do software que permite a conexão do "patrão" algoritmo com o trabalhador, por intermédio de plataformas virtuais. Contudo, como acima afirmado, "sua ação concreta ocorre no setor de transportes e depende da organização pretérita dos territórios onde agem"(122), pois elas se apoiam, assim, nas infraestruturas urbanas, estações de trem, metrô, localização de moradias, empregos, serviços e comércios. Além disso, essas plataformas de transporte transformaram o espaço existente e construíram um espaço geográfico amoldado ao seu projeto empresarial, que transcende o intuito de promover a mobilidade urbana.

Com a chegada no Brasil datada em 2014, a Uber beneficiou-se do megaevento da Copa do Mundo para se instalar em capitais brasileiras. A primeira cidade a receber a empresa foi o Rio de Janeiro, em maio de 2014, causando manifestação e protestos por parte dos taxistas cariocas, que chamaram a empresa de "Pirata"(123). Em seguida, instalou-se na

---

(121) ACRE. Tribunal de Justiça. Apelação Cível n. 0712434-80.2017.8.01.0001. Relª. Regina Ferrari, Data de Julgamento: 03.07.2018, Segunda Câmara Cível, Data de Publicação: 05.07.2018. CEARÁ. Tribunal de Justiça do Ceará. Apelação Cível n. 0626461-25.2017.8.06.0000, Relator: Luiz Evaldo Gonçalves Leite, Data de Julgamento: 18.04.2018, 2ª Câmara Direito Público, Data de Publicação: 18.04.2018.

(122) TOZI, Fábio; DUARTE, Leandro Ribeiro; CASTANHEIRA, Gabriel Rocha. As plataformas digitais de transporte por aplicativos no Brasil: atritos e tensões entre o território e as corporações. In: *VIII Simpósio Nacional de Ciência, Tecnologia e Sociedade*. As plataformas digitais de transporte por aplicativos no Brasil: atritos e tensões entre o território. Anais..., ESOCITE.BR, p. 186-196, 2019. p. 181.

(123) Segundo foto de um dos protestos contra Uber no Rio em 2014, os taxistas carregavam faixas com os seguintes dizeres: "fiscalização não é um poder, senhor prefeito, é um dever!! Repressão à pirataria já!" e "Permissão só pode ter um auxiliar, afinal taxi é para taxista e não para investidor e empresário" (PROTESTO contra a chegada do Uber na cidade do Rio de Janeiro em 2014. Disponível em: <https://pt.wikipedia.org/wiki/Uber#/media/Ficheiro:Protesto_contra_o_Uber_no_Rio_02.jpg>. Acesso em: 27 jun. 2022).

cidade de São Paulo, no final de junho do mesmo ano, onde foi inaugurada a primeira corrida pelo novo *app*, com a modelo brasileira Alessandra Ambrosio[124], que teria "chamado um Uber" nos Jardins e "em poucos minutos estaria indo cheia de estilo para uma festa na Embaixada Britânica"[125]. A seguir, foi a vez de a Uber estrear em Belo Horizonte, em setembro de 2014 e, em janeiro de 2016, a empresa começou a operar em Campinas.

No dia 28 de abril de 2015, a Justiça de São Paulo determinou a suspensão liminar do aplicativo Uber no Brasil, contudo, em 4 de maio de 2015, a liminar foi revogada, voltando a ser novamente suspensa pela Câmara de São Paulo no dia 30 de junho de 2015. Em 10 de maio de 2016, o então prefeito de São Paulo, Fernando Haddad, assinou um decreto regularizando o Uber na Capital, sendo o primeiro decreto de regularização em território nacional.

A 99, empresa brasileira com fundos de investimentos composto por empresas chinesas, constituiu-se inicialmente como um aplicativo de táxi que, ao perceber a opção dos usuários por aplicativos de serviço de transporte particular de pessoas, adaptou-se e incluiu em seu leque de serviços o carro particular, mantendo os táxis já cadastrados na plataforma. Nesse formato a empresa atua desde 2017, presente, de acordo com levantamento realizado em 2019, em 1.693 municípios.

A título ilustrativo, as figuras (4, 5 e 6) a seguir demonstram o domínio das duas empresas no Brasil, segundo os dados disponíveis:

(124) Segundo o Pure People, Alessandra Corine Ambrósio é uma supermodelo, atriz e empresária brasileira. Em 2005 foi eleita como a mulher mais sexy do mundo pelo *models.com*, a 6.ª mulher mais desejada do mundo do *Top 99* de 2007, via *askmen.com*, e a 2.ª do *Top* de 2008. Desde 2006, encontra-se entre as modelos mais bem pagas do mundo. (ALESSANDRA Ambrosio. *Pure People*. Disponível em: <https://www.purepeople.com.br/famosos/alessandra-ambrosio_p2835>. Acesso em: 27 jun. 2022).

(125) CAPUTO, Victor. App de caronas em carros de luxo Uber chega a São Paulo. *Exame*, 27 jun. 2014. Disponível em: <https://exame.com/tecnologia/app-de-caronas-em-carros-de-luxo-chega-a-sao-paulo/>. Acesso em: 28 abr. 2022.

Figura 4 – Campo de domínio da atuação da Uber no Brasil (2021)

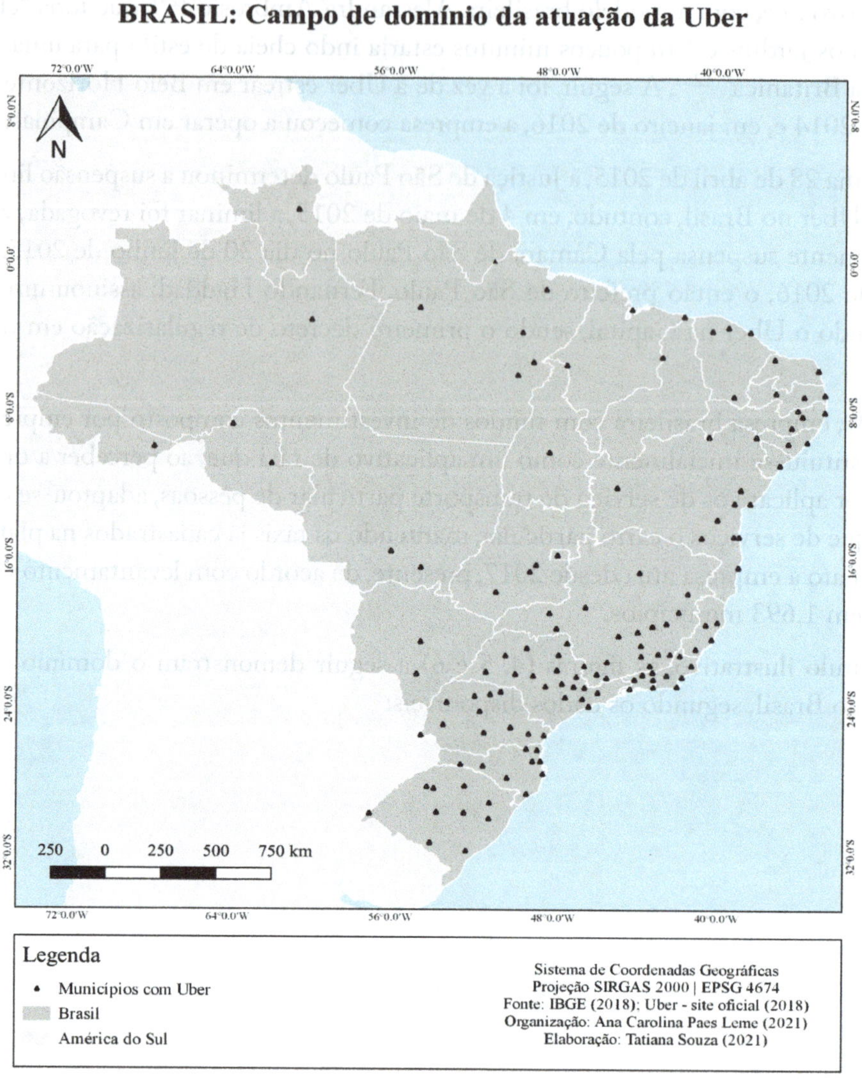

A figura 4 diz respeito ao campo de domínio da Uber no Brasil. As informações revelam que há uma predominância de atuação nas regiões Sudeste e Sul, denominada como "Região Concentrada" por Milton Santos e Maria Laura Silveira[126], referindo-se aos estados em que o "meio técnico-científico-informacional" é mais desenvolvido, ou seja, nos quais "o território inclui obrigatoriamente ciência, tecnologia e informação [...], constituindo- se como a "nova cara do espaço e do tempo", no conceito de Santos[127]. A região

(126) SANTOS, Milton; SILVEIRA, Maria Laura. *Brasil:* território e sociedade no início do século XXI. Rio de Janeiro: Record, 2001.

(127) SANTOS, Milton. *Técnica, Espaço, Tempo:* Globalização e meio técnico científico e informacional. 5. ed. São Paulo: Editora da Universidade de São Paulo, 2013. p. 41.

indicada concentra uma série de fatores que vão desde a ocupação, densidade demográfica ou número de municípios, até mesmo acesso e disponibilidade de infraestruturas de transportes e comunicações. Apesar de uma certa aglomeração nessa área, constata-se pelo mapa a existência de atuação da Uber em ao menos um município de todos os estados brasileiros, sendo essa uma plataforma bem difundida e conhecida entre usuários.

Figura 5 – Campo de domínio da atuação da 99 no Brasil (2021)

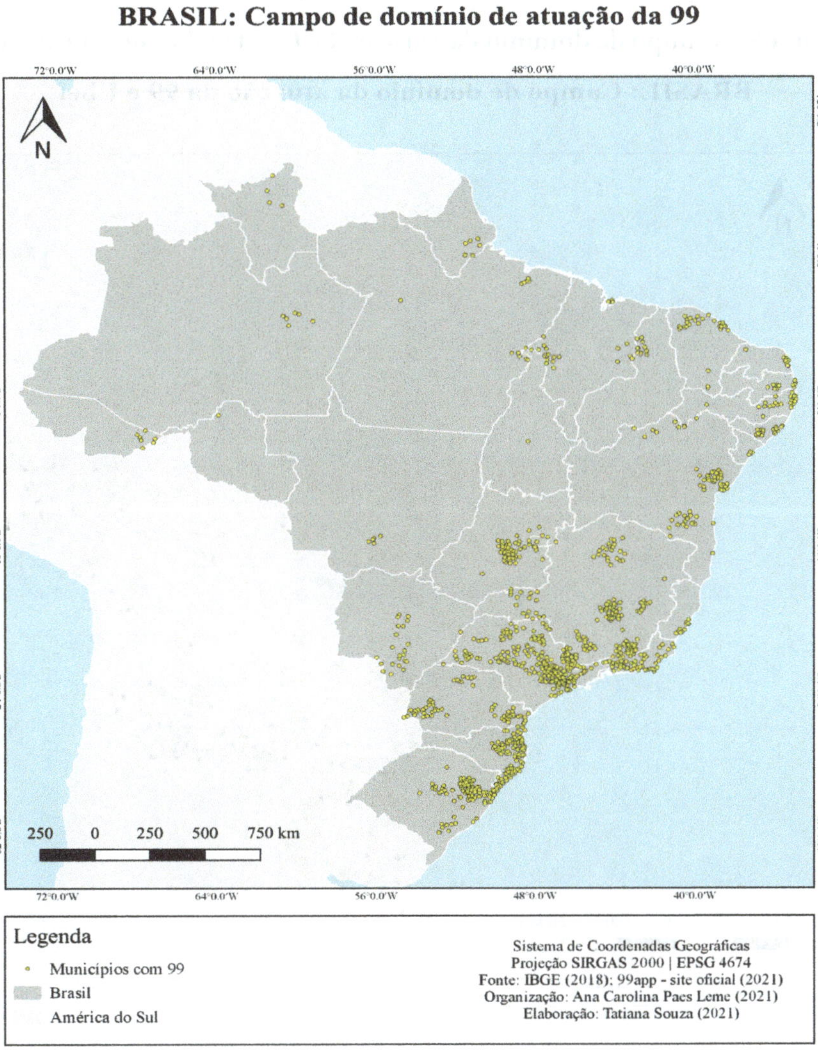

A figura 5 tem o mesmo escopo da figura anterior, todavia com dados do campo de domínio da 99. O acesso às informações atualizadas no site da 99 Tecnologia permitiu uma melhor aproximação com a realidade e maior compreensão do fato observado. Pela espacialização, é possível inferir que nem todos os estados brasileiros possuem acesso aos serviços de motorista da 99. Outro fato notável é que também há concentração de municípios com acesso à plataforma nos estados do Sudeste e Sul, sobretudo em regiões metropolitanas e/ ou capitais litorâneas, fato que reforça a ideia de "Região Concentrada"(128), uma vez que há adensamento populacional é provável que haja também concentração dos demais fixos e fluxos existentes: A 99, com sua estrutura mista, abrangendo também os taxistas, acaba por fazê-la em mais cidades do que a Uber, embora não exista coincidência em alguns campos do mapa. A sobreposição dos mapas de domínio de atuação torna possível compreender realmente essa abrangência, como se depreende da figura a seguir:

Figura 6 – Campo de domínio da atuação da 99 e da Uber no Brasil (2021)

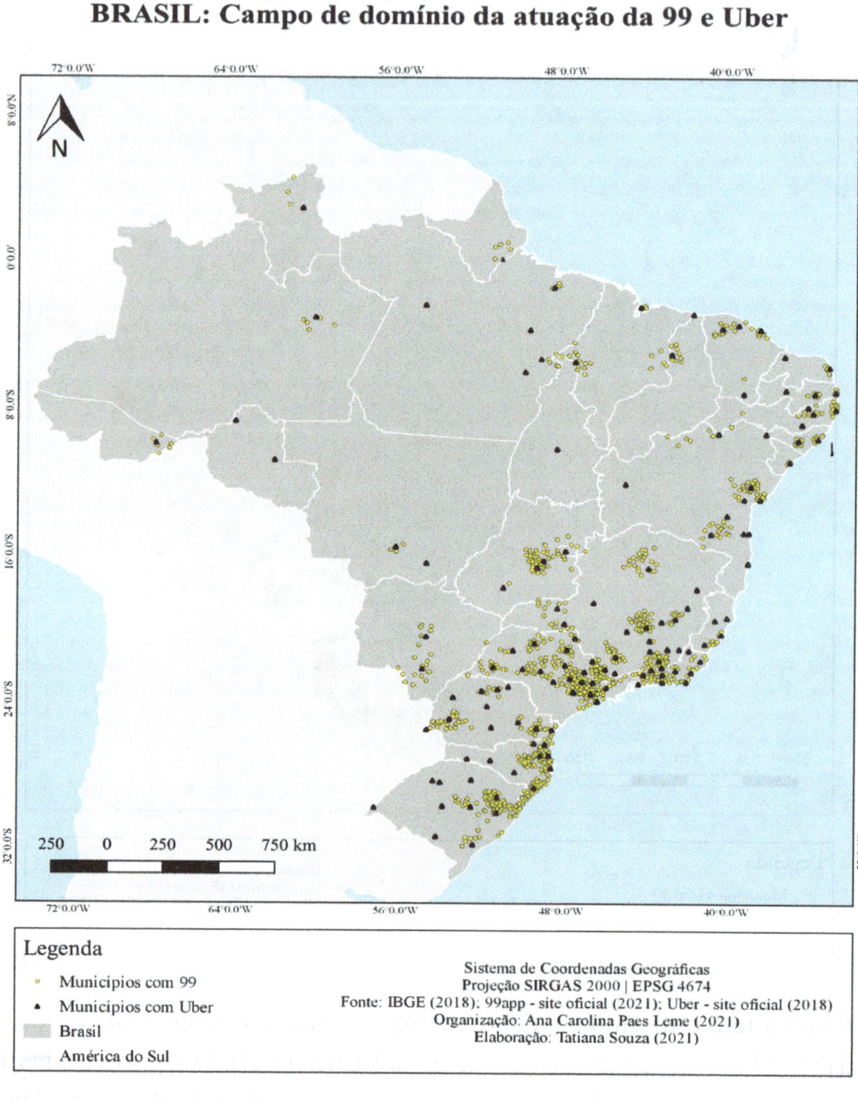

---

(128) SANTOS, Milton; SILVEIRA, Maria Laura. *Brasil:* território e sociedade no início do século XXI. Rio de Janeiro: Record, 2001.

A figura 6 traça um comparativo visual direto entre os campos de atuação da Uber e da 99, sendo sobrepostas nas bases cartografadas os dados tanto de uma empresa como da outra. É notória a maior abrangência da plataforma 99 no Brasil, todavia, esse fato não representa necessariamente uma condição atual, uma vez que os dados da empresa Uber, inseridos em seu sítio eletrônico, estavam desatualizados no momento da confecção dos mapas.

Vale destacar que há extensas áreas sem atuação das empresas pelo território brasileiro, os chamados "vazios demográficos", constituídos de áreas de baixa ou sem ocupação do centro-oeste e, principalmente, norte do país. Se há baixa densidade populacional, pode-se inferir que há também um número reduzido de fixos como indústrias, pontos de serviços e infraestrutura urbana. Nesses territórios, utilizam-se outros meios de transporte, como o barco, por exemplo.

Situadas as empresas Uber e 99 em território nacional, cabe agora voltar a atenção para o fato de que a sua atuação espacial depende da adesão de trabalhadores locais ao aplicativo, ou seja, motoristas com força de trabalho disponível nos locais e horários necessários, que precisam se plataformizar para realizar o transporte terrestre de passageiros, atividade econômica explorada pela plataforma. Essa forma de trabalho merece ser estudada e problematizada. Na condição de indivíduos que trabalham para um "patrão" transnacional, cujo poder de comando se expressa de forma predominantemente automatizada por algoritmo, a par do poder exercido sobre vários outros elementos configurativos do território, os trabalhadores são confinados num espaço de (des) regulação que tem obstruído o acesso a direitos trabalhistas básicos, estando sujeitos a exploração, expropriação e espoliação.(129)

Ao aderirem ao sistema de produção das plataformas, além de empregar sua força de trabalho, ficam alienados dos meios de produção necessários a esse específico modelo de negócio que só se viabiliza em grande escala — o aplicativo, a infraestrutura computacional e de comunicações, as redes administrativas de apoio local, advogados, lobistas, os grandes investimentos em *marketing*, a massa de dados relativa aos trajetos, aos motoristas e à rede de consumidores. Além disso, perdem o resultado da energia do trabalho gasto e sujeitam-se a perder a saúde e a integridade física, o carro — ferramenta de trabalho —, a serem cancelados ou bloqueados no acesso ao aplicativo sem sentido aparente.

---

(129) Ricardo Antunes explica que os motoristas plataformizados sofrem exploração, expropriação e espoliação, pois além de terem explorada a sua força de trabalho, os trabalhadores precisam "comprar o carro ou alugá-lo, pagar celular, pagar a conexão", no caso dos entregadores tem que comprar até mesmo a mochila e, ainda, "pagam se adoecem", pois não recebem por esse dia de ausência ao trabalho. Anotações de aula da doutoranda foi aluna da disciplina "Uberização do Trabalho III", no curso de Sociologia do Trabalho III, ministrado pelo Professor Ricardo Antunes, na Unicamp (2º semestre de 2021) e também na entrevista a COLL, Liana. Capitalismo virótico: um sistema destrutivo que só será superado através das lutas sociais, diz Ricardo Antunes. *Cultura e sociedade*, 8 out. 2020. Disponível em: <https://www.unicamp.br/unicamp/noticias/2020/10/08/capitalismo-virotico-um-sistema-destrutivo-que-so-sera-superado-atraves-das>. Acesso em: 27 jun. 2022 e em VIDIGAL, Viviane; ANTUNES, Ricardo. "Bate-papo na labuta" com Ricardo Antunes. *Democracia e mundo do trabalho em debate*, 6 jan. 2022. Disponível em: <https://www.dmtemdebate.com.br/bate-papo-na-labuta-com-ricardo-antunes/>. Acesso em: 27 jun. 2022.

Nesse contexto, vale investigar e compreender as formas coletivas de resistência dos motoristas considerando a plataformização do trabalho. A organização coletiva frente ao contexto de enorme poder informacional e de controle instiga a compreensão científica sobre o problema. Vale, também, compreender o modo como as empresas atuam para enfrentar as iniciativas organizativas dos motoristas, inclusive mediante a prática de atos antissindicais, se necessário, segundo a sua visão e atuação empresarial. Esse será o tema do próximo tópico.

2.2.3. Da manipulação e fragmentação à prática de atos antissindicais

Partindo-se da realidade fática de que é o proprietário-desenvolvedor do aplicativo que detém o controle absoluto sobre o código-fonte[130], o trabalhador, usualmente chamado de "uberizado", fica à mercê dos comandos e das constantes alterações mandatórias do aplicativo. Tipicamente, ao instalar o aplicativo, o usuário tem que concordar com as cláusulas contratuais estabelecidas de forma unilateral e consentir com as futuras alterações, além de conceder permissão expressa à empresa, por meio do *software*, para acesso a determinadas informações e funções de seu dispositivo particular, como às suas imagens (por acesso à sua câmera fotográfica), suas mensagens e seus áudios. Ademais, a conhecida extensão do contrato e dos termos de uso, pode, inclusive, ser tida como fator de dificuldade da compreensão daqueles que desejam utilizar a plataforma para oferecer seus serviços, aderindo de forma consciente e informada aos seus termos.[131]

Além da fixação unilateral, são introduzidas periodicamente, seja por intervenção humana na programação, seja em decorrência da capacidade de aprendizagem automatizada do algoritmo, alterações nos termos de uso e nos critérios de funcionamento do aplicativo.[132] Tais alterações realizadas diretamente na plataforma virtual aumentam a vulnerabilidade do

---

(130) O código-fonte corresponde a um sistema de símbolos utilizados para codificar o programa-fonte em uma determinada linguagem de programação. O programa-fonte é convertido na linguagem de máquina, uma receita de comandos que o computador é capaz de entender. O acesso ao código-fonte permite ao programador adaptar o sistema às suas necessidades, seja alterando seu funcionamento, adicionando ou removendo recursos, alterando a forma de armazenamento e recuperação dos dados, dentre outros. (SILVA, Tiago Falchetto. *As novas tecnologias e o devido processo legal*. Monografia (Graduação em Direito). Faculdade de Direito da Universidade Federal de Minas Gerais, 2014). Em outras palavras, o proprietário do aplicativo (*software*), detém o poder absoluto sobre o programa, o que inclui o contrato digital, e suas alterações, de acordo com as suas próprias conveniências. Referido conceito de código-fonte não está incluindo a inteligência artificial e o aprendizado de máquina, em que há uma pré-programação para a modificação relativa dos comandos do algoritmo a partir da análise de padrões de dados recebidos.

(131) No caso da Uber, os termos de uso podem ser consultados em: *UBER*. Termos e condições. Disponível em: <https://www.uber.com/legal/en/document/?country=brazil&lang=pt-br&name=general-terms-of-use>. Acesso em: 08 maio. 2022.

(132) A periodicidade destas alterações varia do investimento feito por cada empresa no aprimoramento do *software*, podendo ser diária, inclusive. No caso da Uber, por ex., o motorista, na instalação inicial do aplicativo, e em todas as atualizações subsequentes, precisa autorizar e aceitar as novas "regras do jogo" advindas de mudanças no código-fonte do aplicativo, sob pena deste simplesmente não mais funcionar.

trabalhador, na medida em que fica condicionado às regras de validação e funcionalidades aplicadas ao seu perfil, em cada nova versão disponibilizada.

Essas atualizações, a par de modificarem unilateralmente as bases contratuais da relação, como padrões de preço, taxa retida pela plataforma, informações disponibilizadas, critérios de alocação de chamados, por exemplo, podem também refletir, inclusive, no padrão de prerrogativas e preferências de uso e acesso ao sistema, atribuídas ao seu perfil na plataforma virtual (*v.g.* categorias ouro, platinum, diamante). Dessa forma, o proprietário da tecnologia, detentor exclusivo do código-fonte do aplicativo, possui o poder de, automática ou voluntariamente, alterar a categoria, restringir o recebimento de chamados, suspender e mesmo bloquear qualquer perfil de usuário (o seu *login* no aplicativo), incluindo os trabalhadores habituais ou seus "parceiros", a qualquer tempo, sem justificativa ou acordo previamente estabelecido.

Outro aspecto relevante é que, além de fixar o preço da viagem e a taxa de retenção pela plataforma, o aplicativo utiliza o mecanismo de ofertar aos motoristas corridas com a chamada "tarifa dinâmica", em que os preços se elevam à medida da escassez de motoristas, frente à demanda dos usuários. O resultado esperado é o aumento de oferta de motoristas que concorrem às chamadas nesses locais e momentos, o que automaticamente faz reduzir o preço, quando muitas vezes o motorista já se deslocou para a área específica, a fim de obter a tarifa dinâmica. Essa manipulação localizada da oferta de mão de obra pela tarifa dinâmica é representativa do modelo geral de negócio, vez que, à medida do desemprego e precariedade geral do mercado de trabalho, a oferta de trabalho nas plataformas aumenta. Isso é vetorizado automaticamente pelo aplicativo em termos de catalização da concorrência entre os trabalhadores, inserindo-os em uma espécie de leilão constante pelo menor preço do trabalho[133], agravado pela constante modificação unilateral dos critérios dessa mesma concorrência. Oportuno trazer as reflexões de Chaves Júnior, em manifestação na plataforma *Twitter*, de que "plataformas são *marketplace* de trabalho, operado por um oligopsônio de compradores de trabalho humano barato". [134]

Ao afirmar "que na gestão algorítmica, há um exército de reserva de mão de obra à disposição", Chaves Júnior explica que "com isso, as plataformas não precisam estabelecer uma disciplina horária rígida", porque "esse exército de reserva joga no chão a renda do trabalho". Acrescenta que as plataformas, ao não remunerarem o tempo em que o trabalhador está à disposição, conectado para trabalhar, "mais do que simples 'redução', opera-se uma verdadeira 'oclusão' da porosidade do trabalho humano", fato que, segundo o autor, justifica que os motoristas plataformizados possuam proteção jurídica laboral superior à tradicional.

(133) TODOLÍ SIGNES, Adrián. El impacto de la "ubereconomy" en las relaciones laborales: los efectos de las plataformas virtuales en el contrato de trabajo. *IUSLabor*, n. 3, 2015, p. 1-25. Disponível em: <https://www.upf.edu/iuslabor/_pdf/2015-3/Todoli.pdf>. Acesso em: 8 dez. 2021.

(134) CHAVES JR., José Eduardo de Resende. *Post no Twitter*, 30 jul. 2022. Disponível em: <https://twitter.com/PepeChaves/status/1553348388036530176>. Acesso em: 31 jul. 2022

Sobre a proteção jurídica laboral e o que dela se compreende, desde já se antecipa que o tema será amplamente abordado no capítulo 5 em seus matizes em face aos dados da empiria, além de considerações ampliadas em face a conceitos legais e jurídicos específicos.(135)

Assim, em função de sua abrangência territorial, o modelo de negócio desenvolvido nas plataformas de transporte, longe de ser exemplo de economia solidária, produziu a "atomização do trabalho"(136), rompendo com as formas de solidariedade de classe(137), transformando-as em práticas de concorrência entre trabalhadores profundamente alienadas, vez que nem sequer são conhecidos os critérios da própria concorrência, inseridos no segredo do código-fonte do aplicativo.

Tamanha desigualdade de poder não impede, mas afeta profundamente as iniciativas de reconfiguração do espaço e de resistência de parte dos trabalhadores, notadamente no que se refere àquelas voltadas à constituição de coletivos e organizações sindicais.

Faz-se pertinente enfatizar a importância das organizações sindicais como sujeitos do Direito Coletivo do Trabalho. Isso porque "os trabalhadores somente ganham corpo, estrutura e potência de ser coletivo por intermédio de suas organizações associativas de caráter profissional"(138). Sindicatos, na definição de Mauricio Godinho Delgado, são "entidades associativas permanentes" que representam os trabalhadores "vinculados por laços profissionais e laborativos comuns", com o intuito de lidar com "problemas coletivos das respectivas bases representadas", na defesa de seus "interesses trabalhistas e conexos, com o objetivo de lhes alcançar melhores condições de labor e de vida".(139)

A definição de sindicato envolve, na legislação brasileira, a incorporação de categoria, inerente ao sistema jurídico vigente no país desde a década de 1930. Os critérios de agregação dos trabalhadores no sindicato se dão por ofício ou profissão; por categoria profissional; por empresa; ou por ramo empresarial de atividade. A Consolidação das Leis do Trabalho (CLT) concebeu a categoria profissional como a similitude de condições de vida oriunda da

---

(135) CHAVES JR., José Eduardo de Resende. *Post* no *Twitter*, 30 jul. 2022. Disponível em: <https://twitter.com/PepeChaves/status/1553348388036530176>. Acesso em: 30 jul. 2022.

(136) TODOLÍ SIGNES, Adrián. El impacto de la "ubereconomy" en las relaciones laborales: los efectos de las plataformas virtuales en el contrato de trabajo. *IUSLabor*, n. 3, 2015, p. 1-25. Disponível em: <https://www.upf.edu/iuslabor/_pdf/2015-3/Todoli.pdf>. Acesso em: 8 dez. 2021.

(137) Oportuno trazer a reflexão de José Eduardo Resende Chaves Júnior de que "estamos em transição para um novo capitalismo, cognitivo e tecnológico, no qual a acumulação é cada vez mais baseada na captura do produto da cooperação social, como resultado do incremento da socialização da produção, principalmente pela atividade produzida por meio das redes sociais (Lucarelli & Fumagalli). Nesse contexto, o capital apropria-se do *"commons"*, do conhecimento tácito e codificado da comunidade em rede e acaba por capturar as energias de emancipação que eclodem desse novo meio de colaboração produtiva." (CHAVES JÚNIOR, José Eduardo de Resende. Desafio do Direito do Trabalho é limitar o poder do empregador-nuvem. *Conjur*, 16 fev. 2017. Disponível em: <https://www.conjur.com.br/2017-fev-16/desafio-direito-trabalho-limitar-poder-empregador-nuvem>. Acesso em: 16 jun. 2022).

(138) DELGADO, Mauricio Godinho. *Curso de Direito do Trabalho*. 18. ed. São Paulo: LTr, 2019. p. 1.589.

(139) *Idem*.

profissão ou trabalho em comum, em situações de emprego na mesma atividade econômica ou em atividades econômicas similares ou conexas (art. 511, § 2º da CLT).

Do ponto de vista jurídico, a ideia de similitude de condições de vida e labor, em função de vínculo dos trabalhadores a atividades econômicas empresariais similares ou conexas, é o núcleo do conceito legal de categoria[(140)] e deve ser compreendida a fim de concretizar o papel constitucional do sindicato de fazer valer a sua consistência representativa nos termos do art. 8º, III e IV da Constituição da República Federativa do Brasil (CF/1988).

Ao refletir acerca do conceito de categoria, José Eduardo Resende Chaves Júnior aponta que foi "construído a partir de uma noção de identidade, de uma identidade da profissão ou do trabalho em comum" e que "nunca foi um conceito ontológico", mas sociológico, ao encontrar sua identidade "não na organização espontânea, mas numa confluência de interesses econômicos, juridicamente regulados".[(141)] Referido autor elucida que o conceito de "representação" não se conecta com o conceito de "multidão", porque a representação pressupõe uma separação, uma identidade segmentada, e não um seguimento, um contínuo de singularidades imanentes ou mesmo um fluxo.

Para Chaves Júnior, nas plataformas de trabalho não haveria mais categoria profissional homogênea organizada, com similitude de condições de vida, identidade e conexidade, nos moldes do art. 511 da CLT, e sim "o *crowdwork*, ou seja, a massa heterodoxa e disforme".[(142)]

No caso dos motoristas plataformizados, é fato que há certa diversidade na origem social e na perspectiva imediata dos motoristas. Há tanto aqueles cuja origem profissional é a de motoristas ou taxistas e que intencionam permanecer nela ainda que sob outra modalidade, quanto engenheiros ou técnicos desempregados em busca de uma futura recolocação, estudantes universitários que trabalham no contraturno para pagar a faculdade, empregados de outras empresas que dirigem em horários de descanso para complementar renda.

Entretanto, pode-se dizer que essa diversidade de origem vai gradativamente se dissolvendo na homogeneidade que advém das condições de trabalho às quais os trabalhadores vão se amoldando. A realidade de precarização de condições adversas e unilateralmente impostas a todos os trabalhadores, ligados àquela determinada plataforma, acaba produzindo não só as mesmas similitudes de condições de vida, mas também projeta o distanciamento da diversidade suposta, quando da entrada no espaço uberizado, como será visto no capítulo 4.

O que aflora é um modelo de negócio e de trabalho profundamente fragmentador das relações concretas entre trabalhadores, promotor de uma forte manipulação ideológica

---

(140) DELGADO, Mauricio Godinho. *Curso de Direito do Trabalho*. 18. ed. São Paulo: LTr, 2019. p. 1.594.

(141) CHAVES JÚNIOR, José Eduardo de Resende. A categoria profissional da CLT, entre *crowd* e multitude. *Trab21*, 17 jun. 2020. Disponível em: <https://trab21blog.wordpress.com/2020/06/17/a-categoria-profissional-da-clt-entre-crowd-e-multitude-jose-eduardo-de-resende-chaves-junior/>. Acesso em: 27 jun. 2022.

(142) *Idem*.

da autocompreensão de sua condição — a ideologia do empreendedorismo —, sustentada por um amplo aparato de *marketing* e de *lobby* perante as instituições. Não bastasse isso, as empresas de plataformas de transporte têm atuado diretamente, "por dentro e por fora do aplicativo", na inibição, repressão e em cooptação das iniciativas sindicais. Trata-se de suprimir iniciativas sindicais por meio de comandos algorítmicos, aqui chamados de "por dentro do aplicativo" e também se valendo de cooptação de lideranças, contatando-as diretamente, ou seja, "por fora do aplicativo", o que se retomará no capítulo 4.

No Brasil, as mídias noticiaram que, desde o ano de 2016, iniciativas de organização coletiva de motoristas plataformizados, acompanhadas de protestos a fim de reivindicar melhores condições de trabalho, foram reprimidas, inclusive, com o bloqueio do perfil dos motoristas considerados "envolvidos", impedindo definitiva ou temporariamente seu acesso ao aplicativo, sem qualquer respaldo legal ou, até mesmo, diálogo sobre o bloqueio sofrido.(143) Ao que tudo indica, o intuito da Uber naquele momento foi coibir manifestações reivindicatórias dos trabalhadores e a constituição de coletivos organizados, utilizando a estratégia de gestão por medo(144) — o mal, a ameaça como meio de gestão. A empresa, assim, aparenta lutar contra um movimento sindical forte, ao inibir que seu embrião se forme, impedindo ou dificultando o surgimento do ente coletivo. A prática de condutas antissindicais por empresas de transporte plataformizado foi já relatada em artigo acadêmico datado de 2017.(145) Neste, pôde-se inferir que o modelo de negócio mediado pelo aplicativo que congrega tanto a prescrição humana dos comandos automatizados constantemente alteráveis, quanto medidas *ad hoc* veiculadas no aplicativo e que se escondem por entre os comandos automáticos, cria uma enorme disparidade entre as partes.

Uma das entrevistadas desta pesquisa teve, recentemente, sua ação judicial julgada procedente na Justiça do Trabalho(146). Nessa ação, requereu o reconhecimento da conduta antissindical da 99, uma vez que, arbitrariamente, foi bloqueada pela plataforma, no curso das negociações em mediação pré-processual requerida pelo Sindicato junto ao Tribunal

---

(143) Os detalhes estão disponíveis em: DIÓGENES, Juliana. Após táxis, Uber agora enfrenta seus motoristas. *O Estado de S. Paulo Website*, 26 mar. 2016. Disponível em: <http://tinyurl.com/jyfx2hh>. Acesso em: 08 dez. 2016. O MPT está investigando denúncias contra a empresa Uber, cuja subsidiária no Brasil responde pela razão social "Uber do Brasil Tecnologia Ltda.", por meio dos seguintes inquéritos civis: IC 1417.2016.01.000/6-10 (Rio de Janeiro); IC 003255.2016.02.000/3 (São Paulo) e IC 1824.2016.10.000-5.

(144) DEJOURS, Christophe. *A banalização da injustiça social*. Rio de Janeiro: FGV, 1999.

(145) LEME, Ana Carolina Reis Paes. A relação entre o implemento das inovações tecnológicas disruptivas e a potencialização de práticas antissindicais. In: LEME, Ana Carolina Reis Paes; RODRIGUES, Bruno Alves; CHAVES JÚNIOR, José Eduardo de Resende (Coords.). *Tecnologias disruptivas e a exploração do trabalho humano*. São Paulo: LTr, 2017. p. 304-317.

(146) 99POP é condenada por bloquear dirigente sindical. *Extra Classe*, 12 abr. 2022. Disponível em: <https://www.extraclasse.org.br/justica/2022/04/99-pop-e-condenada-por-bloquear-dirigente-sindical/>. Acesso em: 14 abr. 2022. Durante a escrita da tese, em 23.06.2022, o TRT 4 julgou o recurso ordinário interposto pela plataforma 99, negando-lhe provimento, mantendo-se a sentença acima referido no processo n. 0020882-91.2021.5.04.0201 (RORSum).

Regional do Trabalho da 4ª Região (TRT4)[147]. Na época atuava na condição de presidente de sindicato (no primeiro semestre de 2021). No acórdão, publicado em 23.06.2022, o relator chamou a atenção para o fato de que o bloqueio da autora foi efetivado durante a tramitação do pedido de mediação pré-processual acima mencionado, sendo "nítida a tentativa de frustrar sua atuação".

Com fundamento nos arts. 5º, XVI e 8º da CF/1988; 525 e 543, § 6º da CLT, bem como no art. 199 do Código Penal e nas disposições da Convenção n. 98 da Organização Internacional do Trabalho (OIT), a 5ª Turma do TRT4 concluiu que os elementos de prova apontavam para a prática antissindical da reclamada. Manteve a sentença da origem que condenou a plataforma 99 ao pagamento de indenização pelo ato ilícito, considerando, ainda, que "o bloqueio, por certo, causará dificuldade ao sustento da reclamante, pois ela depende do cadastro nos aplicativos para realizar o seu trabalho".[148]

O cancelamento imotivado, exemplificado nesse episódio, evidencia a vulnerabilidade das iniciativas incipientes de organização dos trabalhadores. Os bloqueios, os impedimentos, a utilização do poderio econômico contra aqueles que, de certa forma, se organizam ou são líderes das entidades sindicais, demonstram uma realidade ainda incompatível com as condições necessárias às mesas de diálogo (nas Secretarias Regionais do Trabalho, por exemplo), quanto mais para uma negociação coletiva voltada a negociar direitos da categoria profissional.

Ao longo do livro "*Da máquina à nuvem: caminhos para o acesso à justiça pela via de direitos dos motoristas da Uber*"[149], sustentou-se que o denominado empregador-nuvem usa, além do *marketing* da economia colaborativa e da cooperação social desempenhada pelos próprios clientes, uma espécie de panóptico digital que atua como dispositivo de controle do trabalho. É o que permite a obtenção de força de trabalho perfeitamente amoldada às diretrizes, padrões e interesses da plataforma, sem a formalização de contratos de trabalho, mediante a camuflagem tecnológica e ideológica do poder de comando, controle, fiscalização, a fim de afastar a aplicação da norma jurídica trabalhista. Chamou-se inclusive a atenção para a quantidade de empregados formais com experiência em *marketing* contratados pela Uber, com salários expressivos[150], contrastando com o quadro dos demais trabalhadores, não considerados pela Uber como empregados.

---

(147) A título de informação, o número do processo da mediação pré-processual é o n. 0020657-92.2021.5.04.0000.

(148) BRASIL. Tribunal Regional do Trabalho da 4ª Região. *Processo n. 0020882-91.2021.5.04.0201*. Recorrente: 99 tecnologia Ltda. Recorrido: Carina Mineia dos Santos Trindade. Rel. Marcos Fagundes Salomão, 2022. Julgamento da 5ª Turma do TRT 4, em 23.06.2022.

(149) LEME, Ana Carolina Paes. *Da máquina à nuvem:* caminhos para o acesso à justiça pela via de direitos dos motoristas da Uber. São Paulo: LTr, 2019.

(150) Os gerentes de marketing contratados pela Uber do Brasil recebiam então remuneração de aproximadamente R$ 12.000,00, mais benefícios, conforme informações retiradas do Inquérito Civil mencionado na nota acima. Ver depoimentos e termos de rescisão de contrato de trabalho no Anexo A.2. da dissertação (LEME, Ana Carolina Reis *Paes. Da máquina à nuvem:* caminhos para o acesso à justiça pela via de direitos dos motoristas da Uber. Dissertação (Mestrado em Direito) – Programa de pós-graduação em Direito da Faculdade de Direito da UFMG, 2018. Disponível em: <https://repositorio.ufmg.br/handle/1843/40138>. Acesso em: 28 abr. 2020).

Na mesma pesquisa foram identificadas manifestações de motoristas da Uber frequentemente noticiadas pela mídia ao redor do mundo e no Brasil. Em dezembro de 2016, foi noticiada a fundação do Sindicato dos Motoristas de Transporte Privado Individual de Passageiros por Aplicativo do Estado do Pernambuco (SIMTRAPLI-PE), reunindo motoristas de Uber e de outros aplicativos, filiado à Central Única dos Trabalhadores (CUT).(151) Afirmou-se, naquela oportunidade, que a movimentação dos trabalhadores, ainda que de forma embrionária, existia. A Uber adotou, em paralelo, a estratégia de "escoltar"(152) o Estado, no sentido de dirigir lado a lado, auxiliando-o a desempenhar suas tarefas essenciais, com especial foco na parcela vulnerável da população em determinado município, incentivando eventos e ações comunitárias, como campanhas de arrecadação de agasalhos.

Com o intuito de incentivar a colaboração social, com o apoio da população e, ao mesmo tempo, comunicando que estaria colaborando com o Estado, a Uber notoriamente assumiu o papel de patrocinadora do Carnaval de diversas capitais brasileiras, inclusive o mundialmente conhecido Carnaval do Rio de Janeiro. Patrocinou barracas no calçadão, negociadas com a Prefeitura do Rio, instalou o *"Uber Fresh"* — duchas de água corrente na praia, e estacionou o *"Uber Acqua"* na orla de Ipanema, uma picape conversível com piscina instalada na caçamba. Patrocinou, ainda, o carnaval da capital mineira, Belo Horizonte, criando também o *"Uber Aero Bike"*, um trilho suspenso com uma bicicleta dentro e uma imagem panorâmica das folias.(153)

Tal estratégia empregada pelas plataformas digitais, de utilizar-se de campanha massiva de *marketing*, angariar a cooperação do consumidor por meio de agrados e da busca de paridade com o Estado, busca desconstruir as narrativas do movimento sindical sobre o próprio trabalho, que são essenciais no processo de reinvindicação de direitos. Recentemente, foi noticiada a manipulação realizada pela plataforma *IFood*(154), de entrega de alimentos por trabalhadores plataformizados por meio de moto e bicicleta. Constatou-se que a empresa

---

(151) RODRIGUES, Vanessa. Motoristas do Uber criam sindicato no Pernambuco e se filiam à CUT. *Ilisp Website*, 10 jan. 2017. Disponível em: <http://www.ilisp.org/noticias/motoristas-do-uber-criam-sindicato-no-pernambuco-e--se-filiam-cut/>. Acesso em: 20 jun. 2018.

(152) O verbo "escoltar" foi utilizado para simbolizar o apoio ou suporte que a Uber demonstra oferecer ao Estado, enxergado por ela como ineficiente e dependente da ajuda de empresas como ela. Como exemplo, cita-se o apoio que a Uber deu à população carente de atenção do Estado ao entregar 20 mil peças para a Campanha do Agasalho 2017. (UBER entrega 20 mil peças para a Campanha do Agasalho. *O Sul Website*. Disponível em: <https://www.osul.com.br/uber-entrega-20-mil-pecas-para-campanha-agasalho/>. Acesso em: 20 jun. 2018). O diretor da Uber declarou, nessa ocasião, que a missão da empresa é melhorar a vida das pessoas nas cidades onde atua. "Colocamos a tecnologia à disposição de um projeto como este, de solidariedade. Usuários e motoristas estiveram unidos em dois dias, engajados na campanha. O resultado foi muito positivo: entre cinco e sete toneladas de agasalhos foram arrecadados".

(153) LEME, Ana Carolina Paes. *Da máquina à nuvem:* caminhos para o acesso à justiça pela via de direitos dos motoristas da Uber. São Paulo: LTr, 2019. p. 79-81.

(154) LEVY, Clarissa. A máquina oculta de propaganda do iFood. *A Pública*, 4 abr. 2022. Disponível em: <https://apublica.org/2022/04/a-maquina-oculta-de-propaganda-do-ifood/>. Acesso em: 27 jun. 2022.

contratou uma agência de publicidade para atuar nas redes sociais, por meio de perfis falsos, que se passavam por entregadores em meio a manifestações pelo reconhecimento de direitos trabalhistas, com o claro intuito de destruir a sua narrativa e desmontar o movimento grevista. O sentido dessa ação antissindical era impedir que os trabalhadores organizados coletivamente tivessem uma pauta reivindicatória de reconhecimento de direitos empregatícios.

Segundo a reportagem, as agências contratadas pela plataforma criaram duas páginas, a *fanpage* de conteúdo político "Não Breca Meu Trampo" e a página de memes "Garfo na Caveira" para dar suporte à estratégia de esvaziar a narrativa de greve dos entregadores. A descrição da página dizia: "A gente quer melhorar de vida e ganhar mais. SEM patrão e salário mínimo. No corre bem feito a gente tira mais e não tem chefe pra encher o saco. A gente quer liberdade pra trampar pra quem a gente quiser!". Uma das fontes chamou a estratégia de "*marketing* 4.0" e exemplificou: "Você posta memes, piadas e vídeos que promovem uma marca ou ideia, mas sem mostrar quem está por trás. Sem assinar". Segundo os relatos, o objetivo da publicidade não assinada era disseminar ideias e opiniões em um formato que imitasse a forma dos entregadores de se comunicarem, simulando que as postagens e narrativas vinham de verdadeiros entregadores.[155] O objetivo era "suavizar o impacto das greves e desnortear a mobilização dos entregadores", relata a matéria.

Semelhante situação foi observada na pesquisa de campo e será tratada adiante, no capítulo 4, quanto à atuação da Uber com os líderes sindicais e com administradores de grupos de *WhatsApp*.

A manipulação do espaço geográfico, apropriando-se dos recursos do território, mobilizando grandes quantidades de fixos e múltiplos fluxos de ações, interferindo nos mecanismos regulatórios, apoiada pela manipulação ideológica, que envolve a população em geral e em especial os motoristas, com o intuito de incutir a doutrina do empreendedorismo e da meritocracia e que alcança também a manipulação — coibição/cooptação — das iniciativas sindicais e de líderes, chega então à manipulação do papel regulatório do Direito do Trabalho e sua aplicação pelos tribunais.

2.3. O papel do Direito do Trabalho na construção do espaço jurídico--laboral do transporte individual por motoristas plataformizados

O Direito do Trabalho é ramo jurídico especializado que regula certo tipo de relação laborativa na sociedade contemporânea. Segundo Mauricio Godinho Delgado, o Direito do Trabalho tem na relação empregatícia sua categoria básica, embora não exclusiva, a partir da qual se constroem os princípios, regras e institutos essenciais desse ramo jurídico especializado.[156] Tomando-se esse ponto de partida da identificação do Direito do Trabalho,

(155) LEVY, Clarissa. A máquina oculta de propaganda do iFood. *A Pública*, 4 abr. 2022. Disponível em: <https://apublica.org/2022/04/a-maquina-oculta-de-propaganda-do-ifood/>. Acesso em: 27 jun. 2022.

(156) DELGADO, Mauricio Godinho. *Curso de Direito do Trabalho*. 18. ed. São Paulo: LTr, 2019. p. 47.

torna-se essencial compreender que o regime de emprego é o modelo de referência, mas a razão de ser da tutela jurídica é o próprio trabalho humano, sujeito a diversos processos de degradação e vulnerabilização pelas relações de trabalho no modo capitalista de produzir e que também estão presentes em formas diversas, mas vizinhas à relação de emprego, como trabalho pessoal autônomo, cooperativado, parceria, microempreendimento, dentre outras.

Para Delgado, é papel do Direito do Trabalho "a desmercantilização da força de trabalho no sistema socioeconômico capitalista, restringindo o livre império das forças de mercado na regência da oferta e da administração do labor humano"(157) Pode-se considerar, ao menos, que se o Direito do trabalho não chega a suprimir o tratamento mercantil da força de trabalho, afinal, o contrato de trabalho juridiciza a compra e venda dessa "estranha mercadoria" que não se descola do seu portador, pelo menos cria um marco geral de certos limites ao livre enfrentamento de mercadorias desiguais, protegendo algumas necessidades humanas básicas, como limitação de jornada, condições elementares de saúde e segurança, salário mínimo, pausas, etc. Abre, com isso, um espaço relativo a direitos, mas também de lutas e conquistas que atenuam o resultado do cru enfrentamento entre oferta e demanda de trabalho.

O autor alerta que o cumprimento da função central do Direito do Trabalho de melhoria das condições de pactuação da força de trabalho na ordem econômica deve considerar "o ser coletivo obreiro, a categoria, o universo mais global de trabalhadores", independente dos estritos efeitos sobre o trabalhador individualmente destacado.(158) Ressalta, ademais, a função redistributiva do Direito do Trabalho ao considerar ser pela "norma jurídica trabalhista, interventora no contrato de emprego, que a sociedade capitalista, estruturalmente desigual, consegue realizar certo padrão genérico de justiça social, a ponto de distribuir a um número significativo de indivíduos", no caso, os empregados, "em alguma medida, ganhos do sistema econômico".(159)

Assim, afirma, o contrato empregatício corresponde ao principal veículo de conexão do indivíduo com a economia, razão pela qual o Direito do Trabalho torna-se "um dos mais eficientes e genéricos mecanismos de realização da justiça social no sistema capitalista". E isso porque a economia de mercado não visa à equidade e justiça social, mas à eficiência, produtividade e lucro. Cabe, assim, ao Direito do Trabalho intervir, por meio da norma jurídica, na regulação das relações sociais dentro da economia capitalista, em prol da justiça social.(160)

---

(157) DELGADO, Mauricio Godinho. *Curso de Direito do Trabalho*. 18. ed. São Paulo: LTr, 2019. p. 56

(158) *Ibidem*, p. 57.

(159) DELGADO, Mauricio Godinho. *Capitalismo, trabalho e emprego:* entre o paradigma da destruição e os caminhos de reconstrução. São Paulo: LTr, 2005. p. 122.

(160) *Idem*.

Uma segunda função do Direito do Trabalho apontada por Mauricio Godinho Delgado é seu "caráter modernizante e progressista, do ponto de vista econômico e social", no sentido de que nas formações socioeconômicas centrais, como na Europa Central, a legislação trabalhista, desde seu nascimento, cumpriu o papel de "generalizar ao conjunto do mercado de trabalho aquelas condutas e direitos alcançados pelos trabalhadores em segmentos mais avançados da economia" e, desse modo, a partir do setor mais moderno e dinâmico da economia, são alargadas condições mais civilizadas de gestão da força de trabalho.(161)

Pondera o autor que os países mais desenvolvidos, do ponto de vista econômico, social e cultural, são os que apresentam o nível mais elevado de retribuição ao trabalho, motivo pelo qual rechaça certo tipo de discurso popularmente difundido no sentido de que o elevado nível dos salários e do próprio custo total do trabalho se constituiria em obstáculo ao desenvolvimento econômico dos países. Delgado defende, portanto, que a densidade e o vigor das economias e sociedades se devem muito à "consistente retribuição que tendem a deferir ao valor-trabalho dentro de suas fronteiras"(162)

No Brasil, contudo, a função civilizatória básica do Direito do Trabalho, que é sua função progressista e modernizante, ficou comprometida pela "resistência à generalização desse padrão de contratação laborativa" ao longo do século passado e até o início deste novo século, diante da prevalência de uma cultura de concentração de renda e de uma política de "desprestígio ao Direito do Trabalho" e de "indisfarçável incentivo à precarização da contratação laborativa de seres humanos no país".(163)

Ao analisar o papel do Direito do Trabalho no regramento das relações sociais, Delgado explicita, ainda, que o Direito do Trabalho possui uma "função política conservadora", compreendida por "esse ramo jurídico especializado conferir legitimidade política e cultural à relação de produção básica da sociedade contemporânea".(164) Contudo, o autor aponta que o reconhecimento dessa função não anula o seu diagnóstico de que a normatividade justrabalhista, tanto a autônoma, como a heterônoma, conferiram a elevação do padrão de gestão das relações empregatícias e do nível de retribuição paga aos trabalhadores.

Enfatiza, por fim, que a função civilizatória e democrática é o principal papel do Direito do Trabalho, que se tornou, na História do Capitalismo Ocidental, "um dos instrumentos mais relevantes de inserção na sociedade econômica de parte significativa dos segmentos sociais despossuídos de riqueza material acumulada", e que vivem essencialmente do seu próprio trabalho.(165)

---

(161) DELGADO, Mauricio Godinho. *Curso de Direito do Trabalho*. 18. ed. São Paulo: LTr, 2019. p. 57.

(162) DELGADO, Mauricio Godinho. *Capitalismo, trabalho e emprego:* entre o paradigma da destruição e os caminhos de reconstrução. São Paulo: LTr, 2005. p. 125.

(163) DELGADO, Mauricio Godinho. *Curso de Direito do Trabalho*. 18. ed. São Paulo: LTr, 2019. p. 59.

(164) *Ibidem*, p. 60.

(165) *Ibidem*, p. 61.

Outras funções do Direito do Trabalho podem também ser consideradas, envoltas em sua missão de compatibilizar a afirmação histórica do vínculo entre dignidade e trabalho, subjacente à máxima de que "o trabalho não é uma mercadoria", com o caráter mercantil das relações sociais capitalistas e que se expressa no reconhecimento constitucional de direitos sociais vinculados ao trabalho. Leonardo Wandelli destaca a importância crucial da regulação pública do trabalho, ainda que sejam relativos os ganhos dela advindos e não seja eliminada a mercantilização do trabalho:

> Direitos sociais que protegem certas condições mínimas de compra e venda da força de trabalho podem acabar reproduzindo e reafirmando a dinâmica mercantil e têm de se defrontar com determinantes estruturais e relações de poder que tendem à exploração e à instrumentalização das pessoas que trabalham.[166]

Incumbe à regulação pública por meio do Direito do Trabalho a função regulatória de "ordenar o mercado de compra e venda da força de trabalho", dando-lhe estabilidade e previsibilidade e tornando juridicamente legítimas essas transações de compra e venda, razão pela qual afirma ser esse ramo jurídico laboral essencial ao capitalismo[167]. Além da função regulatória do mercado de trabalho, ao Direito do Trabalho também incumbe regular o acesso à renda, função indispensável para sustentar as expectativas de consumo, relevantes à demanda.

A par dessas funções, cabe ao Direito do Trabalho regular os limites à própria degradação total das condições de vida das pessoas humanas pelo mercado laboral, a fim de assegurar-lhes aspectos vivenciais básicos, que vão desde a subsistência dos trabalhadores, como suas condições de saúde, participação coletiva, identidade, justiça, assegurando com isso a continuidade do provimento de força de trabalho.[168]

Ao proteger os trabalhadores, como pessoas, o Direito do Trabalho também protege o próprio mercado da sua tendência autodestrutiva, que, sem a regulação pública, tenderia à degradação contínua da própria substância humana, pelo aprofundamento da concorrência a engendrar condições cada vez piores de trabalho. Portanto, o Direito do Trabalho, quando assim o faz, também contribui para preservar aquelas pré-condições das quais o capitalismo depende, mas que não produz, de que fala Fraser.

Além disso, o Direito do Trabalho não se reveste apenas desse aspecto funcional. Conquistas de direitos têm também a dimensão de transformação do sentido socialmente

(166) WANDELLI, Leonardo Vieira. Comentário ao art. 7º. In: CANOTILHO, J. J. Gomes; MENDES, Gilmar F.; STRECK, Lenio L. (Coords.). *Comentários à Constituição do Brasil*. São Paulo: Saraiva Educação, 2018. p. 584-592.

(167) *Idem.*

(168) Explica Leonardo Wandelli que o mercado degrada a substância humana do trabalho, sem a qual não há esse tipo de mercado e fica prejudicado o consumo, ao desmesurar-se na exploração da força de trabalho, buscando maximizar a rentabilidade. In: WANDELLI, Leonardo Vieira. Comentário ao art. 7º. In: CANOTILHO, J. J. Gomes; MENDES, Gilmar F.; STRECK, Lenio L. (Coords.). *Comentários à Constituição do Brasil*. São Paulo: Saraiva Educação, 2018. p. 586.

atribuído à condição de quem trabalha: "a aceitação de um valor social positivo daqueles que se qualificam pelo trabalho somente chega por meio de um reconhecimento jurídico".(169) Reconhecer juridicamente o trabalho, aqui incluindo o trabalho dos motoristas plataformizados é, pois, imprescindível a fim de promoção do sentido e das condições do trabalho.

Nos diversos dados e nas diferentes investigações científicas realizadas no Brasil, o perfil predominante do trabalhador em plataformas não é o de empreendedor que exercita sua liberdade de trabalho, para definir quando e quanto tempo trabalhar, ou daquele que consegue receber rendimentos maiores do que a média dos empregados. Muito menos que ele seja titular de um negócio próprio autonomamente explorado e não simplesmente alguém que empresta sua força de trabalho e, eventualmente um instrumento ou ferramenta — o veículo — ao negócio inteiramente dirigido e controlado por outrem.

No caso da plataforma Uber, as pesquisas empíricas desfazem o senso comum, enfatizado pelo *marketing*, de que se trata de trabalho com autonomia, liberdade e bem remunerado. Investigação realizada pela UFBA detectou um perfil de motorista que trabalha, na maioria das vezes, com exclusividade, por mais de 8 horas diárias e mais de 44 horas semanais, em troca de uma remuneração bruta, em geral, inferior a 2 salários mínimos.(170)

Em pesquisa realizada no âmbito da UFRJ, verificou-se que 70% dos trabalhadores ultrapassam 44 horas semanais e mais de um terço (35%) realizam mais de 60 horas semanais, recebendo o valor bruto de R$ 19,12 a hora, do qual ainda devem ser descontadas todas as despesas, e a quase a totalidade deles não tem noção integral dos seus gastos e não leva em conta custos como a depreciação do veículo ou despesas na sua manutenção.(171)

De acordo com a investigação realizada por Renan Kalil, realizada entre agosto e outubro de 2018, totalizando 102 entrevistados, 53% dos condutores pesquisados relataram trabalhar mais do que 10 horas por dia, sendo que, no que se refere aos dias da semana, quase 70% trabalhavam mais do que 5 dias. Considerando apenas aqueles que têm o trabalho em plataforma como única fonte de renda, o percentual dos que trabalhavam mais de 10 horas diárias subia para quase 61% do entrevistados. Em função das respostas obtidas sobre como os trabalhadores definem seu tempo de trabalho, o autor concluiu que "a quantidade de horas por dia está diretamente relacionada à capacidade de auferir rendimentos dirigindo"(172).

---

(169) WANDELLI, Leonardo Vieira. Comentário ao art. 7º. In: CANOTILHO, J. J. Gomes; MENDES, Gilmar F.; STRECK, Lenio L. (Coords.). *Comentários à Constituição do Brasil*. São Paulo: Saraiva Educação, 2018. p. 587.

(170) OLIVEIRA, Murilo Carvalho Sampaio; ASSIS, Anne Karoline Barbosa de; COSTA, Joelane Borges; *Relatório de Pesquisa Pibic 2018-2019*. Uberização do Trabalho: análise crítica das relações de trabalho prestadas por aplicativos. Salvador: Universidade Federal da Bahia, 2019.

(171) CARELLI, Rodrigo de Lacerda. O caso Uber e o controle por programação: de carona para o século XIX. In: LEME, Ana Carolina Reis Paes; RODRIGUES, Bruno Alves; CHAVES JÚNIOR, José Eduardo de Resende (Coords.). *Tecnologias disruptivas e a exploração do trabalho humano*. São Paulo: LTr, 2017. p. 257.

(172) KALIL, Renan Bernardi. *Capitalismo de plataforma e Direito do Trabalho: crowdwork* e trabalho sob demanda por meio de aplicativos. 366 f. Orientador: Otavio Pinto e Silva. 2019. Tese (Doutorado em Direito) – Universidade de São Paulo, USP, Programa de Pós-Graduação em Direito, Direito do Trabalho e da Seguridade Social, São Paulo, 2019. p. 154.

O pesquisador também questionou os entrevistados sobre o tempo gasto com o trabalho não remunerado, ou seja, aquele em que estes ficam à espera de uma chamada, ou estão se deslocando sem nenhum cliente. Nesse caso, 49% relataram gastar entre 1 a 2 horas por dia nessas atividades não remuneradas.

Regra geral os trabalhadores que dirigem para plataformas não têm uma renda fixa. Assim, se não trabalharem, não tem renda. Se adoecerem ou se depararem com problemas de manutenção do veículo, também não recebem. Soma-se a esses fatores de risco integral ao motorista de plataforma a possibilidade de serem furtados, assaltados, sofrerem acidente ou colisão, entre tantos outros infortúnios que podem ser submetidos.

Além disso, o valor semanal recebido não inclui gastos essenciais para trabalhar como: custos de aparelho celular inteligente, manutenção, combustível, refeição, internet etc., isso sem contar que habitualmente não incluem o cálculo da depreciação do veículo. A dedução da fração mensal destinada à troca do veículo consome parte significativa do rendimento do motorista. Até porque, no caso dos motoristas plataformizados, não existe subsídio fiscal para aquisição de veículo, diferentemente do que ocorre com os taxistas. Em muitos casos a viabilidade econômica do trabalho decorre do uso de um veículo que o trabalhador já tem, mas cujo desgaste não poderá repor.

Há aí uma forma a mais de espoliação do trabalhador, que se vê alijado do seu bem de propriedade móvel local, apropriado pela empresa transnacional. E essa situação é intencional. As plataformas externalizaram praticamente todos os custos e os riscos para os trabalhadores, resultando não apenas em remuneração baixa, mas também incerta, além de se utilizarem dos recursos da cooperação social.(173) Assim, quando os motoristas conseguem sair para trabalhar, não têm ideia de quanto receberão ao final do dia, ou com quanto poderão contar ao final do mês, nem de quanto gastarão com infortúnios com o carro ou sua saúde. Com rendimentos baixos e incertos(174), esses trabalhadores são obrigados a laborar longas jornadas ao longo de praticamente toda a semana, realidade essa que é diametralmente oposta à ideia de liberdade e flexibilidade amplamente publicizada pela empresa global.

Rodrigo Moraes, Marco Oliveira e André Accorsi, ao pesquisarem sobre o trabalho dos motoristas plataformizados da região metropolitana de São Paulo, identificaram que a

---

(173) LEME, Ana Carolina Paes. *Da máquina à nuvem:* caminhos para o acesso à justiça pela via de direitos dos motoristas da Uber. São Paulo: LTr, 2019. A pesquisa relata como "a Uber captura a narrativa e a energia da cooperação social, com o discurso de que colabora para o desenvolvimento de "um mundo melhor" e que pode "nos livrar de formas ultrapassadas de trabalho". Ao contrário, a empresa se utiliza de uma retórica para convencer todos os participantes — usuário (cliente) e motorista (*Uber driver*) — a realizarem pagamentos diretamente ao intermediário — ela mesma". p. 22.

(174) Sobre perfil dos motoristas, *vide* a história verídica da "Fernanda" e do "João" que ilustra bem a realidade dos motoristas que dirigem a mando da Uber, com jornadas extensas e, remuneração baixa. In: LEME, Ana Carolina Paes. *Da máquina à nuvem:* caminhos para o acesso à justiça pela via de direitos dos motoristas da Uber. São Paulo: LTr, 2019. p. 75-76, 129 e 130.

jornada diária de trabalho de mais de 8 horas alcança 77% dos entrevistados, os quais dirigem de 5 a 7 dias por semana (73%), sendo que 90% não chega a alcançar uma receita (bruta) semanal de R$ 2.000,00 (51% auferem menos de R$1.000,00 brutos semanais). Além disso, identificaram que para 57% dos trabalhadores, a atividade de direção na plataforma de transporte era a sua única fonte de renda.(175)

A partir desses e dos dados que serão trazidos no capítulo 4, verificou-se que o perfil predominante desses trabalhadores em plataformas de transporte é constituído por pessoas que cumprem extensas jornadas e recebem baixos salários, quando se faz a dedução das despesas de aquisição e manutenção dos instrumentos de trabalho.

Com a pandemia do vírus SARS-CoV-2, houve agravamento das condições de trabalho em razão das dificuldades dos motoristas por plataforma de preservarem sua vida e sua integridade psicofísica. Em pesquisa sobre os condutores em plataformas digitais de transporte individual na cidade de Juiz de Fora(176), foi observado que, no contexto da pandemia do vírus SARS-CoV-2, um dos aspectos mais frisados pelos respondentes foi a "queda dos rendimentos, em função da redução na demanda por viagens ocorrida no início da pandemia, quando o isolamento social, o fechamento do comércio e a adoção do trabalho remoto foram fortes"(177). No que se refere à jornada de trabalho, os autores verificaram que, comparando o período antes e durante a pandemia, foi constatado que 45% dos motoristas trabalhavam sete dias por semana antes do período de isolamento social e, mesmo após, esse número continuou elevado, "o que significa que estes não tinham nenhum dia para descansarem e vivenciarem outros tempos sociais, como os da família, de lazer ou estudo"(178). Ainda no que se refere ao período anterior à pandemia, observaram que praticamente 70% dos entrevistados trabalhavam mais de 8 horas por dia, e, em torno de 41%, mais do que 10 horas.(179) Foi observado, ainda, que a pandemia levou parte dos motoristas a reduzirem os dias de trabalho por semana, sendo que "mais de um terço deixou de trabalhar no período

---

(175) MORAES, Rodrigo Bombonati de Souza; OLIVEIRA, Marco Antonio Gonsales de; ACCORSI, André. Uberização no contexto da economia de compartilhamento: um estudo sobre o trabalho dos motoristas de transporte particular por aplicativo em São Paulo. *Revista Interface*, v. 16, n. 2, p. 72-92, jul./dez. 2019. p. 81.

(176) PESQUISA com condutores Apresentação AMOAPLIC JF. Vídeo [1h46min]. Canal *Professor Victor Paradela*. Disponível em: <https://youtu.be/fkvdyQ_ClUg>. Acesso em: 12 set. 2020.

(177) CARDOSO, Ana Claudia Moreira *et al.* A pandemia da Covid-19 e o agravamento da precariedade do trabalho dos motoristas em empresas-plataforma de transporte individual em uma cidade brasileira de médio porte. *Revista ABET*, 2022 (no prelo).

(178) CARDOSO, Ana Claudia Moreira; ARTUR, Karen; OLIVEIRA, Murilo Carvalho Sampaio. O trabalho nas plataformas digitais: narrativas contrapostas de autonomia, subordinação, liberdade e dependência. *Revista Valore*, [S.l.], v. 5, p. 206-230, set. 2020. ISSN 2526-043X. Disponível em: <https://revistavalore.emnuvens.com.br/valore/article/view/657>. Acesso em: 16 jun. 2022.

(179) *Idem.*

em que a pesquisa foi realizada", sendo que, no caso das mulheres, essa queda foi mais acentuada: 47,6% deixando de trabalhar, contra 31,9% dos homens, identificando-se aqui uma possível discriminação de gênero, na medida em que, culturalmente, incumbe-se às mulheres, mais do que aos homens, "cuidar dos filhos que ficaram sem escola, da casa, da comida e das pessoas mais velhas que necessitam de maior atenção".(180)

Percebem-se, pelos dados de pesquisas trazidos até aqui, diferentes formas de precariedades e inacesso a direitos pelos motoristas plataformizados, a passo da ausência de limites regulativos ao trabalho. Isto ocorre, como visto, em razão do esforço que as plataformas fazem para criar um novo enquadramento desse trabalho, ou melhor, um esforço concentrado para produzir um desenquadramento, a fim de obliterar todo o arcabouço de regras locais e nacionais e instituir, ou uma "zona cinzenta"(181), ou outro marco regulatório. Diante desse quadro, afirma-se a necessidade de se qualificar o trabalho dos motoristas por meio de plataformas com o reconhecimento jurídico que lhes é de direito, a fim de criar "espaços de pertencimento e autoestima", nos quais há proteção jurídica ao trabalho por eles realizado, além de "fomentar as lutas reivindicatórias".(182)

A afirmação, feita por Delgado, de que o Direito do Trabalho representa o melhor patamar civilizatório que o capitalismo logrou propiciar merece uma reflexão. De fato, as inúmeras críticas sobre as condições de trabalho no capitalismo, como reguladas pelo Direito do Trabalho, podem levar a questionar se a sua função conservadora não se sobrepõe a sua função civilizatória. Nesse aspecto, o caráter bifronte do Direito do Trabalho, como direito de regulação e de emancipação, de proteção do mercado e de proteção do trabalhador, de afirmação do poder legítimo de subordinação e de limitação da exploração humana pode ser teoricamente capitado com o auxílio do conceito de ambivalência, desenvolvido pelo juslaboralista francês Antoine Jeammaud.(183)

O conceito de ambivalência envolve a compreensão de que o Direito do Trabalho reconhece direitos aos trabalhadores, restringindo a exploração desenfreada e, assim, protegendo-os da tendência de maximização da exploração, que degradaria a própria força de trabalho, ao mesmo tempo em que institucionaliza, organiza e legitima essa mesma exploração. Ao regular a tensão entre a tendência de maximização da exploração e a necessidade

---

(180) CARDOSO, Ana Cláudia Moreira *et al.* A pandemia da Covid-19 e o agravamento da precariedade do trabalho dos motoristas em empresas-plataforma de transporte individual em uma cidade brasileira de médio porte. *Revista ABET*, 2022 (no prelo).

(181) AZAÏS, Christian; DIEUAIDE, Patrick; KESSELMAN, Donna. Zona cinzenta do emprego, poder do empregador e espaço público. In: CARELLI, Rodrigo L.; CAVALCANTI, Tiago M.; FONSECA, Vanessa p. (Orgs.). *Futuro do trabalho:* os efeitos da revolução digital na sociedade. Brasília: ESMPU, 2020. p. 441-458.

(182) Leonardo Wandelli aponta que a par da utilidade econômica, o direito do trabalho retirou o trabalho da condição de indignidade, passando a ser encarado do ponto de vista da cidadania social, como condição jurídica formada por direitos e deveres e baseada no reconhecimento do pertencimento a uma coletividade. WANDELLI, Leonardo. *O direito humano e fundamental ao trabalho:* fundamento e exigibilidade. São Paulo: LTr, 2012.

(183) JEAMMAUD, Antoine. Le droit du travail dans le capitalism, question de fonctions et de fonctionnement. In: JEAMMAUD, Antoine. (Dir.) *Le droitt du travail confronte à l'économie*. Paris: Dalloz, 2005. p. 15-38.

de proteção do trabalho humano, ou seja, das pessoas e seus modos de vida, limita a exploração dessa força de trabalho, não deixando dissolver-se a tensão e, assim, cria um espaço institucional de reivindicação e implementação de direitos.(184)

O conflito social é canalizado como conflito jurídico, favorecendo a estabilidade do sistema econômico.(185) Para além de manter e legitimar a ordem estabelecida, a ambivalência do Direito do Trabalho exsurge ao permitir também aos trabalhadores contestar o *status quo*, sem com isso perder o caráter de técnica de controle social, regulando o enfrentamento de classes e criando espaços de luta econômica, cultural e ideológica.(186) Trata-se, portanto, de um ramo jurídico nuclear ao vínculo social, pois cuida não só de aspectos necessários à reprodução do capital, mas também da própria reprodução da vida, em uma sociedade sob a égide do sistema capitalista.

Chega-se, então, ao que Leonardo Wandelli denomina de dupla ambivalência da legislação do trabalho que inclui os direitos fundamentais das pessoas que vivem do trabalho. À mediação da tensão instrumental entre os interesses dos trabalhadores e do capital, acrescenta a mediação de uma segunda tensão. Não se trata só de regular a tensão entre as necessidades do sistema de assegurar juridicamente a compra e venda da força de trabalho subordinada como "negócio lícito" e de proteger o mercado de trabalho da "força destrutiva do sistema de mercado sobre o trabalho".

Cuida-se, ao mesmo tempo, de mediar a tensão interacional, baseada nas expectativas de justiça dos trabalhadores, entre, num polo da tensão, a "necessidade de manter expectativas normativas de reconhecimento de subjetividades trabalhadoras que promovam o engajamento eficaz em termos de zelo e cooperação". Isto porque compelir os trabalhadores a produzir apenas com base no aguilhão da fome não asseguraria a dedicação e o zelo que a produção cada vez mais requer. E, no outro polo da tensão, a "impossibilidade constitutiva" do sistema de satisfazer plenamente tais expectativas de justiça dos trabalhadores, o que levaria à própria ruptura da estrutura desigual do capital, razão pela qual conclui o autor que somente é possível mediar essas duas tensões de interesses e normativa, "admitindo espaços de lutas reivindicatórias potencialmente ampliativas de direitos que não podem ser inteiramente determinados e controlados".(187)

O cerne do conflito decorrente da luta dos trabalhadores por interesses, reconhecimento e direitos e da resistência e incapacidade constitutiva do capital de acolhê-la é

---

(184) WANDELLI, Leonardo. *O direito humano e fundamental ao trabalho:* fundamento e exigibilidade. São Paulo: LTr, 2012. p. 192.

(185) RAMOS FILHO, Wilson. *Direito capitalista do trabalho:* história, mitos e perspectivas no Brasil. São Paulo: LTr, 2021. p. 94.

(186) *Ibidem*, p. 95.

(187) WANDELLI, Leonardo. *O direito humano e fundamental ao trabalho:* fundamento e exigibilidade. São Paulo: LTr, 2012. p. 195-196.

que impulsiona a produção normativa. Nessa perspectiva, ao erodir a regulação pública do trabalho, o neoliberalismo vai erodindo a base de regulação que, até o momento, sustentou e estabilizou as relações capitalistas de trabalho, em torno da mediação dessas tensões, que ficam dissolvidas pela desconsideração do polo que se refere às demandas dos trabalhadores.

Ao problematizar o papel tático da proteção jurídica do trabalhador, Gustavo Seferian compreende o Direito do Trabalho como "barricada jurídica"(188) na linha de frente dos choques entre as classes em luta no seio do capitalismo. Reafirma que se trata "da última fronteira formal da luta", por "estar inserta a matéria justrabalhista na principal contradição que dimana da sociedade capitalista: aquela existente entre capital e trabalho". Por tal razão, "faz denotar em suas funcionalidades uma miríade de contradições". Seferian alerta que não há, no Direito do Trabalho, sabedoria no recuo, pois o recuo é derrota. E segue afirmando que a compreensão que espera "não só dos contemporâneos, mas dos que virão" é:

> [...] lutar pelo Direito do Trabalho é, porquanto perdurar o modelo capitalista, uma tarefa tática imprescindível para aquelas e aqueles que vivem da venda da sua força de trabalho. O que, indiferente das contradições que daí possam decorrer, não faz compactuar com a reprodução e continuidade da forma jurídica, senão o acentuar das contradições que dela dimanam.(189)

Como se pôde ver, a constante construção do espaço jurídico e protetivo dos direitos humanos e fundamentais é momento essencial das ações sobre o território. Trata-se de uma luta multifacetada, que envolve tanto as condições de regulação e funcionamento do mercado capitalista, quanto o conjunto de limites e proteções que contribuirão com um determinado patamar civilizatório no interior das relações mercantis. E, também, todo um plexo de aspectos ideológicos de legitimação do assalariamento e outras formas de apropriação e exploração do trabalho humano, de atribuição de sentido e valor social à condição de trabalhador e de canalizar as lutas sociais como disputas jurídicas, trazendo-as para o campo sistêmico do Direito.

2.3.1. O vínculo de emprego entre motoristas plataformizados, as empresas Uber e 99 e o acesso à justiça pela via dos Direitos Trabalhistas

Embora a CF/1988 atribua importante rol de direitos fundamentais a todos os trabalhadores (art. 7º), de modo geral, a legislação do trabalho brasileira está substancialmente

(188) MACHADO, Gustavo Seferian Scheffer. *Direito do trabalho como barricada:* sobre o papel tático da proteção jurídica do trabalhador. 2017. Tese (Doutorado) – Universidade de São Paulo, São Paulo, 2017. p. 196, 202 e 223.

(189) MACHADO, Gustavo Seferian Scheffer. *Direito do trabalho como barricada:* sobre o papel tático da proteção jurídica do trabalhador. 2017. Tese (Doutorado) – Universidade de São Paulo, São Paulo, 2017. p. 329. Seferian, ao se referir ao uso tático do Direito do Trabalho para resistências e investidas, o faz à luz da tônica de que "uma vez conquistado o ponto de avanço tático na guerra de posições e erigida nova barricada, serve ela de referência para novas e futuras incursões, bem como de ponto fortificado para resistência das classes trabalhadoras postas em luta contra os ataques dos seus históricos opressores" (p. 257).

limitada a prever direitos protetivos aos empregados, ou seja, trabalhadores sob regime de emprego, ainda que haja normas especiais relativas aos trabalhadores avulsos, cooperados, dentre outros. Há enorme silêncio legislativo sobre o trabalho autônomo, relegado ao campo do direito civil privado, por excelência. A centralidade do emprego como requisito de incidência da legislação protetiva do trabalho e como plataforma de integração social atrai enorme pressão em torno de quais trabalhadores serão ou não incluídos na modalidade jurídica empregatícia. Assim, a disputa quanto ao enquadramento ou reconhecimento como enquadramento empregatício, em torno da qual se disputa a proteção jurídica do trabalho, situa-se num modelo de "tudo ou nada". Daí que a luta pela regulação do espaço jurídico-laboral, no Brasil, está centrada na luta jurídica acerca do reconhecimento judicial ou extrajudicial do enquadramento jurídico dos motoristas na condição de empregados das empresas proprietárias das plataformas, segundo o padrão básico da lei trabalhista vigente, a CLT (Decreto-lei n. 5.452 de 1º de maio de 1943).

A discussão relativa ao enquadramento jurídico do motorista plataformizado como empregado ou não está permeada não só pela ambiguidade do Direito do Trabalho no sentido acima mencionado, mas também pelas diversas funções exercidas por esse ramo do Direito, de caráter regulatório, ideológico, distributivo e civilizatório.

No âmbito da legislação trabalhista brasileira, a investigação do enquadramento de um trabalhador como empregado percorre a análise dos elementos fático-jurídicos da relação de emprego que se extraem da leitura conjunta dos arts. 2º e 3º da CLT e que na doutrina de Delgado correspondem a trabalho por pessoa física, com pessoalidade, não eventualidade, onerosidade e subordinação jurídica.(190) Em 2011, houve uma atualização da CLT com o intuito de fazer constar em seu art. 6º um novo comando, inserido na forma de parágrafo único: "os meios telemáticos e informatizados de comando, controle e supervisão se equiparam, para fins de subordinação jurídica, aos meios pessoais e diretos de comando, controle e supervisão do trabalho alheio".(191)

A fim de fugir da incidência do regramento justrabalhista, a empresa Uber — e também a 99 — afirmam que os motoristas são autônomos, pois suportam seus riscos, gerenciam seu tempo e suas atividades. Sustentam que os motoristas são "contratados independentes" e, portanto, que não são empregados. A Uber (e também a 99) não fornecem serviços de transporte e dizem que os contratados independentes seriam microempreendedores, portanto

---

(190) DELGADO, Mauricio Godinho. *Curso de Direito do Trabalho*. 18. ed. São Paulo: LTr, 2019. p. 337-351.

(191) OLIVEIRA, Murilo Carvalho Sampaio; CARELLI, Rodrigo de Lacerda; GRILLO, Sayonara. Conceito e crítica das plataformas digitais de trabalho. *Revista Direito e Práxis*, Rio de Janeiro, v. 11, n. 4, p. 2.609-2.634, 2020. Os autores, ao defenderem que há solução suficiente no ordenamento jurídico vigente para a regulação do trabalho dos motoristas plataformizados, preceituam que "a própria legislação brasileira elegeu um conceito aberto — "sob dependência" no art. 3º da CLT — e que já está atualizado para uma subordinação "telemática" como consta, desde 2011, no parágrafo único do art. 6º. Mas isto pressupõe o reconhecimento de que o Direito do Trabalho não incide somente sobre o trabalho no modelo fordista típico, o qual dependia necessariamente da "subordinação por hierarquia" e com jornada heterofixada, regulando modos diferenciados de apropriação do trabalho humano".

unicamente responsáveis por quaisquer prejuízos. Utilizam o exercício argumentativo[(192)] com intuito de afastar quaisquer interferência das plataformas nos desígnios do motorista. Assim, argumentam que a avaliação do motorista, a restrição por má conduta ou por rejeitar viagens seguidamente, seriam mecanismos de manutenção da qualidade do serviço, da confiabilidade da plataforma e da segurança do usuário contratante, utilizando uma roupagem lúdica[(193)] em verdadeiro processo de gamificação da ingerência patronal.[(194)]

Assim é possível destacar um esforço linguístico de afastar a incidência da legislação trabalhista e de criar um novo enquadramento do trabalho, produzindo um desenquadramento, como já salientado anteriormente[(195)]. Como demonstra a pesquisa realizada pela Clínica de Direito do Trabalho da UFPR, há uma ampla predominância de decisões desfavoráveis (78,14%) sobre o tema da relação de emprego entre o motorista e as plataformas Uber e 99.[(196)]

---

(192) BROCHADO, Mariah; PORTO, Lucas. Novas tecnologias e relação de emprego: *app*-trabalho e direitos sociais no Brasil. In: VASCONCELOS, Antônio Gomes de; CHIMURIS, Ramiro (Orgs.). *Direito e economia: neocolonialismo, dívida ambiental, tecnologia, trabalho e gênero no sistema econômico global*. Napoli: La Cittá del Sole, 2020. p. 305-341.

(193) O uso de neuromarketing pela Uber foi relatado em artigo científico, no qual descreveu que plataforma envia mensagens funcionais aos seus pilotos, sem que estes necessitassem de uma meta específica de renda em mente. A funcionalidade ocorre simplesmente pelo vício no jogo. Não há final e o game over só ocorre quando o aplicativo é desligado. E a Uber tira vantagens desse "ciclo lúdico". Traz, como exemplo, que a UBER chegou a incluir um gráfico de um indicador de motor com uma agulha que se aproximava tentadoramente de um sinal de dólar. Afirmou-se que todas essas métricas podem estimular os impulsos competitivos que impulsionam o jogo compulsivo. In: LEME, Ana Carolina Reis Paes. Neuromarketing *e sedução dos trabalhadores:* o caso Uber. CARELLI, Rodrigo L.; CAVALCANTI, Tiago M.; FONSECA, Vanessa P. (Orgs.). *Futuro do trabalho:* os efeitos da revolução digital na sociedade. Brasília: ESMPU, 2020. p. 139.

(194) Viviane Vidigal compreende a gamificação como um modelo de premiar e punir o trabalhador que atinge ou não uma meta imposta pelas empresas, desvelando-se como mecanismo de gestão para interferir na vontade deste trabalhador, incutindo-lhe o desejo de trabalhar mais. In: VIDIGAL, V. *Game Over:* a gestão gamificada do trabalho. MovimentAção, [S. l.], v. 8, n. 14, p. 44–64, 2021. DOI: 10.30612/mvt.v8i14.15018. Disponível em: <https://ojs.ufgd.edu.br/index.php/movimentacao/article/view/15018>. Acesso em: 16 jun. 2022.

(195) Segundo Sidnei Machado e Alexandre Pilan Zanoni, organizadores da pesquisa realizada pela Clínica de Direito do Trabalho da UFPR: "Apesar de uma judicialização substantiva sobre o tema das plataformas digitais, e de algumas decisões de impacto na jurisprudência, o debate sobre a qualificação jurídica ainda é bastante restrito. Há um conjunto de decisões de tribunais regionais do trabalho e quatro pronunciamentos pontuais do Tribunal Superior do Trabalho. Conquanto haja decisões em tribunais regionais do trabalho favoráveis à qualificação da relação de emprego, as decisões do TST, o tribunal responsável pela uniformização jurisprudencial, têm afastado a configuração do vínculo, com a aceitação da tese geral da natureza autônoma do trabalho. Nesse sentido, observasse um enorme descompasso da jurisprudência brasileira com o debate estendido em países como França, Reino Unido, Alemanha e Espanha". In: MACHADO, Sidnei; ZANONI, Alexandre Pilan (Orgs.). *O trabalho controlado por plataformas digitais:* dimensões, perfis e direitos. Curitiba: UFPR, Clínica Direito do Trabalho, 2022. E-book. p. 219.

(196) A pesquisa produzida no Brasil, no período de 2017 a 2021, nos 24 Tribunais Regionais do Trabalho e no Tribunal Superior do Trabalho, analisou 485 decisões proferidas por estas cortes de instância intermediária e pelo TST, sendo que entre todas as decisões proferidas em processos trabalhistas cujo objeto da controvérsia foi a relação de emprego, 78,14% rejeitaram a qualificação do status de empregado. In: MACHADO, Sidnei; ZANONI, Alexandre Pilan (Orgs.). *O trabalho controlado por plataformas digitais:* dimensões, perfis e direitos. Curitiba: UFPR, Clínica Direito do Trabalho, 2022. E-book. p. 188-189.

Como se viu nos tópicos anteriores, há uma disputa acerca do enquadramento jurídico laboral, na qual as plataformas Uber e 99 almejam rechaçar por completo a incidência do Direito do Trabalho, como se viu nos tópicos anteriores. É preciso ponderar esses números a partir da percepção, que se explicitará adiante, da estratégia de manipulação quando da formação da jurisprudência nos tribunais trabalhistas brasileiros mediante a realização seletiva de acordos em demandas escolhidas a dedo. Contudo, isso não foi suficiente para que a Justiça do Trabalho deixasse de reconhecer o vínculo de emprego entre motoristas e as plataformas Uber e 99. Atualmente, ainda que a maioria das decisões judiciais dos Tribunais neguem a relação de emprego, existem decisões judiciais de primeira instância(197), acórdãos de Tribunais Regionais(198) e, também, uma decisão da 3ª Turma do Tribunal Superior do Trabalho(199) reconhecendo a presença dos requisitos fático-jurídicos do vínculo de emprego nessa relação entre motoristas plataformizados e a empresa proprietária da plataforma.

No plano nacional, as decisões demoraram mais para acontecer. No panorama internacional, a primeira que sinalizou no sentido de que seriam reconhecidos direitos trabalhistas aos motoristas da plataforma Uber foi a decisão do Juiz Federal Edward M. Chen, da Corte do Distrito Norte da Califórnia que, em 16 de agosto de 2013, recebeu uma reclamação trabalhista envolvendo quatro motoristas da Uber que requeriam pagamento de parcelas trabalhistas, inclusive gorjetas e reembolso de despesas.(200) A reclamação plúrima foi convertida em "class action", a Uber ofereceu um acordo de 100 milhões de dólares que não foi considerado pela Corte, diante do seu valor irrisório e distante dos 850 milhões de dólares avaliado como razoável pelo órgão jurisdicional. Contudo, a Uber recorreu dessa decisão e acabou conseguindo que o Tribunal de São Francisco decidisse que os litígios deveriam ser solucionados por meio da arbitragem privada.

No campo da legislação estrangeira, é preciso citar a edição da *Assembly Bill* n. 5 (AB5), uma lei estadual da Califórnia-EUA, editada em 2019, que surgiu a partir de um caso julgado pela Suprema Corte da Califórnia, Dynamex Operations West Inc. *v.* Tribunal Superior, no ano de 2018. Esse caso concreto serviu como precedente para a edição da AB5. Nele, o Tribunal considerou que os trabalhadores "mal classificados" como contratantes independentes, e não como empregados, não tem direitos e proteções significativos, como salário mínimo, indenização por acidente de trabalho, seguro-desemprego e licenças médica

---

(197) MACHADO, Sidnei; ZANONI, Alexandre Pilan (Orgs.). *O trabalho controlado por plataformas digitais:* dimensões, perfis e direitos. Curitiba: UFPR, Clínica Direito do Trabalho, 2022. E-book. p. 195.

(198) *Ibidem*, p. 199.

(199) BRASIL. Tribunal Superior do Trabalho. *Processo n. 100353-02.2017.5.01.0066 (ROT)*. Recorrente: Elias do Nascimento Santos. Recorrido: Uber do Brasil Tecnologia Ltda.; rel. Ministro Mauricio Godinho Delgado. 2022.

(200) As decisões aqui mencionadas podem ser vistas em: CHAVES, Letícia Righi Rodrigues de Xavier. Informe sobre ações envolvendo a Uber no Direito Comparado. In: LEME, Ana Carolina Reis Paes; RODRIGUES, Bruno Alves; CHAVES JÚNIOR, José Eduardo de Resende (Coords.). *Tecnologias disruptivas e a exploração do trabalho humano.* São Paulo: LTr, 2017. p. 331.

e familiar pagas, sendo um fator significativo, inclusive, na erosão da classe média americana e no aumento da desigualdade de renda.(201)

Assim, o "caso Dynamex" é emblemático, pois a Suprema Corte da Califórnia reconheceu o vínculo de emprego de um trabalhador com a empresa de entrega de encomendas. Esse caso foi fundamento para a edição da denominada AB5, legislação que ampliou as hipóteses de reconhecimento dos trabalhadores como empregados até então previstas no Código do Trabalho Californiano (*Labour Code – LAB*) e transferiu o ônus da classificação dos indivíduos como contratantes independentes à entidade contratante. Tratou-se de importante evolução legislativa na proteção dos direitos trabalhistas no âmbito da plataformização do trabalho(202). Entretanto, antes mesmo da sua vigência, após decisão da Suprema Corte determinando que os parâmetros da AB5, inclusive o teste ABC(203) se aplicavam às demandas entre motoristas e as plataformas de transporte(204), a Uber e outras empresas do setor reagiram e, com vultosos investimento em campanhas publicitárias contra a vigência

---

(201) LEME, Ana Carolina Reis Paes; COSTA, Anna Jéssica Araújo; MENEGUINI, Nancy Vidigal. *Assembly Bill* n. 5 da Califórnia e tratamento penal da contratação fraudulenta: uma tradição do Common Law norte-americano e breves considerações de Direito Comparado em relação ao ordenamento brasileiro. In: ORSINI, Adriana Goulart de Sena; CHAVES JÚNIOR, José Eduardo de Resende; MENEGHINI, Nancy Vidal (Orgs.). *Trabalhadores plataformizados e o acesso à justiça pela via dos direitos:* regulações e lutas em países das Américas, Europa e Ásia voltadas ao reconhecimento, redistribuição e representação. Belo Horizonte, Expert, 2021. p. 104. Além de conferir menos privilégios aos trabalhadores, essa situação provoca, ainda, um desequilíbrio entre as grandes empresas que os classificam incorretamente e os demais empregadores, visto que as primeiras, ao utilizarem denominações que "mascaram" o contrato de trabalho, afastam a incidência da proteção do sistema trabalhista e impedindo, assim, o cumprimento de obrigações legais, tais como pagamento de impostos sobre os salários, prêmios por remuneração dos trabalhadores, seguro social, seguro-desemprego e seguro de invalidez, para fins de obtenção de vantagens no mercado. Essa prática, denominada dumping social e adotada frequentemente pelas empresas da gig economy, comporta ser fiscalizada e criticada por órgãos judiciais e administrativos em todo o mundo, pois promove a precarização das relações de trabalho, a concorrência desleal e a concentração de mercado.

(202) Cássio Casagrande chegou a afirmar que o caso Dynamex poderia representar a esperança contra o pesadelo uberista. (CASAGRANDE, Cássio. California dreamin: o caso Dynamex e a esperança contra o pesadelo uberista. *Jota*, 24 jun. 2019. Disponível em: <https://www.jota.info/opiniao-e-analise/colunas/o-mundo-fora-dos-autos/california-dreamin-o-caso-dynamex-e-a-esperanca-contra-o-pesadelo-uberista-24062019?amp>. Acesso em: 27 jun. 2022).

(203) De acordo com o teste ABC, para um trabalhador ser considerado autônomo devem ser preenchidos três requisitos cumulativos: estar o trabalhador livre do controle ou direção do empregador na execução do trabalho; ser a atividade desempenhada pela empresa fora do curso normal dos negócios e fora do estabelecimento e estar o trabalhador habitualmente envolvido em um comércio, ocupação, profissão ou negócio independente, conforme RIBEIRO, Ailana; CUNHA, Raissa Lott Caldeira da. Um estudo sobre os direitos trabalhistas e sociais dos trabalhadores enquadrados na Assembly Bill 5: desmistificando o discurso neoliberal da desregulamentação trabalhista nos EUA. In: ORSINI, Adriana Goulart de Sena; CHAVES JÚNIOR, José Eduardo de Resende; MENEGHINI, Nancy Vidal (Orgs.). *Trabalhadores plataformizados e o acesso à justiça pela via dos direitos:* regulações e lutas em países das Américas, Europa e Ásia voltadas ao reconhecimento, redistribuição e representação. Belo Horizonte, Expert, 2021. p. 21.

(204) VENTURI, Thaís G. Pascoaloto. Os desafios da regulação e da resolução de conflitos gerados pelas *GIG Economy Companies*: o caso da Uber. *Migalhas*, 21 fev. 2022. Disponível em: <https://www.migalhas.com.br/coluna/direito-privado-no-common-law/360072/regulacao-e-resolucao-de-conflitos-gerados-pelas-gig-economy-companies>. Acesso em: 27 jun. 2022.

da AB5[205], conseguiram submeter o tema da regulação trabalhista a um plebiscito estadual e 58,6% dos votantes se pronunciaram a favor da chamada "Proposta 22", que considerava os motoristas como autônomos.

No entanto, em agosto de 2021, a Corte Superior do Estado da Califórnia declarou a inconstitucionalidade da "Proposta 22", o que reacendeu o debate voltado à vigência da lei californiana que reconhece a condição de empregados aos motoristas plataformizados.[206] A partir dessa decisão de inconstitucionalidade, a Suprema Corte da Califórnia vem rejeitando pedidos de revisão apresentados pelas empresas de plataforma de transporte no sentido da aplicação da "Proposição 22", mantendo diversas ordens judiciais que determinaram à Uber e à Lyft que procedam à reclassificar seus motoristas como empregados. [207]

A segunda decisão que merece ser destacada por ser originária de um país de tradição neoliberal, a Inglaterra. Nela, o Juiz Anthony Snelson, em 28 de outubro de 2016, classificou os motoristas como *workers*, o que correspondente a uma categoria de empregado precarizado quando se considera o *employee* o emprego pleno[208]. Nela, declarou que os motoristas de plataforma não são autônomos. Letícia Righi observa:

> A legislação do Reino Unido define *"worker"* como aquele que possui direito ao salário mínimo (6,50 libras por hora), 28 dias de férias, inclusão no plano de pensão, um sistema de trabalho seguro, além do direito de ser tratado como empregado, sem discriminações. O *"employee"* possui todos estes direitos, além de um contrato de trabalho por escrito, licença maternidade, aviso prévio e contribuição previdenciária.[209]

---

(205) Segundo o *Brasil de Fato*, empresas como Uber, Lyft, DoorDash e Instacart gastaram cerca de US$ 200 milhões — mais de R$ 1,1 bilhão — em campanha para aprovar a Proposta 22, que foi revertida na Corte Superior. (GIOVANAZ, Daniel. Ações da Uber despencam após decisões judiciais favoráveis a motoristas nos EUA e no Canadá. *Brasil de Fato*, 23 ago. 2021. Disponível em: <https://www.brasildefato.com.br/2021/08/23/acoes-da-uber-despencam-apos-decisoes-judiciais-favoraveis-a-motoristas-nos-eua-e-no-canada>. Acesso em: 27 jun. 2022).

(206) RIBEIRO, Ailana; CUNHA, Raissa Lott Caldeira da. Um estudo sobre os direitos trabalhistas e sociais dos trabalhadores enquadrados na *Assembly Bill* 5: desmistificando o discurso neoliberal da desregulamentação trabalhista nos EUA. In: ORSINI, Adriana Goulart de Sena; CHAVES JÚNIOR, José Eduardo de Resende; MENEGHINI, Nancy Vidal (Orgs.). *Trabalhadores plataformizados e o acesso à justiça pela via dos direitos:* regulações e lutas em países das Américas, Europa e Ásia voltadas ao reconhecimento, redistribuição e representação. Belo Horizonte, Expert, 2021. p. 39.

(207) VENTURI, Thaís G. Pascoaloto. Os desafios da regulação e da resolução de conflitos gerados pelas *GIG Economy Companies*: o caso da Uber. *Migalhas*, 21 fev. 2022. Disponível em: <https://www.migalhas.com.br/coluna/direito-privado-no-common-law/360072/regulacao-e-resolucao-de-conflitos-gerados-pelas-gig-economy-companies>. Acesso em: 27 jun. 2022.

(208) CHAVES, Letícia Righi Rodrigues de Xavier. Informe sobre ações envolvendo a Uber no Direito Comparado. In: LEME, Ana Carolina Reis Paes; RODRIGUES, Bruno Alves; CHAVES JÚNIOR, José Eduardo de Resende (Coords.). *Tecnologias disruptivas e a exploração do trabalho humano*. São Paulo: LTr, 2017. p. 332.

(209) *Idem*.

O magistrado inglês chegou a chamar de "ridícula" a tese defensiva da empresa que dizia que Londres era um mosaico de mais de 30.000 pequenos empreendedores ligados a uma plataforma comum. Ao final, concluiu que o contrato formal não correspondia à realidade, escondendo a verdadeira relação de trabalho dependente(210). A decisão mencionada do Reino Unido foi confirmada pelo Tribunal Trabalhista do Reino Unido, em 10 de novembro de 2017, tendo rejeitado a tese da Uber de que seus motoristas são profissionais autônomos. João Leal Amado e Catarina Gomes Santos destacaram: "*employee* ou *worker*, o certo é que, para o Tribunal do Trabalho de Londres, os motoristas da Uber não são *self-employed independent contractors*"(211). Mais adiante, no capítulo 5, analisar-se-á o tema das lutas dos motoristas na Califórnia e no Reino Unido por direitos trabalhistas junto com as análises que serão feitas dos dados da pesquisa empírica realizada com os líderes sindicais no Brasil.

Reconhecer que o mundo é global sempre foi preciso e o que acontece num país deveria refletir no outro, em face a atuação global das empresas de plataformas. Nesse sentido, estranhou-se que tais decisões estrangeiras tenham demorado para surtir efeitos na formação da jurisprudência pátria.

A primeira sentença brasileira a reconhecer vínculo empregatício entre um motorista e a Uber do Brasil Tecnologia LTDA, com todos os direitos à relação inerentes, inclusive a assinatura da Carteira de Trabalho e Previdência Social — CTPS foi exarada em 13 de fevereiro de 2017, pelo magistrado Márcio Toledo Gonçalves (TRT – 3ª Região), na qual ele destaca que a Uber é também (e acima de tudo) uma empresa de *marketing*. Destacou o magistrado que a Uber instrumentaliza formas de propaganda buscando disfarçar sua real condição de empregadora. Afirma que a empresa investe, na área de *marketing*, em empregados cuja relação é formalizada, com salários altíssimos, para atingir seu verdadeiro propósito, qual seja, o de criar um véu de ignorância para disfarçar sua "tentativa agressiva de maximização de lucros por meio da precarização do trabalho humano". Prossegue o magistrado destacando que a UBER dispõe de técnicas de propaganda com apelo emocional e manipulação de afetos, falseando a realidade para conquistar confiança e credibilidade.(212)

---

(210) MENEZES, Bianca Caroline Bento. O ridículo mosaico de 30.000 Small Businesses: a Uber no Reino Unido e as contribuições para classificação laboral dos motoristas de aplicativos. In: ORSINI, Adriana Goulart de Sena, CHAVES JÚNIOR, José Eduardo de Resende; MENEGHINI, Nancy Vidigal. *Trabalhadores plataformizados e o acesso à justiça pela via dos direitos:* regulações e lutas em países das Américas, Europa e Ásia voltadas ao reconhecimento, redistribuição e representação. Belo Horizonte, Editora Expert, 2021. p. 321.

(211) AMADO, João Leal; SANTOS, Catarina Gomes. A Uber e os seus motoristas: *mind the gap*! In: LEME, Ana Carolina Reis Paes; RODRIGUES, Bruno Alves; CHAVES JÚNIOR, José Eduardo de Resende (Coords.). *Tecnologias disruptivas e a exploração do trabalho humano*. São Paulo: LTr, 2017. p. 334-348.

(212) No mesmo sentido do raciocínio construído no capítulo 1 do Livro da Máquina à Nuvem, o Juiz Márcio Toledo Gonçalves considerou que "no mundo do marketing como uma plataforma de tecnologia, quando, em verdade, no mundo dos fatos objetivamente considerados é uma empresa de transportes. Afirma fazer parte do mundo da economia de compartilhamento, apropriando-se de toda a carga positiva que essa corrente comportamental e econômica possui, quando em sua essência é uma empresa privada com objetivo de lucro e intenso volume

Na sentença, o juiz de 1º grau, segundo a prova dos autos, identificou a presença da subordinação jurídica em três vieses: (i) clássico, (ii) objetivamente considerado no caso e (iii) estrutural, entendendo que o autor estava sob direção no exercício de suas atividades, realizava os objetivos da empresa por ela e estava inserido na dinâmica de um empreendimento complexo. Destacou as alterações por que vem passando o Direito do Trabalho, levando em consideração as atividades laborais que fogem ao enquadramento tradicional do Direito do Trabalho e nem por isso deixam de ser tipicamente tuteláveis por ele.(213)

Ao analisar o requisito da não eventualidade o magistrado trouxe para o arcabouço fático-probatório da lide depoimento de ex-coordenador de operações da Uber que delineia o "modus operandi" dela no sentido de obrigar a continuidade da prestação de serviços a partir dos seus critérios e diretrizes ao ainda impor a possibilidade da exclusão do motorista da plataforma.(214)

Trata-se de decisão que resguarda a legislação brasileira, bem como os fins teleológicos do Direito do Trabalho e compreende a manutenção do conteúdo da relação de emprego, apesar dos argumentos da Uber em sentido contrário.

Como salientado na introdução, em 24 de agosto de 2018, a 15ª Turma do Tribunal Regional do Trabalho da 2ª Região, pela primeira vez no âmbito de um Tribunal Regional Trabalhista Brasileiro, reconheceu o vínculo de emprego entre o motorista e a Uber. Em seu voto, a Desembargadora relatora Beatriz de Lima Pereira entendeu que os meios telemáticos

---

de investimento". (BRASIL. Tribunal Regional do Trabalho da 3ª Região. 33ª Vara do Trabalho de Belo Horizonte. Sentença no processo n. 0011359-34-2016.5.03.0112. Juiz Márcio Toledo Gonçalves. Disponível em: <http://www.migalhas.com.br/arquivos/2017/2/art20170214-02.pdf>. Acesso em: 20 jun. 2022. p. 9-10.)

(213) Segundo o Juízo sentenciante: "Na hipótese dos autos, sob qualquer dos ângulos que se examine o quadro fático da relação travada pelas partes e, sem qualquer dúvida, a subordinação, em sua matriz clássica, se faz presente. O autor estava submisso a ordens sobre o modo de desenvolver a prestação dos serviços e a controles contínuos. Além disso, estava sujeito à aplicação de sanções disciplinares caso incidisse em comportamentos que a ré julgasse inadequados ou praticasse infrações das regras por ela estipuladas. Resta bastante evidente que a reclamada exerce seu poder regulamentar ao impor inúmeros regramentos que, se desrespeitados, podem ocasionar, inclusive, a perda do acesso ao aplicativo [...] O controle destas regras e dos padrões de atendimento durante a prestação de serviços ocorre por meio das avaliações em forma de notas e das reclamações feitas pelos consumidores do serviço. Aqui cabe um adendo: somente o avanço tecnológico da sociedade em rede foi capaz de criar essa inédita técnica de vigilância da força de trabalho. Afinal, já não é mais necessário o controle dentro da fábrica, tampouco a subordinação a agentes específicos ou a uma jornada rígida. Muito mais eficaz e repressor é o controle difuso, realizado por todos e por ninguém. Neste novo paradigma, os controladores, agora, estão espalhados pela multidão de usuários e, ao mesmo tempo, se escondem em algoritmos que definem se o motorista deve ou não ser punido, deve ou não ser 'descartado'." (BRASIL. Tribunal Regional do Trabalho da 3ª Região. 33ª Vara do Trabalho de Belo Horizonte. Sentença no processo n. 0011359-34-2016.5.03.0112. Juiz Márcio Toledo Gonçalves. Disponível em: <http://www.migalhas.com.br/arquivos/2017/2/art20170214-02.pdf>. Acesso em: 20 jun. 2022. p. 9-10).

(214) O depoimento do ex-coordenador de operações da Uber encontra-se no Anexo 2 da dissertação de LEME, Ana Carolina Reis Paes. *Da máquina à nuvem:* caminhos para o acesso à justiça pela via de direitos dos motoristas da Uber. Dissertação (Mestrado em Direito) – Programa de pós-graduação em Direito da Faculdade de Direito da UFMG, 2018.

de controle utilizados pela plataforma se equiparam para fins de subordinação jurídica, nos termos do art. 6º da CLT[215]. As partes peticionaram requerendo que o processo fosse retirado de pauta, o que foi indeferido na própria sessão de julgamento. [216]

Um ano após, em 13 de agosto de 2019, nos autos do processo n. 0010806-62.2017.5.03.0011, decidiu o Tribunal Regional do Trabalho da 3ª Região (TRT3), por sua 11ª Turma e pela 1ª vez nessa corte, que o motorista da Uber é empregado. A redatora do voto vencedor foi a juíza convocada Ana Maria Espi Cavalcante, que atuou em substituição ao relator originário do recurso ordinário e proferiu seu voto oralmente na sessão, tendo sido acompanhada pelos demais julgadores.[217]

A magistrada redatora considerou que, efetivamente, tratava-se de trabalho efetuado por conta de outrem, com fixação unilateral do preço do trabalho. Afirmou que a própria precificação é um instrumento de controle bem sutil e eficaz. A ausência de liberdade na estipulação do valor do trabalho prestado pelo próprio motorista de aplicativo o afasta da condição de autônomo. Continuou dizendo que a relação fática existente não se aperfeiçoava a nenhuma das figuras contratuais civis e/ou comerciais.

No campo jurisdicional, entende-se acertada a corrente jurisprudencial que reconhece que a relação é de emprego, porque as condições que exsurgem do contrato-realidade existente entre as partes, consideradas em seu conjunto, apontam para a presença dos cinco elementos fático-jurídicos configuradores da relação de emprego (arts. 2º, 3º e 6º da CLT). Se há pontuação a partir da avaliação, não se trata de empresa de tecnologia que conecta o passageiro ao motorista, mas sim de transporte. Há controle sobre a atividade exercida, inclusive, de forma extremamente sofisticada e, assim, o olhar do magistrado há de ser ainda mais atento e capacitado. Explica-se: a avaliação do motorista que é realizada pelo cliente da corrida, por exemplo. Nela o que se busca é assegurar um padrão de qualidade

---

(215) BRASIL. Tribunal Regional do Trabalho da 2ª Região. *Processo n. 1000123-89.2017.5.02.0038 (ROT)*. Recorrente: Márcio Vieira Jacob. Recorrido: Uber do Brasil Tecnologia Ltda.; relª. Desª. Beatriz de Oliveira Lima. 2018. Disponível em: <https://pje.trt2.jus.br/consultaprocessual/detalhe-processo/1000123-89.2017.5.02.0038/2#14899d9>. Acesso em: 08 ago. 2022.

(216) BRASIL. Tribunal Regional do Trabalho da 2ª Região. *Processo n. 1000123-89.2017.5.02.0038 (ROT)*. Recorrente: Márcio Vieira Jacob. Recorrido: Uber do Brasil Tecnologia Ltda.; relª. Desª. Beatriz de Oliveira Lima. 2018. Disponível em: <https://pje.trt2.jus.br/consultaprocessual/detalhe-processo/1000123-89.2017.5.02.0038/2#14899d9>. Acesso em: 08 ago. 2022.

(217) Reportagem veiculada em: ORSINI, Adriana Goulart de Sena; LEME, Ana Carolina Reis Paes. TRT3 reconhece que motorista da Uber é empregado. *Jota*, 16 ago. 2019. Disponível em: <https://www.jota.info/opiniao-e--analise/artigos/trt3-reconhece-que-motorista-da-uber-e-empregado-16082019>. Acesso em: 27 jun. 2022. Esta pesquisadora e sua orientadora fizeram a tradução do inteiro teor do voto para o inglês e para o espanhol, a fim de possibilitar o amplo acesso ao conteúdo da decisão, disponível no *blog* de Rodrigo Carelli: ORSINI, Adriana Goulart de Sena; LEME, Ana Carolina Reis Paes. *Acórdão do TRT 3ª Região* — Vínculo de emprego de motorista com a Uber — íntegra da decisão em português, inglês e espanhol. Disponível em: <https://rodrigocarelli.wordpress.com/2019/08/13/acordao-do-trt-3a-regiao-vinculo-de-emprego-de-motorista-com-a-uber-integra-da-decisao--em-portugues-ingles-e-espanhol/>. Acesso em: 1º ago. 2022.

dos serviços no interesse da plataforma e não no interesse do motorista. Não há acesso pelo motorista às avaliações individuais, mas tão somente à "média" de sua avaliação. É a empresa que tem acesso a todas as avaliações, realizando a média que é apresentada ao motorista, unilateralmente.

As avaliações são forma de expressão do controle da empresa sobre os motoristas e sobre a forma em que o trabalho é realizado. Trata-se de controle "na sua máxima extensão", pois é um controle via algoritmo, com a participação, inclusive, dos clientes do serviço de transporte, visando o aprimoramento da atividade econômica frente ao consumidor. Ao apresentar a média avaliativa ao motorista, a empresa nada mais faz do que exercer o poder empregatício, em sua expressão diretiva.(218)

Daniela Muradas e Eugênio Corassa problematizaram o tema da subordinação algorítmica no Brasil, em artigo publicado no ano de 2017.(219) Apontaram que as plataformas exercem uma "subordinação peculiar", por meio de um sistema de controle inteligente, que concilia os algoritmos com a gestão humana. Alertaram que o poder empregatício exercido pelas plataformas "tende a um maior grau de concentração por controle de trabalhadores em massa e por gestão algorítmica de dados coletados pelo aplicativo" e, inversamente, "os trabalhadores têm pouco acesso às informações sobre o sistema e seu contato com a empresa é bastante limitado".(220)

Os pesquisadores Jean-Philippe Deranty e Thomas Corbin, da Macquarie University, ao refletirem acerca da abrangência da gestão algorítmica, definiram que a referida gestão abrange as tarefas tradicionalmente desempenhadas por gestores humanos como a contratação de empregados (da seleção de currículos à automação do processo de contratação), otimização do processo de trabalho (por meio do rastreamento dos movimentos dos trabalhadores, por exemplo, rastreamento por GPS ou maximização de rotas no transporte e logística), avaliação de trabalhadores (via sistemas de classificação), agendamento automatizado de turnos, coordenação da demanda do cliente com prestadores de serviços, monitoramento do comportamento dos trabalhadores, incentivo algorítmico (por "empurrões" e penalidades baseados em algoritmos).(221)

---

(218) Para saber mais sobre o Poder Empregatício, ver: DELGADO, Mauricio Godinho. *O poder empregatício*. São Paulo: LTr, 1996.

(219) REIS, Daniela Muradas; CORASSA, Eugênio Delmaestro. Aplicativos de Transporte e Plataforma de Controle: o mito da tecnologia disruptiva e a subordinação por algoritmo. In: LEME, Ana Carolina Reis Paes; RODRIGUES, Bruno Alves; CHAVES JÚNIOR, José Eduardo de Resende (Coords.). *Tecnologias disruptivas e a exploração do trabalho humano*. São Paulo: LTr, 2017. p. 162-164.

(220) *Idem*.

(221) DERANTY, Jean-Philippe; CORBIN, Thomas. *Artificial Intelligence and work:* a critical review of recent research from the social sciences. 13 abr. 2022. Disponível em: <https://papers.ssrn.com/sol3/papers.cfm?abstract_id=4083455>. Acesso em: 22 jun. 2022.

Ao abordar o gerenciamento algorítmico das plataformas de transporte, Viviane Vidigal concluiu que, no contexto do trabalho plataformizado, o uso da gamificação se alinha com a estratégia capitalista de incorporar o tempo de vida como atividade produtiva ao sistema, intensificando e estendendo o tempo de trabalho. A autora compreende a gestão gamificada como "um jogo com regras de cartas marcadas para o capitalista vencer e o trabalhador perder" e alerta para o fato de que enquanto esse "jogo" continuar desregulado, os trabalhadores continuarão trabalhando sem parar, desprotegidos e sendo "interrompidos" apenas por doenças laborais e acidentes de trabalho, os quais não raras as vezes, ceifam suas vidas. *"Game over"*: "sem vida, não há jogo".[222]

Diante de tudo isso, pode-se afirmar que a Uber não é "mera plataforma intermediária", nem um "agente de conexão" e, muito menos, "somente uma empresa de tecnologia". A Uber oferece um serviço de transporte, inclusive, conforme o entendimento já citado do Tribunal de Justiça Europeu:

> [...] um serviço de intermediação como o que está em causa no processo principal [*Uber Systems Spain*], que tem por objeto, através de uma aplicação para telefones inteligentes, estabelecer a ligação, mediante remuneração, entre motoristas não profissionais que utilizam o seu próprio veículo e pessoas que pretendam efetuar uma deslocação urbana, deve ser considerado indissociavelmente ligado a um serviço de transporte e, por conseguinte, abrangido pela qualificação de «serviço no domínio dos transportes», na aceção do art. 58.º, n. 1, TFUE.[223]

Mesmo que o motorista trabalhe para outro aplicativo, tal fato por si só não impossibilita a configuração do vínculo empregatício, pois a exclusividade não está inserida no rol dos elementos caracterizadores do emprego. Além disso, a flexibilidade de horário não elimina a subordinação, conforme o art. 62 da CLT. E, ainda, a recusa da oferta de trabalho também não descaracteriza a subordinação, conforme disposição expressa do art. 452-A, § 3º da CLT.

O fato de o motorista arcar com as despesas do veículo é uma das faces mais perversas das condições impostas pela empresa para o trabalho em plataforma. Com tal cláusula, a empesa transfere para o empregado o risco do negócio, pois, sendo uma empresa que fornece serviço de transporte, deveria ter veículos para tal ou remunerar por aluguel o veículo de propriedade do motorista. O veículo é uma ferramenta para a prestação dos serviços de transporte e para a realização do real objetivo social da plataforma de transporte, esteja ou não previsto nos documentos formais. Ressalta-se que tanto a Uber, quanto a 99, são empresas que fornecem serviço de transporte, portanto, deveriam ter veículos para o serviço que se propõem a oferecer em solo nacional ou, como dito, remunerar por aluguel o veículo

(222) VIDIGAL, Viviane. *Game Over:* a gestão gamificada do trabalho. MovimentAção, [S. l.], v. 8, n. 14, p. 44–64, 2021. DOI: 10.30612/mvt.v8i14.15018. Disponível em: <https://ojs.ufgd.edu.br/index.php/movimentacao/article/view/15018>. Acesso em: 16 jun. 2022.

(223) TRIBUNAL DE JUSTIÇA EUROPEU. *Acórdão do Tribunal de Justiça Europeu no processo C434/15- ECLI:EU:C:2017:981.*

de propriedade do motorista. Não o fazem, apesar do veículo ser uma ferramenta **para**(224) a prestação dos serviços de transporte e para a realização do real objetivo social das empresas. A previsão em documentos formais não é elemento disruptivo para a análise no ramo justrabalhista, pois a realidade da relação sempre prevaleceu em face de documentos que a desvirtuam, inteligência do art. 9º da CLT.

Seja na "era da máquina", seja na "era da nuvem"(225), a incidência do Direito do Trabalho nas relações empregatícias sempre foi e é medida de acesso à justiça e a direitos pelo ser humano que trabalha. Afinal, o trabalho não é uma mercadoria e a organização econômica deve se subordinar ao princípio de justiça social (Declaração de Filadélfia de 1944)(226). As decisões que reconhecem o vínculo de emprego entre o trabalhador plataformizado e a plataforma de transporte estão incluídas no rol dos precedentes de garantia do acesso à Justiça pela via dos Direitos sociais trabalhistas aos motoristas uberizados.(227)

Na esteira de decisões históricas concretizadoras dos direitos sociais dos motoristas plataformizados é a decisão, de 06 de abril de 2022, da 3ª Turma do TST que enquadrou juridicamente um motorista plataformizado como empregado da Uber, cujo acórdão foi publicado em 11 de abril de 2022.(228) Trata-se do 1º acórdão do Tribunal Superior do Trabalho reconhecendo o vínculo de emprego entre um motorista e a plataforma de transporte Uber.

O relator, Ministro Mauricio Godinho Delgado, destacou que, no Direito brasileiro, existe sedimentada presunção de ser empregatício o vínculo jurídico formado, regido pela CF/1988 (art. 7º) e pela CLT, desde que seja incontroversa a prestação de serviços por uma pessoa natural a alguém (Súmula n. 212, TST). Afirmou que essa presunção jurídica relativa é clássica ao Direito do Trabalho, em geral, resultando de dois fatores historicamente incontestáveis: "a circunstância de ser a relação de emprego a regra geral de conexão dos trabalhadores ao sistema socioeconômico capitalista" e a "circunstância de a relação de emprego, desde o surgimento do Direito do Trabalho, ter se tornado a fórmula mais favorável e protegida de inserção da pessoa humana trabalhadora na competitiva e excludente economia contemporânea". Explicou:

---

(224) A construção doutrinária e jurisprudencial sobre os termos legais "para" e "pela" prestação de serviços, construída na doutrina justrabalhista nacional durante anos, bem se aplica à temática.

(225) LEME, Ana Carolina Paes. *Da máquina à nuvem:* caminhos para o acesso à justiça pela via de direitos dos motoristas da Uber. São Paulo: LTr, 2019. p. 165.

(226) ORGANIZAÇÃO INTERNACIONAL DO TRABALHO. *Constituição da Organização Internacional do Trabalho (OIT) e seu anexo.* (Declaração de Filadélfia). 1944. Disponível em: <https://www.ilo.org/wcmsp5/groups/public/---americas/---ro-lima/---ilo-brasilia/documents/genericdocument/wcms_336957.pdf>. Acesso em: 11 ago. 2022.

(227) Como se afirmou em: ORSINI, Adriana Goulart de Sena; LEME, Ana Carolina Reis Paes. TRT3 reconhece que motorista da Uber é empregado. *Jota*, 16 ago. 2019. Disponível em: <https://www.jota.info/opiniao-e-analise/artigos/trt3-reconhece-que-motorista-da-uber-e-empregado-16082019>. Acesso em: 27 jun. 2022.

(228) BRASIL. Tribunal Superior do Trabalho. *Processo n. 100353-02.2017.5.01.0066 (ROT).* Recorrente: Elias do Nascimento Santos. Recorrido: Uber do Brasil Tecnologia Ltda.; rel. Ministro Mauricio Godinho Delgado. 2022.

> No Brasil, desponta a singularidade de esta antiga presunção jurídica ter sido incorporada, de certo modo, até mesmo pela Constituição da República de 1988, ao reconhecer, no vínculo empregatício, um dos principais e mais eficazes instrumentos de realização de notável bloco de seus princípios cardeais, tais como o da dignidade do ser humano, o da centralidade da pessoa humana na ordem jurídica e na vida socioeconômica, o da valorização do trabalho e do emprego, o da inviolabilidade física e psíquica da pessoa humana, o da igualdade em sentido substancial, o da justiça social, o do bem-estar individual e social, o da segurança e o da subordinação da propriedade à sua função socioambiental.[229]

Enfatizou, ainda, que "a Constituição percebeu que não se criou, na História do Capitalismo, nessa direção inclusiva, fórmula tão eficaz, larga, abrangente e democrática quanto a estruturada na relação de emprego" e do texto constitucional emerge "clara a presunção também constitucional em favor do vínculo empregatício no contexto de existência de incontroversa prestação de trabalho na vida social e econômica". Compõem o arcabouço legal brasileiro no reconhecimento do vínculo de emprego entre motoristas plataformizados e as empresas de plataforma de transporte, os seguintes preceitos constitucionais o preâmbulo da CF/1988; art. 1º, III e IV; art. 3º, I, II, III e IV; art. 5º, *caput*; art. 6º; art. 7º, caput e seus incisos e parágrafo único; arts. 8º até 11; art. 170, caput e incisos III, VII e VIII; art. 193.

Nestes autos, a 3ª Turma do Turma do Tribunal Superior do Trabalho decidiu que a ordem jurídica não permite a contratação do trabalho por pessoa natural, "com os intensos elementos da relação de emprego, sem a incidência do manto mínimo assecuratório da dignidade básica do ser humano nessa seara da vida individual e socioeconômica". Destacou que o fenômeno sociojurídico da relação empregatícia emerge quando reunidos os seus cinco elementos fático-jurídicos constitutivos e, assim, considerou presente, no caso concreto, a prestação de trabalho por pessoa física a outrem, com pessoalidade, não eventualidade, onerosidade e sob subordinação.[230]

Indubitável que referido precedente é de extrema relevância para o acesso à jurisdição dos motoristas plataformizados pela via dos direitos trabalhistas, pois o quadro de entendimento único ou do Tribunal Superior do Trabalho não mais se apresenta, nem é a realidade jurisprudencial brasileira Pesquisa empírica[231] desenvolvida pela Clínica de Direito do Trabalho da Universidade Federal do Paraná revelou, por meio de cálculos matemáticos e de forma automatizada ao identificar precedentes similares com base na rede de citações entre processos, que, entre as decisões mais centrais, três emanadas do TST são citadas

---

(229) BRASIL. Tribunal Superior do Trabalho. *Processo n. 100353-02.2017.5.01.0066 (ROT)*. Recorrente: Elias do Nascimento Santos. Recorrido: Uber do Brasil Tecnologia Ltda.; rel. Min. Mauricio Godinho Delgado. 2022.

(230) Trata-se de um processo individual, passível de reanálise pelo Supremo Tribunal Federal, caso seja interposto e admitido recurso extraordinário. Segundo consulta processual realizada em 30.07.2022, foram admitidos os embargos de declaração opostos por Uber do Brasil Ltda. que ainda se encontram pendente de julgamento.

(231) MACHADO, Sidnei; ZANONI, Alexandre Pilan (Orgs.). *O trabalho controlado por plataformas digitais:* dimensões, perfis e direitos. Curitiba: UFPR, Clínica de Direito do Trabalho, 2022. E-book. p. 180-188.

como precedente com maior recorrência nas decisões existentes nos Tribunais Regionais brasileiros no período de 2017 a 2021, pesquisadas.

Segundo Sidnei Machado e Alexandre Pilan Zanoni, organizadores da supracitada pesquisa, a leitura dos gráficos, quadros e diagramas(232) permite concluir que os julgados de tribunais de segunda instância, para afastar a relação de emprego, fazem referência de forma destacada a três processos julgados no TST (RR-1000123-89.2017.5.02.0038; AIRR-0011199-47.2017.5.03.0185; AIRR0010575-88.2019.5.03.0003), concluindo que estes precedentes(233) geraram um impacto importante em decisões de instâncias inferiores, como demonstram as redes de citações da pesquisa empírica.(234)

Nesse panorama, reafirma-se a importância do precedente citado que reconheceu um motorista como empregado, diante do potencial impacto que poderá surtir nos próximos julgamentos, seja do próprio TST, seja dos Tribunais Regionais, seja da primeira instância da Justiça do Trabalho.

Acerca das propostas legislativas em trâmite, a pesquisa paranaense fez um diagnóstico e identificou que os projetos tentam responder demandas de trabalhador ou das empresas. Captou entre 2019/2021 os movimentos de regulação no parlamento brasileiro, a partir dos projetos apresentados. Segundo o levantamento realizado nas bases de dados dos portais da Câmara dos Deputados e do Senado Federal brasileiros foram identificadas, entre 2019 e julho de 2021, um total de 38 projetos de lei em tramitação que se relacionam a condições de trabalho de trabalhadores em plataformas digitais, incluindo motoristas, motoboys e trabalhadores de plataformas em geral. Nos dados, a pesquisa identifica que ainda não se concretizou uma arena de debate entre os setores coletivos interessados e, menos ainda, se ampliada para outros e diversos setores.(235)

Da análise do conteúdo desses projetos foi constatado, na pesquisa citada, que "eles não propõem modelos muito definidos para regular o trabalho". Em geral, "os projetos repercutem em grande medida os debates da jurisprudência e as pautas das mobilizações

(232) MACHADO, Sidnei; ZANONI, Alexandre Pilan (Orgs.). *O trabalho controlado por plataformas digitais:* dimensões, perfis e direitos. Curitiba: UFPR, Clínica de Direito do Trabalho, 2022. E-book. p. 188-191.

(233) Até o final do ano de 2021, no âmbito do Tribunal Superior do Trabalho (TST) existiam cinco decisões, todas relacionadas à empresa Uber. A primeira decisão ocorreu em janeiro de 2019, seguida de outras duas, em fevereiro e setembro de 2020, e mais duas em fevereiro e maio de 2021, em quatro diferentes turmas da Corte. Essas quatro decisões, com argumentos semelhantes, não reconheceram o vínculo de emprego entre motorista e Uber.

(234) "A leitura dos grafos permite concluir que os julgados de tribunais de segunda instância, para afastar a relação de emprego, fazem referência a três processos julgados no TST, que aparecem ranqueados como aqueles que mais receberam citações (indegree): RR-1000123-89.2017.5.02.0038 (BRASIL, TST, 2020c), AIRR-0011199-47.2017.5.03.0185 (BRASIL, TST, 2019b) e AIRR-0010575-88.2019.5.03.0003 (BRASIL, TST, 2020)". (MACHADO, Sidnei; ZANONI, Alexandre Pilan (Orgs.). *O trabalho controlado por plataformas digitais:* dimensões, perfis e direitos. Curitiba: UFPR, Clínica de Direito do Trabalho, 2022. E-book. p. 188).

(235) *Vide* Quadro 2, Apêndice D. In: MACHADO, Sidnei; ZANONI, Alexandre Pilan (Orgs.). *O trabalho controlado por plataformas digitais: dimensões, perfis e direitos*. Curitiba: UFPR, Clínica de Direito do Trabalho, 2022. E-book. p. 174.

de trabalhadores de aplicativos". Foi observado, também, que os projetos são "iniciativas isoladas de deputados e senadores, sem um diálogo direto com as organizações e os trabalhadores". Nos projetos foi possível identificar três vieses nesses projetos: 1) esforço protetivo de garantir direitos mínimos de saúde, renda e algumas condições de trabalho, sem uma preocupação de definir a existência de relação de emprego; 2) proposta de uma definição de *status* de empregado; 3) proposta que claramente busca afastar o reconhecimento da relação de emprego e instituir direitos básicos. Também foram identificados que os temas e pautas mais recorrentes nesses projetos são propostas de regulação para seguro de vida e normas de saúde e segurança no trabalho, que se ampliaram a partir da crise sanitária do vírus SARS-CoV-2.[236]

Do outro lado, do lado do mercado, percebe-se a tentativa das empresas de defender o encaminhamento de uma proposta de lei que contemple um modelo especial para plataformas digitais, desvinculado do padrão de contrato de trabalho regido pela CLT, com evidente intuito de afastar a incidência do vínculo jurídico da relação de emprego. A plataforma iFood defendeu a criação de um novo regime trabalhista no Brasil, o do "trabalhador sob demanda", para regulamentação das atividades de trabalhadores de plataformas digitais. Segundo a empresa noticiou, o iFood mantém conversas com o governo, com outras plataformas digitais[237], com trabalhadores e parceiros comerciais a respeito de um "futuro marco regulatório". Veiculou o Jornal "Folha de São Paulo", em 22 de julho de 2021, artigo de opinião de autoria do CEO do iFood, Fabricio Bloisi:

> A discussão sobre o futuro do trabalho cai, muitas vezes, na improdutiva polarização que reconhece apenas dois caminhos. De um lado, o modelo tradicional de emprego, com controle e subordinação. Do outro, a ausência de qualquer regulação, pautada no imediatismo e na liberdade irrestrita. Tirar os

(236) Sidnei Machado e Alexandre Pilan Zanoni, organizadores da pesquisa realizada pela Clínica de Direito do Trabalho da UFPR informam que há um reduzido número de propostas legislativas com a previsão de definição em lei de relação de emprego para os trabalhadores em plataformas: o PL n. 5069/2019, do deputado Gervásio Maia, com proposta de vínculo de emprego para motoristas de aplicativos e dispositivos a serem incluídos na CLT e o projeto do deputado Márcio Jerry (PL n. 3577/2021), que propõe a definição de relação de emprego para entregadores pelo regime da CLT. Há o projeto de lei do deputado Henrique Fontana (PL n. 4172/2021), apresentado em julho de 2020, que cria regime de contrato de trabalho em plataformas digitais de transporte individual privado ou de entrega de mercadorias. E o projeto de lei apresentado pela deputada Gleisi Hoffmann (PL n. 2355/2021), de junho de 2021, que, sem definir o status da relação de emprego, pretende instituir direitos básicos, como remuneração mínima e seguro de acidentes de trabalho. (MACHADO, Sidnei; ZANONI, Alexandre Pilan (Orgs.). *O trabalho controlado por plataformas digitais:* dimensões, perfis e direitos. Curitiba: UFPR, Clínica de Direito do Trabalho, 2022. E-book. p. 174).

(237) O CEO do iFood declarou que estão unidos com outras plataformas "digitais" a fim de "caminharem juntas para proteger esses trabalhadores". (BLOISI, Fabricio. Novas regras para novas relações de trabalho. *Folha de S. Paulo*, 22 jun. 2021. Disponível em: <https://www1.folha.uol.com.br/opiniao/2021/07/novas-regras-para-novas-relacoes-de-trabalho.shtml>. Acesso em: 24 jul. 2022).

> trabalhadores de plataformas digitais do limbo regulatório em que se encontram é o próximo passo que o Brasil precisa dar, com urgência, para garantir segurança, proteção social e ganhos mínimos aos 22 milhões de brasileiros que prestam serviços com a intermediação de aplicativos móveis.(238)

Vale lembrar que a Lei n. 13.467/2017 já criou um regime de trabalho sob demanda, na forma da modalidade do contrato de trabalho intermitente (art. 452-A), como modalidade de regime de emprego, prevendo o legislador, inclusive, que o direito assegurado ao trabalhador de recusar chamados para o trabalho não afasta a subordinação legal.(239)

De tudo o que foi exposto e destacado, percebe-se que não há um caminho único, sequer escolhido, nesse dado momento histórico no campo das relações entre motoristas e plataformas. Afirma-se, com segurança científica que o Direito do Trabalho brasileiro tem condições de realizar o devido enquadramento jurídico do modelo de negócio advindo da "uberização". O Direito Laboral tem arcabouço legal e jurisprudencial no território brasileiro para os vários e diversos aspectos que advém da relação entre o motorista e as plataformas. O Direito do Trabalho construiu e continua a construir a sempre necessária barreira de proteção ao ser humano trabalhador e à sua dignidade, com incidência integral do arcabouço protetivo, seja nacional, seja internacional.

No caso dos motoristas plataformizados, forçoso reconhecer que o espaço jurídico-laboral está em disputa, como se viu acima na manifestação do CEO da plataforma iFood, as plataformas estão unidas e atuam com interesses se não idênticos, com certeza, interesses similares e conexos. Assim, a academia tem papel de fundamental importância para desvendar os bloqueios ao acesso à justiça pela via dos direitos trabalhistas dos motoristas plataformizados, bem como os caminhos protetivos ao trabalho e a pessoa humana que trabalha.

Veja-se o caso do bloqueio via manipulação da jurisprudência. Foi a academia que descobriu por meio de pesquisa científica a existência de um bloqueio de acesso a justiça via direitos trabalhistas. Identificado o bloqueio, a academia fez o seu papel com a publicação de artigo explicando e expondo a manipulação da jurisprudência por meio de estratégia ilegal e antiética de uma das plataformas.

A publicação de artigos e de trabalhos de forma ampliada no campo científico nacional tornou possível demonstrar a utilização indevida da conciliação direcionada a impedir a formação de jurisprudência contrária aos interesses empresariais. É que a finalização do

(238) BLOISI, Fabricio. Novas regras para novas relações de trabalho. *Folha de S. Paulo*, 22 jun. 2021. Disponível em: <https://www1.folha.uol.com.br/opiniao/2021/07/novas-regras-para-novas-relacoes-de-trabalho.shtml>. Acesso em: 22 jun. 2022.

(239) Art. 452-A. O contrato de trabalho intermitente deve ser celebrado por escrito e deve conter especificamente o valor da hora de trabalho, que não pode ser inferior ao valor horário do salário mínimo ou àquele devido aos demais empregados do estabelecimento que exerçam a mesma função em contrato intermitente ou não. [...] § 3º A recusa da oferta não descaracteriza a subordinação para fins do contrato de trabalho intermitente.

processo por acordo acabava por obstruir o debate jurisprudencial, com forte repercussão também para o público em geral, em especial os motoristas e as suas entidades sindicais. O desvendamento da estratégia e o empenho para retirar a venda da Justiça afim de que enxergasse a sua própria manipulação é o tema do tópico a seguir.

2.3.2. Desvendando Têmis: contribuição da academia para uma jurisprudência que não se deixe manipular

A Deusa Têmis é figurada, em suas versões modernas mais comuns, segurando a balança da justiça e sopesando o conflito judicializado, tendo uma venda sobre os olhos. Os olhos cobertos buscam expressar a imparcialidade de tal figura mítica, a justiça, que deve julgar o conflito, aplicando a lei geral e abstrata, sem olhar a quem se refere, a fim de fazer jus à noção moderna de igualdade perante a lei. A Justiça pré-moderna jamais foi representada com vendas, pois a essência do julgar até a modernidade estava na compreensão da singularidade de cada contexto a ser apreciado com equidade.[240] A nova ideia de uma justiça cega, filha do racionalismo moderno, porém, acaba por produzir uma visão distorcida de que o ideal de julgamento deve ignorar, cegamente, o contexto das relações sociais e do espaço histórico-geográfico no qual a "Justiça" encontra-se inserida. Em outras palavras, trata-se de idealizar uma justiça que desconsidera as determinantes do espaço construído à sua volta, a interferência no território e a eventual manipulação ideológica dos próprios afetados. Trata-se de pensar uma Justiça que não vê a si mesma inserida em processos de poder e manipulação, como se estivesse acima do bem e do mal, próxima a um poder divino, ou até mesmo dele imbuída. A Justiça é realizada por seres humanos cuja formação inicial e complementar junto às Escolas Judiciais é dever e direito dos jurisdicionados, para que de forma contínua e crítica possam bem realizar o mister para o qual foram empossados. [241]

Sem se pretender um anacrônico retorno ao momento jurídico pré-moderno, parece, no entanto, que os tempos de anormalidade em que vivemos não permitem mais chancelar uma Justiça cega na modernidade como uma virtude.

Fraser ensina que "a transnacionalização da produção, finanças globalizadas em mercado e regimes de investimentos neoliberais" faz com que as reivindicações por redistribuição frequentemente invadam "limites de gramáticas centradas no estado e fóruns deliberativos". Na "justiça anormal", conceito de Nancy Fraser que será explicitado no capítulo seguinte, diante das "migrações transnacionais e o fluxo global da mídia", surgem as "reclamações por reconhecimento de pessoas outrora distantes que assumem uma nova proximidade, desestabilizando horizontes de valores culturais previamente desprezados". Assim, "em uma

---

(240) FONSECA, Ricardo Marcelo. *A Justiça pelas imagens:* história e iconografia. Palestra proferida em 2017 no Instituto dos Advogados do Paraná. Disponível em https://www.youtube.com/watch?v=Hs2jH-Sz_lU>. Acesso em: 02 maio 2022.

(241) Relembre-se que a chamada Reforma do Judiciário — EC n. 45/1999 incluiu as Escolas Judiciais em todos os Tribunais do país, além de orientar a contínua formação dos magistrados brasileiros.

era de contestação da hegemonia das superpotências, da governança global, e de políticas transnacionais, clamores por representação põem à prova cada vez mais o quadro anterior do estado territorial moderno"(242). Nessa situação de desnormalização, Fraser mostra que "reclamações de justiça se deparam imediatamente com reclamações contrárias, fundamentadas em bases não compartilhadas".(243)

Incumbe ao Poder Judiciário a realização da Justiça, mas não por meio de uma lente cuja paisagem é inerte, em um monóculo de plástico como uma relíquia. A justiça a ser realizada deve o ser com instrumentos ampliados e modernos, permitindo que meios, mensagens e dispositivos distintos, interajam, de forma a compor um todo a ser analisado, dinâmico e hipercomplexo que está aí e não pode ser olvidado. Deve compreender que manipulações da realidade a ser julgada e da realidade que se julga podem acontecer, sendo dever de quem julga estar capacitado para tal mister. Se ao Poder Judiciário incumbe a realização de Justiça, sendo sua precípua função, deve estar atento a impedir as variadas formas de injustiça, não relativizando a realidade que salta aos olhos, nem simplificando o que é hipercomplexo, mas sim buscando compreender os fenômenos e relações sociais que estão sob seu manto para realizar a justiça e impedir injustiças.

Importante pontuar que nos fins do século XV, as primeiras imagens que mostraram a justiça vendada o fizeram com intenção satírica, pois uma justiça cega só poderia ser uma brincadeira, ou até mesmo, algo insano. Assim, aparece na célebre obra do jurista germânico Sebastian Brant, "A Nau dos Insensatos", de 1494(244), uma imagem da justiça sendo vendada por um louco.(245)

Nos tempos de anormalidade, atuais, um exemplo paradigmático de como os olhos da justiça têm sido vendados(246) é aquele que se consubstancia na distorção estrategicamente produzida pelas plataformas digitais sobre a definição jurisprudencial da natureza jurídica da relação de trabalho dos motoristas por plataformas.

A pesquisa de campo realizada durante o mestrado teve como objetivo mapear as ações trabalhistas propostas por motoristas uberizados no território nacional brasileiro. Foram encontradas 135 demandas individuais de motoristas em face da Uber do Brasil, com pedido de reconhecimento de direitos trabalhistas, em curso na Justiça do Trabalho. Como o Poder

---

(242) FRASER, Nancy. Justiça anormal. Tradução de Norman Michael Rodi com coordenação da tradução por Eduardo Carlos Bianca Bittar. *Revista da Faculdade de Direito*, Universidade de São Paulo, [S. l.], v. 108, p. 739-768, 2013. Disponível em: <https://www.revistas.usp.br/rfdusp/article/view/68001>. Acesso em: 24 jun. 2022

(243) *Idem.*

(244) BRANT, Sebastian. *A nau dos insensatos*. Trad. Karin Volobuef. São Paulo: Octavo, 2010.

(245) FONSECA, Ricardo Marcelo. *A Justiça pelas Imagens:* história e iconografia. Palestra proferida em 2017 no Instituto dos Advogados do Paraná. Disponível em https://www.youtube.com/watch?v=Hs2jH-Sz_lU>. Acesso em: 2 maio 2022.

(246) *In casu*, certamente mais por argúcia e compreensão alargada do que está em "jogo" do que por loucura.

Judiciário dialoga por meio de suas decisões judiciais fundamentadas formando a jurisprudência, foi surpreendente um dos dados exposto na pesquisa: na época, das 41 sentenças proferidas, 4 foram de procedência e 37 foram de improcedência, ou seja, 90,3% das decisões de primeira instância negavam o vínculo ao motorista.(247)

De modo a garantir dados para uma análise mais fina, foi ampliada a base de pesquisa, sendo consultadas manualmente, em cada Vara, as informações referentes aos processos já arquivados no TRT3. Isso tornou possível identificar, só em Belo Horizonte, 12 processos em que haviam sido realizados acordos (peticionadas na segunda instância, quando o processo se encontrava pendente de julgamento de recurso ordinário) e estes acordos foram homologados(248), sendo que, destes 12 processos, 11 já estavam arquivados e, por isso, não apareciam na Certidão Eletrônica de Ações Trabalhistas (CEAT).

A somatória dos dados obtidos por meio da CEAT com aqueles levantados na consulta de processos arquivados revelou um número inesperado: de 18 reclamações trabalhistas arquivadas no 2º grau do TRT, no período de 20.01.2016 e 03.07.2018, em pelo menos 11 delas, foi identificado acordo homologado entre as partes, realizado com o processo já em grau de recurso. Em sete desses processos não se pôde confirmar os termos acordados, em decorrência de sigilo nos documentos respectivos. Aos onze processos arquivados somou-se o único processo em curso constante da CEAT, que mostrava acordo homologado, chegou-se ao total de 12 processos, em que foi pactuado acordo. Ao cruzar os dados percebeu-se que algo similar estava acontecendo àquele momento no Tribunal do Trabalho de Minas Gerais e que a academia e a Justiça ainda não tinham se dado conta. Havia 14 processos julgados no TRT, todos com acórdãos negando o vínculo de emprego e existiam, pelo menos, 12 processos em que foi celebrado acordo em grau de recurso. Ou seja, quase o mesmo número de processos.

A análise individualizada desses processos mostra que os acordos realizados se concentraram em processos distribuídos à 1ª, 7ª e 11ª Turmas do TRT da 3ª Região, cuja composição pode ser avaliada como de maior possibilidade de uma decisão de reconhecimento do vínculo de emprego. Nos processos distribuídos às demais turmas (2ª, 3ª, 5ª, 6ª, 9ª e 10ª) do TRT3, os acórdãos proferidos negaram o vínculo de emprego e não houve a celebração de acordo. Esses elementos evidenciaram o que se denominou de estratégia de litigância manipulativa. A ausência de jurisprudência contrária aos interesses empresariais

(247) LEME, Ana Carolina Paes. *Da máquina à nuvem:* caminhos para o acesso à justiça pela via de direitos dos motoristas da Uber. São Paulo: LTr, 2019, p. 112-114.

(248) A pesquisa sobre as ações trabalhistas arquivadas foi feita por meio da ferramenta "consulta de processos de terceiros" no PJe. In: LEME, Ana Carolina Paes. *Da máquina à nuvem:* caminhos para o acesso à justiça pela via de direitos dos motoristas da Uber. São Paulo: LTr, 2019. p. 112-114

em 2º grau se dava não em decorrência de uma opinião interpretativa uníssona no TRT3 quanto à tese da inexistência de vínculo de emprego entre a Uber e os motoristas, mas sim porque a possibilidade de decisões divergentes era estrategicamente obstruída via conciliação seletiva, baseada nas pessoas dos julgadores, o que também se evidencia como uma prática discriminatória ao dever legal de jurisdição desses magistrados "selecionados" pela empresa via predição.(249)

O resultado da obstrução acima demonstrada foi a ausência de teses distintas na jurisprudência, entre os argumentos daqueles que entendiam inexistir o vínculo com os argumentos daqueles que entendiam existir, cerceando o legítimo diálogo jurídico necessário ao amadurecimento da jurisprudência. Assim, tentaram inibir a formação de convencimento de juízes e de outros atores sociais quanto à natureza jurídica da relação de trabalho dos motoristas em face às plataformas de transporte.

Com o desvendamento da estratégia de litigância manipulativa utilizada pelas empresas de plataformas digitais de transporte, a pesquisa acadêmica contribuiu para que o Poder Judiciário pudesse compreender, de forma mais elastecida, a conduta empresarial efetivada. Contribuiu, também, para a formação de entendimentos diversos acerca da existência ou não de vínculo de emprego dos motoristas plataformizados. Observou-se que duas turmas do Tribunal Regional do Trabalho da 3ª Região – TRT3 (a 10ª e a 11ª), em face da estratégia empresarial — conciliações celebradas pelas empresas Uber do Brasil Ltda. e 99 Tecnologia Ltda. — passaram a não homologar os acordos protocolados e a proferir acórdãos reconhecendo o vínculo de emprego com os motoristas. (250)

Revelou-se, portanto, um problema do acesso à justiça, na medida em que a litigância manipulativa (por meio da tática da conciliação seletiva), afetou a formação plural da jurisprudência, evidenciando um poder desigual das partes ao acesso à justiça. É que uma das partes — empresas — tem enorme poder de influência sobre o processo de formação de precedentes judiciais. Trata-se de um problema na própria estrutura da jurisdição, como arena democrática constitucional para a conformação dos direitos.

Na arena jurisdicional deve haver e ser garantida a igualdade de tratamento de litigantes; deve ser um espaço onde a não isonomia socioeconômica entre as partes litigantes não se transforme em um tratamento jurisdicional desigual até pela igualdade cega e no qual a circulação e confrontação de argumentos possa ser realizada de forma isonômica e não cerceada ou amplificada a partir do poderio econômico de uma das partes.

---

(249) ORSINI, Adriana Goulart de Sena; LEME, Ana Carolina Reis Paes. Litigância manipulativa da jurisprudência e plataformas digitais de transporte: levantando o véu do procedimento conciliatório estratégico. *Revista eletrônica [do] Tribunal Regional do Trabalho da 9ª Região*, v. 10, n. 95, p. 24-44, jan. 2021. Disponível em: <https://juslaboris.tst.jus.br/handle/20.500.12178/182394>. Acesso em: 18 abr. 2022.

(250) *Idem.*

A jurisdição, na condição de instância democrática de participação em contraditório na tomada de decisão pelo Estado-juiz, tem nas condições processualmente previstas de forma igualitária entre os contendores, elementos centrais de sua legitimidade, sem as quais não se pode falar de "devido processo legal".

No dizer de Marinoni e Mitidiero, "o processo só pode ser considerado justo se as partes dispõem das mesmas oportunidades e dos mesmos meios para dele participar. Vale dizer: se dispõem das mesmas armas."(251) Isto deve incluir não só a igualdade de oportunidades e tratamento dos litigantes no processo, "mas também a igualdade de acesso à justiça e aos procedimentos e às técnicas processuais".(252) Em face disso, se na sociedade há evidente desigualdade de poder e recursos entre os atores sociais, o que por si já afeta a paridade de participação, essa disparidade precisa ser neutralizada no âmbito do processo, sob pena de estar a jurisdição perpetrando e perpetuando a disparidade participativa existente na base social.

Mais grave é a situação quando os próprios órgãos judiciais são englobados na desigual capacidade de influenciar e mesmo distorcer a formação dos precedentes a respeito de tema de interesse de uma grande corporação, como os processos de discussão de vínculo empregatício da Uber e da 99. Isso implica o dever de atuação dos órgãos jurisdicionais em impedir qualquer recurso ou atividade que vise desequilibrar (ainda mais) a posição, inclusive, processual da parte hipossuficiente. Deve ser também assegurado ao Poder Judiciário a afirmação de sua jurisprudência, de forma livre, coerente e fundamentada (art. 926 do CPC). Assim, à Têmis, desvendada, deve impedir toda e qualquer manipulação a que possa ser submetida, garantindo o devido processo legal.

Pode ser afirmado que a pesquisa realizada no mestrado contribuiu para que fosse compreendido o que estava acontecendo nos Tribunais do Trabalho brasileiros naquele momento histórico e para o futuro, em face aos dados demonstrados. Tanto que, no dia 20 de abril de 2021, a 11ª Câmara do TRT 15, com sede em Campinas-SP, recuperou dados da pesquisa e, ao decidir recurso em processo ajuizado por um motorista em face da Uber, os desembargadores consideraram que "a estratégia da reclamada, de celebrar acordo às vésperas da sessão de julgamento, confere-lhe vantagem desproporcional" porque a fraude trabalhista, que envolve uma multidão de trabalhadores e é propositadamente camuflada pela aparente uniformidade jurisprudencial, disfarça a existência de dissidência de entendimento quanto à matéria, "aparentando que a jurisprudência se unifica no sentido de admitir, *a priori*, que os fatos se configuram de modo uniforme em todos os processos".(253)

---

(251) SARLET, Ingo; MARINONI, Luís Guilherme; MITIDIERO, Daniel. *Curso de direito constitucional*. 4. ed. São Paulo: Saraiva, 2015. p. 754.

(252) *Ibidem*, p. 756.

(253) BRASIL. Tribunal Regional do Trabalho da 15ª Região. ROT: 00117101520195150032 0011710-15.2019.5.15.0032, rel. João Batista Martins Cesar, 11ª Câmara, Data de Publicação: 26.04.2021.

Em julho de 2021, a 7ª Turma do Tribunal Regional do Trabalho da 1ª Região (TRT1)(254) — Rio de Janeiro, recusou-se a homologar um acordo entre a Uber e uma motorista, prosseguindo no julgamento do recurso e condenando a empresa a assinar a carteira da trabalhadora entre dezembro de 2018 e maio de 2019. Decisões semelhantes também foram proferidas no TRT11(255) (Amazonas e Roraima) e no TRT4(256) (Rio Grande do Sul).

Todos os processos acima mencionados se referem a ações individuais, propostas por motoristas, com procurador particular ou assistência da assessoria jurídica do sindicato. Caso não fosse desvendada a manipulação da jurisprudência, por meio do procedimento conciliatório seletivo, dificilmente haveria decisões reconhecendo direitos aos motoristas, em ações individuais, ou demorariam a existir. Isso porque, como visto, na ação individual, a empresa tem a possibilidade de oferecer ou o valor da causa proposto pelo autor da reclamação trabalhista ou próximo e, sendo o motorista, um trabalhador hipossuficiente e que, na maioria das vezes, encontra-se em condição de desemprego, aceitar o acordo é quase uma decisão inexorável do ponto de vista individual. (257) Se não fosse verificada a litigância manipulativa da empresa ré em tais processos individuais e se os tribunais não se recusassem a homologar o acordo, proferindo decisão, tais processos provavelmente teriam sido arquivados(258) ("baixados") por acordo.

Na esteira das decisões que superaram a manipulação da jurisprudência, sem dúvida, o já mencionado acórdão do Tribunal Superior do Trabalho, por sua 3ª Turma, em 06 de abril de 2022. O julgamento do processo iniciou-se em 02.12.2020, quando o Ministro Mauricio Godinho Delgado, Relator, conheceu do recurso de revista, por divergência jurisprudencial e por violação do art. 3º da CLT; e, no mérito, deu-lhe provimento para, reconhecendo o vínculo empregatício entre as partes, determinar o retorno dos autos ao Juízo da Vara do Trabalho de origem para examinar os demais pedidos. Contudo, em face ao pedido de vista regimental do Ministro Alexandre de Souza Agra Belmonte e, sucessivamente do Ministro Alberto Luiz Bresciani de Fontan Pereira, suspendeu-se o julgamento do processo.

---

(254) BRASIL. Tribunal Regional do Trabalho da 1ª Região. *Processo n. 0101291-19.2018.5.01.0015 (ROT).* Recorrente: Erica Abade Rodrigues. Recorrido: Uber do Brasil Tecnologia Ltda.; relª. Carina Rodrigues Bicalho. 2020.

(255) BRASIL. Tribunal Regional do Trabalho da 11ª Região. *Processo n. 0000416-06.2020.5.11.0011 (ROT).* Recorrente: Dennis Neves Dos Santos. Recorrido: Uber do Brasil Tecnologia Ltda; Relatores: Ruth Barbosa Sampaio. 2021.

(256) BRASIL. Tribunal Regional do Trabalho da 4ª Região. *Processo n. 0020750-38.2020.5.04.0405. (RORSum).* Recorrente: Marcio Antunes Correa. Recorrido: Uber do Brasil Tecnologia Ltda.; rel. Marcelo José Ferlin D'Ambroso. 8ª turma. 2021.

(257) A retirada da sessão de processos que poderiam ser julgados procedentes foi justificada no interesse das partes que peticionaram de forma conjunta, aliás. Recusar a homologação do acordo ou encaminhamento para o CEJUSCs dos Tribunais não é também uma posição unânime mesmo entre aqueles magistrados que entendem ter vínculo empregatício. Até onde vai o poder-dever de realizar o julgamento em face ao art. 764 da CLT? Mais uma pergunta a ser respondida em futuras pesquisas.

(258) No senso comum, fala-se que os autos foram "baixados" em alusão ao arquivamento, movimento processual que gera o efeito de fazer com que o processo não figure mais na CEAT.

Mais de ano depois, em 15.12.2021, após o retorno de vista regimental dos mencionados ministros, suspendeu-se novamente o julgamento do processo em virtude do pedido de prorrogação de vista regimental do Ministro Alexandre de Souza Agra Belmonte, sendo que, nessa sessão de julgamento, o Ministro Alberto Luiz Bresciani de Fontan Pereira acompanhou o voto do Ministro Relator. O processo retornou a pauta de julgamento em 06 de abril de 2022 e, por maioria de votos, foi reconhecido o vínculo de emprego entre o motorista e a plataforma Uber, cujo acórdão publicado em 11 de abril de 2022(259). O Relator, Ministro Mauricio Godinho Delgado já havia proferido o seu voto na sessão de 02.12.2020, mas o término do julgamento só ocorreu em 06.04.2022. Uma pergunta a ser feita e cuja reflexão colabora para se entender o acesso à Justiça via direitos é aquela que questiona quantos processos de motoristas plataformizados deixaram de ter um julgamento favorável ao vínculo de emprego nesse longo período de tempo em razão da ausência de precedente favorável do TST quanto ao vínculo de emprego?

A despeito desse caso da 3ª Turma do TST, não se pode atestar com certeza que a atuação manipulativa da jurisprudência tenha se encerrado, inclusive no próprio TST.(260) Novas pesquisas podem vir a demonstrar a continuidade da estratégia ou mesmo a adoção de novas (celebração de acordos extrajudiciais, *v.g.*(261)), dado o evidente poder de influência das empresas e o fato de a Uber sempre sustentar que os precedentes lhe são favoráveis(262).

---

(259) BRASIL. Tribunal Superior do Trabalho. *Processo n. 100353-02.2017.5.01.0066 (ROT)*. Recorrente: Elias do Nascimento Santos. Recorrido: Uber do Brasil Tecnologia Ltda.; rel. Min. Mauricio Godinho Delgado. 2022.

(260) Em 08.03.2022, após incluir o processo em pauta e depois retirá-lo de pauta, em audiência de conciliação na modalidade telepresencial, o ministro Lelio Bentes Corrêa homologou acordo entre a Uber do Brasil Tecnologia Ltda. e um motorista de Belo Horizonte (MG) para extinguir relação jurídica entre as partes. O vínculo não havia sido reconhecido pela 46ª Vara do Trabalho de Belo Horizonte, que se apoiou em declaração do próprio motorista de que não tinha horário fixo para trabalhar e que "se não quisesse trabalhar determinado dia, não precisava avisar para Uber" e, mesmo assim, a Uber propôs o acordo no valor de 12 mil reais (RR – 10254-58.2020.5.03.0184).

(261) Sobre o tema: OHARA, João Vitor Calabuig Chapina; CARVALHO, Rafaela Teixeira; CARDOSO, Jair Aparecido. Caso UBER: A utilização de acordos extrajudiciais como estratégia de litigância na Justiça do Trabalho. *Anais do III Congresso Internacional da Rede Ibero-americana de Pesquisa em Seguridade Social*, p. 265-287, nov. 2021. Disponível em: <https://revistas.unaerp.br/rede/article/view/2681>. Acesso em: 11 ago. 2022.

(262) Por meio de nota via assessoria de imprensa, a Uber afirma que não usa técnicas de "manipulação da jurisprudência", pois: "Do total de ações contra a Uber finalizadas até 2020, cerca de 10% resultaram em acordos, índice que representa menos da metade do que ocorre na Justiça do Trabalho (24%) e também é inferior ao total de todo o Poder Judiciário no país (13%), de acordo com o mais recente relatório Justiça em Números do Conselho Nacional de Justiça. Nos últimos anos, as diversas instâncias da Justiça do Trabalho vêm construindo sólida jurisprudência confirmando o fato de não haver relação de emprego entre a Uber e os motoristas parceiros, apontando a inexistência de onerosidade, habitualidade, pessoalidade e subordinação, requisitos que configurariam o vínculo empregatício. Em todo o país, já são mais de 1.130 decisões de Tribunais Regionais e Varas do Trabalho neste sentido, sendo que não há nenhuma decisão consolidada que determine o registro de motorista parceiro como empregado da Uber. Os motoristas parceiros não são empregados e nem prestam serviço à Uber: eles são profissionais independentes que contratam a tecnologia de intermediação digital oferecida pela empresa por meio do aplicativo. Os motoristas escolhem livremente os dias e horários de uso do aplicativo, se aceitam ou não viagens e, mesmo depois disso, ainda existe a possibilidade de cancelamento. Não existem metas a serem cumpridas, não se exige número mínimo de viagens, não existe chefe para supervisionar o serviço, não há obrigação

Pode-se até mesmo cogitar que o resultado alcançado por obstrução do debate jurisprudencial, no nascedouro, tenha produzido efeitos permanentes, na medida da vinculação dos órgãos julgadores aos precedentes já proferidos.(263)

A par dos entraves à litigância individual dos motoristas, também na dimensão da atuação coletiva o acesso à justiça tem enfrentado vários obstáculos. A seguir, essas dificuldades serão apresentadas.

2.4. Do acesso individual ao acesso coletivo

O acesso atomizado à justiça, composto por demandas fragmentárias, ajuizadas por motoristas individualmente, revelou-se vulnerável às apuradas técnicas de *marketing* e de manipulação ideológica dos indivíduos, que muitas vezes nem sequer visualizam a violação de seus direitos ou perspectivas efetivas de sua reivindicação, além de ser mais suscetível à litigância manipulativa e poder de influência discursiva das plataformas em face dos tribunais. Em demandas individuais, a própria limitação da possibilidade de produção probatória, relativa a fatos complexos, muitos deles obscurecidos pelo sigilo do conteúdo dos comandos algorítmicos inseridos no aplicativo é um entrave a alcançar-se uma adequada tutela jurisdicional.

Em razão de o MPT e os Sindicatos serem entes dotados de legitimação ativa extraordinária para demandar em defesa de coletividades conferida *ope legis*, têm total aptidão para atuar em favor dos direitos trabalhistas dos motoristas plataformizados em face da Uber. Os sindicatos e o Ministério Público do Trabalho detêm capilaridade e estrutura, além do fato de que não poderiam ser coagidos a transacionar e ser alvo desse tipo de estratégia por parte das empresas de plataforma de transporte privado de passageiros. De fato, somente em processos coletivos poder-se-ia ter presentes as condições mais adequadas para uma discussão jurisdicional do tema referente à relação de emprego.

---

de exclusividade na contratação da empresa e não existe determinação de cumprimento de jornada mínima. O TST já reconheceu, em quatro julgamentos, que não existe vínculo de emprego entre a Uber e os parceiros. No mais recente, a 5ª Turma considerou que o motorista "poderia ligar e desligar o aplicativo na hora que bem quisesse" e "se colocar à disposição, ao mesmo tempo, para quantos aplicativos de viagem desejasse". Em março, a 4ª Turma decidiu de forma unânime que o uso do aplicativo não configura vínculo pois existe "autonomia ampla do motorista para escolher dia, horário e forma de trabalhar, podendo desligar o aplicativo a qualquer momento e pelo tempo que entender necessário, sem nenhuma vinculação a metas determinadas pela Uber". Entendimento semelhante já foi adotado em outros dois julgamentos do TST em 2020, em fevereiro e em setembro, e também pelo Superior Tribunal de Justiça em julgamento de 2019. (PAIVA, Letícia. TRT1 não admite acordo e Uber terá de registrar e pagar direitos a motorista. *Jota*, 3 ago. 2021. Disponível em: <https://www.jota.info/tributos-e-empresas/trabalho/uber-trt1-acordo-negado-registrar-carteira-03082021>. Acesso em: 02 maio 2022).

(263) *Vide* os gráficos que informam o impacto importante dos precedentes do TST em decisões de instâncias inferiores contidos na pesquisa acerca das redes de citações de precedentes da pesquisa empírica desenvolvida pela Clínica de Direito do Trabalho da UFPR. In: MACHADO, Sidnei; ZANONI, Alexandre Pilan (Orgs.). *O trabalho controlado por plataformas digitais:* dimensões, perfis e direitos. Curitiba: UFPR, Clínica de Direito do Trabalho, 2022. E-book. p. 188.

Com o advento da pandemia do vírus SARS-CoV-2 no início do ano de 2020, o debate nas ações coletivas de motoristas plataformizados teve um outro foco: a urgente necessidade de medidas de proteção sanitária e econômica aos milhões de motoristas que, em um primeiro momento, tiveram sua fonte de renda quase suspensa ou extremamente reduzida, ao passo que as corridas feitas se davam em contexto de alto risco de contágio. Logo que as máscaras de proteção ganharam a ribalta, as máscaras do discurso de mero *marketing* caíram e os motoristas perceberam, enfim, que a festejada parceria entre a empresa e motoristas, nunca existiu.

Inicialmente, o Ministério Público do Trabalho (MPT) não agiu judicialmente, a fim de garantir a proteção sanitária mínima a esses motoristas.(264) Porém, algumas ações coletivas dos sindicatos começaram a surgir, diante da urgência de providências a serem tomadas, iniciando-se, assim, o acesso coletivo à Justiça, via Poder Judiciário.

A primeira ação coletiva foi do Sindicato de motoristas do Ceará. A princípio, o sindicato obteve êxito no acesso judicial e conseguiu que fosse dada visibilidade para a atuação sindical naquela localidade. A ação levou o n. 0000295-13-2020-5-07-0003, distribuída para a 7ª Vara do Trabalho de Fortaleza/CE (Tribunal Regional do Trabalho da 7ª Região – TRT7)(265). Logo após, surgiram demandas coletivas dos sindicatos de Minas Gerais, São Paulo, Pará, quando, então, percebeu-se que havia um movimento integrado entre os sindicatos dessas localidades. Assim, foi possível acompanhar o início da integração entre as entidades sindicais, algumas incipientes, testemunhando a formação de uma federação.(266) Dessa experiência, pôde-se definir a pesquisa de campo que foi realizada neste trabalho. Acompanhou-se a atuação das lideranças sindicais de motoristas plataformizados do Brasil, no período e na forma descrita no capítulo 1.

Em um primeiro momento, sindicatos se mobilizaram para a defesa de direitos elementares até mesmo de sobrevivência dos motoristas plataformizados, ao se verem em

---

(264) A título de informação, no início da pandemia, em 13.04.2020, o MPT ajuizou ações civis públicas em face da Uber Eats, IFood e Rappi, postulando que as plataformas adotassem medidas sanitárias a fim de mitigar os riscos que estavam expostos os trabalhadores na entrega de produtos gerenciados por estas plataformas. Segundo pronunciamento do órgão ministerial, foram ajuizadas as Ações Civis Públicas (ACP): 1000396-28.2020.5.02.0082, 1000405-68.2020.5.02.0056 e 1000436-37.2020.5.02.0073, todas perante o TRT da 2ª Região, diante do local da sede das empresas mencionadas. (MPT ALERTA para precarização do trabalho em empresas por aplicativos. *Portal Correio*, 2 jul. 2020. Disponível em: <https://portalcorreio.com.br/mpt-alerta-para-precarizacao-do-trabalho-em--empresas-por-aplicativos/>. Acesso em: 27 jun. 2022).

(265) A análise da ação civil pública proposta pelo Sindaplic, em face das empresas Uber e 99, na qual se pleiteou o acesso aos equipamentos de proteção básicos para prevenção do contágio contra o novo coronavírus e a garantia de contraprestação mínima mensal não inferior a 1 (um) salário-mínimo pode ser encontrada em: ORSINI, Adriana Goulart de Sena; LEME, Ana Carolina Reis Paes. Salário mínimo, máscara e alquingel: acesso ao mínimo ou mínimo de acesso? *Revista Direito UnB*, v. 4, n. 2, p. 171-197, maio/ago. 2020. Disponível em: <https://periodicos.unb.br/index.php/revistadedireitounb/article/view/32405/27452#:~:text=O%20Sindicato%20venceu%20a%20a%C3%A7%C3%A3o,humanos%2Ct%C3%AAm%20direitos%2C%20trabalham!>. Acesso em: 23 abr. 2022.

(266) Observação não participante da autora.

plena pandemia sem um mínimo de acesso, tanto a direitos trabalhistas, como também a equipamentos básicos de proteção, como máscaras e álcool em gel. Naquele momento, em especial, encontravam-se privados da garantia à saúde individual, como também a coletiva, além de profundamente afetados em sua renda de subsistência.

Em consulta ao sítio eletrônico da Uber, no início da pandemia pelo vírus suprarreferido (abril de 2020), verificou-se que possuíam uma página específica em que apontavam a "atuação no combate à pandemia do coronavírus", constando entre as medidas o apoio à saúde pública, com a obrigatoriedade do uso de máscaras dentro dos veículos. Adotaram a seguinte providência: "para que os motoristas parceiros possam realizar viagens, será necessário que eles passem por um *checklist on-line* que inclui uma *selfie* que verifica o uso da máscara"(267). Contudo, a empresa não se comprometeu a fornecer máscaras aos motoristas e, exercendo o seu poder potestativo empregatício, exigiu equipamentos de proteção dos motoristas, com a total transferência dos custos de tais equipamentos ao motorista trabalhador. Isso, além de afetar o valor final de sua remuneração, reduzindo-o, implicou na obtenção de máscaras de proteção eficaz, as quais vale lembrar, no início da pandemia, eram de difícil acesso e de alto valor.(268)

A propositura da Ação Civil Pública (ACP) pelo Sindicato dos Motoristas de Aplicativo de Fortaleza (Sindiaplic), em face das empresas Uber do Brasil e 99 Tecnologia(269), tinha como causa de pedir o não fornecimento pelas empresas de máscaras e álcool em gel para os motoristas, postulado o acesso aos equipamentos de proteção básicos para prevenção do contágio contra o vírus SARS-CoV-2 e a garantia de contraprestação mensal não inferior a 1 (um) salário-mínimo, com fundamento na CF/1988, diante da condição de pessoa humana desses trabalhadores.(270) O Sindicato dos motoristas ajuizou a ação postulando direitos elementares, a fim de preservarem as suas vidas.

O mencionado caso concreto leva à indagação se teria ocorrido um retrocesso no acesso à justiça dos motoristas plataformizados. É que, se mesmo antes da pandemia, o acesso já era difícil em face a controvérsia jurídica do enquadramento legal como empregado ou não, no cenário da pandemia, a situação se agravou e os sindicatos tiveram que reivindicar

(267) UBER. *Coronavírus*. Disponível em: <https://www.uber.com/ pt-BR/newsroom/coronavirus/>. Acesso em: 18 abr. 2020.

(268) FARMÁCIAS têm falta de máscaras após confirmação de coronavírus no Brasil. *CNN Brasil*, 27 fev. 2022. Disponível em: <https://www.cnnbrasil.com.br/saude/farmacias-tem-falta-de-mascaras-apos-confirmacao-de-coronavirus-no-brasil/>. Acesso em: 26 jul. 2022.

(269) BRASIL. Tribunal Regional do Trabalho da 7ª Região. 3ª Vara do Trabalho de Fortaleza/CE. Petição inicial do Sindiaplic na Ação Civil Pública ATSum 0000295-13.2020.5.07.0003, protocolada em 06 abr. 2020.

(270) Essa demanda coletiva foi analisada em: ORSINI, Adriana Goulart de Sena; LEME, Ana Carolina Reis Paes. Salário mínimo, máscara e alquingel: acesso ao mínimo ou mínimo de acesso? *Revista Direito UnB*, v. 4, n. 2, p. 171-197, maio/ago. 2020. Disponível em: <https://periodicos.unb.br/index.php/revistadedireitounb/article/view/32405/27452#:~:text=O%20Sindicato%20venceu%20a%20a%C3%A7%C3%A3o,humanos%2Ct%C3%AAm%20direitos%2C%20trabalham!>. Acesso em: 23 abr. 2022.

direitos ainda mais elementares. Pode se questionar se ao ajuizar ação por direitos de sobrevivência física, não haveria um déficit de compreensão, por parte da entidade sindical dos motoristas, sobre o direito a ter direitos, ou mesmo, rebaixamento de expectativas de direitos, ao postularem apenas, o mínimo para sobreviverem fisicamente.(271)

Em uma primeira dimensão, o acesso à justiça pela via dos Direitos afirma a centralidade da informação acerca desses direitos, de um horizonte de expectativa de plausibilidade de sua realização e de uma socialização que permita o recurso a uma instância ou entidade à qual se reconheça legitimidade para reparar a injustiça ou violação do direito sofrida.(272)

Nesse contexto, se a ação coletiva do Sindiaplic, que representou a primeira luta judicial coletiva de organização sindical de motoristas, em face das plataformas de transporte o foi em busca de direitos mínimos de sobrevivência física, é preciso indagar se a dimensão de direitos a ter direitos não estaria também reduzida ao mínimo do mínimo. Esse primeiro passo pode levar a uma compreensão mais ampla ao coletivo de trabalhadores e suas lideranças sindicais acerca de que os motoristas plataformizados tem direito a ter direitos. O processo continua em curso e a Uber tem realizado tentativas protelatórias nos autos e no cumprimento de obrigações, como será visto no capítulo 4.

Foram propostas ações civis públicas pelo Sindicato dos Condutores de Veículos que utilizam aplicativos de Minas Gerais (Sicovapp), pelo Sindicato dos Trabalhadores com Aplicativos de Transporte Terrestre Intermunicipal do Estado de São Paulo (Stattesp) e pelo Sindicato de Motoristas de Transportes por Aplicativo do Estado do Pará (Sindtapp), em face das empresas Uber do Brasil e 99 Tecnologia , com pedidos relacionados a fornecimento de equipamentos de proteção básicos voltados a prevenção do contágio pelo vírus SARS-CoV-2, bem como a assistência financeira mensal não inferior ao salário-mínimo mensal. Segundo informações dos entrevistados, nenhuma destas demandas coletivas foi procedente.(273)

Os dados coletados no campo serão sistematicamente apresentados no capítulo 4. Contudo, é produtivo fazer referência, já nesse ponto do texto, a um dos relatos que se

---

(271) Esse questionamento foi explicitado pela doutoranda e sua orientadora no seguinte artigo: ORSINI, Adriana Goulart de Sena; LEME, Ana Carolina Reis Paes. Salário mínimo, máscara e alquingel: acesso ao mínimo ou mínimo de acesso? *Revista Direito UnB*, v. 4, n. 2, p. 171-197, maio/ago. 2020. Disponível em: <https://periodicos.unb.br/index.php/revistadedireitounb/article/view/32405/27452#:~:text=O%20Sindicato%20venceu%20a%20a%C3%A7%C3%A3o,humanos%2Ct%C3%AAm%20direitos%2C%20trabalham!>. Acesso em: 23 abr. 2022.

(272) AVRITZER, Leonardo; MARONA, Marjorie; GOMES, Lilian (Coords.). *Cartografia da Justiça no Brasil*. São Paulo: Saraiva, 2014. p. 17.

(273) Essas demandas coletivas não foram objeto de análise detida na presente pesquisa. A título de informação, os números dos processos são: 1) ATOrd 0010244-42.2020.5.03.0110 – Covid-19. Sicovapp x 99. Autuado em: 13 abr. 2020; 2) ATOrd 0010251-37.2020.5.03.0109 – Covid-19. Sicovapp x Uber. Autuado em: 13 abr. 2020; 3) ACPCiv 1000507-62.2020.5.02.0033 – Covid-19. Stattesp x Uber. Autuado em: 14 maio 2020; 4) ACPCiv 1000523-47.2020.5.02.0055 – Covid-19. Stattesp x 99. Autuado em: 14 maio 2020; 5) ACPCiv 0000342-30.2020.5.08.0012 – Covid-19. Sindtapp x 99. Autuado em: 11 maio 2020; 6) ACPCiv 0000325-18.2020.5.08.0004 – Covid-19. Sindtapp x Uber. Autuado em: 11 maio 2020.

mostra adequado. O entrevistado 1, assessor jurídico do Sindicato de Minas Gerais, informou que o Sindicato dos Condutores de Veículos que utilizam aplicativos de Minas Gerais (Sicovapp) também ajuizou ação civil pública em face da empresa Cabify Agência de Serviços de Transporte de Passageiros Ltda e que o acórdão da Primeira Turma do Tribunal Regional do Trabalho da 3ª Região confirmou a sentença de primeira instância que julgou os pedidos parcialmente procedentes, condenando a Cabify a cumprir obrigações de fazer relativas às medidas sanitárias em relação "aos motoristas atuantes na base territorial do sindicato".(274) Apesar de a referida decisão ser em face da Cabify, e não se referir às duas empresas objeto de investigação na presente pesquisa, reputou-se importante informar que a decisão de 1º grau mencionada reconheceu os direitos mínimos pleiteados à categoria dos motoristas plataformizados, ainda que restrito àqueles vinculados ao Sindicato de Minas Gerais.

Com relação à ação coletiva acima mencionada chama a atenção que, no acórdão regional, foi rechaçada a tese empresária de ilegitimidade sindical por ausência de comprovação de registro junto ao órgão do Poder Executivo respectivo. Constou da fundamentação que eventual questão referente ao registro sindical junto ao órgão do Poder Executivo não era suficiente para invalidar a existência e a legitimidade do Sindicato-autor. Ademais, o Tribunal Superior do Trabalho, por sua Seção de Dissídios Coletivos, já se posicionou no sentido de admitir a possibilidade de a entidade sindical comprovar sua legitimidade por outros meios que não a apresentação do registro no órgão competente do Poder Executivo. No caso concreto, foram colacionados o estatuto sindical, a ata de fundação e aprovação de estatuto, eleição e posse da diretoria e do conselho fiscal, além do registro do Sindicato no cartório de registro de pessoas jurídicas, inscrição no Cadastro Nacional de Pessoa Jurídica (CNPJ) e publicações em jornal de grande circulação noticiando a sua criação. Assim, a legitimidade do Sindicato postulante foi reconhecida para a demanda.(275)

Em 08.11.2021, o Ministério Público do Trabalho ajuizou Ações Civis Públicas em face das duas empresas pesquisadas, judicializando o pedido de reconhecimento de vínculo de emprego com abrangência a toda categoria dos motoristas plataformizados do território nacional. Segundo nota informativa do MPT, foram ajuizadas ações em face das empresas "99" e "Uber"(276) e também em face de "Rappi" e "Lalamove". Nelas, foi pleiteado que o Poder Judiciário reconhecesse o vínculo de emprego com os motoristas e os entregadores de mercadorias e as plataformas digitais, com a garantia de direitos sociais trabalhistas, securitários e previdenciários. A mesma nota informa que o MPT requereu, ainda, a melhoria

(274) BRASIL. Tribunal Regional do Trabalho da 3ª Região. Acórdão da Primeira Turma, proferido em 14 de dezembro de 2020. Sentença proferida pela 26ª Vara do Trabalho de Belo Horizonte, proferida em 23 de setembro de 2020. **Sicovap x Cabify ATOrd 0010251-49.2020.5.03.010**, protocolada em 13 abr. 2020.

(275) *Idem.*

(276) Essas demandas coletivas não foram objeto de análise na presente pesquisa. A título de informação, o número do processo da Ação Civil Pública ajuizada pelo Ministério Público do Trabalho em face da Uber, no âmbito do TRT da 2ª Região é o n. 1001379-33.2021.5.02.0004. Na petição inicial, consta o pedido de "declaração da relação jurídica entre a Uber e os motoristas que prestam serviço de transporte de passageiros através de seu aplicativo".

das condições de saúde e segurança do trabalho nas atividades desenvolvidas por trabalhadores contratados por plataformas digitais, de forma a reduzir a precarização das relações trabalhistas.(277)

O Ministério Público do Trabalho iniciou a investigação via inquérito civil no ano 2016 (I.C. n. 001417.2016.01.000/6) e aguardou até o ano de 2021 para ajuizar a Ação Civil Pública. Veja-se que, mesmo munido de provas consistentes, constantes dos depoimentos dos ex-empregados da Uber, colhidos no supracitado inquérito civil(278), aguardou cinco anos para o ajuizamento da ação coletiva.

Apurou-se, na oportunidade, que o MPT não havia proposto, até aquele momento, ação civil pública em face da Uber, porque o momento não era propício, em face a necessidade de amadurecimento do debate jurídico sobre o tema.(279)

Uma das possibilidades para buscar o reconhecimento judicial do vínculo de emprego no Brasil é a via do incidente de resolução de demandas repetitivas IRDR, previsto nos arts. 976 a 987 do CPC c/c art. 769 da CLT e na Resolução n. 203 do Tribunal Superior do Trabalho de 15/3/16. Importante ressaltar que o Desembargador Relator, de ofício ou mediante requerimento, pode instaurar o IRDR (art. 977, I a III, do Código de Processo Civil Brasileiro de 2015).

Avalia-se ainda hoje muito arriscada a via do incidente de resolução de demandas repetitivas. E tal avaliação fixa-se na pesquisa já mencionada que demostra uma ampla predominância de decisões desfavoráveis sobre o tema da relação de emprego entre o trabalhador

---

(277) MPT requer que 99, Uber, Rappi e Lalamove reconheçam vínculo trabalhista. *PRT 2 Website, 2021*. Disponível em: <https://www.prt2.mpt.mp.br/925-mpt-requer-que-99-uber-rappi-e-lalamove-reconhecam-vinculo-trabalhista>. Acesso em: 2 maio 2022.

(278) Os dados referentes às provas contidas no inquérito civil mencionado encontram-se na dissertação de mestrado defendida pela autora. *Vide*, como exemplo, o depoimento do gerente-geral que declarou que "foi contratado pela matriz da Uber, reportando diretamente a eles no início, mais especificamente ao vice-presidente de operações global; que ao ser contratado foi informado que, apesar da Uber atuar globalmente, ela entendia que era organizada como um conjunto de várias empresas locais; que, assim, cada cidade teria grande autonomia; que atuaria, assim, como se fosse um "CEO" da cidade, sendo responsável pela gestão e crescimento do negócio". O ex-gerente geral da Uber no Brasil informou havia bloqueio de motoristas por inatividade ("desativar quem trabalhasse pouco") e suspensões por recusa de corridas solicitadas ("a taxa de aceitação mínima era de 80% dos pedidos"). Afirmou que se "lembra de um caso de um motorista que foi excluído por recrutar motoristas da Uber para outro concorrente" e que o setor de marketing monitorava as horas *on-line* de todos os motoristas e a quantidade de pedidos de clientes atendidos. Foi relatado, ainda, que "o gerente de operações poderia colocar alguns parâmetros no algoritmo que iriam gerar ações automáticas" e que é possível "controlar não somente a nota, mas também a taxa de aceitação e a taxa de viagens completadas" e, além disso, "com o novo sistema, a rejeição do motorista poderia ser automática". Os fatos declarados pelo ex-gerente geral da Uber do Brasil apontam com clareza a exigência da não eventualidade e a existência de controle algorítmico equiparado à subordinação. *Vide* depoimento dele e dos demais ex-empregados da Uber do Brasil no IC, fl. 212-214, Anexo A.2 da Dissertação. Dissertação (Mestrado em Direito) – Programa de pós-graduação em Direito da Faculdade de Direito da UFMG, 2018. Disponível em: <https://repositorio.ufmg.br/handle/1843/40138>. Acesso em: 28 abr. 2020.

(279) CARELLI, Rodrigo. Aula sobre a uberização do trabalho. Canal da Escola Judicial TRT5 – BA. *Youtube*, 19 maio 2017. Disponível em: <https://www.youtube.com/watch?v=cAFEkEiFSIs>. Acesso em: 20 jun. 2018. Minuto 3:07.

e as plataformas digitais de trabalho(280). Assim, o incidente de resolução de demandas repetitivas poderia criar um precedente muito prejudicial ao acesso dos motoristas plataformizados aos direitos trabalhistas e até mesmo à Justiça do Trabalho.

Ao refletir acerca do debate em torno do espaço jurídico-laboral, verificou-se que o que está sendo postulado no Poder Judiciário é a questão do enquadramento jurídico. Contudo, o campo jurídico não consegue, sozinho, atribuir sentido aos conceitos jurídicos de forma autorreferente. O que se passa de fato nas relações de trabalho a partir das abrangentes transformações introduzidas pelas plataformas digitais de trabalho é algo que precisa ser mais que imaginado ou suposto pelos profissionais do Direito na aplicação da lei. É preciso investigação empírica e diálogo transdisciplinar consistente com outras ciências, notadamente, no caso, a sociologia, a ciência política, as ciências da tecnologia, a economia, aplicadas ao campo do trabalho para que o sentido atribuído aos conceitos e, talvez, até mesmo às relações se dê de uma forma mais dialogada, com maior participação, especialmente dos motoristas plataformizados.

No caso da uberização do trabalho dos motoristas de transporte privativo de passageiros, verificou-se que as plataformas atuam em busca da construção de um espaço de "não enquadramento", objetivando, na realidade, um desenquadramento jurídico-legal do que o direito já regulou. Como se o direito posto e os institutos legais existentes não valessem para o modelo de negócios que divulgam como sendo novidade e, portanto, não alcançável ao que já se produziu de normatividade laboral. Dessa forma, se esgueiram entre espaços com o objetivo de repelir a aplicabilidade das normas existentes. Por outro lado, se afirmam usando todo seu poder de "rolo compressor"(281) econômico e midiático sobre o que já existe, buscando colonizar o espaço de regulação do Direito, por meio do seu atuar, seja usando estratégias de manipulação jurídica eticamente questionáveis, seja por meio de utilização de estratégias variadas oriundas do seu poderio econômico, sejam aquelas de cunho ideológico, instrumentalizando juristas, opinião pública, além de capturar a subjetividade dos trabalhadores e consumidores.

Nesse cenário de obstrução da via, o acesso aos direitos depende da compreensão da complexidade do espaço concreto de atuação do Direito, que só pode ser alcançada com o diálogo rigoroso com outras disciplinas, cujas pesquisas podem permitir ao campo jurídico uma visão mais crítica em face da manipulação da realidade.

Percebeu-se que fazer chegar ao debate judicial o conhecimento empírico que vem sendo produzido de modo cada vez mais consistente pelas pesquisas científicas é, pelo menos

---

(280) MACHADO, Sidnei; ZANONI, Alexandre Pilan (Orgs.). *O trabalho controlado por plataformas digitais:* dimensões, perfis e direitos. Curitiba: UFPR, Clínica de Direito do Trabalho, 2022. E-book. p.188.

(281) Expressão utilizada pelo Professor Dr. Antônio Gomes de Vasconcelos, em palestra proferida no evento "Leis e Letras" de lançamento do Livro "Da máquina à nuvem: caminhos para o acesso à justiça pela via de direitos dos motoristas da Uber", em 15.02.2019, no TRT-MG. Disponível em: <https://www.youtube.com/watch?v=-VzjSfDvENo&t=2709s>. Acesso em: 30 jul. 2022.

no Brasil, um dos grandes desafios para romper os obstáculos existentes ao acesso à justiça. As lutas dos motoristas plataformizados indicam dimensões de injustiça cuja resolução não se viabiliza apenas pelo acesso a direitos trabalhistas, aqueles assegurados pelo quadro típico do estado nacional, pois se trata de uma empresa transnacional, inclusive. Daí a necessidade de se buscar um marco teórico que contemple a justiça, no que se refere ao acesso aos direitos, de forma cada vez mais alargada no que tange aos campos do conhecimento e, também, em diálogos de direito comparado.

Traçado até aqui o mapa que contextualiza a saga dos motoristas plataformizados, é necessário agora, antes de iniciar a viagem, organizar a bagagem que será utilizada pelos viajantes; no caso, os trabalhadores. O marco teórico que embasa esta pesquisa centra-se no conceito do acesso à justiça via Direitos que se pretende iluminar com a concepção tridimensional de justiça de Fraser.

Capítulo 3

A Bagagem. O Acesso à Justiça pela Via dos Direitos e Além: A Concepção Tridimensional de Nancy Fraser

Para sair do campo teórico, apenas, propõe-se um exercício de empatia, pela via da imaginação.

Imagine-se acordando de manhã em uma segunda-feira sem ter nenhum trabalho pré-agendado. Você liga o seu celular e logo vem um sinal sonoro indicando que há um passageiro no centro da cidade a ser buscado. Você enfrenta engarrafamento, passa no posto e abastece seu automóvel mesmo com a alta da gasolina a R$ 7,00[(282)]; ao chegar ao local, o passageiro lhe deixa esperando e, ao entrar atrasado no carro, pede que você acelere até o destino. Você respeita os limites de velocidade e, em razão disso, por chegar alguns minutos mais tarde em seu compromisso, o passageiro lhe atribui uma nota baixa no aplicativo. Essa corrida lhe rende R$ 4,25 e sua nota abaixa de 4.7 para 3.0.

Vamos seguir imaginando outras situações. O sinal sonoro toca novamente e, ao seguir a manhã com mais dois passageiros, você recebe uma mensagem da plataforma, comunicando que aquele primeiro passageiro pode ter esquecido a sua agenda no veículo. Você checa debaixo do banco e lá está a brochura de capa marrom. Para voltar ao destino, além de não ser remunerado por isso, precisa recusar outros passageiros. Mesmo assim, você se dirige ao local e, no caminho, o pneu do seu carro fura. Ao se desviar da rota programada em direção ao borracheiro, a plataforma envia uma sequência de mensagens, com sinais sonoros, comunicando que você está saindo da rota. No tempo em que troca o pneu do seu próprio automóvel, que utiliza para trabalhar, precisa recusar outras corridas. Paga o borracheiro e segue para devolver a agenda. Mais uma vez, enfrenta o engarrafamento e, ao devolver o objeto que o passageiro esqueceu, recebe mais uma vez nota baixa por ter demorado.

O desfecho: antes mesmo que a manhã termine, você foi bloqueado do aplicativo, que cortou o seu acesso ao *login*, sem qualquer espaço para justificativa. Você vinha trabalhando

---

(282) No 2º semestre de 2021, a gasolina estava R$ 7,00 por litro, com inflação acumulada de 10,06% no ano de 2021 (IPCA).

catorze horas por dia, sete dias na semana, para um aplicativo que o considera parceiro e não o reconhece como empregado.

Sem saber o que fazer, recebe indicação de um amigo para procurar o sindicato dos motoristas plataformizados. Sente-se injustiçado e quer justificar que não teve culpa acerca dos incidentes ocorridos que culminaram no seu bloqueio.

Esse relato fictício, mas com claro objetivo de criar empatia, foi baseado em fatos verdadeiros relatados pelos motoristas plataformizados nas entrevistas realizadas para esta pesquisa. Buscou-se relatar um conjunto de situações que os motoristas relatam em seu dia a dia. Os motoristas plataformizados são pessoas que colocam a sua força de trabalho à disposição das plataformas. Entre as injustiças que relatam, além de bloqueios sem justificativa, estão jornadas extenuantes, ausência de espaços de diálogo com as empresas, rendimentos baixos e incertos, ausência de local e horário para descanso e alimentação, afetação dos afazeres domésticos e da vida pessoal, assédios, assaltos, assassinatos, entraves à organização coletiva. Vivem em uma roda-viva sendo acionados por comandos sonoros que afirmam ser enlouquecedores e um "sem-fim" de mecanismos de controle.

Todas as injustiças acima relatadas são aspectos de um modo de exploração econômica dos trabalhadores, via plataformas que se dizem digitais, que está transformando tanto o mundo do trabalho como a própria sociedade. Nesta pesquisa, foi feita a opção por compreender as injustiças relatadas pelos motoristas a partir das discussões teóricas de Fraser e sua teoria tridimensional da justiça.

Filósofa política e feminista norte-americana, Fraser traz reflexões sobre a (in)justiça no contexto de um mundo globalizado e sua preocupação central envolve como promover justiça em um mundo no qual as situações reais de injustiça transpassam cada vez mais os limites geográficos e políticos. Para ela, a injustiça diz respeito a fatores econômicos, culturais e políticos que afetam pessoas e coletividades e são engendrados em diferentes espaços sociais que muitas vezes fogem do alcance ou da capacidade das instâncias normais de justiça de que dispõem os afetados, notadamente nos limites dos Estados nacionais. Por isso, considera-se que esse desenho teórico é apropriado à problemática da relação de trabalho e das autodenominadas "injustiças" que emanam das falas dos motoristas contratados por plataformas digitais transnacionais.

A discussão da justiça é um tema central do debate teórico e institucional sobre as democracias ocidentais, suscitada a partir das demandas por necessidades reais de grupos e atores sociais. Dessa forma, a justiça não é um tema limitado ao Direito. Tal afirmação pode ser explicada pelo fato de que:

> Nas democracias contemporâneas, o tema da justiça tem mantido uma relação muito estreita com a política, de forma que não é possível compreender os seus diferentes elementos se partirmos de uma concepção filosófica centrada

> na instrumentalização das normas para o cumprimento formal dos objetivos expostos na lei. A relação entre justiça, direito e democracia não permite uma abordagem disciplinar única e que reivindique unidade epistemológica sobre essa difícil relação. A necessidade de transdisciplinaridade é recorrente quando se quer estabelecer os nexos conceituais entre justiça, direito e democracia.[(283)]

Fraser centra sua preocupação, para além do Direito, nas práticas de emancipação e transformação social. Insere-se em um projeto teórico que pretende abarcar, a um só tempo, a filosofia moral, a teoria social e a análise política em uma teoria crítica da sociedade capitalista[(284)], da qual é referência, como professora da New School de New York.

Inspirada na Escola de Frankfurt, tributária dos estudos marxistas, sua obra se baseia em dois eixos: o primeiro deles é a teoria feminista — as lentes do feminismo — e o segundo a teoria marxista, uma crítica feroz ao capitalismo, o que a coloca como teórica socialista, campo em que sempre se distanciou do marxismo mais ortodoxo.

Embora faça um diálogo constante com os autores da tradição liberal, fundando sua teoria da justiça no princípio de paridade de participação, Fraser se propõe a fazer jus à crítica marxiana do capital, sempre ampliada a partir das lentes da crítica feminista e dos agudos desafios trazidos pelo capitalismo globalizado.[(285)] Essa herança está presente no modo como situa a justiça redistributiva, voltada à necessidade de transformar a estrutura do capitalismo[(286)], ponto crucial que a diferencia do liberalismo igualitário[(287)] e que se dedica a sustentar, mesmo que reconheça sua insuficiência e necessidade de complementação por outras dimensões da justiça.

A autora desenvolve uma teoria política da justiça, para além da dimensão jurídica, como conceito bastante ampliado e que vem sendo alargado ao longo da sua trajetória. Para ela, justiça diz respeito ao sentido kantiano de moralidade, baseada em normas universalmente

---

(283) AVRITZER, Leonardo *et al.* (Orgs.). Introdução. In: AVRITZER, Leonardo *et al.* (Orgs.). *Dimensões políticas da justiça.* Rio de Janeiro: Civilização Brasileira, 2013. p. 17.

(284) FRASER, Nancy; HONNETH, Axel. Introduction. In: FRASER, Nancy; HONNETH, Axel. *Redistribution or recognition?* A political-philosophical Exchange. Tradução de Joel Golb, James Ingram e Christiane Wilke. London: Verso, 2003. p. 3.

(285) A respeito da visão da autora sobre a crítica marxiana do capital: FRASER, Nancy. Por trás do laboratório secreto de Marx. Por uma concepção expandida do capitalismo. *Revista Direito e Praxis*, Rio de Janeiro, v. 06, n. 10, p. 704-728, 2015. FRASER, Nancy; JAEGGI, Rahel. *Capitalismo em debate.* Uma conversa na teoria crítica. São Paulo: Boitempo, 2020. *passim.*

(286) FRASER, Nancy. Social Justice in the Age of Identity Politics: Redistribution, Recognition and Participation. In: FRASER, Nancy; HONNETH, Axel. *Redistribution or recognition?* A political-philosophical Exchange. Tradução de Joel Golb, James Ingram e Christiane Wilke. London: Verso, 2003, p. 35.

(287) O liberalismo igualitário é aquele no qual as preocupações se centram apenas em desigualdades distributivas, sem questionar os mecanismos estruturais e os arranjos institucionais que as geram. FRASER, Nancy; JAEGGI, Rahel. *Capitalismo em debate.* Uma conversa na teoria crítica. São Paulo: Boitempo, 2020. p. 141-143.

aplicáveis independentemente do particular contexto dos valores dos atores, em contraste com o domínio da ética, que se vincula à autorrealização em uma determinada forma particular de vida boa.(288)

Dessa feita, em seu notável debate com Axel Honneth, parte da concepção de que a justiça se apoia em um princípio normativo fundamental que é a paridade de participação, o qual submete as diferentes dimensões da justiça e atua como elemento de comensurabilidade entre elas. Para Fraser, justiça requer acordos sociais que permitam a todas as pessoas participar como pares de pleno direito na interação social e em condições de igualdade.(289) Paridade significa "a condição de ser um par, de estar em igual condição com os outros, de estar partindo do mesmo lugar"(290). A esse princípio normativo geral de paridade de participação, Fraser sustenta sejam submetidas as reivindicações em cada uma das três dimensões da justiça: redistribuição, reconhecimento e representação.

Superar a injustiça, que afeta a paridade participativa, significa "desmantelar os obstáculos institucionalizados que impedem alguns de participar em plano de igualdade com os demais, como sócios de pleno direito na interação social"(291). Por isso, a compreensão crítica dos processos institucionalizados de injustiça próprios do capitalismo deve ultrapassar a constatação dos resultados injustos produzidos.

Fraser sustenta que "a teoria crítica tem de ir além desses resultados para problematizar os processos que os produzem", evitando o que a autora chama de abordagem "caixa-preta" do liberalismo igualitário, considerado incapaz de contribuir para identificar e transformar os resultados injustos que constata. Por isso, diz, a perspectiva moral pode oferecer bons pontos de partida, mas não é suficiente para a teoria crítica.(292)

Para compreender a gênese do seu pensamento sobre a paridade de participação e a teoria tridimensional da justiça, faz-se necessário explicitar dois momentos fundamentais que dão estrutura à sua obra: o paradigma bidimensional da justiça, construído nos anos

---

(288) FRASER, Nancy; JAEGGI, Rahel. *Capitalismo em debate*. Uma conversa na teoria crítica. São Paulo: Boitempo, 2020. p. 28.

(289) FRASER, Nancy. *Escalas de justicia*. Tradução de Antoni Martínez Riu. Barcelona: Herder Editorial, 2008. p. 117. (tradução de: FRASER, Nancy. Scales of Justice — Reimagining Political Space in a Globalizing World. New York: Columbia University Press, 2009).

(290) FRASER, Nancy. Reconhecimento sem ética? Tradução de Ana Carolina Freitas Lima Orgando e Mariana Prandini Fraga Assis. *Lua Nova*, São Paulo, v. 70, p. 101-138, 2007. p. 118 (artigo originalmente publicado na Revista Theory, Culture e Society, v. 18, p. 21-42, 2001). Esclarece ainda que "o requerimento moral é que aos membros da sociedade seja garantida a possibilidade de paridade, se e quando eles escolherem participar em uma dada atividade ou interação. Não há nenhuma solicitação para que todos realmente participem em qualquer atividade."

(291) FRASER, Nancy. *Escalas de justicia*. Tradução de Antoni Martínez Riu. Barcelona: Herder Editorial, 2008. p. 117 (tradução livre).

(292) FRASER, Nancy; JAEGGI, Rahel. *Capitalismo em debate*. Uma conversa na teoria crítica. São Paulo: Boitempo, 2020. p. 142-147.

noventa e publicado em 2003[(293)] e, após reimaginar o espaço político em um mundo globalizado, o paradigma tridimensional da justiça, apresentado a partir de 2004 e sedimentado com a publicação de Scales of Justice de 2008[(294)]. O desenvolvimento progressivo desse quadro teórico tomou impulso a partir do debate com o filósofo Axel Honneth, em torno de quais seriam as categorias adequadas para uma teoria crítica da sociedade capitalista, ou seja, uma teoria normativa fundada na realidade presente, mas capaz de apoiar as lutas por transformações que atendam reivindicações de justiça, a partir da perspectiva dos sujeitos.

O debate sobre reconhecimento foi talvez a principal marca das teorias da justiça no final do século XX, substituindo o quadro teórico anterior, em que as discussões sobre justiça eram dominadas pela questão da redistribuição. Esse contexto de debates teóricos e demandas sociais, praticamente limitado às questões de redistribuição, foi profundamente modificado; a "tendência das demandas por reconhecimento de eclipsar as demandas por distribuição foi geral e até mesmo mundial"[(295)].

O contexto histórico dessa mudança da redistribuição para o reconhecimento está relacionado à queda do comunismo, à ascensão do neoliberalismo e da ideologia do livre--mercado, o revigoramento das identidades políticas e culturais e como "parte de uma transformação histórica de maior escala associada à globalização"[(296)].

Fraser descreve que, aquilo que seria uma pretensão de radicalização das relativas conquistas redistributivas obtidas no primeiro mundo em torno do *Welfare State*, e que é a marca da segunda onda do movimento feminista, ao criticar a tendência social-democrata de "marginalizar divisões sociais que não fossem de classe e problemas sociais que não fossem de distribuição" acabou por dissociar as questões identitárias da economia política. Com isso, deixou sem resistência a tendência hegemônica do fundamentalismo do livre mercado. Em vez de acrescentar às demandas distributivas aquelas de reconhecimento, a trajetória histórica dos conflitos sociais levou à substituição das primeiras pelas segundas. Isto acabou por favorecer políticas econômicas regressivas, resultando no "infeliz casamento do culturalismo com o neoliberalismo"[(297)].

Os anos 1990 foram marcados por governos conservadores nos EUA e em parte da Europa. Na Europa Ocidental, o foco social-democrata na redistribuição cedeu terreno

---

(293) FRASER, Nancy; HONNETH, Axel. *Redistribution or recognition?* A political-philosophical Exchange. Tradução de Joel Golb, James Ingram e Christiane Wilke. London: Verso, 2003.

(294) FRASER, Nancy. *Escalas de justicia.* Tradução de Antoni Martínez Riu. Barcelona: Herder Editorial, 2008. (tradução de: FRASER, Nancy. Scales of Justice — Reimagining Political Space in a Globalizing World. New York: Columbia University Press, 2009).

(295) FRASER, Nancy. *Mapeando a imaginação feminista:* da redistribuição ao reconhecimento e à representação. Florianópolis: Estudos Feministas, 2007. p. 298. (tradução de: FRASER, Nancy. Mapping the Feminist Imaginations: From Redistribution to Recognition to Representation. Tradução de Ramayana Lira. Constellations, Oxford: Blackwell Publishing Ltd., v. 12, n. 3, p. 295-307, 2005).

(296) *Idem.*

(297) *Ibidem*, p. 296.

para a chamada "terceira via", com uma abordagem que adotou uma orientação neoliberal de flexibilização do mercado de trabalho, enquanto se procurava manter um perfil político progressista. Fraser explica que "o sucesso na manutenção desse perfil ocorreu não na busca de mitigar as iniquidades econômicas, mas na superação das hierarquias"(298), mediante a adoção de políticas antidiscriminatórias e/ou multiculturais.

Segundo a autora, também nos antigos países socialistas, nos quais o economicismo anterior sempre descartara demandas por reconhecimento, especialmente em relação à nacionalidade e religião, com o fim da planificação houve a ascensão das lutas identitárias e o declínio da distribuição. Nos países do Sul, além do fim da competição bipolar da guerra fria, que cortou os fluxos de ajuda financeira à periferia, deu-se o desmantelamento, liderado pelos Estados Unidos da América (EUA), do regime financeiro de "Bretton Woods"(299) o que impulsionou a política neoliberal de ajustamento estrutural, ameaçando o desenvolvimento dos Estados pós-coloniais. O resultado foi a drástica redução das políticas de redistribuição igualitária. Em resposta, deu-se o surgimento de políticas de identidade majoritariamente de caráter comunalista e autoritário.(300)

É nesse contexto — agravado profundamente após o 11 de setembro de 2001 — que se estabelece o debate entre Fraser e o mais influente teórico do reconhecimento, Axel Honneth, já nos anos 1990. Fraser defendeu, em oposição a Honneth(301), que, entre reconhecimento e redistribuição, não há um valor que prevaleça; é preciso construir uma ordem de justiça bidimensional, em que os dois sirvam como parâmetro. Fraser não pretende substituir a redução da justiça ao reconhecimento por uma redução da justiça à redistribuição. Para fazer jus ao princípio de paridade de participação, faz-se necessário pensar a justiça tanto a partir de um viés redistributivo quanto de um viés de reconhecimento. Uma teoria unidimensional, seja apenas em termos de distribuição, seja apenas em termos de reconhecimento, não consegue abarcar adequadamente todos os aspectos da (in)justiça na sociedade capitalista contemporânea.(302)

---

(298) FRASER, Nancy. *Mapeando a imaginação feminista:* da redistribuição ao reconhecimento e à representação. Florianópolis: Estudos Feministas, 2007. p. 298. (tradução de: FRASER, Nancy. Mapping the Feminist Imaginations: From Redistribution to Recognition to Representation. Tradução de Ramayana Lira. Constellations, Oxford: Blackwell Publishing Ltd., v. 12, n. 3, p. 295-307, 2005).

(299) Os acordos de Bretton Woods eram propostas definidas entre os participantes da Conferência Monetária e Financeira Internacional das Nações Unidas e Associadas, realizada entre 1 e 22 de julho de 1944, compreendidos, por Fraser, como sistema de controle de capital, estabelecido sob a hegemonia dos Estados Unidos. (FRASER, Nancy; JAEGGI, Rahel. *Capitalismo em debate*. Uma conversa na teoria crítica. São Paulo: Boitempo, 2020. p. 92 e ss).

(300) FRASER, Nancy. *Mapeando a imaginação feminista:* da redistribuição ao reconhecimento e à representação. Florianópolis: Estudos Feministas, 2007. p. 299. (tradução de: FRASER, Nancy. Mapping the Feminist Imaginations: From Redistribution to Recognition to Representation. Tradução de Ramayana Lira. Constellations, Oxford: Blackwell Publishing Ltd., v. 12, n. 3, p. 295-307, 2005).

(301) FRASER, Nancy; HONNETH, Axel. *Redistribution or recognition?* A political-philosophical Exchange. Tradução de Joel Golb, James Ingram e Christiane Wilke. London: Verso, 2003.

(302) *Ibidem*, p. 26-35.

Nas palavras da autora, é preciso vencer a difícil tarefa de "inventar uma concepção de justiça abrangente" a ponto de "acomodar" tanto "reivindicações defensivas por igualdade social, como reivindicações defensivas por reconhecimento de diferenças", integrando, assim, "o melhor das políticas redistributivas com o melhor das políticas por reconhecimento" (tradução livre).[303] Na sequência do seu desenvolvimento teórico, com a evidência da ultrapassagem do quadro keynesiano-westfaliano dos Estados nacionais pela globalização neoliberal surgirá ainda uma terceira dimensão da justiça, a representação, como se verá adiante.

A fim de compreender melhor seu pensamento, que embasa esta pesquisa sobre o acesso à justiça pela via dos Direitos dos motoristas plataformizados e suas lutas por redistribuição, reconhecimento e representação, faz-se necessário iniciar trazendo o conceito do acesso à justiça pela via dos Direitos e avançar no conceito tridimensional de justiça de Fraser, e após contextualizar o debate entre Honneth e Fraser para acompanhar a sua evolução teórica.

3.1. Entendendo o acesso à justiça pela via dos Direitos

Como esta pesquisa visa mostrar os bloqueios de diferentes naturezas ao acesso à justiça dos motoristas plataformizados, por meio da pesquisa de campo que será delineada no capítulo 4 e 5, é preciso rememorar o caminho trilhado pela doutrina, até chegar no conceito de acesso à justiça pela via dos direitos.

O acesso à justiça é direito fundamental garantido pelo art. 5º, inciso XXXV, da CF/1988, e tem aplicação imediata, exigindo-se, do intérprete, atividade hermenêutica que conduza o entendimento que o acesso à justiça não é apenas acesso ao Poder Judiciário, pois, nas palavras de Adriana Goulart de Sena Orsini, essencialmente "é a realização efetiva da Justiça, como valor sem o qual o ser humano não pode sobreviver"[304].

A questão do acesso à justiça pela via dos direitos remete ao clássico *"Access to Justice: The Worldwide Movement to Make Rights Effective"*, de Mauro Cappelletti e Bryant Garth.[305] Concepção que já foi ressignificada diversas vezes, o acesso à justiça compreende um direito fundamental e humano marcado por barreiras na sua efetivação ao longo dos tempos. Mauro Cappelletti e Bryant Garth desenvolveram uma pesquisa ("Projeto Florença"), na década

---

(303) FRASER, Nancy; HONNETH, Axel. *Redistribution or recognition?* A political-philosophical Exchange. Tradução de Joel Golb, James Ingram e Christiane Wilke. London: Verso, 2003. p. 26- 27. No original: "the task is to devise an overarching conception of justice that can accomodate both defensible claims for social equality and defensible claims for the recognition of difference [..] the best of the politics of redistribution with the best of the politics of recognition".

(304) ORSINI, Adriana Goulart de Sena. *Acesso à justiça pela via dos direitos trabalhistas*. 2018. Disponível em: <https://www.academia.edu/49266501/ACESSO_%C3%80_JUSTI%C3%87A_PELA_VIA_DOS_DIREITOS_TRABALHISTAS#:~:text=Consciente%20de%20que%20o%20acesso,litig%C3%A2ncia%20na%20Justi%C3%A7a%20do%20Trabalho>. Acesso em: 19 jun. 2022.

(305) CAPPELLETTI, Mauro; GARTH, Bryant. *Acesso à justiça*. Trad. Ellen Gracie Northfleet. Porto Alegre: Fabris, 1988

de 1970, que envolveu a análise comparada acerca do acesso à justiça em diversos países. Identificaram as principais barreiras e dificuldades de acesso e idealizaram as amplamente conhecidas "ondas renovatórias", a fim de proporcionar a todos os segmentos sociais a devida acessibilidade à justiça.

Os obstáculos ao acesso à justiça, segundo os autores, envolviam custos processuais, gasto econômico com deslocamento, tempo despendido fora do trabalho, além da representatividade dos direitos coletivos nos sistemas judiciais e, ainda, o formalismo exacerbado nos procedimentos.[(306)]

As denominadas "ondas renovatórias" trouxeram ideias voltadas a melhorar o sistema de justiça como a assistência jurídica e judiciária gratuita, a representação adequada dos direitos e interesses difusos e coletivos, a adaptação dos procedimentos processuais para o recebimento de demandas envolvendo referidos direitos e interesses. Além disso, as ondas impulsionaram a criação de órgãos especializados para a defesa de tais direitos, como o **Ministério Público do Trabalho**, e apresentaram também a necessidade de um novo enfoque para a questão do acesso à justiça para além do Poder Judiciário e da solução adjudicada.

Na década de 1990, Kim Economides propôs um complemento ao trabalho de Cappelletti e Garth, concebendo a existência de uma quarta onda[(307)], que se refere à formação e atuação adequada dos profissionais do Direito como pré-requisito para a mudança de mentalidade sobre o acesso à justiça, pois "o acesso dos cidadãos à justiça é inútil sem o acesso dos operadores do direito à justiça"[(308)].

A teoria do acesso à justiça ganhou novo impulso, dessa vez proposta por Leonardo Avritzer, Marjorie Marona e Lilian Gomes, que construíram o conceito de um "acesso à justiça pela via dos direitos"[(309)]. De acordo com essa concepção, o acesso à justiça não se resume a discussão e dimensão de acesso ao Poder Judiciário, englobando duas dimensões. A primeira delas se refere à garantia de efetividade dos direitos, que envolve três pressupostos: i) informação acerca dos direitos; ii) conhecimento que permita o recurso a uma instância ou entidade capaz de resolver eventuais conflitos; iii) efetiva reparação de injustiça ou desigualdade ocasionada pela violação de um direito. A segunda dimensão diz respeito à possibilidade de participação na configuração do próprio direito, o que envolve a criação e o reconhecimento de novas categorias de direito.

---

(306) CAPPELLETTI, Mauro; GARTH, Bryant. *Acesso à justiça*. Trad. Ellen Gracie Northfleet. Porto Alegre: Fabris, 1988. p. 30.

(307) Em relação ao papel da educação para o acesso à justiça, cf.: ORSINI, Adriana Goulart de Sena; COSTA, Anelice Teixeira. Educação para o acesso à justiça: a transformação dos paradigmas de solução de conflitos. *Revista da Faculdade de Direito da UFMG*, Belo Horizonte, n. 69, p. 23-43, jul./dez. 2016.

(308) ECONOMIDES, Kim. Lendo as ondas do Movimento de Acesso à Justiça: epistemologia versus metodologia? In: PANDOLFI, Dulce *et al.* (Orgs.). *Cidadania, justiça e violência*. Rio de Janeiro: Fundação Getulio Vargas, 1999. p. 62.

(309) AVRITZER, Leonardo; MARONA, Marjorie; GOMES, Lilian (Coords.). *Cartografia da Justiça no Brasil*. São Paulo: Saraiva, 2014. p. 29.

Adotando-se o conceito de acesso à justiça pela via dos direitos, na dimensão da efetividade, a justiça será atingida quando indivíduos e grupos lesados tiverem a consciência e a oportunidade de conhecerem seus direitos satisfatoriamente. Pressupõe, assim, políticas no âmbito da informação, educação e divulgação de conhecimento jurídicos, que visem a capacitar os cidadãos e as comunidades para, por si mesmos, perante uma situação de desrespeito, violação, exclusão, ofensa ou privação de direitos, a reconheçam como tal.(310)

Os autores enfrentam, ainda, o debate, de cunho mais qualitativo, acerca de que justiça se quer acessar. Afirmam que o Poder Judiciário exerce papel significativo na conformação do escopo e do sentido do direito, ao solucionar os conflitos com recurso primeiro à ordem jurídica estatal. Ressaltam que a instância judiciária é primordial para a efetivação dos direitos. Contudo, alertam para o fato de que a eficiência dos tribunais não está apenas na sua capacidade de dar respostas aos litígios que processam, mas em dar respostas justas.(311)

É de destacar que Marjorie Marona, em sua tese de doutoramento(312), já enunciava que para a garantia do pleno acesso à justiça, pela via dos direitos, não bastava a previsão constitucional do acesso à justiça como direito fundamental de todo cidadão, independentemente de sexo, gênero, cor de pele, raça, etnia, classe social, grupo de origem. Mas que eram necessárias "reformas institucionais que viabilizem a efetivação desses direitos", considerando que há, na realidade, "um conjunto mais ou menos extenso de condicionantes de ordem socioeconômicas ou identitárias" fundadas em "estruturas de exclusão e desigualdade social, que impactam na efetiva igualdade de acesso à justiça pela via dos direitos".

Fazendo coro com a concepção acima exposta de acesso efetivo à justiça de Marjorie Marona, justifica-se, nesta pesquisa, o marco teórico do acesso à justiça, pela via dos direitos, ser permeado com a concepção tridimensional de Fraser, diante das condicionantes de ordens econômicas, culturais e políticas que impedem ou dificultam a sua implementação.

Nesse sentido, foi apontado que a desarticulação linguística promovida por estratégias de *marketing* da Uber acabou por deturpar a informação que chega até os cidadãos, incluindo-se tanto os profissionais do Direito, quanto os trabalhadores. Como decorrência dessa desarticulação linguística, o fracionamento da opinião pública dificulta, se não impede, a formação de uma consciência coletiva acerca das violações e das providências que deveriam ser tomadas. Ao contrário, por ser um serviço que promete ser barato, rápido, informal, inteligente e tecnológico, sem qualquer responsabilidade com a pessoa que dirige e com o veículo utilizado na viagem, a sociedade, de um modo geral, acabou por se vincular à plataforma de transporte para utilização recorrente e no cotidiano de sua locomoção nas cidades.

---

(310) AVRITZER, Leonardo; MARONA, Marjorie; GOMES, Lilian (Coords.). *Cartografia da Justiça no Brasil*. São Paulo: Saraiva, 2014. p. 20.

(311) *Ibidem*, p. 19.

(312) MARONA, Marjorie Corrêa. *Acesso à qual justiça?*: a construção da cidadania brasileira para além da concepção liberal. 2013. Tese (Doutorado) – Universidade de Minas Gerais, Belo Horizonte, 2013. p. 13-54.

No mestrado, em 2018, partiu-se do pressuposto de que a norma que disciplina o trabalho subordinado — ou prestado com alienidade ou sob a sujeição da dependência — existe, e está presente nos arts. 2º, 3º e 6º, parágrafo único, da CLT. Considerou-se que houve investigação ministerial e havia provas do efetivo controle virtual do trabalho dos motoristas; afirmou-se que a fraude à ordem jurídica estava comprovada, todavia, à época, o MPT não havia ajuizado a ação civil pública; levou-se em conta que o Judiciário se mostrava resistente ao reconhecimento do vínculo empregatício; apontou-se, sem pretender o esgotamento da questão, que o problema dos motoristas da Uber era uma questão de acesso. Não se tratava, portanto, de ausência de regulamentação trabalhista do contrato pactuado entre motoristas e empresas-nuvem.

Atualmente, a ação civil pública do MPT foi ajuizada e houve uma decisão recente do TST, em uma ação individual, reconhecendo o vínculo de emprego. A via de acesso, contudo, ainda encontra-se obstruída, como será visto a partir da pesquisa de campo realizada com os motoristas plataformizados que se organizaram coletivamente.

O acesso à justiça pela via dos direitos pressupõe a condição de que indivíduos sejam pares, que estejam em igualdade de condição com os outros, que partam de um mesmo lugar(313); e isso não acontece com os motoristas plataformizados, diante das inúmeras estratégias de manipulação e de desenquadramento jurídico-legal levada a efeito pelas empresas de plataformas sempre com o intuito de não incidência do espaço-jurídico laboral e de interferência na regulação nacional, como visto no capítulo 2 e, ainda, agravado no contexto atual de severa precarização das relações de trabalho, antes, durante e após a pandemia do SARS-CoV-2.

As plataformas de transporte estudadas, a Uber e a 99, possuem capacidade econômica elevada para adotar estratégias de litigância manipulativa, com intuito de impedir a formação de jurisprudência desfavorável aos seus interesses, ao propor acordos nos processos em que correm o risco de suas teses não serem vencedoras. Sob esse ângulo, afirmou-se que as demandas atomizadas, as ações individuais, não conseguiam garantir efetivo acesso à Justiça, tampouco a direitos.

O motivo da insuficiência do modelo normal de justiça está nas próprias ideias de Fraser. O capitalismo neoliberal globalizado, financeirizado e associado à indústria 4.0 coloca o desafio de uma justiça anormal, que será abordado no último tópico deste capítulo. Somente apreciando os perigos e as perspectivas dessa condição de uma justiça anormal pode-se esperar reduzir as vastas injustiças que agora permeiam o mundo em globalização.(314)

---

(313) AVRITZER, Leonardo; MARONA, Marjorie; GOMES, Lilian (Coords.). *Cartografia da Justiça no Brasil*. São Paulo: Saraiva, 2014.

(314) FRASER, Nancy. *Scales of Justice* — Reimagining Political Space in a Globalizing World. New York: Columbia University Press, 2009. p. 71.

Neste tópico, restou justificado o porquê do marco teórico do acesso à justiça, pela via dos direitos, ser permeado com concepção tridimensional de Fraser, diante das condicionantes de ordem econômicas, culturais e políticas que impedem ou dificultam a sua efetiva implementação, o passo que segue, então, é explicitar a teoria da justiça fraseana e como sua perspectiva tridimensional pode contribuir para a análise da luta dos trabalhadores plataformizados, por melhores condições de trabalho e de vida.

3.2. O debate *Fraser-Honneth* e a teoria bidimensional da justiça: pegadas para a compreensão crítica da justiça

A interpelação de Fraser de que não há justiça sem atendimento de demandas redistributivas,[(315)] dá-se, como visto, em um contexto de crescente hegemonia das políticas de identidade e de reconhecimento no debate político e teórico.

A teoria do reconhecimento, tal como inicialmente desenvolvida, pensa os conflitos sociais como buscas interativas pela consideração intersubjetiva de sujeitos e coletividades.[(316)] Tendo como alicerce a filosofia hegeliana, Charles Taylor e Axel Honneth ressaltam a construção relacional da identidade, frisando que os sujeitos lutam o tempo todo por reconhecimento mútuo. Mendonça explicita que, segundo esses autores, somente dessa maneira os sujeitos podem se desenvolver de formas saudáveis e autônomas. Ambos os autores compartilham ainda a premissa de que é a relação social que constitui os sujeitos e os atravessa. Como define, ainda, Mendonça, para Honneth, "os sujeitos são forjados em suas interações, sendo que eles só conseguirão formar uma autorrelação positiva caso se vejam reconhecidos por seus parceiros de interação"[(317)]. Daí que "é por meio do reconhecimento intersubjetivo que os sujeitos podem garantir a plena realização de suas capacidades e uma autorrelação marcada pela integridade"[(318)]. A chave dessa perspectiva é, portanto, a compreensão da identidade como possibilidade de autorrealização.[(319)]

Trata-se de um "reconhecimento" pensado a partir do conceito de autorrealização, que remete à possibilidade de alcançar uma vida boa, num dado horizonte ético concreto. Contudo, para Honneth[(320)], isto deve se basear não no contexto ético e cultural particular de uma dada forma de vida concreta, como o é para Taylor, mas sim, num universalismo

---

(315) FRASER, Nancy. Redistribuição ou reconhecimento? Classe e *status* na sociedade contemporânea. Tradução de Paulo Martins Garchet. *Interseções – Revista de Estudos Interdisciplinares*, UERJ, RJ, a. 4, n. 1, p. 7-32, jan./jun. 2002 (texto pronunciado por Nancy Fraser, em 19 de março de 2001, na aula inaugural do Programa de Pós-Graduação em ciências sociais da UERJ).

(316) MENDONÇA, Ricardo Fabrino. *Reconhecimento em debate:* os modelos de Honneth e Fraser em sua relação com o legado Habermasiano. Revista sociologia política, Curitiba, n. 29, p. 169-185, nov. 2007.

(317) *Ibidem*, p. 171.

(318) *Idem*.

(319) *Ibidem*, p. 169-185.

(320) HONNETH, Axel. *Luta por reconhecimento:* a gramática moral dos conflitos sociais. São Paulo: Editora 34, 2003. p. 270-273.

mitigado que denomina de eticidade formal, relativo às condições para o reconhecimento nas suas três diferentes esferas(321).

Honneth vai buscar na filosofia do reconhecimento do jovem Hegel, atualizada pela psicologia social de George Mead, o "fundamento moral dos conflitos sociais". Se os sujeitos são forjados na interação social, a forma básica dessa interação é o conflito. Contudo, as lutas sociais não se pautam apenas por objetivos de autoconservação, interesse, aumento de poder ou riqueza. As lutas por reconhecimento se insurgem contra experiências de injúria, desrespeito, desestima, que projetam pretensões normativas legítimas por instaurar relações de reconhecimento recíproco, impulsionando, com isso, o aprimoramento moral da sociedade.

Lapidando as formulações de Hegel e Mead, Honneth chega aos três reinos, domínios ou dimensões do reconhecimento baseadas em diferentes princípios normativos, nos quais a sociedade capitalista moderna historicamente se diferenciou: o amor, que diz respeito à esfera das relações íntimas, responsável pela aquisição da autoconfiança, o direito, baseado na ideia moderna de igualdade que possibilita o autorrespeito, e a solidariedade, relativa à valoração da contribuição singular para a cooperação social, que condiciona o desenvolvimento da autoestima.(322)

Dessa forma, para Honneth as sociedades justas são aquelas que viabilizam a possibilidade dos sujeitos se autorrealizarem, por meio de experiências positivas de si nas três esferas acima descritas nas quais ocorre o reconhecimento. Portanto, as questões relativas à redistribuição são veiculadas como pretensões de reconhecimento na esfera da solidariedade, na qual os indivíduos ou grupos sociais lutam pela melhor apreciação de suas capacidades e atividades, em termos de "conquista" (tradução livre), que se refere ao respeito às suas realizações contributivas na sociedade, a fim de obter níveis melhores de estima social e a correspondente melhor distribuição dos recursos materiais que atendam suas necessidades.(323)

Enquanto no arranjo pré-moderno o estatuto jurídico de cada pessoa e a distribuição dos recursos era simultaneamente determinada pelas propriedades pessoais intrínsecas à honra relativa ao estrato social de origem, na sociedade capitalista burguesa ocorre a diferenciação em duas esferas. O estatuto jurídico das pessoas passa a ser veiculado em termos de direitos universais que reconhecem igual dignidade e autonomia a todos os sujeitos de direito, ao passo que a distribuição concreta e desigual de recursos e de estima social se baseia nas realizações singulares de cada um, como cidadão produtivo, legitimando, assim,

---

(321) HONNETH, Axel. *Luta por reconhecimento:* a gramática moral dos conflitos sociais. São Paulo: Editora 34, 2003. p. 270-273.

(322) *Ibidem*, p. 272.

(323) HONNETH, Axel. Redistribution as recognition. A response to Nancy Fraser. In: FRASER, Nancy; HONNETH, Axel. *Redistribution or recognition?* A political-philosophical Exchange. Tradução de Joel Golb, James Ingram e Christiane Wilke. London: Verso, 2003. p. 144 e ss. No original: "achievement".

a desigualdade entre os iguais. Certo, porém, que essa escala avaliativa concreta faz prevalecer o padrão normativo do homem burguês, economicamente independente, de classe média.(324)

A par disso, contudo, a experiência histórica do *Welfare State* vai produzir uma penetração do princípio de igualdade na esfera da solidariedade. Indivíduos membros da sociedade devem ter garantido um mínimo de *status* social e recursos econômicos independentemente do princípio meritocrático do "achievement"(325), mediante a transformação de pretensões de distribuição em direitos sociais normativamente assegurados.(326) Nesse contexto, a pequena faixa de igualdade assegurada por direitos convive com a grande faixa de desigualdade distributiva baseada na ideologia da meritocracia.

De toda forma, as lutas distributivas, para Honneth, são sempre lutas por reconhecimento, seja quando mobilizam argumentos de igualdade de direitos, seja quando propugnam pela melhor apreciação das realizações e da estima social.

Uma das diferenças entre Honneth e Fraser é que, para o primeiro, o reconhecimento compreende a totalidade da vida moral, já a segunda entende que o conceito corresponde a uma das dimensões da justiça social. Fraser contrapõe à visão da ética para Honneth com uma visão de justiça baseada em princípios normativos universais. Argumenta ainda que a justiça não pode ser pensada apenas pelo viés das identidades ou só em termos de autorrealização por meio de formas de reconhecimento. Muitas injustiças são decorrentes da estrutura distributiva do capitalismo e, embora se relacionem com injustiças identitárias ou pelas lutas por reconhecimento, não podem ser a elas inteiramente reconduzidas. Embora a sociedade capitalista compreenda uma "ordem de reconhecimento", esse é apenas um aspecto de um amplo complexo que inclui os mecanismos de mercado, e não pode ser reduzida apenas a uma questão de reconhecimento.(327)

Nesse sentido, Fraser busca construir um paradigma alternativo ao do reconhecimento, compartilhando do "temor de que as proposições de Taylor e Honneth reconduzam a essencializações identitárias e sectarismos"(328). Não deixa de levar em consideração que

---

(324) HONNETH, Axel. Redistribution as recognition. A response to Nancy Fraser. In: FRASER, Nancy; HONNETH, Axel. *Redistribution or recognition?* A political-philosophical Exchange. Tradução de Joel Golb, James Ingram e Christiane Wilke. London: Verso, 2003. p. 141.

(325) O termo *"achievement"* tem o sentido de conquista.

(326) HONNETH, Axel. Redistribution as recognition. A response to Nancy Fraser. In: FRASER, Nancy; HONNETH, Axel. *Redistribution or recognition?* A political-philosophical Exchange. Tradução de Joel Golb, James Ingram e Christiane Wilke. London: Verso, 2003. p. 147.

(327) FRASER, Nancy. Distorted Beyond All Recognition. A Rejoindre to Axel Honneth. In: FRASER, Nancy; HONNETH, Axel. *Redistribution or recognition?* A political-philosophical Exchange. Tradução de Joel Golb, James Ingram e Christiane Wilke. London: Verso, 2003. p. 199. No original: "recognition order of capitalism society".

(328) MENDONÇA, Ricardo Fabrino. Reconhecimento em debate: os modelos de Honneth e Fraser em sua relação com o legado Habermasiano. *Revista sociologia política*, Curitiba, n. 29, p. 169-185, nov. 2007. p. 173.

a temática do reconhecimento tenha o mérito de abrigar demandas por injustiças que não eram suficientemente visibilizadas pelas teorias distributivas da justiça. Todavia, a hegemonia das abordagens culturais, de políticas de identidade e de reconhecimento pode levar ao efeito inverso de invisibilizar injustiças que decorrem de distribuição e mesmo certos contextos de injustiças identitárias vinculadas à distribuição.

Como demonstra Fraser, um exemplo da invisibilização das injustiças ocorre nos mercados de trabalho. De um lado, é certo que a valoração e retribuição do trabalho não decorrem apenas da sua contribuição, mas de opções ideológicas sobre quais contribuições são mais valiosas — dimensionando o horizonte de rendimentos, por exemplo, de cirurgiões plásticos ou de lixeiros; de padrões arraigados sobre a suposta adequação entre certas ocupações e os gêneros, etnias ou raças — valorando de pior forma "trabalhos de mulheres" ou "trabalhos de imigrantes"; e mesmo descartando o valor econômico de muitas formas de trabalho, como o trabalho reprodutivo.

De outro lado, contudo, fatores político-econômicos têm também inegável relevância, como oferta-demanda dos diferentes trabalhos, relações de poder entre trabalho e capital, regulações sociais e jurídicas das condições de trabalho e salário, tecnologias, mobilidade do capital e das plantas produtivas, crédito, câmbio, concorrência internacional. Tudo isso, mediado por mecanismos sistêmicos e pretensamente impessoais de mercado, mas direcionados à maximização dos lucros e rendimentos. Portanto, é preciso alertar que o reconhecimento é cego para as injustiças distributivas que ocorrem nos mercados de trabalho capitalistas e essas injustiças não podem ser reduzidas aos esquemas culturais de avaliação.[329]

Algumas lutas feministas por igualdade salarial e contra a hierarquização que delimita trabalhos com base em gênero tenham um inegável conteúdo de reivindicação por reconhecimento, nem todas as lutas redistributivas têm esse mesmo caráter. As lutas sociais contra os efeitos da globalização neoliberal, por exemplo, dirigem-se contra processos sistêmicos de má-distribuição cujas raízes não estão em ideologias do valor relativo das contribuições, mas em imperativos sistêmicos e estruturas de governança do capitalismo globalizado e financeirizado que excluem integrantes de todos os grupos simultaneamente.[330]

A sociedade capitalista é inerentemente sexista, quando separa o trabalho produtivo do reprodutivo, atribuindo este último às mulheres e subordinando-o à busca de lucro pela apropriação do primeiro. Ademais, a divisão do trabalho também é atravessada por dominações raciais, sexuais, de nacionalidade. Em uma visão mais integral da sociedade capitalista, as lutas feministas só têm sentido se também forem lutas anticapitalistas, ao passo que lutas

---

(329) FRASER, Nancy. Distorted beyond all recognition. A rejoindre to Axel Honneth. In: FRASER, Nancy; HONNETH, Axel. *Redistribution or recognition?* A political-philosophical Exchange. Tradução de Joel Golb, James Ingram e Christiane Wilke. London: Verso, 2003. p. 214-215.

(330) *Ibidem*, p. 215-216.

de classe também são sempre lutas em torno das formas de reprodução social, na medida em que a opressão de gênero nas sociedades capitalistas está enraizada na subordinação da reprodução social à produção que visa lucro.(331)

Fraser aponta que a justiça requer como dimensões necessárias tanto a redistribuição como o reconhecimento, sendo que esse "*approach*" mais crítico e ampliado será capaz de dar conta das injustiças na sociedade capitalista.(332)

Explica Mendonça, diferente de Taylor, que não trata do problema da distribuição econômica, e de Honneth, que defende que a redistribuição integra o conceito do reconhecimento, Fraser aponta que "essas lutas têm lógicas muito distintas, ainda que surjam quase sempre imbricadas", pois "a redistribuição buscaria o fim do fator de diferenciação grupal, enquanto o reconhecimento estaria calcado naquilo que é particular a um grupo".(333) Isso geraria uma "esquizofrenia filosófica"(334), já que "pessoas afetadas por injustiças materiais e culturais teriam que negar e afirmar sua especificidade ao mesmo tempo"(335).

O conceito de Fraser concebe o reconhecimento como questão normativa de justiça, submetendo-o ao centro normativo da sua teoria, a paridade participativa, sendo, portanto, uma questão de moralidade, e não de uma questão de boa vida e, desse modo, da ética. Com isso, permite-se que reivindicações por reconhecimento sejam moralmente vinculantes num contexto contemporâneo de pluralismo axiológico, em que não é possível recorrer a uma forma universalmente válida de vida boa. Se para Honneth, o reconhecimento diz respeito às condições intersubjetivas para a formação da identidade de modo não distorcido, para Fraser, o reconhecimento deve ser relevante independentemente da questão de fato de seus efeitos psicológicos concretos.

Para a autora, as dimensões da justiça devem ser submetidas ao princípio de paridade participativa. Ser falsamente reconhecido não é apenas ser desvalorizado nas atitudes e crenças de outros, mas sim "ter negada a condição de parceiro integral na interação social

---

(331) ARRUZZA, Cinzia; BHATTACHARYA, Tithi; FRASER, Nancy. *Feminismo para os 99%*. Um manifesto. São Paulo: Boitempo, 2019.

(332) FRASER, Nancy. Redistribuição ou reconhecimento? Classe e *status* na sociedade contemporânea. Tradução de Paulo Martins Garchet. *Interseções – Revista de Estudos Interdisciplinares*, UERJ, RJ, ano 4, n. 1, p. 7-32, jan./jun. 2002. (texto pronunciado por Nancy Fraser, em 19 de março de 2001, na aula inaugural do Programa de Pós--Graduação em ciências sociais da UERJ).

(333) MENDONÇA, Ricardo Fabrino. Reconhecimento em debate: os modelos de Honneth e Fraser em sua relação com o legado Habermasiano. *Revista sociologia política*, Curitiba, n. 29, p. 169-185, nov. 2007. p. 174.

(334) Expressão citada por Mendonça citando a obra de Fraser de 1997 e também contida no artigo FRASER, Nancy. Reconhecimento sem ética? Tradução de Ana Carolina Freitas Lima Orgando e Mariana Prandini Fraga Assis. *Lua Nova*, São Paulo, v. 70, p. 101-138, 2007 (artigo originalmente publicado na Revista Theory, Culture e Society, v. 18, p. 21-42, 2001). Cf.: FRASER, Nancy. From redistribution to recognition? Dilemmas of justice in a "post-socialist" age. New left review, n. 212, jul./ago. 1995.

(335) MENDONÇA, Ricardo Fabrino. Reconhecimento em debate: os modelos de Honneth e Fraser em sua relação com o legado Habermasiano. *Revista sociologia política*, Curitiba, n. 29, p. 169-185, nov. 2007. p. 174.

e ser impedido de participar como um par na vida social, como consequência de padrões institucionalizados de valoração cultural que estabelecem alguém como desmerecedor de respeito e estima."(336)

Existem padrões institucionalizados que difundem uma valoração redutora, por exemplo, do feminino, do não branco ou do não heterossexual e, assim, afetam a paridade participativa dessas pessoas. Sem participação em paridade, os padrões institucionalizados não mudam e há, na verdade, um falso reconhecimento que parte de aspectos psicológicos e/ou pessoais. Há de ser feito um giro interpretativo para os padrões institucionalizados (o lado objetivo) que afetam efetivamente a paridade de participação.

O reconhecimento deve ser visto como modelo de *status* pois, ainda assim, será uma questão de justiça, exatamente naqueles aspectos que Honneth atribui à esfera da solidariedade, uma vez que todos têm igual direito a buscar estima social sob condições justas de igualdade de oportunidades. (337) Se todos têm igual direito à estima social, mas se material e de forma institucional não o tem, a noção de estima ficará sem sentido.

A estima, diferentemente do respeito, que é igualitário, é em si relativa às propriedades ou realizações singulares. Assim, a noção de reconhecimento é mais considerada como uma questão de justiça e moralidade, no modelo de *status*, do que como uma questão somente de boa vida e ética.(338)

Em síntese, é a existência de uma estrutura de classes ou de uma hierarquia de *status* que constitui obstáculo à participação paritária e, portanto, trata-se de diferentes dimensões de injustiça.(339) Uma sociedade que tem uma estrutura de classes é institucionalizada por mecanismos econômicos que sistematicamente negam a alguns de seus membros os meios e as oportunidades de que precisam para participar na vida social em condições de igualdade com os outros. Por outro lado, uma sociedade que tem uma hierarquia de *status*, institucionaliza padrões de valor cultural que negam generalizadamente a alguns membros a posição social de que precisam para participarem como parceiros plenos de interação social.

Classe e *status* denotam diferentes "ordens de subordinação socialmente arraigadas"(340). Em muitas situações fáticas essas ordens se sobrepõem, mas são dimensões distintas e que não se fundem. Por exemplo: um banqueiro afro-americano de *Wall Street* que não consegue tomar um táxi não está afetado por uma injustiça distributiva, mas de reconhecimento. Por

---

(336) FRASER, Nancy. Reconhecimento sem ética? Tradução de Ana Carolina Freitas Lima Orgando e Mariana Prandini Fraga Assis. *Lua Nova*, São Paulo, v. 70, p. 101-138, 2007. p. 113.

(337) *Ibidem*, p. 115.

(338) *Idem*.

(339) FRASER, Nancy. Redistribuição ou reconhecimento? Classe e status na sociedade contemporânea. Tradução de Paulo Martins Garchet. *Interseções – Revista de Estudos Interdisciplinares*, UERJ, RJ, ano 4, n. 1, p. 7-32, jan./jun. 2002.

(340) *Ibidem*, p. 12.

outro lado, embora a transformação dos obstáculos de reconhecimento possa favorecer em muitos casos a redistribuição, como no caso das lutas feministas que envolvem a participação no mercado de trabalho, "nem toda má distribuição é um subproduto do não reconhecimento".(341)

Os homens brancos, altamente especializados, que se veem excluídos de acesso aos postos de trabalho equivalentes à sua formação pela extinção das empresas decorrentes de fusões especulativas ou de disrupções tecnológicas fomentadas pela corrida por lucros não estão afetados por uma questão de reconhecimento, mas por aspectos da estrutura do capitalismo, ou seja, uma questão distributiva.

Forçoso reconhecer, entretanto, que existem fortes pontos de interação, entretanto, ao afinal, a ordem do *status* e a ordem de classe, no capitalismo, estão desacopladas e correspondem a diferentes tipos analíticos de injustiça: mau reconhecimento e má distribuição. Mas em ambos os casos, o resultado afeta a participação paritária na interação social.

Fraser alerta que as reivindicações redistributivas dizem respeito às posições e identidades dos atores sociais, tanto quanto suas posições econômicas e que, por isso, esses "efeitos sobre o *status* devem ser tematizados e analisados para evitar que algum deles termine alimentando o reconhecimento inapropriado no afã de tentar remediar a má distribuição"(342). Exemplo clássico que a autora fornece é o da "seguridade social", uma vez que benefícios dirigidos especificamente para pobres tendem a estigmatizá-los como "parasitas e transviados", distinguindo-os negativamente dos que "ganham salário" e dos contribuintes que "arcam com suas próprias custas". E, dessa maneira, o resultado final agrega à injúria da privação o insulto do reconhecimento inapropriado.(343) Nesse panorama, afirma Fraser que a reforma de bem-estar não terá sucesso se não vier unida a lutas por mudança cultural, concluindo que não há "nenhuma redistribuição sem reconhecimento".(344)

A dinâmica inversa também se faz presente, pois praticamente todas as reivindicações por reconhecimento terão algum efeito redistributivo, sejam eles intencionais ou não. Alerta Fraser que as reivindicações por reconhecimento estão sujeitas à acusação de serem meramente simbólicas como, por exemplo, as reformas que visem a afirmar a distinção em contextos de graves disparidades de posição econômica. Em resumo: não há "nenhum reconhecimento sem redistribuição"(345).

Depois de distinguir classe e *status*, economia e cultura, má distribuição e reconhecimento inapropriado, afirma que a dicotomia "isso ou aquilo" é enganadora, sendo necessário

(341) FRASER, Nancy. Reconhecimento sem ética? Tradução de Ana Carolina Freitas Lima Orgando e Mariana Prandini Fraga Assis. *Lua Nova*, São Paulo, v. 70, p. 101-138, 2007, p. 117.

(342) *Ibidem*, p. 25.

(343) *Idem*.

(344) *Idem*.

(345) *Idem*.

imaginar esquemas sociais que possam reparar tanto as injustiças econômicas quanto as culturais. E que, apenas buscando abordagens integradoras que unam redistribuição e reconhecimento, é que se poderá atender aos reclamos de justiça para todos.(346)

Nesse contexto, Fraser defende que deve ser desenvolvida uma "teoria crítica do reconhecimento", na medida em que "identifique e assuma a defesa somente daquelas versões da política cultural da diferença que possam ser combinadas coerentemente com a política social da igualdade"(347).

Para isso, a autora propõe "uma análise da justiça social que é suficientemente ampla para incluir o leque total das preocupações suscitadas pela globalização, mesmo as desigualdades de classe e as hierarquias de estatuto"(348). Outro risco da "atual centralidade da política cultural" é "reificar as identidades sociais e a fomentar um comunitarismo repressivo"(349). A proposta para solução do problema acima explicitado é rejeitar as definições habituais do reconhecimento e adotar uma "concepção não identitária do reconhecimento"(350), que desencoraje a reificação e promova a interação entre as diferenças. Fraser afirmar que tal abordagem fomenta o tipo de política do reconhecimento adequado à globalização, compreendida nem como "fatalidade", nem como "utopia", mas como "um contexto para as lutas por justiça social".(351) Para tanto, a autora sustenta conceber o reconhecimento a partir de um "modelo de estatuto", centrado não na identidade do grupo, mas nos efeitos das normas

---

(346) FRASER, Nancy. Redistribuição ou reconhecimento? Classe e status na sociedade contemporânea. Tradução de Paulo Martins Garchet. *Interseções – Revista de Estudos Interdisciplinares*, UERJ, RJ, ano 4, n. 1, p. 7-32, jan./jun. 2002. p. 39.

(347) FRASER, Nancy. Da redistribuição ao reconhecimento? Dilemas da justiça numa era "pós-socialista". Tradução de Júlio Assis Simões. *Cadernos de Campo* (São Paulo – 1991), [S. l.], v. 15, n. 14-15, p. 231-239, 2006. p. 231. (Traduzido de FRASER, Nancy. From redistribution to recognition? Dilemmas of justice in a "postsocialist" age. In: SEIDMAN, S.; ALEXANDER, J. (Orgs.). *The new social theory reader*. Londres: Routledge, 2001. p. 285-293. Há outra versão do artigo, publicada na New Left Review, em 1995).

(348) FRASER, Nancy. A justiça social na globalização: redistribuição, reconhecimento e participação. Tradução de Teresa Tavares. *Revista Crítica de Ciências Sociais*, v. 63, p. 7-20, out. 2002. p. 10.

(349) FRASER, Nancy. A justiça social na globalização: redistribuição, reconhecimento e participação. Tradução de Teresa Tavares. *Revista Crítica de Ciências Sociais*, v. 63, p. 7-20, out. 2002. p. 10. Ao usar a expressão "comunitarismo repressivo", Fraser está criticando modelos indenitários que se fundam em estereótipos relativos a grupos que, ao mesmo tempo, acabam por fomentar o separatismo, ao restringir, simplificar e reificar as identidades de grupo. o modelo identitário trata o falso reconhecimento como um mal cultural independente e, como consequência, oculta as suas ligações com a má distribuição, impedindo assim os esforços para combater simultaneamente ambos os aspectos da injustiça.

(350) A autora alerta para o fato de que, geralmente, o reconhecimento é visto através da lente da identidade e que, deste ponto de vista, o que requer reconhecimento é a identidade cultural específica dos grupos, surgindo, aí, o "falso reconhecimento" quando há "depreciação de tal identidade pelo grupo dominante e no consequente dano infligido ao sentido do eu dos membros do grupo". FRASER, Nancy. A justiça social na globalização: redistribuição, reconhecimento e participação. Tradução de Teresa Tavares. *Revista Crítica de Ciências Sociais*, v. 63, p. 7-20, out. 2002. p. 14.

(351) FRASER, Nancy. A justiça social na globalização: redistribuição, reconhecimento e participação. Tradução de Teresa Tavares. *Revista Crítica de Ciências Sociais*, v. 63, p. 7-20, out. 2002. p. 17.

institucionalizadas, a partir de "uma concepção em que haja interação entre as diferenças e que estabeleça sinergias com a redistribuição".[352]

A fim de compreender a injustiça, Fraser distingue a injustiça econômica da cultural, também chamada de simbólica. A injustiça econômica é assentada na estrutura econômico-política da sociedade e a injustiça cultural ou simbólica se funda nos padrões sociais de representação, interpretação e comunicação.[353] Fraser exemplifica a injustiça econômica com a exploração, ou seja, ter o fruto do próprio trabalho apropriado em benefício de outros; a marginalização econômica, definida como ser obrigado a um trabalho indesejável e mal pago, além de não ter acesso a trabalho remunerado; e a privação, traduzida em não obter um padrão de vida material adequado.

Por sua vez, os exemplos da injustiça cultural ou simbólica são a dominação cultural, ou seja, ser submetido a padrões de interpretação e comunicação associados a outra cultura, alheios e/ou hostis à sua própria; o ocultamento, isto é, tornar-se invisível por efeito de práticas comunicativas, interpretativas e representacionais autorizadas da própria cultura; e o desrespeito, que é ser difamado ou desqualificado rotineiramente nas representações culturais públicas estereotipadas e/ou nas interações da vida cotidiana.[354]

A solução para a injustiça econômica estaria, portanto, na reestruturação político-econômica com redistribuição de renda, reorganização da divisão do trabalho, controles demográficos do investimento ou a transformação de outras estruturas econômicas básicas, que Fraser denomina de "redistribuição".[355] Já a saída para a injustiça cultural está na mudança cultural ou simbólica com a revalorização das identidades desrespeitadas e dos produtos culturais dos grupos difamados; o reconhecimento e a valorização positiva da diversidade cultural, tudo isso definido pelo termo generalista "reconhecimento".[356]

Fraser também chama a atenção para coletividades bivalentes, que são tipos híbridos que combinam características da classe explorada com características da sexualidade desprezada. Essas coletividades sofrem injustiças que remontam simultaneamente à economia, à política e à cultura.

Exemplo dessa situação de coletividade bivalente é a realidade vivenciada pelas mulheres que são motoristas ou entregadoras plataformizadas. Viviane Vidigal[357] conta a

(352) FRASER, Nancy. A justiça social na globalização: redistribuição, reconhecimento e participação. Tradução de Teresa Tavares. *Revista Crítica de Ciências Sociais*, v. 63, p. 7-20, out. 2002. p. 10-16.

(353) FRASER, Nancy. Da redistribuição ao reconhecimento? Dilemas da justiça numa era "pós-socialista". Tradução de Júlio Assis Simões. *Cadernos de Campo* (São Paulo – 1991), [S. l.], v. 15, n. 14-15, p. 231-239, 2006. p. 232.

(354) *Idem*.

(355) *Idem*.

(356) *Ibidem*, p. 231-239.

(357) VIDIGAL, Viviane. A classe plataformizada tem dois sexos: trabalho, algoritmização e resistência. *Revista Jurídica Trabalho e Desenvolvimento Humano*, Campinas, v. 4, p. 1-37, 2021. Cita-se o esclarecimento da própria autora:

história de Michelly, uma mulher jovem (31 anos), negra, periférica, que articula questões de raça, classe, gênero e juventude. Segundo Vidigal, Michelly cuida e sustenta sozinha seus dois filhos, uma menina de cinco e um menino de treze anos de idade. Com menos de um ano dirigindo para a plataforma de transporte, Michelly foi diagnosticada com síndrome do pânico, gerada pelo estresse excessivo que passava nas ruas e, principalmente, pelo medo que tinha de sofrer violência sexual, ao transportar passageiros homens, pois relatou ser constantemente assediada. Vidigal afirma que os médicos a aconselharam a parar de dirigir ou, ao menos, diminuir o tempo de trabalho. A autora relata que a "doença ocupacional obrigou Michelly a ficar parada por algumas semanas, porque tinha crises fortes, tremia, passava muito mal, achava que iria morrer". No entanto, "com as contas atrasadas, precisou voltar a trabalhar e ainda por mais horas do que trabalhava anteriormente" e "passou a trabalhar também aos domingos e no período noturno e, mesmo assim, não conseguia sanar as dívidas". Em 2018, "sofreu um acidente de trânsito, perdeu o carro usado que havia comprado com economias da vida toda" e resolveu alugar uma bicicleta para fazer entregas. Se tornou, assim, entregadora na atividade mais precária: a de bicicleta. Michelly conta que os restaurantes não a chamam muito, pois preferem homens, que "pedalam mais rápido". E encerrou a entrevista com Vidigal dizendo que, "atualmente trabalha para um aplicativo de manicure", que sua situação melhorou muito, a despeito de nunca ter sido das piores, se comparada com a de sua prima entregadora, que tem a pele mais escura que a dela ("que ainda sou meio clarinha") e, em razão da cor da pele, recebia olhares desconfiados do porteiro e chegou a ser abordada pela polícia [(358)].

Lutas como essa de Michelly, em defesa de gênero e "raça", que contêm uma face de economia política e também uma face cultural valorativa para paradigmas de coletividades bivalentes. Podem sofrer da má-distribuição econômica e da desconsideração cultural de forma que nenhuma dessas injustiças seja um efeito indireto da outra, mas ambas são primárias e co-originais. Necessitam tanto de redistribuição, como de reconhecimento.[(359)] Precisam tanto de remédios afirmativos, voltados para corrigir efeitos desiguais de arranjos

---

"O título dado ao artigo foi inspirado no texto que configurou marco na Sociologia do Trabalho de Elisabeth Lobo: LOBO, Elisabeth. *A Classe Operária tem Dois Sexos* — Trabalho, dominação e resistência. São Paulo: Brasiliense, 1991. A autora analisa a segmentação por sexo no mercado de trabalho brasileiro nos anos 1970 e 1980. Tornou visível a organização política das mulheres em reivindicações e greves, desvendando a experiência das trabalhadoras do período. Também inspirado no artigo de HIRATA, Helena e KERGOAT, Daniele: HIRATA, H.; KERGOAT, D. A classe operária tem dois sexos. *Revista de Estudos Feministas*, ano 2, 1º semestre, 1994. É importante a ressalva sobre o nome do artigo ser uma homenagem a dois clássicos da sociologia do trabalho que se utilizam da palavra "sexo". Segundo a autora: "não se descura da existência de debate conceitual entre sexo e gênero e, ressalta-se que o artigo se propõe a analisar questões de gênero, centralizando a mulher, portanto, não aderimos ao binarismo biológico ao longo do artigo."

(358) VIDIGAL, Viviane. A classe plataformizada tem dois sexos: trabalho, algoritmização e resistência. *Revista Jurídica Trabalho e Desenvolvimento Humano*, Campinas, v. 4, p. 1-37, 2021.

(359) FRASER, Nancy. Da redistribuição ao reconhecimento? Dilemas da justiça numa era "pós-socialista". Tradução de Júlio Assis Simões. *Cadernos de Campo* (São Paulo – 1991), [S. l.], v. 15, n. 14-15, p. 231-239, 2006. p. 233.

sociais sem abalar a estrutura subjacente que os enquadra, quanto de remédios transformativos. Estes últimos, em contraste, são entendidos por Fraser como voltados para corrigir efeitos desiguais por meio da remodelação da estrutura gerativa subjacente.(360)

Para a injustiça cultural, remédios afirmativos são associados ao que Fraser denomina de "multiculturalismo *mainstream*", uma espécie de multiculturalismo que propõe "compensar o desrespeito por meio da revalorização das identidades grupais injustamente desvalorizadas, enquanto deixa intactos os conteúdos dessas identidades e as diferenciações grupais subjacentes a elas"(361).

Por sua vez, os remédios transformativos são associados à "desconstrução", de forma a "compensar o desrespeito por meio da transformação da estrutura cultural-valorativa subjacente". E como isso pode acontecer? Segundo Fraser, desestabilizando as identidades e diferenciações grupais existentes, para elevar a autoestima dos membros do grupo desrespeitados e transformar o sentido do "eu" de todos.(362)

Fraser adota, como exemplo, o caso da sexualidade desprezada, e aponta, como remédio afirmativo para homofobia, a revalorização da identidade gay e lésbica, ao passo que remédios transformativos seriam associados à política *queer*, cujo objetivo não é consolidar uma identidade gay, mas sim desconstruir a dicotomia homo-hétero, de modo a manter um campo sexual de diferenças múltiplas, não binárias, fluidas, sempre em movimento.(363)

Pondera a autora que distinções análogas valem para os remédios da injustiça econômica. Isso porque os remédios afirmativos são associados ao Estado de bem-estar liberal, que pode até compensar a má-distribuição, mas deixa intacta a maior parte da estrutura econômico-política subjacente, ou seja, não reestruturam o sistema produtivo. Remédios transformativos, por sua vez, são associados, no entendimento da autora, ao socialismo, pois objetivam compensar a distribuição injusta por meio da transformação da estrutura-política subjacente, alterando também a divisão social do trabalho e, assim, as condições de existência de todos.(364)

Para ilustrar, Fraser adota o exemplo da classe trabalhadora. Remédios de redistribuição afirmativos para injustiças de classe frequentemente incluem transferência de renda de dois tipos distintos: programas de seguro social para empregados formais e auxílios focalizados no "exército de reserva" de desempregados e subempregados. Longe de abolirem a divisão de classe em si, esses remédios afirmativos a sustentam e moldam. Têm como efeito geral o de desviar a atenção da divisão de classes entre trabalhadores e capitalistas para a divisão entre as frações empregada e desempregada da classe trabalhadora. (365)

---

(360) FRASER, Nancy. Da redistribuição ao reconhecimento? Dilemas da justiça numa era "pós-socialista". Tradução de Júlio Assis Simões. *Cadernos de Campo* (São Paulo – 1991), [S. l.], v. 15, n. 14-15, p. 231-239, 2006. p. 237.

(361) *Idem*.

(362) *Idem*.

(363) *Idem*.

(364) *Ibidem*, p. 238.

(365) *Idem*.

Fraser afirma que "programas de assistência pública 'focalizam' os pobres não só por auxílio, mas por hostilidade"(366). Tais remédios oferecem ajuda material necessitada, mas também criam diferenciações de grupo fortemente antagônicas, pois a classe mais desprivilegiada é marcada como inerentemente deficiente e insaciável, sempre necessitando de mais e mais. Assim, fica reforçada a ideia de que uma abordagem voltada para compensar injustiças de distribuição pode acabar criando injustiças de reconhecimento, como já abordado.

Por outro lado, os remédios de redistribuição transformativos para injustiças distributivas de classe, segundo a autora, aliam programas universalistas de bem-estar social, impostos elevados, políticas macroeconômicas voltadas para criar pleno emprego, um vasto setor público não mercantil, propriedades públicas e/ou coletivas significativas, e decisões democráticas quanto às prioridades socioeconômicas básicas. Procuram garantir a todos o acesso ao emprego, enquanto tendem também a desvincular a parte básica de consumo e emprego. Logo, sua tendência é dissolver a diferenciação de classe. Nesse sentido, "tendem, portanto, a promover reciprocidade e solidariedade nas relações de reconhecimento"(367).

Nesse contexto, Fraser afirma que "uma abordagem voltada a compensar injustiças de distribuição pode ajudar também a compensar (algumas) injustiças de reconhecimento"(368). Ela sugere, dessa forma, um meio de reformular o dilema da redistribuição-reconhecimento.

O último risco que a autora identifica é "a globalização subverter as capacidades do Estado para reparar ambos os tipos de injustiça", por isso propõe uma "concepção múltipla de soberania que descentre o enquadramento nacional". Esse risco é maior e estabelece um metanível das questões de justiça no mundo globalizado, e acabará por ensejar a ampliação da teoria bidimensional da justiça de Fraser.

3.3. A concepção tridimensional de justiça e os desafios da falsa representação no mundo globalizado: mais pistas para a Justiça

Desde o final de 1990 e início de 2000, Fraser percebe que mesmo essa visão mais complexa de justiça baseada em um duplo referente — distribuição e reconhecimento — ainda seria insuficiente. Se reconhecimento e distribuição acentuam as dimensões cultural e econômica da justiça, Fraser passa a evidenciar uma terceira dimensão da justiça. Aflora em sua reflexão teórica a existência de, pelo menos, uma outra dimensão necessária de injustiça que demanda reflexão para caminhos voltados a solução: a injustiça política.

Sobre a terceira dimensão da justiça, Fraser considera o político em seu sentido mais específico e constitutivo, dizendo respeito à natureza da jurisdição do Estado e das regras de decisão pelas quais o Estado estrutura as disputas sociais. Fraser compreende que "o

---

(366) FRASER, Nancy. Da redistribuição ao reconhecimento? Dilemas da justiça numa era "pós-socialista". Tradução de Júlio Assis Simões. *Cadernos de Campo* (São Paulo – 1991), [S. l.], v. 15, n. 14-15, p. 231-239, 2006. p. 238.

(367) *Ibidem*, p. 231-239.

(368) *Idem*.

político, nesse sentido, fornece o palco em que as lutas por distribuição e reconhecimento são conduzidas"(369). Mesmo em situações nas quais não há uma injustiça distributiva ou de hierarquia de *status*, pode haver uma afetação negativa da paridade de participação decorrente de obstruções da adequada representação no processo político de deliberação sobre reconhecimento e distribuição. Assim, resta evidenciada uma dimensão independente da justiça, que se expressa nas questões de representação: "se a representação é a questão definidora do político, então a característica política da injustiça é a falsa representação"(370).

A falsa representação pode ocorrer mesmo na ausência das outras dimensões de injustiças, apesar de ser frequentemente conectada a elas. Isso introduz uma dimensão de reflexividade sobre o próprio processo político a respeito do que a autora chama de "metainjustiça".

A representação justa é a forma de superar injustiça no âmbito do político. Tal afirmação significa que a dimensão política da justiça especifica o alcance das suas outras dimensões, porque, ao estabelecer o critério de pertencimento social, irá determinar quem conta como um membro, designando quem está incluído, e quem está excluído, do círculo daqueles que são titulares de uma justa distribuição e de reconhecimento recíproco. Além disso, ao estabelecer regras de decisão, a dimensão política também estipula os procedimentos de apresentação e resolução de disputas tanto na dimensão econômica quanto na cultural, porque "ela revela não apenas quem pode fazer reivindicações por redistribuição e reconhecimento, mas também como tais reivindicações devem ser introduzidas no debate e julgadas"(371).

Assim, Fraser afirma que a dimensão política da justiça diz respeito prioritariamente à representação, uma vez que se centra em questões de pertencimento e procedimento, o que inclui não só a participação efetiva, os mecanismos de participação e a própria existência de arenas, fóruns e instâncias institucionais adequadas e capazes à efetiva veiculação das demandas com participação igualitária.

A crescente importância da dimensão representativa da justiça ficou cada vez mais evidente, ao refletir sobre sua teoria da justiça em um mundo globalizado. Nesse contexto, ganham relevância não só as questões ordinárias de representação relativas à participação como membro de uma determinada comunidade política, mas, especialmente, uma nova forma de injustiça política, que denomina de "mau enquadramento", e está associada à globalização da sociedade capitalista e muda o modo pelo qual se discute a justiça.(372)

---

(369) FRASER, Nancy. Reenquadrando a justiça em um mundo globalizado. *Lua Nova*, São Paulo, n. 77, p. 11-39, 2009.

(370) *Ibidem*, p. 21.

(371) *Ibidem*, p. 11-39.

(372) FRASER, Nancy. Reconhecimento sem ética? Tradução de Ana Carolina Freitas Lima Orgando e Mariana Prandini Fraga Assis. *Lua Nova*, São Paulo, v. 70, p. 101-138, 2007.

No auge da social democracia, as disputas acerca da justiça pressupunham o que a autora denomina de enquadramento Keynesiano-Westfaliano[373], porque normalmente aconteciam no interior dos Estados Territoriais modernos e as discussões acerca da justiça concerniam às relações entre cidadãos, submetiam-se ao debate dentro dos públicos nacionais e contemplavam reparações pelos Estados nacionais. Isso se aplicava tanto para reivindicações por redistribuição socioeconômica como para reivindicações por reconhecimento legal ou cultural. Os reivindicantes pressionavam os governos nacionais a proscrever a discriminação e acomodar as diferenças entre os cidadãos, sendo que o enquadramento Keynesiano-Westfaliano era assumido sem grandes questionamentos.[374]

A unidade dentro da qual a justiça se aplicava era o Estado territorial moderno, mas havia exceções: fome e genocídio chocavam a opinião pública além das fronteiras. Alguns cosmopolitas e anti-imperialistas procuravam disseminar visões globalistas, contudo, essas exceções eram subsumidas a uma problemática que se concentrava prioritariamente em questões de segurança, em oposição à justiça. Esse enquadramento Keynesiano-Westfaliano de disputas acerca da justiça prevaleceu por falta de oposição desde o fim da Segunda Guerra Mundial até os anos 1970.[375]

O debate se centrava em torno de "o que" era a justiça, sem discutir o "quem". Isso porque, com o enquadramento Keynesiano-Westfaliano firmemente estabelecido, tomava-se como certo que o "quem" correspondia aos cidadãos nacionais.[376] No entanto, esse enquadramento veio perdendo sua "feição de autoevidência". É que em razão da "elevada preocupação com a globalização e às instabilidades geopolíticas pós-Guerra Fria, muitos observam que os processos sociais que moldam suas vidas rotineiramente transbordam as fronteiras territoriais".[377]

O resultado, segundo Fraser, foi um "novo tipo de vulnerabilidade perante forças transnacionais"[378]. As pessoas são, atualmente, confrontadas pela pobreza[379] global, o

---

(373) Segundo Fraser, a expressão enquadramento keynesiano-westfaliano tem o objetivo de sinalizar a dimensão nacional-territorial das bases das disputas judiciais no apogeu do Estado de bem-estar democrático, aproximadamente de 1945 até a década de 1970. O termo "westefaliano" refere-se ao Tratado de 1648, que estabeleceu algumas características do moderno sistema de estados internacionais. Fraser invoca "Westfaliano" como um imaginário político que mapeou o mundo como um sistema de soberania de reconhecimento mútuo estados territoriais. A suposição da autora é que esse imaginário informou o enquadramento dos debates do pós-guerra sobre a justiça no Primeiro Mundo. (FRASER, Nancy. *Scales of Justice* — Reimagining Political Space in a Globalizing World. 1. reimp. New York: Columbia University Press, 2009. Nota n. 1. p.160. Tradução Livre.)

(374) FRASER, Nancy. Reenquadrando a justiça em um mundo globalizado. *Lua Nova*, São Paulo, n. 77, p. 11-39, 2009. p. 12.

(375) *Ibidem*, p. 13.

(376) *Idem*.

(377) *Ibidem*, p. 14.

(378) *Idem*.

(379) A propósito, no período final de escrita desta tese, foi divulgada, em 02 de julho de 2022, reportagem sobre motoristas de plataformas de transporte se prostituindo com passageiros "em troca de dinheiro como modo de complementar a renda". In: MARQUES, Gilvan. Em busca de dinheiro, motoristas por aplicativo fazem sexo com

aquecimento global, a pandemia do vírus SARS-CoV-2, o terrorismo internacional, além do poderoso unilateralismo de alguns Estados e passam a compreender que dependem tanto dos processos que transpassam as fronteiras dos Estados territoriais quanto daqueles contidos dentro delas. Grandes corporações movimentam-se pelo globo e manipulam processos econômicos e políticos, a seu critério e nem sempre com Estados que podem restringir e/ou regulamentar a atividade. Referidas empresas otimizam fatores territoriais, ao passo que os efeitos negativos que acaso produzam sobre o trabalho, a cultura, as identidades, os recursos naturais e o equilíbrio ecológico não se submetem a limites regulatórios substanciais por esferas institucionais transnacionais.

Nessas condições, o enquadramento Keynesiano-Westfaliano não é mais aceito sem questionamentos. Houve, nas palavras de Fraser, uma "mudança do modo pelo qual discutimos a justiça social"(380). Exemplo disso é que, em face da produção transnacionalizada, da diminuição de empregos, das pressões associadas à redução dos marcos regulatórios dos Estados nacionais em competição, os sindicatos, antes nacionalmente focalizados, agora procuram, cada vez mais, aliados estrangeiros.(381)

As coalizações transnacionais dos ativistas dos direitos humanos vêm buscando construir novas instituições cosmopolitas, tais como a Corte Internacional de Justiça, capazes de punir violações dos Estados à dignidade humana, como exemplifica Fraser.(382) Em tais casos, "os debates acerca da justiça estão implodindo o enquadramento Keynesiano--Westfaliano", uma vez que as demandas já não se endereçam exclusivamente aos Estados nacionais e também não são debatidas somente pelos públicos nacionais e os reivindicantes não se focam mais apenas nas relações entre cidadãos. Logo, segundo Fraser, a gramática do argumento se alterou:

Seja uma questão de redistribuição, seja de reconhecimento, as disputas que antes focalizavam exclusivamente sobre "o que" era devido aos membros de uma comunidade como uma questão de justiça, agora, rapidamente se transformam em disputas acerca de "quem" deve contar como um membro e "qual" é a comunidade relevante. Não apenas o "o que", mas também "quem" está em disputa.(383)

> As discussões acerca da justiça assumem, portanto, um duplo aspecto. Por um lado, tratam de questões de primeira ordem relativas à substância, tal como

---

passageiros em corridas. *Folha de S. Paulo*, 2 jul. 2022. Disponível em: <https://www1.folha.uol.com.br/cotidiano/2022/07/em-busca-de-dinheiro-motoristas-por-aplicativo-fazem-sexo-com-passageiros-em-corridas.shtml>. Acesso em: 11 jul. 2022.

(380) FRASER, Nancy. Reenquadrando a justiça em um mundo globalizado. *Lua Nova*, São Paulo, n. 77, p. 11-39, 2009. p. 14.

(381) *Idem*.

(382) *Ibidem*, p. 15.

(383) *Ibidem*, p. 16.

antes, ligadas à redistribuição e reconhecimento. Mas também tratam de questões de segunda ordem relativas ao metanível, associadas à representação.(384)

Diante do problema do enquadramento na era globalizada, conclui Fraser que as teorias de justiça deveriam se tornar tridimensionais, incorporando tanto a dimensão política da representação, ao lado da dimensão econômica da distribuição e também da dimensão cultural do reconhecimento(385). Nesse sentido, adota-se um novo paradigma: "o que o enquadramento Keynesiano-Westfaliano fixou como teoria da justiça social deve se tornar a teoria da justiça democrática pós-Westfaliana"(386), como será visto a seguir.

Cabe introduzir a explicitação desse processo à luz do objeto da pesquisa. Tem-se a seguinte ocorrência: uma empresa desenvolve privadamente um aparato tecnológico, um aplicativo, feito na Califórnia, com engenheiros, arquitetos e até psicólogos de software, aplicativo que se dissemina em muitos países e transforma o modo de se deslocar das pessoas, afetando o planejamento logístico das cidades, ao passo que esse modelo produz uma transformação radical nas formas de regulação no mundo do trabalho, afetando diversas profissões, como motoristas, entregadores, professores e até médicos. Suscita, com isso, inúmeras questões relativas à redistribuição, ao reconhecimento, e das formas de tomada de decisão e processos de participação na realidade vivida por essas pessoas, sem que nenhum parlamento ou ato do Estado tenha dado início a esse processo.

Os fatos são reais. O primeiro passo foi mesmo a disseminação do aplicativo, de forma muito precária e, depois de muitos anos, quando já largamente estabelecida a rede de atuação da plataforma, alguns parlamentos locais e nacionais e poderes judiciários começam a dar resposta para essa situação fática posta. Inegável que a resposta só vem anos depois, já com a forte influência do contexto de fato estabelecido, sob o controle dessa grande corporação. Respostas diferenciadas em cada país, uns com maior força e outros com menor, evidenciando uma assimetria entre a grande corporação e os Estados nacionais. De um lado, o poder de dominação introduzido por uma grande corporação internacional por meio de artefato tecnológico e, de outro, os limites de um circuito político democrático de Estados-nação que, embora sejam o alvo das demandas de seus cidadãos, não têm ao seu alcance as determinantes dos processos econômicos e tecnológicos essenciais da questão. Como se vê, está-se diante de um problema que diz respeito a uma questão de justiça em seu metanível.

---

(384) FRASER, Nancy. Reenquadrando a justiça em um mundo globalizado. *Lua Nova*, São Paulo, n. 77, p. 11-39, 2009. p. 16.

(385) FRASER, Nancy. *Escalas de justicia*. Tradução de Antoni Martínez Riu. Barcelona: Herder Editorial, 2008. p. 117. Nancy Fraser afirma que são princípios normativos necessários, mas não necessariamente suficientes, por isso, a autora adota a concepção multidimensional em seu capítulo "Justiça Anormal", em que admite a eclosão de outras dimensões de injustiça, além da redistribuição, reconhecimento e representação, advindas da luta social. p. 117.

(386) FRASER, Nancy. Reenquadrando a justiça em um mundo globalizado. *Lua Nova*, São Paulo, n. 77, p. 11-39, 2009. p. 17.

Essa questão aponta para um novo aspecto da política que transcende as questões ordinárias de injustiça quanto à participação dos membros de uma comunidade, mas que diz respeito ao próprio enquadramento (*frame*) das demandas em um dado marco institucional de participação. A ausência de um marco adequado produz a metainjustiça do mau enquadramento.

Fraser explica que distribuição e reconhecimento pareciam constituir as únicas dimensões da justiça quando tomava-se como pressuposto o enquadramento Keynesiano-Westfaliano. Todavia, uma vez colocado em xeque o enquadramento, tornou-se visível uma terceira dimensão da justiça que foi negligenciada tanto pela própria autora como por muitos outros filósofos.(387) Faz-se necessário aprofundar a terceira dimensão acima mencionada, a partir dos diferentes níveis da representação política.

A autora identifica dois níveis de representação política. Em um primeiro nível, a representação aparece como uma questão de pertencimento social, dizendo respeito ao estabelecimento das fronteiras do político. Em outras palavras, a representação se refere à inclusão ou a exclusão da comunidade formada por aqueles legitimados a fazer reivindicações recíprocas de justiça. O segundo nível é a representação pertinente ao aspecto da regra decisória, "aos procedimentos que estruturam os processos públicos de contestação". Nesse nível, "o que está em questão são os termos nos quais aqueles incluídos na comunidade política expressam suas reivindicações e decidem suas disputas".(388)

Nos dois níveis, Fraser afirma que um problema a ser levado em consideração é se as relações de representação são justas. Ou seja, deve-se questionar se as fronteiras da comunidade política excluem alguns que, de fato, são titulares do direito à representação ou se as regras decisórias da comunidade atribuem para todos os membros igual capacidade de expressão nas deliberações públicas e representação justa no processo de tomada de decisão. Ensina a autora que tais questões de representação são especificamente políticas.(389)

Ao adotar a visão de justiça como paridade participativa, Fraser aponta que pode haver obstáculos distintamente políticos à paridade, que surgem da constituição política da sociedade. Tais obstáculos são irredutíveis à má-distribuição (à estrutura de classe) ou ao falso reconhecimento (à ordem de *status*), apesar de estarem a eles interligados ou associados e, por tal razão, só podem ser compreendidos adequadamente por meio de uma teoria que conceitue representação, juntamente com distribuição e reconhecimento, como uma das três dimensões fundamentais da justiça.(390)

Ademais, pelo menos dois níveis diferentes de falsa representação podem ser identificados. O primeiro nível é a falsa representação política-comum, que ocorre quando as

(387) FRASER, Nancy. Reenquadrando a justiça em um mundo globalizado. *Lua Nova*, São Paulo, n. 77, p. 11-39, 2009. p. 19.

(388) *Ibidem*, p. 20.

(389) *Idem*.

(390) *Ibidem*, p. 21.

fronteiras políticas e/ou regras decisórias funcionam de modo a negar a algumas pessoas, erroneamente, a possibilidade de participar como pares com os demais, na interação social, e não apenas nas arenas políticas.

A falsa representação de segundo nível é mais severa e se trata do mau enquadramento, no qual decisões políticas excluem alguns indivíduos, os "não membros", do universo daqueles a serem considerados em dada comunidade em questões de distribuição, reconhecimento e representação política-comum.(391) O resultado pode ser uma grave injustiça: um tipo específico de metainjustiça, em que se nega a esses a chance de formularem reivindicações de justiça de primeira ordem em uma dada comunidade política.

Fraser ensina que a injustiça permanece, até mesmo quando aqueles que são excluídos de uma comunidade política são incluídos como sujeitos da justiça em outra, porque a divisão política tem o efeito de colocar algumas questões relevantes da justiça fora de seu alcance.(392)

A autora alerta que é ainda mais sério quando o indivíduo é excluído do pertencimento a qualquer comunidade política, como se perdesse "o direito a ter direitos. Esse tipo de mau enquadramento é uma espécie de "morte política", citando expressões de Hannah Arendt.(393) Explica Fraser que aqueles que sofrem esse tipo de metainjustiça podem se tornar objetos de caridade ou benevolência, pois, desprovidos da possibilidade de formular reivindicações de primeira ordem, eles se tornam não sujeitos em relação à justiça.(394)

O terceiro nível de falsa representação não diz respeito ao defeito das formas de representação dentro de uma comunidade política, nem à exclusão ou não consideração como afetado pelas decisões tomadas pela comunidade, mas refere-se, agora, à própria inadequação entre as esferas políticas disponíveis e a natureza concreta de reivindicações por justiças cuja atenção adequada exigiria seu enquadramento em arenas capazes de responder a elas.

Refletindo acerca do enquadramento Keynesiano-Westfaliano, Fraser percebeu que esse enquadramento é um "poderoso instrumento de injustiça"(395), ao passo que fraciona o espaço político de modo a beneficiar determinado grupo às custas dos pobres e desprezados, que ficam impedidos de "desafiarem as forças que os oprimem".

O raciocínio acima ganha ainda mais sentido ao se pensar que, para aqueles a quem é negada a chance de formular reivindicações transnacionais de primeira ordem, as lutas

---

(391) FRASER, Nancy. Reenquadrando a justiça em um mundo globalizado. *Lua Nova*, São Paulo, n. 77, p. 11-39, 2009. p. 22.

(392) *Ibidem*, p. 23.

(393) ARENDT, Hannah. *The origins of totalitarianism*. New York: Harcourt. 1973. p. 269-288.

(394) FRASER, Nancy. Reenquadrando a justiça em um mundo globalizado. *Lua Nova*, São Paulo, n. 77, p. 11-39, 2009. p. 23.

(395) *Ibidem*, p. 24.

contra a má distribuição e o falso reconhecimento só irão acontecer e ter êxito se vinculadas a lutas contra o mau enquadramento.

Fraser afirma que o tipo de mau enquadramento que a globalização tornou recentemente visível é a falsa representação. Isso porque, no auge do Estado de bem-estar pós-guerra, quando imperava o enquadramento Keynesiano-Westfaliano, a principal preocupação quando se pensava em justiça era a distribuição. Com o surgimento de novos movimentos sociais e do multiculturalismo, as atenções se voltaram para o reconhecimento. A globalização, por sua vez, tem colocado a questão do enquadramento diretamente na agenda política. Não há redistribuição ou reconhecimento sem representação, entendida essa como uma questão de justiça. Por isso defende que uma teoria da justiça adequada ao tempo atual há de ser tridimensional.(396)

A política do enquadramento pode ganhar duas distintas formas: a afirmativa e a transformativa. A afirmativa contesta as fronteiras dos enquadramentos existentes ao mesmo tempo que aceita a gramática Westfaliana de estabelecimento de enquadramento, aceitando o princípio do Estado-territorial. Para a abordagem transformativa, o princípio do Estado territorial não mais garante uma base adequada para determinar o "quem" da justiça em todas as situações. Assim, é preciso alterar a gramática enraizada do estabelecimento de enquadramento em um mundo globalizado.(397)

O enquadramento pós-Westfaliano visa, portanto, suplementar o princípio do Estado territorial, objetivando superar as injustiças decorrentes do mau enquadramento por meio da mudança não apenas das fronteiras do "quem" da justiça, mas também do modo de sua constituição, da forma como são determinadas as referidas fronteiras. Fraser aponta que uma solução poderia ser a aplicação do "princípio de todos os afetados", que estabelece que todos aqueles afetados por uma estrutura social ou instituição teriam o *status* moral de sujeitos da justiça com relação a ela.

Afirma que o princípio da condição de membro é muito excludente e o princípio do humanismo é muito genérico. O princípio de todos os afetados tem seu mérito por incluir como sujeitos de justiça um grupo de concidadãos com sua objetiva coimbricação em uma rede de relações causais. Intenta conceber as relações de modo objetivo, em termos de causalidade, relegando, na prática, a identificação de quem será afetado por determinada medida à ciência social dominante. Contudo, corre-se o risco de cair no "efeito borboleta" (tradução livre), em que todos são afetados por todos.(398)

(396) FRASER, Nancy. Reenquadrando a justiça em um mundo globalizado. *Lua Nova*, São Paulo, n. 77, p. 11-39, 2009. p. 26-29.

(397) *Ibidem*, p. 29.

(398) FRASER, Nancy. *Escalas de justicia*. Tradução de Antoni Martínez Riu. Barcelona: Herder Editorial, 2008. p. 126. No original: "efecto mariposa".

Diante da deficiência dos anteriores, Fraser propõe que as questões de mau enquadramento sejam resolvidas pelo "princípio de todos os sujeitos", ou seja, todos aqueles que estão sujeitos a uma estrutura de governança determinada estão em posição moral de serem sujeitos de justiça em relação a essa estrutura, igualando o alcance de âmbito moral com o de sujeição a essa estrutura. Todavia, Fraser questiona como se deve implementar exatamente o princípio de todos os sujeitos. Mediante quais procedimentos e processos pode-se aplicar dito princípio para resolver questões sobre quem deve ser levado em conta em tempos anormais?[(399)] A menos que se encontre uma forma adequada de tratar o "como" da justiça, Fraser afirma que esse enfoque do "quem" tampouco terá utilidade.[(400)]

Segundo Fraser, uma teoria de justiça em tempos anormais deveria compreender uma perspectiva sobre o problema do "como" que seja dialógica e institucional e que contemple novas instituições representativas globais nas quais as reivindicações metapolíticas possam ser submetidas a procedimentos de decisão deliberativamente democráticos.[(401)] Por isso então é que, na introdução de seu livro "Scales of Justice"[(402)], Fraser evoca as metáforas do mapa e da balança. A metáfora da balança diz respeito ao sopesamento moral que um juiz imparcial faz dos prós e contras das reivindicações em conflito e o mapa tem a ver com o recurso métrico que o geógrafo utiliza para representar relações espaciais. A balança representa a problemática da imparcialidade e o mapa, a problemática do enquadramento.[(403)]

Ao enfrentar a problemática da balança, Fraser propõe uma interpretação tridimensional do "que" da justiça, que compreende redistribuição, reconhecimento e representação. Referindo-se à problemática do mapa, propõe uma teoria crítica do enquadramento tendente a definir o "quem" da justiça. A consequência é um conjunto de reflexões contínuas sobre quem deveria contar com o respeito em um mundo Pós-Westfaliano, como exposto.

Nesse panorama, a balança representa a problemática da imparcialidade: o que poderia garantir uma valoração equânime das reivindicações em conflito e em que balança da justiça pode se sopesar imparcialmente reivindicações tão heterogêneas. Fraser evidencia o esgotamento da figura da balança como metáfora da justiça. A imagem do mapa, por sua vez, representa a problemática do enquadramento. As reivindicações de justiça se colocam cada vez mais em escalas geográficas que entram em concorrência. Dada a pluralidade dos marcos rivais diante da tarefa de organizar e resolver os conflitos de justiça, Fraser aponta para questão crucial da justiça hoje: como saber qual é a escala de justiça realmente justa.[(404)]

---

(399) O conceito de Justiça Anormal será explicitado no item 4 deste capítulo.

(400) FRASER, Nancy. *Escalas de justicia*. Tradução de Antoni Martínez Riu. Barcelona: Herder Editorial, 2008. p. 130.

(401) *Ibidem*, p. 135.

(402) FRASER, Nancy. *Scales of Justice* — Reimagining Political Space in a Globalizing World. New York: Columbia University Press, 2008.

(403) FRASER, Nancy. *Escalas de justicia*. Barcelona: Herder Editorial, 2008, p. 15-16.

(404) FRASER, Nancy. *Scales of Justice* — Reimagining Political Space in a Globalizing World. New York: Columbia University Press, 2008. p. 2.

Como visto, a resposta dessa questão passa por uma reformulação do quadro teórico da justiça a fim de contemplar as três categorias: reconhecimento, redistribuição e representação; e que as reivindicações sejam submetidas — em cada uma das três dimensões supra — ao princípio normativo geral da paridade de participação.

A autora explica que, nessa visão, o que transforma um coletivo de pessoal em sujeitos da justiça de uma mesma categoria é a sua "coimbricação em enquadramento estrutural ou institucional comum, que estabelece as regras fundantes que governam sua interação social" e, diante disso, moldam "suas respectivas possibilidades de vida segundo padrões de vantagem e desvantagem"(405).

Os movimentos sociais transformativos invocam tal princípio a fim de se livrar dos limites territoriais do Estado que perpetuam injustiças e fazer reivindicações contra as estruturas que os prejudicam, rejeitando, pois, a gramática Westfaliana de estabelecimento de enquadramento. Recorrendo, pois, ao princípio pós-Westfaliano, buscam "reconstruir as fundações metapolíticas da justiça em um mundo globalizado"(406).

A fim de expandir ainda mais a sua análise, Nancy Fraser aponta que as reivindicações da política transformativa vão muito além e que, entre outras demandas, reivindicam o direito de participar no processo de estabelecimento do enquadramento pós-Westfaliano: "ao afirmar o seu direito de participar na constituição do 'quem' da justiça, eles, simultaneamente, transformam 'o como' — o que eu entendo corresponder aos procedimentos aceitos para determinar o 'quem'"(407).

Nessa linha de raciocínio, os movimentos transformativos objetivam a criação de novas arenas democráticas para a formulação de argumentos sobre o enquadramento, como, por exemplo, o Fórum Social Mundial. Assim, Fraser afirma que a dimensão democratizante da política transformativa aponta para um terceiro nível de injustiça política, uma espécie de injustiça política de terceira ordem, que corresponde à questão do "como".(408) Essa injustiça consiste no fracasso de institucionalizar a paridade de participação no nível metapolítico.

A falsa representação metapolítica surge quando os Estados e as elites transnacionais monopolizam a atividade do estabelecimento do enquadramento, negando voz àqueles que podem ser afetados no processo e impedindo a criação de arenas democráticas em que as reivindicações destes últimos possam ser avaliadas e contempladas. O efeito é a exclusão da grande maioria das pessoas de participação nos metadiscursos que determinam a divisão oficial do espaço público. Na ausência de arenas institucionais para tal participação, e

---

(405) FRASER, Nancy. Reenquadrando a justiça em um mundo globalizado. *Lua Nova*, São Paulo, n. 77, p. 11-39, 2009. p. 29.

(406) *Ibidem*, p. 32.

(407) *Idem*.

(408) *Idem*.

submetida a um tratamento antidemocrático do "como", é negada à maioria a chance de se envolver, em termos paritários, no processo de tomada de decisão sobre o "quem".(409)

Fraser considera, nesse sentido, que as lutas contra o mau enquadramento revelaram um "novo tipo de déficit democrático". Essa revelação ocorreu porque o efeito foi trazer à tona a característica estrutural da atual conjuntura: "as lutas por justiça em um mundo globalizado não podem alcançar êxito se não caminharem juntamente com as lutas por democracia metapolítica"(410). Assim, nesse nível não há redistribuição ou reconhecimento sem representação, sendo que a visão da justiça como paridade participativa é a que irá fornecer o tipo de reflexão necessária em um mundo globalizado. Acontece que, ao multiplicarem os debates relativos à justiça, aumenta a deficiência estrutural relativa ao discurso normal, sendo necessário, então, compreender o que corresponde a um contexto de justiça anormal.

3.4. As lutas contra a injustiça em tempos anormais: o conceito de Justiça anormal de Nancy Fraser

Cabe introduzir este tópico esclarecendo que "justiça anormal" não é um termo, mas um conceito. Para Fraser, em alguns contextos, os debates públicos assumem o disfarce de um discurso normal, contextos em que os supostos básicos, chamados por Fraser de "requisitos jurídicos de um determinado caso", são compartilhados, por consenso, entre quem discute sobre justiça. Pressuposições ontológicas relativas "ao(s) protagonista(s) que podem fazer este tipo de reclamação" e "os tipos de agências a quem eles devem recorrer", e também pressuposições de escopo, que fixam "o círculo de interlocutores a quem reclamações por justiça devem ser dirigidas, e que delimita o universo daqueles cujas reclamações são merecedoras de consideração", não são tematizados. Os oponentes compartilham, ainda, "pressuposições sócio-teóricas em relação ao espaço onde questões de justiça podem ser levantadas de forma inteligível (frequentemente, um espaço econômico de distribuição)" e no que tange às "diferenças sociais que podem dar guarida a injustiças (tipicamente elementos de classe e eticidade)".(411)

Em tais contextos, nos quais "quem discute as questões de justiça compartilha uma base de pressuposições, suas disputas tomam uma forma relativamente regular e reconhecível",

---

(409) FRASER, Nancy. Reenquadrando a justiça em um mundo globalizado. *Lua Nova*, São Paulo, n. 77, p. 11-39, 2009. p. 34.

(410) *Idem*.

(411) FRASER, Nancy. Justiça anormal. Tradução de Norman Michael Rodi com coordenação da tradução por Eduardo Carlos Bianca Bittar. *Revista da Faculdade de Direito*, Universidade de São Paulo, [S. l.], v. 108, p. 739-768, 2013. Disponível em: <https://www.revistas.usp.br/rfdusp/article/view/68001>. Acesso em: 23 jun. 2022. Este artigo foi anteriormente publicado na Critical Inquiry 34 (primavera 2008)© 2008 The University of Chicago. 0093-1896/08/3403-0001$10.00. Todos os direitos reservados. Este artigo foi autorizado para tradução e publicação em língua portuguesa. Tradução: Norman Michael Rodi. Revisão e Coordenação da Tradução: Prof. Dr. Eduardo Carlos Bianca Bittar, o qual indicou este artigo para publicação nesta Revista. Aprovação da Comissão de Publicação em agosto de 2013.

o cenário "é constituído a partir de um conjunto de princípios organizadores" e manifesta uma "gramática discernível". Assim, tais conflitos assumem uma forma do que Fraser conceitua como "justiça normal".[(412)]

Fraser alerta que talvez não exista contexto no qual debates públicos relativos à justiça sejam totalmente contidos dentro de limites definidos por "um quadro de pressuposições constituintes". E que, em situações que se aproximam da normalidade, pode-se suspeitar que "se baseiem na supressão ou marginalização dos dissidentes em relação ao consenso geral".[(413)]

Na medida em que os desvios permanecem no âmbito privado ou aparecem como anomalias, e enquanto não se acumulem e desestruturem o discurso, o campo dos conflitos da esfera pública sobre justiça se mantém como uma forma "reconhecível", isto é, normal. Baseada nesse padrão de normalidade, Fraser constrói o conceito de justiça anormal (*abnormal justice*).

Ao se multiplicarem os debates relativos à justiça, aumenta a deficiência estrutural relativa ao discurso normal. Fraser afirma que o contexto atual corresponde a uma justiça anormal, na medida em que a falta de normalidade do discurso é a falta de consenso compartilhado sobre questões elementares. Por exemplo, quem se aceita como autor de uma reclamação por justiça, na medida em que uns respaldam os grupos e as comunidades, enquanto outros só admitem os indivíduos.

Nesse contexto de justiça anormal, "os contendores de hoje" divergem quanto ao fórum a que devem recorrer, alguns imaginando novas instituições transnacionais ou cosmopolitas, e outros restringindo as reclamações a estados territoriais. As partes de um litígio também discordam quanto ao círculo público de interlocutores, alguns dirigindo as suas reclamações à opinião pública internacional, ao passo que outros procuram manter as discussões dentro de um contexto local. Discordam, ainda, quanto a quem tem direito à consideração da justiça, alguns pleiteando esse direito para todos os seres humanos, e outros limitando suas considerações "aos seus correligionários".[(414)]

Somado a isso, divergem do espaço conceitual no qual questões de justiça podem surgir, alguns reconhecendo apenas problemas econômicos de redistribuição, enquanto outros admitem, exclusivamente, empecilhos culturais de reconhecimento e de representação política. Por fim, Fraser aponta que ainda há discordância em relação às desigualdades sociais que podem dar guarida a injustiças, alguns defendendo apenas tópicos referentes à nacionalidade e classe social, enquanto outros aceitam questões de gênero e sexualidade.

---

(412) FRASER, Nancy. Justiça anormal. Tradução de Norman Michael Rodi com coordenação da tradução por Eduardo Carlos Bianca Bittar. *Revista da Faculdade de Direito*, Universidade de São Paulo, [S. l.], v. 108, p. 739-768, 2013. Disponível em: <https://www.revistas.usp.br/rfdusp/article/view/68001>. Acesso em: 23 jun. 2022.

(413) *Idem*.

(414) *Idem*.

A autora sustenta que "os atuais debates sobre justiça têm características um tanto quanto aleatórias", pois "na ausência da força ordenadora de pressuposições partilhadas, lhes falta a estrutura e a forma do discurso normal". Acrescenta que a anormalidade também é encontrada em fóruns institucionalizados de deliberação, assim como em tribunais e corpos de arbitragem, cuja principal função é a normalização da justiça. Fraser percebe que à medida que tais disputas em relação a premissas básicas proliferam, "desvios representam menos a exceção do que a regra." Assim, longe de se projetarem como anormalidades dentro de um campo relativamente estável de argumentação, "as anormalidades invadem o quartel general do discurso jurídico". Exemplifica com o fato de que "é só surgir uma disputa de primeira ordem, e ela é inundada com metadisputas em relação a pressuposições constituintes de quem conta e do que está em jogo"(415). Nesse sentido, não apenas questões substantivas, mas também a própria gramática da justiça está vulnerável a especulações.

As anormalidades atuais são historicamente específicas e refletem acontecimentos recentes, incluída a ruptura da ordem estabelecida pela Guerra Fria e a hegemonia discutida dos EUA, o surgimento do neoliberalismo e a nova relevância da globalização. Nessas circunstâncias, paradigmas de justiça estabelecidos tendem a se desestabilizar, e reclamações por justiça se separam de ilhas preexistentes de normalidade, transformando-se em ilhas de anormalidade, correspondendo a indicações de injustiça. É o caso para as "três principais famílias de reclamações judiciais": reclamações por redistribuição socioeconômica, reclamações por reconhecimento legal ou cultural, e reclamações por representação política.(416)

Fraser avalia que o lado positivo da teorização da justiça em tempos anormais é a expansão do campo da contestação e a oportunidade de repudiar injustiças que a gramática costumava elidir. O mau-reconhecimento, a má-representação e o mau-enquadramento pertencem, em princípio, ao genuíno catálogo de injustiças, então, por tal razão, a desestablilização de uma gramática que os suprimiu pode ser vista como um movimento positivo.

Ao afirmar que as dimensões da justiça se revelam historicamente, por meio dos meios de luta social, Fraser faz referência específica aos movimentos sociais e suas potencialidades de revelar novas dimensões de justiça, "quando são bem sucedidos em estabelecer reivindicações plausíveis que transgridam a gramática estabelecida da justiça normal que, em retrospectiva, aparentam ter suprimido as desvantagens sofridas por seus membros".(417)

Nesse ponto, cabe novamente a explicitação desse processo à luz do objeto da pesquisa: o déficit de enquadramento faz com que os líderes dos motoristas plataformizados manifestem-se pela necessidade de implementação de uma regulação, mas não avançam de

---

(415) FRASER, Nancy. *Justiça anormal.* Tradução de Norman Michael Rodi com coordenação da tradução por Eduardo Carlos Bianca Bittar. *Revista da Faculdade de Direito*, Universidade de São Paulo, [S. l.], v. 108, p. 739-768, 2013. Disponível em: <https://www.revistas.usp.br/rfdusp/article/view/68001>. Acesso em: 23 jun. 2022.

(416) *Idem.*

(417) *Idem.*

forma concreta quanto ao que ela deveria conter, o que indica um contexto caracterizador da justiça anormal, pois os motoristas supõem não dispor de uma gramática de justiça que dê suporte às suas demandas, como será mais bem visto nos capítulos 4 e 5.

Como adiantado no capítulo 2, Fraser ensina que "a transnacionalização da produção, finanças globalizadas em mercado e regimes de investimentos neoliberais" faz com que as reivindicações por redistribuição frequentemente invadam "limites de gramáticas centradas no estado e fóruns deliberativos". Evoluindo no conceito de justiça anormal, sustenta diante das "migrações transnacionais e o fluxo global da mídia", as "reclamações por reconhecimento de pessoas outrora distantes assumem uma nova proximidade, desestabilizando horizontes de valores culturais previamente desprezados". Assim, "numa era de contestação da hegemonia das superpotências, da governança global, e de políticas transnacionais, clamores por representação põem à prova cada vez mais o quadro anterior do estado territorial moderno"(418).

Nessa situação de desnormalização, portanto, Fraser mostra que "reclamações de justiça se deparam imediatamente com reclamações contrárias, fundamentadas em bases não compartilhadas"(419). É o que se passa, por exemplo, com os motoristas plataformizados na busca pelo acesso a direitos, quando, ao mesmo tempo que dizem não querer o vínculo de emprego, admitem que buscam proteção jurídica pelo trabalho prestado, como também será desenvolvido nos capítulos 4 e 5.

Nessa visão, pontua Fraser que:

> [...] as nossas teorias de justiça usuais nos oferecem pouca direção", já que formuladas para contextos de justiça normal, elas focam, de modo geral, em questões de primeira ordem, tomando-se como premissa uma gramática compartilhada, essas teorias não indicam o caminho a seguir, quando as pressuposições conflitantes dizem respeito à postura moral, às diferenças sociais e ao fórum da reivindicação. Assim, "elas deixam de oferecer os recursos conceituais para lidar com problemas de justiça anormal tão características na atualidade.(420)

Uma abordagem de questões de (in) justiça em tempos anormais estrutura-se em duas partes, segundo a conceituação de Fraser: 1) três núcleos de anormalidade para disputas a respeito de justiça; 2) três estratégias conceituais respectivas para esclarecer essas anormalidades.

---

(418) FRASER, Nancy. *Justiça anormal*. Tradução de Norman Michael Rodi com coordenação da tradução por Eduardo Carlos Bianca Bittar. *Revista da Faculdade de Direito*, Universidade de São Paulo, [S. l.], v. 108, p. 739-768, 2013. Disponível em: <https://www.revistas.usp.br/rfdusp/article/view/68001>. Acesso em: 24 jun. 2022

(419) *Idem*.

(420) *Idem*.

Os núcleos de anormalidade em um mundo globalizado levam em consideração que, em meio a uma multiplicidade de arenas discursivas – formais, informais, algumas na mídia principal, outras de forma subalterna – "o local de discussão muda em velocidade alucinante", bem como "a topografia do debate em si também constitui um objeto em discussão".(421) Exemplifica dizendo que adversários estrangeiros procuram se imiscuir em questões de debates domésticos, enquanto nacionalistas e democratas do país procuram restringi-las ao território e, paralelamente, estados e corporações trabalham no intuito de manter disputas nos confins de instituições jurídicas regionais, ao mesmo tempo em que movimentos sociais transnacionais se empenham para ampliar a abrangência das discussões

Assim, a própria forma da controvérsia, antes incontestada no discurso normal, representa aqui um foco explícito de luta. O primeiro núcleo de anormalidade reflete a ausência de uma visão comum do "o quê" da justiça. Em contextos anormais, o "o quê" da justiça se encontra em disputa. Como visto, tem-se pelo menos três conceitos antagônicos do que representa o "o quê" da justiça: redistribuição (*redistribution*), reconhecimento (*recognition*) e representação (*representation*).

A hegemonia do "quem" westfaliano já sofre contestações partindo de pelo menos quatro visões diversas do "quem" da justiça: localistas e comunitaristas, que procuram localizar o escopo da questão em unidades subnacionais; regionalistas e transnacionalistas, que se propõem a identificar o "quem" da justiça em unidades maiores, mas não universais, como exemplifica Fraser com a Europa ou o Islã; e globalistas e cosmopolitas, que atribuem consideração igual a todos os seres humanos, chegando a autora, respectivamente, às concepções westfaliana, local comunitarista, transnacional-regional e global-cosmopolita.(422)

A oscilação "silenciosa"(423) do "como" hegemônico foi contestada por meio de um crescimento geral das expectativas democráticas, à medida que mobilizações de todas essas correntes exigiam a palavra na discussão do "o quê" e do "quem". Ao contestar as instituições e os quadros, esses movimentos questionam efetivamente as prerrogativas dos Estados e das elites de determinar a gramática da justiça. Promovendo discussões amplas a respeito do "o quê" e do "quem", eles colocaram em jogo, ao lado de pressuposições hegemônicas, visões populistas e democráticas do "como" da justiça.

As estratégias para a teorização da justiça em tempos anormais remetem, primeiro, a um quadro relativamente estável em que reclamações possam ser analisadas de forma justa e, segundo, às agências institucionalizadas e às formas de retificação. Contra aqueles que insistem em uma versão monística única do "o quê", é melhor enxergar a justiça como um

---

(421) FRASER, Nancy. *Justiça anormal*. Tradução de Norman Michael Rodi com coordenação da tradução por Eduardo Carlos Bianca Bittar. *Revista da Faculdade de Direito*, Universidade de São Paulo, [S. l.], v. 108, p. 739-768, 2013. Disponível em: <https://www.revistas.usp.br/rfdusp/article/view/68001>. Acesso em: 24 jun. 2022.

(422) *Idem*.

(423) *Idem*.

conceito multidimensional que engloba as três dimensões, de redistribuição, de reconhecimento e de representação. Esse conceito é especialmente útil em tempos anormais.

Somente pode-se oferecer uma audiência justa a todas as partes envolvidas em disputas que contenham visões diversas do "o quê" se, desde o início, se pressupõe que as reivindicações são inteligíveis nas três dimensões. Fraser sugere que sejam submetidas as reivindicações em cada uma das três dimensões (redistribuição, reconhecimento e representação) ao princípio normativo inclusivo da paridade de participação. Como visto, de acordo com esse princípio a justiça requer acordos sociais que permitam a todos participar como pares na vida social. Na perspectiva da justiça como paridade participativa, superar a injustiça significa desmantelar os obstáculos institucionalizados que impedem a alguns de participarem em plano de igualdade com os demais, como sócios de pleno direito na interação social.

O ponto fundamental da discussão, como se percebe, é o seguinte: paridade de participação, sim, mas entre quem? Quem exatamente tem direito de participar em igual nível, com quem e em que tipo de interações sociais? "A menos que possamos encontrar uma forma aceitável de dirigirmos a 'quem' da justiça, o enfoque do 'que' não terá nenhuma utilidade" (424), afirma Fraser.

O nível seguinte é aquele no qual o quadro em discussão é o "como". Uma teoria de justiça em tempos anormais deverá compreender uma perspectiva sobre o "como" que seja dialógica e institucional e que contemple novas instituições representativas globais nas quais as reivindicações metapolíticas possam ser submetidas a procedimentos de decisão deliberativamente democráticos.(425)

Além da injustiça política ordinária que se manifesta dentro do quadro de uma entidade política delimitada, Fraser vislumbra outro nível, que poderia ser indicado como uma injustiça metapolítica, resultante da divisão de espaços políticos em entidades definidas. Esse segundo nível inclui as injustiças pelo mau-enquadramento.

Fraser questiona, como já dito, como implementar o princípio do "todos-subordinados". Pergunta também por meio de quais procedimentos e processos pode-se aplicar esse princípio para resolver disputas quanto a quem conta em tempos anormais e adverte, novamente, que, "se não encontrarmos uma forma adequada de lidar com o 'como' da justiça, essa abordagem do 'quem' não nos será útil"(426).

Com o objetivo de solucionar o problema do "como" da justiça, aponta a solução de institucionalizar a metademocracia, a partir do momento que se aceita que conflitos

---

(424) FRASER, Nancy. *Escalas de justicia*. Tradução de Antoni Martínez Riu. Barcelona: Herder Editorial, 2008. p. 117. (tradução de: FRASER, Nancy. *Scales of Justice* — Reimagining Political Space in a Globalizing World. New York: Columbia University Press, 2008). p. 120.

(425) *Ibidem*. p. 135

(426) *Ibidem*, p. 120.

de enquadramento devam ser tratados por meio do discurso, deve-se reimaginar uma forma em que o debate público quanto ao "quem" possa criar soluções exequíveis.

Apesar de poder apresentar novos elementos em termos de reivindicações para um debate público, os agentes da sociedade civil, por isto, não têm os meios de garantir as reclamações nem a obrigatoriedade das decisões tomadas. O resultado é, portanto, no sentido de que a justiça anormal (*abnormal justice*) requer a invenção de novas instituições democráticas globais, nas quais disputas quanto a enquadramento podem ser levantadas e resolvidas.

Presumindo que "essas disputas não vão desaparecer tão cedo e podem não estar suscetíveis a uma solução definitiva e final", a abordagem que Fraser recomenda é encará-las "da perspectiva de uma questão perene da vida política num mundo em processo de globalização". Assim, defende novas instituições como fórum democrático de resoluções provisórias de disputas, em permanente diálogo com a sociedade civil transnacional. Em tom de esperança, a autora conclui que:

> Ao solucionar questões de injustiça de mal-enquadramento, simultaneamente, abre-se o caminho para lidar com injustiças em termos de má-distribuição, mal reconhecimento e má-representação". Assim, essa abordagem nos possibilita vislumbrar cenários políticos para superar ou reduzir injustiças em tempos anormais.(427)

Fraser reconhece a justiça anormal como o horizonte dentro do qual todas as batalhas contra injustiças devem ocorrer. Para ela, a perspectiva hegemônica, aquela que "interpreta o discurso da justiça historicamente e estrategicamente, almejando compreender mudanças de poder", complementa a problemática do discurso (a)normal, eis que esse "promove um questionamento filosófico e normativo, procurando expor possibilidades atuais de mudança emancipatória".(428)

Assim como a teoria hegemônica, Fraser elucida que o quadro (a)normal reconhece o lado histórico e o poder do discurso de justiça. O que ele acrescenta, no entanto, é uma "insistência na necessidade da reconstituição da gramática da justiça para possibilitar ao subalterno que se expresse de forma autoritativa"(429).

---

(427) FRASER, Nancy. *Justiça anormal*. Tradução de Norman Michael Rodi com coordenação da tradução por Eduardo Carlos Bianca Bittar. *Revista da Faculdade de Direito*, Universidade de São Paulo, [S. l.], v. 108, p. 739-768, 2013. Disponível em: <https://www.revistas.usp.br/rfdusp/article/view/68001>. Acesso em: 24 jun. 2022. p. 763.

(428) *Ibidem*, p. 768..

(429) FRASER, Nancy. *Justiça anormal*. Tradução de Norman Michael Rodi com coordenação da tradução por Eduardo Carlos Bianca Bittar. *Revista da Faculdade de Direito*, Universidade de São Paulo, [S. l.], v. 108, p. 739-768, 2013. Disponível em: <https://www.revistas.usp.br/rfdusp/article/view/68001. p. 768. Diante da relevância desta afirmação para a compreensão do problema de acesso à justiça discutido na presente tese, traz-se a frase, em espanhol: "La insistencia em que se reconstruya la gramática de la justicia de forma a permitir al subalterno hablar en términos acreditados", e, no original, em inglês "What it adds, however, is an interest in emancipation, an insistence that the grammar of justice be reconstituted so as to enable the subaltern to speak in authoritative

Dessa forma, a perspectiva desenvolvida por Fraser visa oferecer um ingrediente, em termos de "esperança social"(430), à formulação de teorias críticas, considerando que a teoria hegemônica, por si só, não traz a visão de um discurso de justiça que poderia expor injustiças contemporâneas como "as abominações morais que certamente são". Nesse contexto, como o conceito de justiça anormal se relaciona com a luta dos motoristas plataformizados?

Em tempos anormais, a própria luta por direitos é posta em dúvida. No entanto, torna-se também uma oportunidade de recriar a gramática, as formas de realizar o trabalho. O marco nacional, no contexto do capitalismo globalizado e financeirizado, é limitado em sua capacidade de colocar limites/diques ao próprio movimento global do capital, que, aliás, se encontra em uma fase de esgarçamento da exploração da sociedade. Além disso, continuam sendo alimentadas perspectivas de reinvenção de novas formas de trabalhar na sociedade capitalista, que acabam por colocar esses dois horizontes, o trabalho uberizado e o marco jurídico, cada vez mais distantes um do outro.

Questiona-se se a adesão ao trabalho uberizado, além de todos os motivos já expostos no capítulo 2, também poderia ser vista como uma resposta ou mesmo uma opção consciente do trabalhador contra o modelo do assalariamento, resposta alimentada, obviamente, por manipulação ideológica realizada pelas empresas (por meio, v.g., da apropriação de slogans como "não quero patrão"). Questiona-se, ainda, se a crítica ao modelo do assalariamento teria resultado em formas mais autônomas e menos exploradas de trabalhado humano. O chamado "empreendedorismo" pressupõe que a legislação seja perene e que o marco jurídico seja passível de ser obliterado, já que se está em tempos anormais.

Até hoje, a crítica ao assalariamento não resultou em formas mais autônomas, livres e menos exploratórias do trabalho humano, ou seja, em avanços para os trabalhadores, como será visto no capítulo 5. Recuperar o marco jurídico faz-se necessário, de um lado, mas, por outro, a crítica ao assalariamento deve ser vista com o cuidado que merece. A discussão acerca da gramática estabelecida é, pois, fundamental.

3.5. O acesso à justiça tridimensional pela via dos Direitos

O marco teórico que embasa esta pesquisa sobre o acesso à justiça dos motoristas plataformizados e suas lutas por redistribuição, reconhecimento e representação centra-se no conceito do acesso à justiça que se pretende iluminar, por meio da concepção tridimensional de justiça de Fraser. As lutas dos motoristas plataformizados indicam dimensões de

---

terms". In: FRASER, Nancy. *Escalas de justicia*. Tradução de Antoni Martínez Riu. Barcelona: Herder Editorial, 2008. p. 144 e FRASER, Nancy. *Scales of Justice* — Reimagining Political Space in a Globalizing World. New York: Columbia University Press, 2008. p. 75

(430) Nancy Fraser, ao conceituar a justiça anormal, cita a expressão "esperança social" (no original: *"social hope"*) de Richard Rorty, para expressar o ingrediente que faltava na teoria hegemônica. FRASER, Nancy. *Justiça anormal*. Tradução de Norman Michael Rodi com coordenação da tradução por Eduardo Carlos Bianca Bittar. *Revista da Faculdade de Direito*, Universidade de São Paulo, [S. l.], v. 108, p. 739-768, 2013. Disponível em: <https://www.revistas.usp.br/rfdusp/article/view/68001>. Acesso em: 24 jun. 2022. p. 768.

injustiça cuja resolução não se viabiliza apenas pelo acesso a direitos, em especial daqueles assegurados pelo quadro típico do estado nacional. Daí a necessidade de se buscar um marco teórico que contemple a justiça, no que se refere ao acesso aos direitos.

O que a concepção de justiça de Fraser auxilia nas discussões acerca do trabalho e, em especial, nas discussões sobre a relação de trabalho por meio de plataformas?

A resposta passa pela percepção de que, antes de acessar o órgão jurisdicional, há uma série de questões que são anteriores: a distributiva, o reconhecimento, o enquadramento. Para se chegar ao vínculo de emprego, por exemplo, será preciso compreender que há um mau enquadramento dos trabalhadores pelo Estado, pela empresa, pela população, que não veem, em sua maioria, os motoristas como trabalhadores.

O acesso ao sistema de justiça passa, portanto, por um entendimento ampliado de justiça. Fraser pensa a justiça de uma forma muito mais ampliada que o sistema de justiça. Acessar o sistema de justiça é um dos passos para se garanti-la e é isso que a pesquisa empírica visa mostrar. Quando essas demandas chegam para o Direito do Trabalho, tanto para reconhecer o vínculo ou não, são só um pedaço de uma demanda maior.

A noção de mau enquadramento, por exemplo, serve para dizer que, a depender do jeito que uma demanda é enquadrada no "quem" e no "como", ela pode auxiliar ou até mesmo dificultar — e até inviabilizar a acesso à justiça pela via dos Direitos. A Uber, por exemplo, é uma corporação transnacional que manipula as instâncias nacionais, como tratado no capítulo 2, e, além disso, há uma ausência de instância que permite lidar com o problema de justiça confrontado com a questão do capitalismo de plataforma.

A compreensão do acesso à justiça passou pelas teorias de Mauro Cappelletti e Bryant Garth de acesso ao Poder Judiciário, alcançou o acesso à justiça pela via dos direitos, a fim de buscar exatamente a concretização dos direitos. Nesse contexto, a concepção de justiça de Fraser se mostrou necessária para demonstrar que, até essa demanda por direitos trabalhistas chegar ao sistema de justiça, existem outros acessos que precisam ser feitos, como, por exemplo, o entendimento por esse sujeito como um sujeito de direito. Em outras palavras, usando a expressão de Hannah Arendt[(431)], compreender que o trabalhador tem o "direito a ter direitos".

O acesso à justiça pela via dos direitos trabalhistas é primordial, pois além do acesso à jurisdição, a efetivação dos direitos previstos na legislação constitui uma parte importante para que se possa acessar a justiça. Há uma série de bloqueios ao acesso do próprio direito aos motoristas plataformizados. O contexto é de globalização e neoliberalismo, e a luta por direitos situa-se em um enquadramento westfaliano (quer dizer, nacional). Ainda que haja criação de outras arenas fora do Estado nacional, como o das instituições internacionais, o cenário de injustiças é grande. Nele, os motoristas plataformizados não conseguem discutir

(431) ARENDT, Hannah. *The origins of totalitarianism*. New York: Harcourt. 1973. p. 269-284.

e deliberar por justiça em uma série de questões que os afligem, no capitalismo contemporâneo. Assim, o próprio conceito de acesso à justiça precisa se ampliar para além da concepção dos Estados nacionais.

Essa reflexão, quando vista à luz do trabalho dos motoristas plataformizados, indica como as demandas que envolvem redistribuição, reconhecimento e representação apontam para a necessidade do acesso destes trabalhadores à justiça pela via dos direitos reconhecidos nacionalmente. Mas não só. Há outras demandas que aparecem em conjunto a esta e, por isso, uma compreensão adequada do acesso à justiça, em tempos de justiça anormal, deve incorporar a tridimensionalidade das demandas por justiça, com o intuito de agregar-se a ela.

O passo que se segue, então, é explicitar metodologicamente como se deu o trabalho de campo realizado pela pesquisadora e, em seguida, apresentar a análise dos dados, demonstrando como essa reconstrução categorial da problemática da justiça pode contribuir para a análise da luta dos trabalhadores plataformizados por melhores condições de trabalho e de vida.

Dessa forma, iniciada a corrida, a rota, traçada; o mapa do contexto global em que se encontram os motoristas plataformizados, aberto; a bagagem teórica definida, no que se refere ao acesso à justiça desses trabalhadores; parte-se para o percurso em si, em busca de uma contribuição para analisar a luta desses motoristas por vidas e vínculos, ao percorrer os caminhos e as estradas do reconhecimento, da redistribuição e da representação, em diálogo com o campo.

Capítulo 4

Os Caminhos e as Estradas: O Diálogo com o Campo

O mapa, representando simbolicamente o contexto global financeirizado no qual os motoristas plataformizados atuam, levou ao caminho: a pesquisa de campo em profundidade. No campo, foram ouvidos os principais líderes sindicais do Brasil e, assim, entrevistados indicaram sua própria percepção de acesso à justiça. Rumo aos destinos, as suas vozes são reveladas e categorizadas a partir da bagagem teórica desenvolvida e trazida até aqui: a teoria tridimensional da justiça de Fraser.

Os dados obtidos nas entrevistas, classificados a partir das categorias estabelecidas na pesquisa serão apresentados e analisados neste e no próximo capítulo (4 e 5). Logo após a categorização, será aprofundada a análise do campo, com o enquadramento interpretativo das lutas que os motoristas por plataforma (Uber e 99) vêm travando por redistribuição, reconhecimento e representação, e como essas demandas estão intrinsecamente ligadas ao acesso à justiça.

Como uma forma de organizar o texto, as quatro categorias que foram criadas para a análise do campo surgiram a partir da averiguação de pontos em comum que se repetiam nas falas dos entrevistados. Destaca-se a demanda por diálogo, o fato de os motoristas se sentirem invisibilizados como indivíduos, a sua necessidade de união e organização em entidade coletiva e a conquista de melhores condições de trabalho. Dentro de cada categoria, é possível identificar demandas por reconhecimento, redistribuição, representação, até porque, como referido, são dimensões que não se apresentam isoladamente, mas que interagem de maneira tridimensional. É que, como se viu, apenas a efetivação de uma delas não basta para que se realizem as demandas por justiça.

Nesta análise será possível perceber que as demandas se repetem, em especial por diálogo e melhores condições de trabalho, e que, por mais dificuldades que os sindicatos enfrentem para se manterem em funcionamento sem receita pública, sobretudo durante a pandemia do vírus SARS-CoV-2, a organização do movimento sindical foi e é essencial para defender e elevar as condições de vida dos trabalhadores. Os vínculos formarem as redes de proteção.

4.1. Categorização dos dados obtidos nas entrevistas

As entrevistas, como dados primários, foram categorizadas sob quatro formas. Na primeira categoria, relativa às condições de trabalho dos dirigentes sindicais e assessores jurídicos de alguns dos sindicatos entrevistados. Foram examinadas questões como o acúmulo de funções, as condições sociais, jornada e segurança, aspectos de igualdade e discriminação, finalizando com as repercussões do uso de algoritmos na organização do trabalho. A segunda categoria diz respeito à organização coletiva, na qual se pode observar como pontos em comum a busca por redes de solidariedade, a posição política, social e de gênero, a estruturação e a mobilização. A terceira categoria diz respeito exclusivamente às demandas por diálogo por parte dos trabalhadores. O destaque de criação de uma quarta categoria abrange a temática do acesso à justiça, indicando a dubiedade entre a vontade de estabelecer o vínculo empregatício e a necessidade de proteção, além dos aspectos transnacionais e do acesso ao judiciário.

4.1.1. Categoria 1 — Condições de trabalho dos dirigentes sindicais e dos assessores jurídicos de sindicatos de motoristas plataformizados

Nesta categoria, foi destacada a condição de trabalho dos dirigentes sindicais e dos assessores jurídicos de alguns dos sindicatos de motoristas plataformizados entrevistados.

4.1.1.1. Acúmulo de função

Todos os dirigentes sindicais entrevistados são motoristas e dirigem para as plataformas digitais, como forma de sustento próprio e de suas famílias. Ou seja, todos trabalham dirigindo e necessitam dos ganhos advindos do que eles chamam de "rodagem" para a sobrevivência. Nenhum dos entrevistados relatou receber remuneração pelo exercício da atividade sindical. Os trechos a seguir, de três presidentes sindicais de diferentes estados da federação, respectivamente Paraná, Pará e São Paulo, trazem relatos sobre a dupla condição de trabalho de sindicalista e, ao mesmo tempo, de motorista. Além dos trechos acima, os entrevistados dos estados de Minas Gerais, Bahia, Rio Grande do Sul, Sergipe, Brasília, Distrito Federal, Rio Grande do Norte, Ceará e Mato Grosso, também afirmaram que, além de exercer atividade de líder sindical, também dirigem para a própria subsistência:

> "Sim, dirijo. **Todos nós aqui dirigimos, né**. Hoje em dia não tem ainda como nós sobreviver de outra forma, né? Nenhum dirigente recebe nada. Muito pelo contrário, nós só tiramos do bolso, que tem que pagar a luz, tem que pagar aluguel, tem que pagar internet, tem que pagar tudo isso." **(Entrevistado 13, PR, 26.08.2021)**

> "[...] já que o sindicato não tem receita própria, não dá pra ajudar a manter o motorista, a diretoria, então a gente meio que liberou, ó, vocês podem ir pra pista porque todo mundo é motorista, da nossa diretoria. **Toda a diretoria é**

motorista. Ninguém recebe remuneração do sindicato. Nada, nada. Tudo é voluntário aqui. Até mesmo a água quando a gente quer comprar a gente rateia entre a gente pra comprar água pros motoristas" **(Entrevistado 3, PA, 19.07.2021)**

> "Na diretoria, nós somos em 24, né, 25 comigo. Todos dirigem." **(Entrevistado 6, SP, 21.07.2021)**[432]

A entrevistada 2, do Mato Grosso, presidente de sindicato e motorista de plataformas digitais, enxerga vantagens no fato de os sindicalistas serem também motoristas. Ela relata a importância de "sentir na pele" o que os motoristas passam e diz que "ninguém recebe nada" pelo desempenho da atividade sindical, mas que esse trabalho é "pela causa dos motoristas de aplicativo", incluindo-se nesse grupo de trabalhadores a serem beneficiados, mesmo que não receba remuneração para isso:

> "Pra você poder tá de frente dum sindicato, de uma associação, penso eu que você tem que tá na rua, você tem que saber de fato o que os motoristas sentem. O que é que pega pro motorista, como é que tá sendo conduzido na rua, os passageiros, o tratamento, o aplicativo em si, entendeu? Eu não abandono em hipótese alguma eu dirigir, eu fico dois dias na parte da tarde da semana no sindicato e o resto da semana toda eu tô na rua. É tudo pela causa dos motoristas de aplicativo, que é melhoria pra mim mesmo também né." **(Entrevistada 2, MT, 18.07.2021)**

Já o relato da entrevistada a seguir, motorista no estado de Minas Gerais e presidente da federação, é bastante ilustrativo de como o acúmulo de funções e a falta de remuneração dos dirigentes interfere na condição de trabalho e de exercício da atividade sindical:

> "[...] a gente não tem grana, vamos começar por aí, e aí por que que eu tô falando isso, porque pra gente parar nosso trabalho e dedicar totalmente a isso a gente precisa ter grana, né? E a gente não tem essa condição, nenhum de nós temos. E aí a gente tem que, **a gente vive assim, faz uma corrida, pára, vai numa reunião, faz outra corrida, pára, vai fazer uma coisa com o motorista**, vai, então isso demora, demanda tempo, é um trabalho de formiguinha [...] Se pelo menos o sindicato tivesse condição de remunerar essas pessoas que trabalham lá, o sindicato ia crescer, porque ele já tá crescendo sem ter essa dedicação total, porque a gente cresce de acordo com a necessidade do motorista e o motorista tem muitas necessidades." **(Entrevistada 5, MG, 21.07.2021)**

(432) Todos os grifos em entrevistas foram feitos pela autora deste livro.

A entrevistada 5, de Minas Gerais, relata também que, mesmo após ter sido empossada no cargo de dirigente atual, sente dores musculares, estresse e ansiedade, em razão das suas condições de trabalho como motorista de plataforma digital:

> "[...] até hoje eu ainda trabalho como motorista de aplicativo, tem motorista que trabalha 15, 16, 17 horas por dia, hoje eu não faço mais isso, antes eu pegava 6 horas da noite até 6 horas da manhã, pra você ter noção. Então, hoje eu não consigo ficar muito, mas tem gente que, tem gente que fica muitas horas e usa algumas coisas pra se manter acordado e aí começa a ter os problemas de doenças ocupacionais, começa a ter problema de coluna, pra você ter noção, a minha cervical e os meus ombros, **eu sinto dor todos os dias, todos os dias, todos**. Fora outras coisas, estresse, ansiedade, várias outras coisas que causa e o aplicativo, **ele não nos dá nenhum suporte em relação a isso porque eu posso tá com dor, eu posso tá doente, qualquer coisa, se eu não trabalhar, eu não recebo**." **(Entrevistada 5, MG, 21.07.2021)**

Além do acúmulo de funções e de consequências físicas e mentais, que podem ser enquadradas como causa ou concausa pela legislação trabalhista/previdenciária, existem ainda os relatos de sobrecarga de trabalho devido à condição de motoristas mulheres e mães.

A entrevistada 17, do Rio Grande do Sul, começou a trabalhar como motorista plataformizada para sustentar a si mesma e à sua filha, após ser dispensada e não conseguir emprego formal pela CLT, também por não receber "ajuda" do pai da criança. Ela relata que, na primeira semana, voltava para casa chorando porque "o trabalho não rendia" e, tendo em vista que a plataforma não fornece treinamento, ela perdia muitas corridas. De acordo com ela, "tu não aprende nada, a plataforma não te ensina nada. Tu chega ali crua".

O relato de uma outra entrevistada, presidente de sindicato, motorista, assistente social, mulher, esposa e mãe no Estado da Bahia, revela a quantidade de atividades que precisam ser acumuladas, além do papel social que busca exercer na atividade sindical, para sobreviver. A mesma entrevistada informou que tanto ela quanto o marido tiveram outras atividades laborativas, mas que atualmente ambos dirigem para aplicativos, em busca de renda para o sustento familiar:

> "[...] imagine, né? Mulher que trabalha dirigindo, que é mulher, que é mãe, que é dona de casa, que é esposa e ainda presidente do sindicato. [...] **Aqui em casa, é uma família sustentada por um aplicativo. Vive de aplicativo. A nossa realidade atual é essa**. Eu já fui cabeleireira, tive salão próprio, fui vigilante, já trabalhei em *call center*, já trabalhei com vendas, e aí fui estudar serviço social porque me interesso muito pela área." **(Entrevistada 11, BA, 19.08.2021)**

Quando a entrevistada afirma "já fui cabeleireira, tive salão próprio, fui vigilante, já trabalhei em *call center*, já trabalhei com vendas" retrata a figura a que Jessé Souza chamou "batalhadores". São pessoas para as quais o trabalho é central na construção da identidade, e a melhora de vida recente é associada essencialmente ao esforço próprio — uma "nova classe trabalhadora que vive para trabalhar e trabalha para viver" (433).

Além da dupla jornada, em que, no caso de motoristas mulheres e mães, acumulam-se ainda mais funções, a pesquisa com os entrevistados revela que é preciso lidar diariamente com condições de trabalho que ameaçam, além da saúde psicofísica, a segurança pessoal.

4.1.1.2. Condições sociais, jornada e segurança no trabalho

Acerca das condições de trabalho, um dos entrevistados, de Minas Gerais, assessor jurídico do sindicato (entrevistado 1), colheu dados dos motoristas que foram por ele atendidos, por meio de um questionário do *Google*. No *Google Forms* foram feitas indagações sobre escolaridade, jornada e exposição à violência. O referido entrevistado afirmou que, em sua maioria, os trabalhadores por ele atendidos possuem nível médio, 70% trabalham de 10 a 12 horas por dia e um terço já foi assaltado ou sofreu algum tipo de violência, no exercício da profissão.

O entrevistado 1, de Minas Gerais, no tocante à duração da jornada de trabalho, faz uma comparação entre as longas jornadas dos motoristas com a situação de exploração dos trabalhadores no período do início da era da industrialização do trabalho, ao relatar que um motorista lhe contou que trabalhou 17 horas seguidas:

> "É, muito difícil. Igual ontem, eu peguei um Uber, menino novo, rapaz de 20 anos. '*Ah, eu trabalhei 17 horas*', disse ele, eu falei '*que isso?*', e ele: '*17 horas e ganhei 400 reais no sábado*'. Falei '*acho que é pouco*'. E ele '*só assim pra conseguir ganhar alguma coisa*', eu falei '*nossa, muito difícil*'. Dirigir 17 horas pra ganhar 400 reais, olha o risco que ele se coloca, coloca as pessoas, é uma jornada que, quem trabalha em transporte, é 6 horas. A pessoa trabalha 17 horas num volante porque tá desesperada, né? Tem que ter o dinheiro. Então é um absurdo isso. A gente voltou a exploração lá do início da revolução industrial, né? Da cama quente, dorme, acorda, dorme, acorda, dentro da fábrica." **(Entrevistado 1, MG, 15.07.2021)**

O número de horas trabalhadas interfere diretamente a saúde no trabalho e a sobrecarga pode ser considerada um tipo de violência, a partir do momento em que afeta diretamente a condição física e mental do trabalhador e não respeita as limitações da jornada do trabalho, consoante legislações protetivas.

---

(433) SOUZA, Jessé. *Os batalhadores brasileiros:* nova classe média ou nova classe trabalhadora? 2. ed. Belo Horizonte: UFMG, 2012. p. 307.

Além disso, a exposição à violência faz o tema da insegurança nas condições de trabalho dos motoristas ser recorrente nas entrevistas. Há relatos de que os motoristas sofreram assalto, agressões e até foram vítimas de assassinatos. O entrevistado a seguir, do Rio Grande do Norte, manifesta-se no sentido de que a Uber, sendo uma empresa globalizada e com sede no exterior, distante da realidade local, não se preocupa com os trabalhadores vítimas de crimes, mas sim com os consumidores:

> "Mataram um motorista de aplicativo lá no Rio de Janeiro, ele com placa, um luminoso da Uber. Deram 36 tiros no cara, de fuzil e pistola. A Uber tá muito longe, né? E todo mundo sabe que ela não vai atrás. **A Uber tá preocupada com o passageiro**. Ela não tá nem aí se assassinaram o motorista. **Todos nós somos apenas um número, entendeu? Dentro do algoritmo, mais nada. Quando a gente liga o aplicativo, a gente é mais um número." (Entrevistado 7, RN, 04.08.2021)**

Os motoristas estão expostos à violência que acontece nas ruas e no trânsito, e também estão vulneráveis a agressões vindas dos próprios passageiros. Um dos entrevistados, de Minas Gerais, relata que ficou muito abalado com o caso de agressão contra um motorista no exercício diário da atividade laborativa durante a pandemia do vírus SARS-CoV-2, bem como com a ausência de assistência pela plataforma. Afirma que a exigência de se usar os equipamentos de proteção contra a disseminação desse vírus, como máscara e álcool em gel, estabelecidos pela própria empresa:

> "Saiu até notícia aqui em Minas, sabe, ele pediu o passageiro pra colocar máscara e aí a mulher não quis colocar e o marido dela era policial, o policial foi lá e arrebentou a cara do motorista. Foi pelo sindicato que me passaram esse contato. E a pessoa ficou toda machucada e tudo, não teve assistência nenhuma." **(Entrevistado 1, MG, 15.07.2021)**

O uso obrigatório de máscaras de proteção individual constituía, na época da agressão violenta contra o motorista acima mencionada, regra de ordem sanitária e geral, nos termos da Lei n. 14.019/20, que dispunha ser obrigatório manter boca e nariz cobertos por máscara de proteção individual para circulação em "veículos de transporte remunerado privado individual de passageiros por aplicativo" (art. 3ª-A).

Sobre o grave problema da segurança dos motoristas e, em especial, das motoristas, a entrevistada 17, do Rio Grande do Sul e presidente de sindicato, conta que prefere dirigir à noite, para poder ficar com sua filha de 13 anos durante o dia. Todavia, laborando no período noturno, já foi vítima de assalto e de assédio:

> "Infelizmente, além de assaltada, a gente é assediada. Eu fui assediada por uma mulher, e fui assediada por homens. A galera bebe e acaba passando dos

> limites, infelizmente. Não é desculpa né? Mas o assédio mais estranho que eu tive foi há pouco tempo, peguei o passageiro saindo de uma casa de *swing*, em Canoas, pra levar pra Porto Alegre. [...] Nós viemos falando sobre assalto, como é que é ser mulher trabalhando de noite, coisa e tal, e ele parecia não estar embriagado. Aí quando eu cheguei na residência dele, ele disse assim pra mim: '*moça, posso te fazer uma pergunta?*' E eu, ih, ferrou né? Quando o cara faz esse tipo de pergunta, lá vem bomba. Aí eu disse assim, '*poder o senhor pode, se tu acha que deve fazer, pode fazer, mas já adianto que eu não sei se eu vou responder*' E ele: '*ah é que eu tenho um fetiche*'." **(Entrevistada 17, RS, 31.08.2021)**

De acordo com a entrevista, ela então precisou "contar até 10" já que, para trabalhar nas plataformas, é necessário ter cautela sobre o que será dito ao passageiro, já que uma situação dialógica se desenvolve dentro do automóvel, sendo passível de constituir justificativa da exclusão do motorista pela plataforma, sem o direito de defesa. Nas palavras da entrevistada, mesmo que ela pudesse dizer à plataforma, "olha, mas ele me assediou, disse isso, aquilo, tentou me agarrar", há possibilidade de ser excluída, ainda que possa ajuizar ação e afirmar assédio sexual ou moral.

A situação de vulnerabilidade das motoristas, mesmo expostas a casos explícitos de assédio como o descrito acima, se torna mais ameaçadora à própria vítima, devido à possibilidade de ser desligada da plataforma e perder sua fonte de renda, caso o cliente faça uma reclamação ou mesmo apenas lhe dê uma nota baixa.

No caso da entrevista 17, é possível dizer, juridicamente, que o assédio se configurou. Após dizer à motorista que tinha um "fetiche", o passageiro verbalizou que gostaria de realizar masturbação dentro do automóvel, na presença da entrevistada. Ainda ressaltou que tinha "um fetiche de que a motorista fique me olhando." A entrevistada relatou que tal episódio sucedeu-se às 3 da manhã e que sua vontade era "tirar o cara a paulada de dentro do carro". Mesmo percebendo seu desconforto, o passageiro ainda disse: "ô moça, mas não te preocupa porque eu não vou sujar teu banco". Ao que a motorista solicitou que ele descesse do carro imediatamente e que gostaria de reportar à Uber também de imediato, mas já estava com uma corrida a ela direcionada pela plataforma, para buscar outro passageiro no aeroporto.

Segundo Alice Monteiro de Barros, as manifestações do assédio sexual são inúmeras, podendo assumir a forma não verbal ("olhares concupiscentes e sugestivos, exibição de fotos e textos pornográficos seguidos de insinuações [...] exibicionismo, dentro outros", verbal (convites para sair, telefones obscenos, comentários inoportunos de natureza sexual) e física ("toques, encurralamento [...] roçaduras, apertos, palmadas, esbarrões propositais, apalpadelas, agarramentos, etc.). A autora adverte que, na maioria das vezes, os gestos são acompanhados de linguagem sexista e que a doutrina vem sustentando não ser necessário um "não" expresso, pois a conduta ou os movimentos do corpo da mulher podem traduzir sinais evidentes de recusa. O assédio sexual, conforme preceitua Monteiro do Barros, por se tratar de violência contra outrem, até com reflexos psicológicos, poderá configurar também assédio moral. (434)

Nesse contexto de organização produtiva, em que o algoritmo envia corridas sequenciais ao motorista, não permitindo que o trabalhador suspenda a prestação de serviço, ou tenha possibilidade de fazer pausas entre uma corrida e outra, a entrevistada reportou a Uber somente após ter finalizado a nova corrida. Alegou seu constrangimento ao sofrer um assédio sexual de um passageiro durante o trabalho, mas não obteve resposta satisfatória da empresa, dando-se conta da ausência de providências para evitar que isso acontecesse também a outras motoristas.

De acordo com a entrevistada, a Uber respondeu com uma "resposta pronta deles que vem, ah, lamentamos muito pelo ocorrido, a gente não compactua com esse tipo de coisa dentro do carro, blá blá blá, vamos seguir monitorando esse passageiro, se você quiser, você pode fazer um B.O., é só você se dirigir a uma delegacia [...]". O posicionamento da empresa foi o de não excluir o cliente, mas apenas deixar de parear a conta do passageiro com a da motorista. Ao ver da entrevistada, isso acarretaria a possibilidade de o passageiro praticar reiteradamente assédio sexual contra outras motoristas. O que, em suas palavras, "é um absurdo".

Apesar da mensagem da Uber informar o caminho jurídico da formalização de denúncia policial, ao aventar a possibilidade da motorista se dirigir até uma delegacia para formalizar um boletim de ocorrência contra o agressor, a entrevistada explicou que não foi possível, porque, ao encerrar a corrida, "aparece o endereço onde eu peguei e onde eu larguei, não aparece nem o nome do cliente". A entrevistada não formalizou sequer um boletim de ocorrência porque a plataforma não lhe forneceu o nome do passageiro que a assediou.(435)

---

(434) BARROS, Alice Monteiro de. *Curso de Direito do Trabalho*. São Paulo: LTr, 2008. p. 935-937.

(435) Ressalta-se que não seria obrigação da vítima informar a plena definição da autoria do delito, sendo que, após registro de boletim de ocorrência "a apurar", seriam realizadas diligências pelos órgãos investigatórios no sentido de buscas em sistemas e outras providências que tornam possível desvendar nome e qualificação completa do autor do fato criminoso que pode ser enquadrado no delito previsto no art. 215-A do Código Penal. Segundo Mariana Bazzo, Alice Bianchini e Silvia Chakian inexistia previsão de punição adequada para verdadeiras "invasões corporais" sem o uso de violência física e grave ameaça ("apalpadelas, beijos roubados, lambidas, encoxadas, entre outros atos dessa natureza") e foi "exatamente graças à pressão dos movimentos de mulheres, aliada à sensação de impunidade por parte da sociedade, que passado cerca de um ano do episódio do ônibus [em que um homem ejaculou no pescoço de mulher que se utilizava do transporte público da cidade de São Paulo], por meio da Lei n. 13.718/2018, criou-se o tipo penal da importunação sexual, no art. 215-A do CP: Art. 215-A. Praticar contra alguém e sem a sua anuência, ato libidinoso com o objetivo de satisfazer a própria lascívia ou a de terceiro: Pena — reclusão, de 1 (um) a 5 (cinco) anos, se o ato não constitui crime mais grave. A iniciativa visa, portanto, sanar a lacuna legislativa que dificultava o enquadramento de determinadas condutas, como os divulgados casos assédios nos espaços públicos e meios de transportes, acompanhados ou não de "beijos", "encoxadas", "lambidas", "apalpadas" e até "ejaculação", nas modalidades criminosas até então existentes: contravenção de importunação ofensiva ao pudor; infração de menor potencial ofensivo, com previsão de pena ínfima; ou crime de estupro,

Em face da ausência de respostas adequadas oferecidas pelas empresas e diante do grave problema da segurança do motorista exposto à violência das ruas, potencializada pela possibilidade de ser vítima de agressão ou assédio dos próprios passageiros, o entrevistado 16, do Distrito Federal, expõe a relevância da atuação sindical, em parceria com órgãos públicos:

> "Nós temos um problema muito sério com a segurança do motorista. **Graças a Deus, o último latrocínio que houve no Distrito Federal foi em janeiro.** O motorista saiu do DF com o passageiro pra Valparaíso e lá ele foi assassinado. Então, o que a gente conseguiu através da Secretaria de Segurança Pública pelo DF, foi criar a CTMS, que é o Conselho Técnico de Monitoramento e Segurança dos Motoristas, ligado à Secretaria de Segurança Pública com o subsecretário, que é o delegado da polícia federal, dois da polícia civil, dois coronéis da polícia militar, os representantes do DETRAN, a Secretaria de Mobilidade e a Câmara Distrital com a deputada Júlia Lucy. Aí temos o Sindicato dos Motoristas por aplicativo, o Sindicato dos Taxistas e os aplicativos como convidados. Mas isso aí já foi um grande passo nosso, um grande passo pra cuidar da nossa segurança." **(Entrevistado 16, DF, 30.08.2021)**

Diante das dificuldades que o sindicalismo tem enfrentado(436), a atuação sindical, no Distrito Federal, contribuiu para a melhora da condição da segurança dos motoristas plataformizados.

Um grave problema que afeta negativamente os trabalhadores é a possibilidade de ser bloqueado, de forma unilateral, a qualquer hora, sem poder exercer direito de defesa e sem ter a oportunidade de saber o motivo pelo qual foi bloqueado, como consta na fala do entrevistado 6, de São Paulo:

> **"Tem testemunho aqui que o cara chega a chorar.** O motorista diz: '*eu não fiz nada*', e chegar em casa e ter que explicar pra esposa o porquê ele foi excluído. Então, eles tão criando uma coisa na cabeça do ser humano. Eu tenho até um relato de um trabalhador, cê vê que o cara tá tão chocado com a exclusão dele da plataforma, que ele ficou imaginando, '*será que eu fiz alguma coisa?*' O cara vai pra dentro de casa sem saber o que que aconteceu. Então, assim, é

---

de natureza hedionda, cuja pena prevista é de seis a dez anos de reclusão. Com a nova Lei, revoga-se expressamente a contravenção da importunação ofensiva ao pudor, definida no art. 61 da Lei das Contravenções Penais". (BIANCHINI, Alice; BAZZO, Mariana; CHAKIAN, Silvia. *Crimes contra mulheres:* Lei Maria da Penha, crimes sexuais, feminicídio. Salvador: JusPodivm, 2019. p. 268).

(436) RODRIGUES, Rôney. Sindicatos: a classe trabalhadora vai ao inferno? *Outras Palavras*, 30 abr. 2019. Disponível em: <https://ihu.unisinos.br/categorias/588778-sindicatos-a-classe-trabalhadora-vai-ao-inferno>. Acesso em: 29 jul. 2022.

desumano, tá mexendo com a cabeça do trabalhador." **(Entrevistado 6, SP, 21.07.2021)**

Além da insegurança da própria condição de trabalho, incluindo a exposição à violência e às longas jornadas de labor, a pesquisa revelou a exposição constante à arbitrariedade. Como se verá a seguir, a exclusão arbitrária e os bloqueios injustificados podem ocultar medidas discriminatórias com base em gênero, raça, etnia, cor e/ou orientação sexual de motoristas.

4.1.1.3. Discriminação

A discriminação é um dos fatores que influenciam negativamente a condição de trabalho dos motoristas. Sobre o tema, a entrevistada do Mato Grosso, que se autodeclara lésbica, conta que, em sua visão, a maioria das motoristas mulheres são homossexuais. A entrevistada 2 fala também sobre o preconceito em razão do gênero e orientação sexual, que afeta a avaliação feita pelos passageiros, além de desvendar e revelar como funciona o que ela denomina de "bandeira branca":

> "Esse preconceito é muito grande: por ser mulher e por ser homossexual. Eu costumo dizer que isso é a bandeira branca, ele não é dito, é na hora da avaliação, é extremamente escondido. Pra você ter um cálculo, eu tinha 4.97 e, em uma semana, eu fui pra 4.84. Meu carro é impecável. Aí conversando, a gente chegou à conclusão que era o preconceito que as meninas também já estavam sentindo, e eu achava que não era real. Aí quando aconteceu comigo e falei, pô, alguma coisa tá errada, meu carro tá limpo, meu carro não dá problema, entendeu? Eu sou extremamente discreta dentro do aplicativo. **Ou é o preconceito de você ser mulher ou de você ser homossexual.** E aí simplesmente sua nota abaixa e cê não sabe por que e cês chegaram a conclusão que é por causa do preconceito que acontece. É igual o motorista homem que é gay. A nota dele abaixa do nada, assim. Olha, de manhã cedo ele sai com nota 9, com 4.80, 4.90, quando é de tarde, ele tá com 4.70. Aí você vai buscar a fundo o que que é que levou um passageiro a baixar na hora do cara assim, cê não encontra. Cê vai lá no histórico de viagem dele, é só elogio. Como é que cê recebe elogio e ao mesmo tempo tua nota tá caindo? Eu tenho 9 mil viagens em um ano e meio de aplicativo, dois anos, eu tenho 6 mil mensagens de elogio, e minha nota cai 'do nada'." **(Entrevistada 2, MT, 18.07.2021)**

Nas plataformas Uber e 99, há um sistema de avaliação dos motoristas, em que os passageiros atribuem livremente notas de 1 a 5 "estrelas" por meio do aplicativo, sendo contabilizadas sem qualquer ponderação ou mesmo avaliação pelas plataformas, ainda que possam decorrer de critérios discriminatórios e injustos. Segundo a entrevistada 2, "pra você conseguir uma estrela, você tem que fazer 100 corridas e ter 5 estrelas, agora, pra você derrubar 1 estrela do motorista, basta você dar 1 estrela" e, segue, explicando que, se fizer 100 viagens, todas com pontuação máxima (5 estrelas) e estiver com 98.9 de avaliação, caso alguém dê "1 estrela", a nota "volta de novo do começo".

A par da percepção de tratamento discriminatório, o fato é que os motoristas não têm esclarecimento sobre os critérios de composição da sua avaliação e menos ainda sobre os critérios de utilização da nota pela plataforma, o que tanto pode ocultar discriminações praticadas pelos passageiros, quanto arbítrios discriminatórios das próprias plataformas.

Outra entrevistada, do Rio Grande do Sul, comentou sobre a discriminação pelo fato de atuar como dirigente sindical e na defesa dos direitos dos motoristas plataformizados. Discorreu que estava participando de mediações no Tribunal do Trabalho da 4ª Região, a fim de conseguir aumento no valor das corridas, quando foi bloqueada pela 99. Questionou judicialmente o bloqueio, afirmando que sua nota era alta e, até o momento da entrevista, continuava com acesso à plataforma bloqueado:

> **"Nós tivemos quatro reuniões com a empresa no Tribunal Regional do Trabalho e, um dia antes da última reunião, eu fui bloqueada.** Como eu não tive problema com nenhum passageiro, com nenhuma corrida, nem de pegar passageiro errado, nem nada, eu não entendi. Na época que fui bloqueada, minha nota era 4,92/4,95. Era bem alta a nota. Não foi nem por nota baixa. Numa das mediações, a gente questionou que eu tinha sido bloqueada, que poderia ter sido por causa das ações das mediações, e o advogado deles negou, disse que não, daí a gente entrou judicialmente também, agora a gente tá esperando uma resposta." **(Entrevistada 17, RS, 31.08.2021)**

Questionada pela pesquisadora se esse bloqueio a teria feito pensar em desistir de ser sindicalista, respondeu que não, muito pelo contrário. O bloqueio a fez querer continuar, "porque a gente tem que continuar na luta, desistir é pior" e que "isso em nenhum momento me passou pela cabeça, desistir, só em continuar. Isso me dá mais força pra continuar contra eles, com toda certeza".(437)

---

(437) Após a entrevista, a entrevistada ganhou ação judicial na Justiça do Trabalho em que requereu o reconhecimento da conduta antissindical da 99, que a bloqueou arbitrariamente no meio das negociações com as plataformas digitais, por meio da mediação requerida pelo Sindicato junto ao Tribunal Regional do Trabalho (TRT 4), no primeiro semestre de 2021. A notícia que saiu na mídia, trouxe o pronunciamento do secretário de Organização e Política Sindical da CUT-RS, Claudir Nespolo, salientando a importância da sentença: "Cada vez mais fica evidente a relação de trabalho entre os motoristas de aplicativos e as plataformas digitais. Trata-se de trabalhadores e não de empreendedores e estão lutando por direitos, a exemplo do que ocorre em outros países". Conforme Nespolo, "a decisão judicial fortalece a atuação do Simtrapli-RS e sua presidente como representação legítima da categoria e significa mais um passo rumo à conquista de direitos e melhores condições de trabalho e renda". Ele defende que cada motorista deve se sindicalizar para aumentar a força da entidade para defender os interesses da categoria. Para o advogado Ramiro Castro, "a sentença é inédita no Brasil e reconheceu que a empresa violou

As entrevistas revelaram que os trabalhadores percebem sofrer preconceitos não apenas em razão do gênero e orientação sexual, mas também pela própria condição de dirigente sindical, mediante atos diretos da plataforma, praticados sob o "escudo" das decisões automatizadas. A pesquisa aponta, ainda, como são as condições dos assessores jurídicos dos sindicatos de motoristas plataformizados, como se descreverá a seguir.

4.1.1.4. Condições de trabalho dos assessores jurídicos

Com relação aos assessores jurídicos de sindicatos entrevistados, diferentemente dos dirigentes sindicais, nenhum deles atua profissionalmente como motorista plataformizado. A entrevistada a seguir, do estado do Pará, advogada, mãe de duas filhas e esposa do presidente do sindicato, reflete sobre as condições de trabalho dos assessores jurídicos dos sindicatos de motoristas plataformizados, que descreve como sendo "desgastante" pelo tanto que precisa convencer o motorista de que ele possui direitos:

> "Motorista é muito carente, como acho que, na verdade, toda sociedade é muito carente de orientação jurídica. As pessoas não conhecem seu direito como um todo. No caso do motorista, é mais difícil ainda porque ele não se vê como empregado, então assim, eu tenho que convencer a pessoa de ter direito, que quando o cliente chega em você e fala, '*então eu quero tanto de dano moral*', ele já se enche de direito, mas o motorista de aplicativo não. Então é um trabalho bem desgastante, mas tem uma facilidade. A partir do momento que ele é bloqueado, que ele fica ali sem, como eu falo, o direito constitucional dele garantido de trabalho, a partir desse momento, também ele aceita qualquer coisa que você fale. E aí ele começa a entender. Ou se ele não entende, mas ele vai do mesmo jeito, no sentido de brigar na Justiça do Trabalho porque ele quer ter o direito dele de volta, sabe?" **(Entrevistada 10, PA, 18.08.2021)**

A entrevistada 10 comentou ainda sobre a luta que é para manter o sindicato ativo, com falta de recursos financeiros. Contou sobre suas frustrações como assessora jurídica da entidade sindical, o que inclui a falta de união da categoria:

> "Qual foi a minha decepção? Eu tenho família e eu acho que essa é a realidade de todo mundo que trabalha num sindicato hoje. O sindicato, ele não se sustenta,

---

a Constituição e a Convenção da OIT, pois ao punir sem direito de defesa a liderança sindical dos motoristas em meio a negociações estava prejudicando toda a categoria e que, além disso, houve o reconhecimento da competência da Justiça do Trabalho para julgar casos referentes aos motoristas de aplicativos, afirmando que são trabalhadores, e não 'parceiros' das plataformas", ressalta Castro, advogado do Sindicato. (99POP é condenada por bloquear dirigente sindical. *Extra Classe*, 12 abr. 2022. Disponível em: <https://www.extraclasse.org.br/justica/2022/04/99-pop-e-condenada-por-bloquear-dirigente-sindical/>. Acesso em: 14 abr. 2022. Durante a escrita da tese, em 23.06.2022, o TRT 4 julgou o recurso ordinário interposto pela plataforma 99, negando-lhe provimento, mantendo-se a sentença acima referida no processo n. 0020882-91.2021.5.04.0201 (RORSum).

você tem que tirar do seu, então eu estava tirando dos meus filhos há tempos, eu estava tirando da boca dos meus filhos um alimento melhor, eu estava tirando deles a oportunidade de um estudo melhor, porque eu tirava do meu, dos meus honorários, pra manter o sindicato, sabe? E isso foi me desgastando. E de **uma categoria que não tem união nenhuma**. Não sei te dizer se é por conta da diversidade, mas não tem união. Na verdade, até tem, se alguém precisa de alguma coisa, um acidente na pista, eles se unem, mas pra outras coisas, ainda mais hoje com a polarização tão grande de direita e esquerda, sabe? Aí tudo vira assim um absurdo." **(Entrevistada 10, PA, 18.08.2021)**

A angústia do dia a dia como assessor jurídico do sindicato de plataformizados também afetou o entrevistado de Minas Gerais, que demonstra seu choque ao se deparar com tantas injustiças:

> "Então, são casos que me chocam, né? E isso é fruto do quê? Do que a gente luta todo dia aqui, da falta de direitos, dessa perspectiva nova. Que não é nova nada, é velha, muito antiga, de liberar tudo e cada um por si e você tem sua liberdade, sua mão de obra, faz o que você bem entender dela. Mas não é assim, tem que ter o Estado, a Justiça, pra equilibrar essa balança." **(Entrevistado 1, MG, 15.07.2021)**

O entrevistado 1 expõe ainda a história de um jovem motorista de 24 anos, que trabalhava muitas horas diárias para a Uber e contraiu o vírus SARS-CoV-2 no auge da pandemia. Como os leitos públicos estavam lotados, em um ato de desespero, sua mãe o internou em um hospital privado na cidade de Belo Horizonte:

> "Ele deu entrada lá e só foi complicando, ficou 30 dias entubado na CTI, os médicos desenganaram pra mãe dele, não, ele não vai dar certo, ele não vai voltar, ele tá ruim, teve uma inflamação no pulmão, no rim, fez hemodiálise, mas felizmente ele saiu vivo. Com uma conta de 400 mil reais. 400 mil reais. E pô, um rapaz de 20 e poucos anos, a família simples, o pai dele é caminhoneiro, a mãe dona de casa. Aí ele me procurou, a gente conversou, expliquei pra ele, falei ó, podemos também ingressar na justiça, porque no seu caso você não vai ter assistência de ninguém, não vai ter do INSS, não vai ter de nada, vamos também buscar aí o seu direito, que eu acho que tem. E a gente tem, o mundo do direito tem responsáveis, nesse caso, pra mim, é muito claro, **se eu tenho uma empresa transnacional, milionária e que atua livremente no mercado, ela vai ficar sem responsabilidade alguma social?** Até na própria natureza civil, isso não acontece. Alguém tem que ser responsável por intempéries, e é nesse caso pra mim, a empresa. Então esse caso me deixa muito angustiado, mexe comigo, sabe?" **(Entrevistado 1, MG, 15.07.2021)**

O entrevistado 1 transparece também sua frustração sobre como precisou lidar com as situações de procedência e improcedência nas ações do Poder Judiciário brasileiro. Relata que houve litigância manipulativa[(438)] a proposição de acordos em certas demandas nas quais percebeu que teria maior chance de perder, em virtude do perfil dos julgadores, por ela traçado:

> "Porque o que eu vejo é muita injustiça, tem gente que trabalhou três, quatro anos, vai ficar na 9ª turma do TRT MG, que não dá vínculo. A pessoa não ganhou nada. E tem a pessoa que trabalhou um mês, cai na 1° turma do Tribunal Mineiro, faz um acordo de dez, vinte mil reais. Eu não me senti à vontade com isso, porque é injustiça, eu estava vendo a injustiça, eu estava sendo promotor de injustiças. Eu via isso e me sentia mal, falava para mim mesmo, sou o provedor do caos, porque o cara trabalha bastante, não tem nada, tem um azar danado. E aí, o outro que trabalhou um mês, a empresa oferece dez mil, eu não posso falar pra ele arriscar, como é que eu vou falar? Nem assinando carteira ele ganharia isso, e aí eu vou falar o que, não faça acordo? Deixa julgar??? Só que ele pode perder ainda, não ganhar nada. Então, ele está ciente, explico pra ele e ali ele aceita. Mas é injusto. Eu tô promovendo a injustiça." **(Entrevistado 1, MG, 15.07.2021)**

O entrevistado relata sentir indignação diante de uma ocasião em que um Desembargador comparou a situação do seu filho com a do reclamante dos autos que estava a julgar. O magistrado afirmou que o seu filho teria sido motorista de uma das plataformas por um período e trabalhava "a hora que queria", considerando ser possível a comparação entre situações díspares:

> "Muito tristemente, o desembargador do tribunal, num julgamento que eu estava, falou assim: '*ah, mas até meu filho foi motorista de Uber. Ele podia trabalhar a hora que queria, ele podia tá dormindo e não trabalhar*'. Sabe? Vive onde? Marte? Com todo respeito. Não pude falar isso. Mas vive aonde? A realidade não é essa, a realidade são pessoas que tão colocadas numa categoria e foram meio categorizadas a trabalhar horas e horas e horas e horas, e se mantém ali aflitas com aquela ameaça de perder o emprego, perder a renda." **(Entrevistado 1, MG, 15.07.2021)**

O entrevistado 1 também se indigna diante do número de motoristas que faleceram do vírus SARS-CoV-2, com grande probabilidade de terem contraído o vírus durante o

(438) Como explicado no capítulo 2 bem como, anteriormente, em LEME, Ana Carolina Paes. *Da máquina à nuvem:* caminhos para o acesso à justiça pela via de direitos dos motoristas da Uber. São Paulo: LTr, 2019. p. 110-135.

trabalho, e suas famílias não receberam apoio da empresa que, em sua opinião, enxerga-os como mero objetos:

> "20 pessoas que eu entrei com ação, no dia da audiência, eu liguei e a família: '*ah, faleceu de Covid*'. Eu fiquei pensando, imagina no macro do nosso país, que é gigante, quantos casos não aconteceram de motorista falecer, perecer, a família desamparada. Perderam a vida sem ter o vínculo e as empresas dão as costas, assim, e a pessoa vira mero objeto. **Mero objeto, porque é desumano, desumaniza quem fica e quem foi. Número. Pra empresa é número.**" **(Entrevistado 1, MG, 15.07.2021)**

Ao se pensar que a decisão empresarial é de "dar as costas" para as famílias dos motoristas que faleceram e que isso "desumaniza quem fica e quem foi", elucida o que Judith Butler afirma: "há sujeitos que não são exatamente reconhecíveis como sujeitos e há vidas que dificilmente — ou melhor dizendo, nunca — são reconhecidas como vidas"(439).

A entrevistada do Ceará, além de referir os desgastes com as injustiças que vivenciam os motoristas, a escassez de recursos financeiros do sindicato e a falta de união da categoria, ao falar sobre suas condições de trabalho como assessora jurídica do sindicato, relata uma situação em que, diante de uma decisão desfavorável à categoria da Justiça do Trabalho, os advogados do sindicato levaram a fama de serem "vendidos para Uber":

> "Eu já chamei um Uber e chegou um motorista, e eu puxei conversa, não me identifiquei e perguntei: '*E aí, o que você tá achando do sindicato?*' Aí ele foi muito engraçado, e disse assim: '*Olhe, senhora, esses advogados aí do sindicato são tudo vendidos pra Uber, ela compra todo mundo*', entendeu? Eu fiquei bem caladinha, né? Eu ia dizer: não são os advogados. Aí eu: '*é mesmo?*' E ele: '*ou o sindicato se vendeu pra Uber ou a Uber comprou esse juiz, ou comprou o sindicato, comprou os advogados, é muito dinheiro, é um poder econômico muito grande, não adianta se organizar não, eu não vou nem atrás desse sindicato*'. Então assim, fica difícil." **(Entrevistada 4, CE, 20.07.2021)**

O que se percebe do relato acima, em que o motorista chegou a dizer para a entrevistada "não adianta não, eu não vou nem atrás desse sindicato", é que as decisões do Poder Judiciário desfavoráveis à categoria geram falta de credibilidade na efetividade da organização coletiva. A consequência, que se pode extrair da situação retratada no depoimento *supra*, é um enfraquecimento da mobilização tanto do ponto de vista do motorista quanto da própria dirigente sindical ("assim, fica difícil"), e do próprio sindicato.

(439) BUTLER, Judith. *Quadros de guerra:* quando a vida é passível de luto? Rio de Janeiro: Civilização Brasileira, 2019. p. 17.

4.1.1.5. Algoritmo e a organização do trabalho

Sobre o modelo de negócios, a entrevistada do Pará, assessora jurídica, demonstra ter conhecimento de que o algoritmo é programado para gerir as condições de trabalho dos motoristas. Ela acredita que o algoritmo seleciona informações a serem transmitidas, já que ele "pode esconder muita coisa, mais do que se imagina", desde "a conduta de motoristas e passageiros até os valores reais das corridas", já que "reflete o modelo de negócio" e, portanto, é programado para fazer o que gera lucro à empresa.

O entrevistado 6, de São Paulo, afirma que o motorista ao ligar o aplicativo para trabalhar "parece um robô", sendo direcionado pelo algoritmo da plataforma. Acerca do tema, a entrevistada do Rio Grande do Sul, motorista e presidente sindical, afirma que os motoristas não sabem sequer quanto recebem por uma corrida, porque o cálculo é feito unilateralmente pelo algoritmo:

> "Quando é uma promoção do passageiro especificamente, assim, ah, o passageiro ganhou um bônus de 5 reais. Esse valor não entra pra mim, eu ganho meu valor normal. O promocional que eu digo é o Promo, no caso da Uber, e o Poupa, no caso da 99. Esses dois promocionais são valores totalmente absurdos. Corridas a menos de 40 centavos o quilômetro rodado. Isso é uma exploração total do motorista. Aí não tem como a gente trabalhar fazendo corrida. A Uber, especificamente quando entrou aqui, era R$1,60 o quilômetro rodado. Ela pagava até 2, 3 meses atrás, 90 centavos o quilômetro rodado. **Hoje a gente nem sabe quanto a gente recebe, porque a gente não tem mais isso discriminado. A gente só sabe o total da corrida." (Entrevistada 17, RS, 31.08.2021)**

Ainda com relação à organização do trabalho, os entrevistados a seguir, motoristas e dirigentes sindicais tanto do Rio Grande do Sul, como do Paraná, reforçam que os motoristas não podem escolher aceitar ou não corridas e que, basicamente, é o algoritmo quem manda, comparando o sistema a um "patrão":

> "[...] na 99, por exemplo, se em 30 minutos, tu cancela 3 corridas, 4 corridas seguidas, pode tomar um gancho de até 1 dia, 2 dias. Tem gente que toma gancho de 2 semanas, porque ficou cancelando corrida. A gente sabe quais corridas são mais lucrativas e quais não são, e a gente escolhe as melhores corridas pra conseguir um lucro no final do dia. Além disso, eles mandam e escolhem as corridas de acordo com o algoritmo. **Não tem um patrão mais, um chefe, é algoritmo que tem essa subordinação. O algoritmo manda e desmanda na gente." (Entrevistado 9, RS, 18.08.2021)**

Na opinião do entrevistado do Rio Grande do Sul, "o governo atual" considera os motoristas plataformizados como empreendedores, mas, em suas palavras, "a gente não é empreendedor de nada, a gente é trabalhador, porque o motorista não escolhe o preço que quer por corrida, não escolhe se a gente pode aceitar ou não a corrida". Isso porque:

> "E outra coisa, se você cancelar corridas demais, o algoritmo para de te chamar, daí não chama mais. Se você não aceitar 3 corridas seguidas, o sistema que te manda uma mensagem: '*você não está trabalhando? Se você não aceitar a próxima seu aplicativo será desligado*'. Eles alegam que é para evitar que motorista não se esqueça de manter o aplicativo ligado. Mas não é um aviso, sabe, é tipo um patrão." **(Entrevistado 14, PR, 26.08.2021)**

Portanto, é possível identificar pela pesquisa que a organização do trabalho ocorre de forma unilateral, que os comandos eram arbitrariamente inseridos no algoritmo das plataformas. A seguir será analisada para a organização coletiva, a fim de apresentar a maneira pela qual os motoristas plataformizados se organizaram e formaram vínculos, exatamente pelas condições de trabalho acima descritas, com ameaças à sua saúde física e mental, e às suas vidas.

4.1.2. Organização coletiva

Até poucas décadas atrás, como relata Márcio Tulio Viana, o ambiente que, de algum modo propiciava a organização e ação dos sindicatos era a grande empresa vertical, que reunia, num só espaço da planta produtiva, um grande contingente de trabalhadores. Embora as tarefas fossem fragmentadas e a produção massificada, mantinha-se, com isso, a antiga contradição da produção capitalista de que, ao reunir e homogeneizar os trabalhadores, tornava-se inevitável a sua união. "A fábrica produzia, assim, o seu próprio demônio". O modo de ser dos sindicatos acompanhava esse formato, "grande, homogêneo, verticalizado". (440)

Esse modelo entra em crise, com os processos de enxugamento, externalização e terceirização das empresas.

> "Ao externalizar os custos, a empresa divide já não apenas cada empregado, mas a própria classe trabalhadora. E é nesse ponto, mais do que em qualquer outro, que reside a grande arma do novo modelo: ele resolve a contradição da fábrica enquanto local de trabalho e, ao mesmo tempo, de fermentação coletiva."(441)

---

(440) VIANA, Márcio Túlio. O direito, a química e a realidade sindical. *Revista do Tribunal Regional do Trabalho 3ª Região*, Belo Horizonte, n. 59, p. 49-51, jan./jun. 1999. Disponível em: <http://as1.trt3.jus.br/bd-trt3/handle/11103/27120>. Acesso em: 11 ago. 2022. p. 50.

(441) *Idem.*

A reestruturação das formas de organização do processo de trabalho dentro das empresas[442], de um lado, fragmenta, externaliza, terceiriza, isolando no espaço, bem como precariza, vulnerabiliza, quer dizer, mina toda relação de pertencimento, que favorece a união. Contudo, a contradição da reunião física de trabalhadores num mesmo espaço, ainda que bastante mitigada pela terceirização e externalização[443], acaba se mantendo, até hoje, nos casos em que ainda se necessita reunir contingentes significativos de trabalhadores. Assim, para aqueles trabalhadores que permanecem integrados em uma mesma estrutura de trabalho, as empresas se valem de inúmeras estratégias que promovem a competição entre os trabalhadores, que são avaliados e comparados em seus resultados individuais, ao passo que cada vez mais substitui a interação face a face pela interação mediante ferramentas digitais. Promove, com isso, a individualização, a qual desfavorece a união.

Nesse ponto, considera-se que a uberização tem generalizado a utilização de ferramentas digitais de mediação à distância do trabalho, mesmo nas empresas "tradicionais", introduzindo um novo patamar na crise da organização sindical. E, assim se diz porque, hodiernamente, é possível arregimentar, organizar, orientar, fiscalizar, controlar e punir um grande contingente de trabalhadores, se necessário, e sem reuni-los em qualquer local físico.

No caso da organização uberizada do trabalho dos motoristas de transporte individual de passageiros das empresas investigadas (Uber e 99), mesmo estando submetidos a condições de trabalho que dificultam a organização sindical, os motoristas plataformizados encontraram motivações e formas de organização coletiva. Se de um lado as ferramentas digitais são instrumentos de aprofundamento da fragmentação, por outro, também os trabalhadores mobilizaram e mobilizam as tecnologias de comunicação pela internet e redes virtuais – o que bem se adapta ao modo de vida destes motoristas, como se celular fosse a extensão das suas mãos.

De acordo com os relatos colhidos, os primeiros impulsos para a união de motoristas em coletivos surgiram, inicialmente, em torno das necessidades de segurança no exercício da atividade, bem como das dificuldades em aprender os próprios procedimentos necessários à realização do trabalho organizado pelas plataformas, com vista a bem desempenhá-lo e nele se manter. Qualquer pessoa que tenha carteira de motorista e válida, em teoria, pode

---

(442) DELGADO, Mauricio Godinho. *Capitalismo, trabalho e emprego:* entre o paradigma da destruição e os caminhos de reconstrução. São Paulo: LTr, 2005. p. 42.

(443) Vale acrescentar que Márcio Túlio Viana apontou, como efeitos da era pós-fordista e do novo modelo de exploração do trabalho, o desemprego e a terceirização, que desencadearam, eles próprios, outros efeitos, que atuam inclusive sobre o que denomina de "os empregados típicos". E é assim a ação coletiva se enfraquece e o indivíduo passa a se opor ao grupo, a massa inorganizada acaba minando a resistência do coletivo organizado. A crise do individual agrava a do coletivo: o sindicato já não luta para crescer, mas para sobreviver. E também o seu enfraquecimento tende a ser estrutural, na medida em que o são os fatores que o geram: instabilidade, precarização, desemprego. (VIANA, Márcio Túlio. A proteção social do trabalhador no mundo globalizado — O Direito do Trabalho no limiar do século XXI. *Revista de Faculdade de Direito da UFMG*, n. 37, p. 153-186, 2000. Disponível em: <https://www.direito.ufmg.br/revista/index.php/revista/article/view/1145>. Acesso em: 11 ago. 2022).

individualmente baixar o aplicativo e começar a trabalhar. Entretanto, na prática, como as plataformas não ensinam como o trabalho deve ser prestado por meio das plataformas, além de não oferecerem treinamento sobre os comandos inseridos no algoritmo e, sobretudo diante das adversidades do dia a dia, problemas de segurança e outros, os motoristas acabaram por criar formas de interação coletiva, sendo verdadeiros embriões do que, posteriormente, se transformou nos entes coletivos hoje existentes. A interação virtual possibilitou o surgimento de grupos, de coletivos, que se agruparam por questões relativas ao trabalho plataformizado.

4.1.2.1. A busca por redes de solidariedade

Ressalte-se, aqui, a fala da entrevistada do Rio Grande do Sul quando reafirma a necessidade de construção de redes de solidariedade, pois a "a plataforma não te ensina nada". Por esse motivo, ela aderiu a um grupo de *Whatsapp*, para entender como funcionava o mecanismo do aplicativo, além de obter orientações de como realizar o trabalho. De posse de tais informações, afirma ter começado a gostar de realizar o trabalho junto à plataforma e, a partir de então, começou o seu envolvimento com o sindicato:

> "[...] entrei num grupo e era todo de homens, 35 homens. Um amigo meu que era taxista e virou Uber, encontrei com ele num posto e ele disse: '*bom, pra ti não ficar sozinha assim, trabalhando sozinha vou te colocar num grupo*'. Aí **começei a conversar com a galera do grupo, entender como é que funcionava, e a galera começou a me dar dicas, ah, trabalhar tal horário, e eu comecei a fazer o meu horário, a gostar de trabalhar com aplicativo, a entender como é que a gente lidava com os passageiros. Entender que não adianta só tu ligar o aplicativo e sair trabalhando, tem que gostar de trabalhar com pessoas de tudo que é tipo, o pessoal, o público do dia é de um jeito, o público da noite é de outro, e assim eu fui trabalhando e comecei a me envolver com o sindicato." (Entrevistada 17, RS, 31.08.2021)**

Desse trecho é possível extrair a necessidade concreta da organização coletiva. Tal necessidade decorre não só do modo como as plataformas predeterminam, organizam o serviço e o trabalho de transporte individual privado plataformizado, mas também de como os próprios trabalhadores se organizam para cumprir as ordens prescritas pela empresa, via algoritmo. É possível perceber que os trabalhadores coletivamente recriam o modo de organização do trabalho, estabelecendo mecanismos de compartilhamento de aprendizado, de regras e possibilidade de trabalho, e mesmo medidas de segurança no trabalho.

A entrevistada 17 relata que a primeira reivindicação da entidade sindical foi a preservação da vida dos motoristas, em virtude da decisão das plataformas de autorizarem que os pagamentos fossem realizados em dinheiro, o que provocou o aumento dos assaltos aos motoristas:

> "Começou muito assalto aqui a motorista de aplicativo. **E aí eu comecei nas atividades de formar rede de apoio a quem foi assaltado**, chamando a galera, ó, assaltaram, mataram motorista tal, a gente tem que ir lá, tem que fazer alguma coisa, tem que reivindicar, como assim? E eu junto com a galera começamos a puxar as atividades aí, infelizmente dos colegas que foram assassinados por assaltos, e **cobrar das plataformas mais segurança.**" **(Entrevistada 17, RS, 31.08.2021)**

No Programa "Fantástico" (Rede Globo) do dia 06.06.2021, foi divulgado um levantamento que aponta que a violência contra motoristas de aplicativo aumentou, sendo "uma realidade violenta que circula sem freios país afora". Os números de assaltos a motoristas plataformizados são alarmantes. Segundo a notícia: "ao menos 43 motoristas de aplicativo foram assassinados durante o trabalho em 2021 no Brasil"(444).

A entrevistada 17 afirma, também, existir ligação entre a organização coletiva dos motoristas plataformizados e a força do vínculo formado entre os trabalhadores na administração de grupos de *WhatsApp*, culminando na formação de entidades associativas:

> "[...] a gente se organiza em grupos, cada grupo de motorista de aplicativo tem lá tantos integrantes e tem esses Adms. [administradores] que organizam aquele grupo pra não virar bagunça. Tem suas regras e tudo. E a gente tem alguns grupos aqui em Porto Alegre, mas, na época, a gente tinha um grupo que se chama "*A liga*", que era bem representativo, porque tinham vários Adms. de

(444) A matéria veiculada no Fantástico mostra relatos de motoristas com traumas, medo e insegurança de motoristas plataformizados que convivem com o perigo nas ruas. Segundo a notícia, um motorista entrevistado disse: "são 20 pessoas em média que a gente põe por dia no nosso carro que a gente nunca viu, não conhece, se são bem-intencionadas ou não". A matéria mostrou vídeo do motorista Fabiano Pereira sendo assaltado em São Paulo, contou a história do assalto que o motorista sofreu dirigindo para uma plataforma digital em Fortaleza (ele foi amarrado no porta malas e jogado na beira da estrada), motorista Daiane de Mello que foi assaltada por um casal em São Paulo e essa quadrilha matou o primo dela, o motorista Felipe Duarte que além de assaltado foi levado para um cativeiro e torturado. A matéria veiculada no Fantástico mostrou também uma quadrilha de Nova Iguaçu que tinha como alvo só motoristas de aplicativo. Teve uma força tarefa que prendeu essa quadrilha e eles tinham todo um esquema para assaltar os motoristas. Mostrou também a história de um motorista que pediu para não revelar seu nome e relatou um episódio de assalto que o traumatizou e o deixou com doença mental. Todos os motoristas extremamente traumatizados. A matéria mostrou um estudo feito com o aplicativo que os motoristas usam entre eles para tentar se proteger. Os dados são estonteantes: em São Paulo, o aplicativo que atende 123 mil motoristas registrou a média de 14 acionamentos do botão de pânico por dia e, no Ceará, o aplicativo que atende 156 mil motoristas registrou 84 acionamentos do botão de pânico por dia. (EXCLUSIVO: mais de 40 motoristas de aplicativo foram assassinados em 2021 no Brasil, aponta levantamento. *G1 Website*, 6 jun. 2021.Disponível em: <https://g1.globo.com/fantastico/noticia/2021/06/06/exclusivo-mais-de-40-motoristas-de-aplicativo-foram-assassinados-em-2021-no-brasil-aponta-levantamento.ghtml>. Acesso em: 1º ago. 2022).

vários grupos nele pra tratar dessa questão de segurança, de ajuda a motorista, por exemplo, **roubavam carro, a gente botava lá e ia pra todos os grupos, já disparava rapidinho pra vários grupos, ligeirinho a gente achava o carro,** encontrava o colega que tava precisando de ajuda que foi assaltado e ficou a pé, alguém chegava lá mais próximo, a gente dava um suporte bem legal aí pra galera, a gente tem esse grupo até hoje. **E através desse grupo, a gente criou uma associação também que se chama Alma, Associação Amiga dos Motoristas de Aplicativo." (Entrevistada 17, RS, 31.08.2021)**

A partir da formação de associações, houve a evolução para a entidade sindical, de modo que, partindo da ameaça às vidas, chegou-se ao vínculo de solidariedade sindical:

> "Então a gente, nesses 4 anos, seguiu trabalhando pela associação. [...] A gente montou a associação porque o sindicato tava parado. **De um ano pra cá, a gente começou a recuperar o sindicato.** [...] E aí foi indo, e o pessoal tava montando esse sindicato de motorista de aplicativo que é ligado à CUT e aí me chamaram, olha, a gente vai montar o sindicato dos motoristas de aplicativo, já tava tudo pronto, faltava tipo poucas pessoas, vai ser tal dia em tal lugar, tá afim de participar? [...] E foi nas primeiras atividades que a gente desenvolveu junto com a categoria, por mais segurança, devido a esse monte de assalto que teve aí." **(Entrevistada 17, RS, 31.08.2021)**

A entrevistada de Minas Gerais, por sua vez, relata que as injustiças — incluídos os bloqueios injustificados — a levaram a formar o sindicato. Por outro lado, de sua entrevista, é possível destacar como lhe foi descrita a dinâmica unilateral de bloqueio dos motoristas pelo algoritmo, além do mecanismo velado de cobrança pelo aplicativo:

> "Quando a gente foi numa reunião no escritório da Uber a convite desse rapaz, nós fomos pra discutir umas questões sabe? Melhorias e tal pra categoria. E aí, terminando a reunião, eu fui conversar com um rapaz que é responsável por essa área de bloqueio, e aí ele passou pra mim que tudo é feito automaticamente. Se tiver, por exemplo, uma reclamação sobre assédio, o motorista é bloqueado na hora, sem justificativa nenhuma. Sem investigação. Alguma passageira reclamou que o motorista assediou, isso era uma coisa que era bloqueado na hora. Agora, outras reclamações, se tem a mesma reclamação 5 vezes, aí bloqueia. Essa questão era bloqueio na hora. E eu até questionei a ele, '*poxa, mas e o direito de defesa dele, não tem?*' Se simplesmente a passageira não gostou da cara dele, foi lá e fez uma reclamação desse tipo pra ele ser prejudicado, né? E ele: '*não tem como, é assim*'. **Não é ninguém que avalia, é a própria máquina, o**

> **próprio algoritmo que bloqueia a pessoa.** E outros questionamentos também, sobre o valor da corrida que nunca foi muito claro pra gente como funciona, quilometragem, tempo, quanto que cobra ali do passageiro, quanto que paga pra gente, quanto que o aplicativo ganha, porque no início era um fixo de 25%. Hoje em dia, tem viagem aí que o aplicativo ganha de 50 a 60%. Ele cobra do passageiro, **você não sabe nem quanto que o passageiro pagou por conta de ser em cartão.** Você simplesmente retém aquilo dali, aquele valor." **(Entrevistada 5, MG, 21.07.2021)**

Chama a atenção, no relato, a fetichização dos aplicativos, que são colocados como se fossem os entes responsáveis pela organização do trabalho, demonstrando não possuir informação de que a programação dos critérios e comandos do algoritmo é uma ação humana deliberada pela direção das plataformas de transporte.

A entrevistada 5 também desvela a ausência de autonomia dos motoristas em escolher entre aderir ou não às ordens da plataforma. Destaca a necessidade de regulação pública que assegure os direitos do trabalhador frente ao poder das plataformas de se valerem da vulnerabilidade distributiva para impor unilateralmente e sem restrições, as condições que lhes aprovem. Ao final, afirma que todas essas questões levaram-na a fundar a entidade sindical. Destaca que, de acordo com sua percepção, há pelo menos um ano existe uma maior consciência dos motoristas de sua condição de explorados:

> "A gente não tem escolha, eles mandam, a gente obedece. E não tem aquela questão do '*ah, mas você trabalha porque você escolheu né?*' Ah tá... Hoje em dia eu não escuto tanto isso, mas há 1 ano, 2 anos eu escutava, "cê tá nessa daí porque cê quer." E na verdade, a gente entra por necessidade, como a gente entra em outro emprego, né? A gente entra no emprego por quê? Na maioria das vezes, porque a gente tem a necessidade de sustento, sustentar a gente, a nossa família. Então se eu entrar em uma empresa privada e a empresa chegar pra mim e falar assim, olha, cê entrou aqui ganhando 2 mil, mas agora eu vou te pagar 500 reais. Aí cê chega, você vai falar pra essa pessoa, cê aceita se você quiser? Cadê a lei trabalhista? Cadê o direito do trabalhador? Não existe? Então essa é a questão com a plataforma, tipo, hoje você ganha tanto, amanhã você ganha outro tanto, e aí? '*Ah, mas você trabalha porque você quer*'. Não! Eu trabalho porque eu necessito trabalhar, eu preciso trabalhar. Mas nem por isso o empresário pode fazer o que ele quer comigo, né? Então, essa é toda questão. Todas as injustiças que levaram a formar o sindicato." **(Entrevistada 5, MG, 21.07.2021)**

Para além de formar o sindicato para a preservação de vidas, para difundir conhecimento acerca da organização do trabalho e lutar contra as injustiças, a entrevistada 17

(RS) ressalta também a importância de organizar essa luta mediante a formação e posterior formalização de uma entidade sindical com capacidade jurídica de representação:

> "Não adianta a gente chegar lá com 10, 20 motoristas, dizendo que quer conversar com a Uber, com a 99 Pop, que eles não vão, eles podem até conversar contigo, mas não vão te dar uma resposta efetiva né? Se não for uma entidade representativa realmente, com CNPJ registrada direitinho. Então é assim que eu fui cair no sindicato que hoje a gente tá liderando aí, junto com os outros da diretoria." **(Entrevistada 17, RS, 31.08.2021)**

Além dos motivos pelos quais os entrevistados mencionam para decidirem sobre a criação da agremiação, a pesquisa identifica traços de posição política e social de alguns dirigentes sindicais, que também dizem respeito aos motoristas que compõem a categoria, o que contribui para identificar dados na formação dos sindicatos, além de características de seus membros, até a estrutura da sua entidade.

4.1.2.2. Posição política e gênero dos dirigentes

Embora os dados informem que a composição de gênero da categoria seja de ampla maioria masculina, revela que 7 dos 17 integrantes de entidades sindicais entrevistados são mulheres.(445)

A entrevistada 17, presidente do sindicato do Rio Grande do Sul, conta como é liderar uma entidade sindical declaradamente de esquerda, ligada à CUT, em uma categoria cuja composição estima que 98% são homens e 70% declaram-se de direita(446). Relata que, no momento da entrevista, o sindicato vinha ganhando adesão de motoristas de orientação política de direita e de um grupo de motoristas que, inicialmente, não percebiam a importância da atuação da entidade sindical:

> "Eu sou presidente nessa chapa única, então a ideia de ser uma mulher feminista, onde 98% da categoria são homens, é um pouco mais desafiador, e o sindicato

(445) MACHADO, Sidnei; ZANONI, Alexandre Pilan (Org.). O trabalho controlado por plataformas digitais: dimensões, perfis e direitos. Curitiba: UFPR, Clínica de Direito do Trabalho, 2022. E-book. A pesquisa informa que no setor de transportes de passageiros há clara maioria de trabalhadores do sexo masculino atuando por meio de plataformas digitais. Independentemente da empresa em que atuam, cerca de 5 em cada 6 motoristas por aplicativos são homens (Gráfico 6). p. 96.

(446) Sobre o tema existe pesquisa em andamento coordenada pela Professora Rosana Pinheiro Machado, pesquisadora na Universidade de Bath, no Reino Unido. Recebeu um financiamento de 2 milhões de euros, do European Research Council (ERC) para, ao longo de cinco anos, esmiuçar essa questão de se os trabalhadores informais, estruturados em plataformas tecnológicas, estariam formando uma base de sustentação à ascensão de extremistas de direita pelo mundo. (VEIGA, Edison. "'Plataformização' do trabalho é uma bomba-relógio política". Entrevista com Rosana Pinheiro-Machado. DMT em debate, 16 abr. 2022. Disponível em: <https://www.dmtemdebate.com.br/plataformizacao-do-trabalho-e-uma-bomba-relogio-politica-entrevista-com-rosana-pinheiro-machado/>. Acesso em: 2 maio 2022).

> de esquerda ainda... Quando tu fala que é um sindicato ligado à CUT, a galera já pensa em PT, a galera já fala: '*ah não quero saber*, mas assim, **a gente vem de um ano pra cá consolidando com a galera mesmo de direita,** porque 70% dos nossos motoristas são de direita, e bem de direita, então a gente vem conversando e tentando consolidar e fazer com que a galera entenda que a gente precisa de um sindicato forte, atuante e de outras entidades também, a gente precisa estar forte e todo mundo junto pela mesma causa, pela mesma luta, **a gente meio que fortaleceu isso, tem grupos montados com essa turma que, num primeiro momento não queriam saber de entidades, e hoje o discurso já é diferente, sabe, que a entidade faz toda a diferença." (Entrevistada 17, RS, 31.08.2021)**

A respeito do momento político, no qual os sindicatos de motoristas plataformizados foram criados, a entrevistada de Minas Gerais, considerou uma ocasião desfavorável, pois o sindicato de MG foi criado em 2018[447], quando "todo mundo estava jogando pedra em sindicato", inclusive os próprios motoristas:

> "A gente começou numa época muito ruim, quando todo mundo estava jogando pedra em sindicato. Então o movimento sindicalista estava muito em decaída. Teve toda uma mudança de lei também, que não era mais a contribuição obrigatória, então isso fez com que muitos sindicatos acabassem, né, por toda essa questão. E aí **a gente entrou, a gente começou já tomando pedrada do próprio motorista**: '*por que que vocês tão fazendo sindicato, vocês querem ganhar dinheiro em cima da gente?*'. Sempre isso. E aí a gente iniciou e não rebatia tais acusações, a única coisa que a gente queria era: '*olha, vamos trabalhar, vamos começar a fazer o que a gente veio pra fazer, não importa o que falem, que digam,* ***a gente precisa focar no nosso objetivo que é de alguma forma tentar ajudar a categoria***'." **(Entrevistada 5, MG, 21.07.2021)**

Sobre as pedras que menciona a entrevistada 5, pode-se elencar a aprovação da Lei n. 13.467 de 2017. A denominada reforma trabalhista de 2017 foi um dos instrumentos

---

(447) Vale lembrar que em 2017, no governo do Presidente Michel Temer, foi editada a Lei n. 13.467/2017, que suprimiu a fonte obrigatória de sustento dos sindicatos, sucedendo-se, em 2018, a eleição de Jair Bolsonaro para a presidência da República, com um discurso declaradamente desfavorável à atuação sindical e com medidas tomadas no início de 2019. A saber: GOVERNO de Jair Bolsonaro quer aniquilar sindicatos e associações. *Informativo da Adupe*, 28 mar. 2019. Disponível em: <http://adupe.org/wp-content/uploads/2020/01/INFORMATIVO-28-MAR.pdf>. Acesso em: 11 ago. 2022.

mais contundentes a impor bloqueios aos sindicatos, à sua atuação coletiva e aos termos dos instrumentos normativos coletivos. Nela, talvez esteja um dos bloqueios mais graves sofridos pelas entidades sindicais que foi a extinção do imposto sindical.(448)

Em 2019, os ataques foram retomados e, em 1º de março de 2019, a Medida Provisória n. 873 proibiu os descontos das mensalidades dos sindicalizados nas folhas de pagamento, sem qualquer diálogo com as organizações sindicais afrontando o art. 2º da Convenção n. 144 da OIT. Referida medida provisória teve a sua vigência prorrogada, mas prazo de vigência encerrado em 28.06.2019, consoante Ato Declaratório n. 43/2019 do Presidente da Mesa do Congresso Nacional. No dia 22 de março de 2019, foi proibido o desconto de mensalidades sindicais dos servidores públicos da União, consoante termos do Decreto n. 9.735/2019.(449)

O relato da entrevistada 17, por sua vez, ilustra a motivação de ter sido convidada para participar da direção do sindicato:

> Nós temos um cargo sobrando ainda, secretária geral tá aqui, a gente precisa de mulheres, nós não temos mulheres e tu tá sempre aí, acho que fazia uns 4, 5 meses que eu tava aí, fui lá, vi como era a CUT. Eu sou de esquerda, já gostei, né? Então achei assim, agora a gente vai começar a lutar pelo que a gente quer. **(Entrevistada 17, RS, 31.08.2021)**

Apesar de promover a inclusão de gênero, não se pode deixar de observar que esta inclusão se deu como uma "sobra" para compor o quadro da entidade sindical, por ser mulher. O que a entrevistada 17 fala tem respaldo nas reflexões de Iris Marion Young acerca do "caráter excludente das normas de representação", em que "grupos sociais dos quais fazem parte ou com os quais têm afinidade não são devidamente representados nos organismos influentes de discussões e tomadas de decisão, tais como legislaturas, comissões e conselhos"(450).

---

(448) RODRIGUES, Rôney. Sindicatos: a classe trabalhadora vai ao inferno? *Outras Palavras*, 30 abr. 2019. Disponível em: <https://ihu.unisinos.br/categorias/588778-sindicatos-a-classe-trabalhadora-vai-ao-inferno>. Acesso em: 29 jul. 2022.

(449) Segundo Rodrigues, os sindicatos sofreram "duro golpe" pois, em 2012, a Confederação Nacional das Indústrias (CNI), lançou o documento "101 Propostas para Modernização Trabalhista", apontando que os "altos custos do emprego formal" eram um dos "mais graves gargalos ao aumento da competitividade das empresas brasileiras". Entre os principais pontos do mencionado golpe, elencou: "o negociado sobre o legislado", flexibilização das relações de trabalho, como, por exemplo, a possibilidade ampla de terceirização, restrições aos sindicatos, com a extinção do imposto sindical, além de outras várias medidas que representam precarização das relações de trabalho. In: RODRIGUES, Rôney. Sindicatos: a classe trabalhadora vai ao inferno? *Outras Palavras*, 30 abr. 2019. Disponível em: <https://ihu.unisinos.br/categorias/588778-sindicatos-a-classe-trabalhadora-vai-ao-inferno>. Acesso em: 29 jul. 2022.

(450) YOUNG, Iris Marion. Representação Política, identidade e minorias. *Lua Nova*, São Paulo, v. 67 p. 101-138, 2007. p. 118

Para além da motivação social e política que influiu na organização coletiva, a pesquisa também indica dados acerca da estruturação das entidades sindicais, englobando sua formação, espaço físico e forma de custeio.

4.1.2.3. Estruturação (física, custeio, parcerias etc.)

A estruturação dos sindicatos demandou que os membros dedicassem muitas horas de trabalho à entidade e sem remuneração. A procura dos motoristas pela atuação do sindicato foi grande desde o início, segundo relata a entrevistada 5. Como as notícias de que "o sindicato fez isso, o sindicato conseguiu aquilo", os motoristas começaram a buscar a representação sindical. A entrevistada 5, de Minas Gerais, conta como fez para lidar com a grande demanda pela atividade sindical:

> "E as coisas começaram a acontecer, sabe? Através do nosso trabalho, através da nossa dedicação, de todo mundo que tava ali. A gente deixava de trabalhar muitas vezes pra tá fazendo alguma coisa pra poder ajudar o sindicato em algum projeto, em alguma campanha, em alguma coisa que fosse feita lá dentro, e nós fizemos muito isso, muito. Pro cê ter noção, nos primeiros 2 anos eu acho que tinha reunião todo dia, todo dia eu tinha que parar meu trabalho e ir pra uma reunião. Então o trabalho começou a ficar muito intenso, porque a demanda realmente é enorme ainda hoje, é muito grande." **(Entrevistada 5, MG, 21.07.2021)**

Há grande diversidade no que tange à estrutura física, sedes, subsedes e locais onde funcionam os sindicatos que participaram desta pesquisa como se demonstra a seguir. O sindicato do Pará possui "um escritoriozinho que nós alugamos", cujo custeio do aluguel, internet, água e energia, de acordo com o entrevistado 3, saem do bolso do presidente.

O sindicato de Minas funciona na casa da sua então vice-presidente (hoje presidente), porque, nas palavras da entrevistada 5, "a casa é muito grande, como ela morava ali só ela e a filha, deixou a gente usar a parte de baixo" e "a gente usava ali uma vez por semana para atender os motoristas e pra trabalharmos outras questões também".

Ao seu turno, o sindicato de Sergipe está instalado no prédio do SINDITÊXTIL, que é "um sindicato filiado à força sindical em Aracaju", e não pagam aluguel, já que, de acordo com o entrevistado 15, "a galera é parceira mesmo".

Em São Paulo, o sindicato possui sedes e subsedes, que, nas palavras do entrevistado 6, localizam-se "em São Miguel Paulista, onde é a sede principal, também no Alto Tietê, na Baixada Santista" e, de acordo com ele, "estamos vendo uma no ABC e uma agora também no Vale".

A respeito da cobrança de taxa dos sindicalizados, há sindicatos que não cobram mensalidade e se sustentam por meio de doações ou por meio do que denominam de "parcerias".

Outros cobram mensalidade, mas relatam que há muita inadimplência, como ilustra a fala do entrevistado do Rio Grande do Norte:

> "Dia 15, nós começamos a enviar os boletos pra serem pagos. 25 reais. Hoje o nosso sindicato tem 166 filiados, porém, se eu te contar que só 7 pagaram a mensalidade nesse último mês." **(Entrevistado 7, RN, 04.08.2021)**

A entrevistada 11, da Bahia, presidente de sindicato e motorista de plataformas digitais, informa que, apesar de considerar o valor da mensalidade acessível, a entidade sindical tem inadimplência. Reconhece que a situação de alguns motoristas é bastante delicada e que os motoristas não têm real conhecimento quanto ao valor líquido que de fato recebem:

> "Somos 1200 associados, uma parte ativa e a outra inativa, né? Ativa é a que tá pagando. A mensalidade é R$29,90, qualquer pessoa paga, certo? Ah, mas tem gente que não paga não. Mas eu vou lhe dizer, eu lhe digo que aqui pelo menos no nosso município, existem motoristas com situações bem delicadas, tem pessoas que eu olho assim, eu digo, eu não sei o que se passa na mente dessa pessoa, o que ele tá fazendo aqui, uma pessoa que não tem carro. Ele aluga um veículo onde paga, hoje até diminuiu, era 400 reais por semana, aluga o veículo, tem que pagar 700 reais de caução, 380 por semana, fora combustível e as outras necessidades do veículo. E essas pessoas rodam desesperadamente. Tem hora que eu olho assim, eu digo não, essa pessoa roda só pra pagar o carro, porque não tem condições não, pô. E eles não fazem o cálculo. Eu disse que eu quero fazer uma reunião com o pessoal só pra fazer cálculo." **(Entrevistada 11, BA, 19.08.2021)**

Sobre número de sindicalizados, cobrança de mensalidade e acerca das prioridades do sindicato, o entrevistado de São Paulo esclarece que, a seu ver, o foco é organizar a categoria em primeiro lugar. De qualquer forma, relatou o receio que os motoristas têm de lutar por direitos e, em face disso, a "Uber ir embora":

> "O número de filiados que nós temos hoje, acho que é 10.400 e pouco. Nenhum filiado paga. Os filiados têm direito às parcerias. Se ele for fazer um convênio dentário fora, ele paga, acho que se eu não me engano, mais barato aqui em São Paulo, é de 40 a 60 reais. E no sindicato, ele paga 15 reais. Então assim, abaixa o preço. O funeral, se ele quiser, tá 3 reais, R$3,80. Nós temos colônia de férias, onde o trabalhador que queira ir, ele paga lá a diária, café da manhã, almoço e janta pra toda família, então assim, o sindicato tem convênio com faculdades. Tem bastante coisa, tem contador, se o cara quiser fazer uma

iniciativa privada pra aposentadoria, pra não ficar a mercê das empresas, assim, o que a gente pode dar de suporte pra eles, a gente tenta fazer aqui como sindicato. **O foco primeiro é organizar a categoria, é mostrar que eles têm direito sim.** Que o que colocam na cabeça deles é uma invenção. **Eles dizem que, não, se for CLT, a Uber vai embora,** a Uber não vai embora de lugar nenhum. A marca dela é muito forte, entendeu?" **(Entrevistado 6, SP, 21.07.2021)**

É de se notar que a própria UBER já declarou, diante da perspectiva de uma possível legislação europeia que designasse motoristas como empregados, ou fornecesse direitos adicionais, como férias e benefícios previdenciários, que "qualquer modelo pode funcionar economicamente para nós" (tradução livre)(451). Desse pronunciamento do Dara Khosrowshahi, CEO da empresa, se extrai que o receio de a "Uber ir embora" significa, na realidade, uma crença infundada ou, na fala do entrevistado 6, uma "invenção" que "colocam na cabeça" dos motoristas e será analisada no capítulo 5, junto com outras crenças relativas ao regime de emprego.

A entrevistada 2, do Mato Grosso, presidente de sindicato e motorista, posicionou-se de forma contrária à cobrança de mensalidade dos motoristas. Ela relata que o sindicato do estado possui 18.400 sindicalizados e fala sobre a importância de todos os filiados estarem dispostos a ajudar o sindicato, sem receber remuneração:

> "Todos do sindicato estão doando o seu tempo, tudo. Ninguém tá recebendo absolutamente nada. Até porque o Sindicato em Cuiabá não está cobrando absolutamente nada dos motoristas. A gente quer construir a sede, a gente tá fazendo campanhas, um almoço beneficente pra gente construir a sede. Na verdade, o sindicato são todos os motoristas de aplicativo que estão ajudando todo mês, quem já dependeu do sindicato, quem tá dependendo do sindicato doa 10 reais, doa 5, doa 2 reais e, com isso, a gente tem pagado aluguel, luz, telefone, tudo. Quem quiser doa. O que eu acho errado é qualquer sindicato ou associação, pra você fazer parte e ter benefícios, você ter que cobrar. Eu sou contra, entendeu? Eu acho que '*você não tá ali pra defender a classe? A classe tem*

---

(451) *UBER fireside chat with UBS*. Lee Fang [Canal Youtube], 14 dez. 2021. Disponível em: <https://www.youtube.com/watch?v=YDsOFNIET5U>. Acesso em: 30 jun. 2022. "So any model can work economically for us" (no original), disse Khosrowshahi quando perguntado sobre uma possível legislação da UE que exigiria que o Uber designasse motoristas como funcionários ou fornecesse direitos adicionais, como férias e pensão. Disse Steve Smith, porta-voz da Federação do Trabalho da Califórnia, em um comunicado ao The Intercept que "o reconhecimento de Dara Khosrowshahi de que a empresa pode — e se adaptou — a tratar os trabalhadores como funcionários em outros países é um tapa na cara de todos os motoristas nos EUA que o Uber continua a explorar". E acrescentou Smith que: "Tudo se resume à pura ganância de executivos ricos que farão qualquer coisa ao seu alcance para impedir que os trabalhadores tenham uma parte dos lucros que seu trabalho gera." (FANG, Lee. Uber CEO admits company can afford labor protections for drivers. *The Intercept*, 7 jan. 2022. Disponível em: <https://theintercept.com/2022/01/07/uber-drivers-labor-protections-dara-khosrowshahi-european-union/>. Acesso em: 28 jul. 2022).

> *que ter acesso ao que você tá fazendo*'. Por quê? O aplicativo já cobra um valor exorbitante do motorista, tem motorista que chega a dirigir 17, 18, 19 horas pra poder manter uma média de 350 reais. Aí vem combustível, desgaste do carro. Ainda vou eu, estando presidente do sindicato, cobrar dele um valor? Eu acho desnecessário isso, já que todos estão dispostos a ajudar o sindicato." **(Entrevistada 2, MT, 18.07.2021)**

A pesquisa revela que, além de alguns sindicatos contarem com "parcerias" para custear despesas do sindicato, eles também fazem contratos com empresas fornecedoras de serviços, a fim de conseguir benefícios para os motoristas filiados. Sobre as parcerias, o entrevistado do sindicato de São Paulo definiu o conceito de "parceiro" e reiterou que proporcionar suporte aos motoristas é importante, para que não fiquem submetidos à vontade unilateral das empresas:

> "Parceiro é o que? É o cara que quer que a gente faça uma propaganda de um convênio de dentista dele, médico, pneu que a gente vende, tudo que o trabalhador precisa, a gente consegue trazer mais barato. Os filiados, eles têm direito às parcerias." **(Entrevistado 6, SP, 21.07.2021)**

A entrevistada do Mato Grosso relata como o sindicato que preside formou redes de solidariedade para apoiar os motoristas e suas famílias, e permitir que tivessem melhores condições de trabalhar e de viver:

> "Nós fizemos uma parceria de material de construção, pra você ter um cálculo, uma casa de material de construção aqui, o motorista que for lá e comprar uma tinta que vale 280 reais, ele vai pagar 220. Quem não precisa reformar tua casa? Então são essas jogadas que você tem que fazer, como eu tô querendo fazer agora, parceria em feira de bairro, porque eu já abasteci feira, então eu conheço os feirantes. Eu quero fazer parceria com verdura, com fruta, nós temos uma parceria com a distribuidora das frutas, que eles nos doam, toda terça-feira, 100 sacolões de verdura. Aí, pra quem recebeu semana passada, já não recebe essa. E a gente doa esses sacolões de verdura pro próprio motorista. Pra família que perdeu o motorista, esse é um trabalho que a gente vem fazendo há muito tempo. E agora, fazendo essa parceria nas feiras. **Se você não apoiar, como é que uma família vai recomeçar? Se ele era o que levava o sustento pra casa.** Nós procuramos emprego com esses parceiros nossos pra esposa que perdeu o marido, ou pra filha, a gente tem feito esse trabalho. Olha, a gente não quer nada, mas a gente precisa de 2 vagas de emprego, a gente foi lá no Menor Aprendiz, fizemos uma parceria para filhos de motorista de aplicativo pro primeiro emprego. **Nós, o sindicato aqui em Cuiabá e em Mato Grosso,**

nós não envolvemos só o motorista, nós agora estamos trazendo a família do motorista pra gente. Tem 6 meses que a gente já tá trabalhando junto à família, porque quando nós começamos o plano de saúde, da Unimed, com mensalidade de 100 reais, a gente começou com o motorista, hoje não, é com a família do motorista." **(Entrevistada 2, MT, 18.07.2021)**

A mesma entrevistada afirma que "nós arrumamos a casa do motorista" e comenta sobre como tal atuação provoca a adesão dos trabalhadores, a ponto de afirmarem que o trabalho do sindicato ocupa o lugar das "políticas públicas" inexistentes:

> "Nós pensamos em alimentação, do básico, saúde, educação, nós temos parceria com creches, nós temos parceria com diretores de colégio pra fazer matrícula dos filhos de motorista de aplicativo. Então, nós procuramos a base. Nós fizemos três casas pra motoristas de aplicativo que tinham o terreno e que não tinha condições de construir, aí nós fizemos uma campanha, um mutirão, tinha motorista que era pedreiro, foi lá ser pedreiro, mas é preciso politizar essa luta. Quem não era pedreiro, foi ser ajudante. As mulheres dos motoristas foram lá cozinhar, levantamos três casas. Então, essa política o sindicato tem, o sindicato faz. Se nós soubermos que fulano está passando por necessidade, nós vamos até os motoristas e levantamos uma campanha. Tanto é que eles dizem, politicamente falando, que '*nós não dependemos do Estado e nem do município*', isso todo motorista fala. **Eles falam, nós não precisamos de política pública, o sindicato faz pra nós**, entendeu? Então, essa linguagem sindicato-motorista deu muito certo, mas porque pensamos dessa forma: vamos arrumar a casa do motorista, vamos dar condições pro cara sair pra trabalhar, ou pra mãe de família sair pra trabalhar, porque se o filho tá no colégio, ela tem condições de sair, pôr a comida na mesa, pagar sua energia, sair do aluguel. Então essa política o sindicato tem." **(Entrevistada 2, MT, 18.07.2021)**

É clássica a crítica ao foco assistencialista na ação sindical, pois representaria falta de compromisso com lutas mais combativas e significaria maior assujeitamento ao Estado e às forças patronais, que notadamente nos momentos de maior coibição da atuação sindical procuram circunscrevê-lo à atuação assistencial.(452) No século XIX, as primeiras experiências sindicais começaram com o mutualismo, no período anterior a 1888. Com a chegada de parte dos imigrantes, com eles vieram os anarquistas e socialistas já experientes em organização de classe. Assim, com o incentivo dos sindicalistas vindos da Europa, foram fomentadas lutas por direitos. Em 1964 e outro golpe de estado, foi proibida a greve e a ditadura

---

(452) SOUTO JR., José Fernando. Práticas assistenciais em sindicatos. Do "novo sindicalismo": a persistência da roda. *24º Encontro Anual da ANPOCS*, 2018. Disponível em: <https://www.anpocs.com/index.php/encontros/papers/24-encontro-anual-da-anpocs/gt-22/gt18-18/4870-jsoutojr-praticas/file>. Acesso em: 28 jul. 2022.

militar criou o sindicalismo assistencialista.[(453)] O assistencialismo, que foi fomentado tanto no período Vargas como durante a ditadura militar, era financiado pelo imposto sindical.

A atuação da entidade sindical pesquisada não corresponde, a partir dos dados coletados, a primeira vista, em assistencialismo, até porque não há cobrança de contribuição sindical dos filiados, e também não pode ser reduzida tão somente a uma associação mutualista, pois há existência de efetiva luta por condições mínimas de trabalho. Michelangelo Torres adverte que a análise científica da atuação de sindicatos deve levar em consideração a crise que o sindicalismo vem enfrentando no Brasil. Em razão dessa crise, aponta, como exemplos, o fato de as greves atualmente serem realizadas para manutenção dos direitos ("greves de manutenção"), a taxa sindicalização manter-se regressiva de 2012 a 2019, bem como a atual dificuldade que as entidades representativas de trabalhadores uberizados possuem para obter o reconhecimento jurídico como categoria profissional.[(454)] Nesse mesmo sentido, considerando esse cenário e o contexto do capitalismo pandêmico, estudado no capítulo 2, Antunes afirma que as iniciativas sindicais dos trabalhadores uberizados correspondem a "uma forma de luta basilar".[(455)] Explica Antunes que os trabalhadores uberizados, ou também chamados de plataformizados, em geral, estão desempregados, subempregados ou estão na informalidade, portanto, não é que essas organizações coletivas de trabalhadores plataformizados estão fazendo assistencialismo sindical ou Estado de Bem-estar social, eles estão lutando por questões de vida dignas que o estado capitalista burguês brasileira, por ser um capitalista predador e predatório — e agora, pandêmico — não provê. Adverte, contudo, que é uma luta básica, em que já se pode perceber ação política, mas é preciso politizar cada vez mais essa luta.

A entrevistada 2, ao afirmar que primeiro foi preciso "arrumar a casa do motorista", para depois "ir contra os aplicativos na busca de direitos trabalhistas", denota uma "ação defensiva de resistência"[(456)], mas que também é propositiva, na medida em que a entrevistada também relata que estão estudando a hipótese de "acampar lá na Uber", e que está tentando conversar com a base em São Paulo em busca de apoio:

> "Nós temos uma turma de 18 mil motoristas que tá disposto a colocar o combustível e tocar pra Brasília, com família, pra São Paulo, com a família toda,

(453) AROUCA, José Carlos. *Organização sindical no Brasil:* passado, presente e futuro (?). 2. ed. São Paulo: LTr, 2019.

(454) TORRES, Michelangelo. *História do movimento sindical e sociologia do sindicalismo.* Aula 10. Alcances e limites do sindicalismo brasileiro no limiar do século XXI. 28.07.2022.

(455) ANTUNES, Ricardo. *História do movimento sindical e sociologia do sindicalismo.* Aula 10. Alcances e limites do sindicalismo brasileiro no limiar do século XXI. 28.07.2022.

(456) Tal afirmação é fruto de conversas informais com a pesquisadora Ana Cláudia Moreira, em áudio de WhatsApp. Ponderou que os conceitos de sindicalismo e assistencialismo não se aplicam a essas organizações de trabalhadores plataformizados, porque essas organizações nascem sem nenhum direito, precisam brigar para serem reconhecidas como tal, inserem-se no contexto de mercado de trabalho informal. Além de fazer parcerias, atuam junto ao Ministério Público do Trabalho e auxiliam motoristas na propositura de ações individuais.

entendeu? Só que São Paulo tem medo que os motoristas de São Paulo não aceitem. Ah! Na verdade a gente acha assim, se não é São Paulo, aqui a gente tem que ficar mais parada. A gente faz e acontece no nosso estado, mas a nível Brasil a gente não consegue fazer muita coisa." **(Entrevistada 2, MT, 18.07.2021)**

Além de formação de rede de solidariedade em busca de preservação do direito fundamental ao trabalho dos motoristas plataformizados, a pesquisa mostra que o Sindicato do Mato Grosso também tem projeto de atuação em busca de acesso via direitos. A entrevistada do Mato Grosso cogitou, inclusive, "de ir com a turma de 18 mil motoristas" até São Paulo para "acampar lá na Uber", consciente de sua força coletiva por ter grande quantidade de filiados, contudo, até o momento da entrevista, aguardava direcionamento para atuar nacionalmente.

Com relação ao reconhecimento dos sindicatos pelo Estado a partir do registro sindical, nem uma das entidades sindicais entrevistadas possui, até o término da escrita do livro, a denominada "carta sindical". Aliás, apenas o Sindicato de São Paulo já havia formalizado o pedido de concessão de registro no MTP para atuar como entidade sindical, porém, até o momento não obteve êxito e o processo encontra-se em tramitação[457].

A pesquisa revelou como a estrutura de suporte que os sindicatos fornecem aos motoristas auxilia o fortalecimento da organização em torno da entidade sindical. Os dirigentes entrevistados consideram que tal suporte favorece a compreensão e identificação pelos trabalhadores de que possuem direitos. Dada as adversidades de situações que os motoristas plataformizados enfrentam, o papel desempenhado pela organização coletiva, ao "arrumar a casa do motorista" — na fala da entrevistada 2 —, em muitos casos, é o que propicia que continuem trabalhando.

4.1.2.4. Mobilização coletiva

Além de atuar como organização sindical e criando redes de solidariedade em torno do sindicato, os relatos demonstram a mobilização coletiva para lutar em prol de melhores condições de trabalho no setor. Contudo, a entrevistada de Minas Gerais não vê muita efetividade em fazer manifestações dos trabalhadores e entidades sindicais para acesso aos direitos pelos motoristas. Afirma que as manifestações realizadas não lograram resultado

(457) O órgão responsável pelo controle do registro sindical para fins de unicidade, historicamente vinculado ao Ministério do Trabalho, passou a fazer parte, em 2018, Secretaria Nacional de Justiça do Ministério da Justiça e Segurança, com a extinção do Ministério do Trabalho, sendo posteriormente realocado na Secretaria Especial de Previdência e Trabalho do Ministério da Economia. Atualmente, com a recriação do Ministério do Trabalho e Previdência, voltou a estar ligado à pasta. Um dos entrevistados forneceu à pesquisadora cópia de ofício expedido por ordem do Ministro do Trabalho e Previdência, em agosto de 2021, respondendo a manifestação de um Senador da República que solicitou atenção ao pedido de registro sindical apresentado pelo sindicato e que ainda estava em trâmite administrativo aguardando a concessão da carta sindical.

positivo junto às plataformas. Sustenta, em vez disso, a importância da luta por uma legislação que garanta os direitos dos motoristas:

> "A manifestação é legal pra você ver o povo reunido, você vê que a categoria é grande e isso pode mexer com algumas questões. Mas, efetivamente, eu não vejo muitos resultados positivos. Porque a gente já fez aqui carreata de muitos carros, muuuitos carros. A gente fez a manifestação, pegamos a assinatura de todo mundo fazendo lá as reivindicações e tal, mais de mil assinaturas, e chegamos lá, entregamos pra Uber, entregamos pra 99. A Uber até respondeu, sabe. A 99 na época não respondeu. A Uber disse: '*a gente vai dar uma olhada*', e deu, passou um tempo, '*ah! infelizmente a gente não consegue fazer isso agora*'. Por isso que eu digo que não tem muita efetividade, pra mim, é perda de tempo. **Não temos acesso, então, você pode até questionar, mas eles fazem o que eles querem fazer, não adianta. Você pode reunir todos os motoristas, eles vão fazer o que quiserem fazer. Por quê? Porque amanhã o motorista está trabalhando de novo do mesmo jeito que estava**. E é uma luta que a gente não vai conseguir se não for juridicamente, e através de uma legislação que lute, que tenha ali realmente garantido os nossos direitos. Que se não... se for por conversa ou manifestação, não vai rolar, não adianta, não rola. Esse é o caminho." **(Entrevistada 5, MG, 21.07.2021)**

A entrevistada do Ceará relata que, em seu Estado, foram feitas grandes manifestações, quando foi possível perceber a mobilização da categoria. Tais manifestações desembocaram na propositura de ação judicial coletiva, no início da pandemia, postulando remuneração mínima e condições de proteção sanitária, como referido no capítulo 2. A ação levou o n. 0000295-13-2020-5-07-0003, distribuída para a 7ª Vara do Trabalho de Fortaleza/CE (Tribunal Regional do Trabalho da 7ª Região – TRT 7). Contudo, após a suspensão, pelo TST, da decisão liminar do TRT do Ceará, que reconheceu, em sede de mandado de segurança, o direito dos motoristas ao salário mínimo, máscara e álcool em gel[(458)], a entrevistada considera que o impacto foi de desempoderamento da categoria e da própria representação sindical:

---

(458) A Uber apresentou Correição Parcial perante o Tribunal Superior do Trabalho. Na peça de ingresso, a empresa requereu a concessão de efeito suspensivo ao agravo regimental interposto em sede de mandado de segurança ao argumento de que lhe foram impostas obrigações operacionalmente impossíveis, gerando insegurança jurídica e "comprometendo a manutenção das assistências voluntárias que a UBER já vem prestando aos motoristas parceiros em todo o Brasil". A decisão da reclamação correcional deferiu a liminar requerida para conceder efeito suspensivo ao agravo regimental interposto à decisão no mandado de segurança n. 0080115-90.2020.5.07.0000 e, em consequência, cessar os efeitos da decisão constante da ACP (autos do processo n. 0000295-13.2020.5.07.0003), até que ocorresse o exame da matéria pelo órgão jurisdicional competente. In: ORSINI, Adriana Goulart de Sena; LEME, Ana Carolina Reis Paes. Salário mínimo, máscara e alquingel: acesso ao mínimo ou mínimo de acesso? *Revista Direito.UnB*, v. 4, n. 2, p. 171-197, maio/ago. 2020. Disponível em: <https://periodicos.unb.br/index.php/revistadedireitounb/article/view/32405/27452#:~:text=O%20Sindicato%20venceu%20a%20a%C3%A7%C3%A3o,humanos%2Ct%C3%AAm%20direitos%2C%20trabalham!>. Acesso em: 23 abr. 2022.

> "No começo, tinha mobilização, eles fizeram um grande encontro ao redor do Castelão, que é o nosso principal estádio em Fortaleza, teve uma mobilização grande, teve carro de som, isso em 2019, né. Aí em 2020, ainda teve uma movimentação, mas depois que a decisão foi suspensa, eles caíram no descrédito. **O meu sentimento é que a desmobilização da categoria tem uma ligação direta com o estado da ação judicial**. Se a gente tivesse conseguido efetivar a medida liminar, eu acredito que a gente teria conseguido mobilizar, porque se criaria um sentimento de coletividade. Porque, infelizmente, a gente passa por esse processo." **(Entrevistada 4, CE, 20.07.2021)**

Acima, demonstrou-se a busca por vínculos de solidariedade, bem como a formação de redes de solidariedade institucional. A influência do contexto político e social no qual as organizações coletivas se inserem, sua estrutura física e orçamentaria, além de perquirir acerca da existência e da efetividade da mobilização coletiva.

4.1.2.5. Estratégias de manipulação da organização sindical

Como as empresas plataformizadas de transporte tem conhecimento da potencial força do coletivo de trabalhadores, desenvolvem estratégias de manipulação sindical. Os dados empíricos revelaram estratégias de manipulação da atuação das organizações sindicais, por meio de condutas antissindicais, como tentativa de cooptação das lideranças.

Em seu relato, o entrevistado de Minas Gerais revela ter a "sensação" de que as plataformas digitais têm medo da atuação do sindicato diante do tamanho e homogeneidade da categoria:

> **"As empresas têm um medo muito grande, um receio dessa força coletiva.** Imagina a força que teria uma categoria de 5 milhões de motoristas? Seria um dos maiores sindicatos. Eu acho que, aqui na região metropolitana de Belo Horizonte, você pode contar uns cinquenta mil motoristas de Uber. **Que sindicato teria uma força dessas? Você não tem uma categoria tão grande, massiva, com direitos** tão uniformes." **(Entrevistado 1, MG, 15.07.2021)**

Da mesma maneira, o entrevistado de São Paulo expõe que as plataformas digitais têm medo da atuação do sindicato. Além disso, ele detalha a estratégia das empresas de incentivar a criação de associações com dirigentes cooptados, inclusive remunerando os líderes, e relata como ele próprio chegou a ser abordado pela Uber para fazer parte de um grupo de lideranças de motoristas plataformizados que iria receber salário diretamente da empresa, para constituir uma associação:

> **"Eles têm medo do sindicato, da organização sindical, e por isso preferem pulverizar a associação**. A associação atrapalhou demais a categoria, porque

> cada um pensa de um jeito, e muitos se venderam pras empresas. Muitos recebem salário das empresas, e aí eles vão vendendo os direitos do trabalhador desde quando foi a regulamentação de Brasília, até hoje, tem muitos que ainda estão ganhando dinheiro dessas empresas. Então, o medo deles do setor sindical é porque o sindicato tem um lado, né? E o lado sempre vai ser do trabalhador. **Eu tenho ligações e áudios de *WhatsApp* com a própria Uber, aonde a gente vê que existe um aliciamento ali mesmo, a pessoa até me falou, '*alguns vão ganhar, dentro dessa organização que nós vamos fazer agora com a empresa, algumas liderança vão ganhar*', tipo me chamando pra participar de algo. Ele deu a entender que ele gostaria de ter as lideranças na mão e ganhando, ganhando, ele fala com todas as letras, que é ganhando um salário**, então a gente não aceita isso. Ele falou assim: '*eu tô organizando várias associações no Brasil, onde todas as lideranças vão estar dentro de um corpo de organização, vamos supor, precisa saber alguma coisa, quem vai decidir é esse grupo de lideranças*'. Ele deu a entender que todos ganhariam. Até falou, na mensagem, '*alguns vão dar risada, outros não*'. **Eles jogam sujo de verdade." (Entrevistado 6, SP, 21.07.2021)**

O entrevistado de São Paulo revelou ainda que foi oferecido dinheiro pela Uber, além do custeio de suas despesas e de mais dois diretores do sindicato, para irem até Brasília, a fim de acompanharem a votação no Congresso Nacional da lei que regulamentou o transporte remunerado privado de passageiros. Abaixo, ele expõe o motivo pelo qual não aceitou:

> "Desde quando teve aquela regulamentação lá em Brasília, onde foram muitos motoristas, quiseram dar dinheiro pra gente, quiseram dar estrutura pra ir lá, **a gente não aceitou porque não estavam sendo discutidos direitos do trabalhador**. Estava sendo discutida a plataforma, e quem tem que discutir isso são eles. Nós não somos proprietários, somos representantes legais da categoria. Eles ofereceram três ônibus, eu e mais dois diretores iríamos de avião, ficaríamos num hotel, como muitas lideranças ficaram em hotéis luxuosos. Tudo pago." **(Entrevistado 6, SP, 21.07.2021.**

Ainda no contexto da votação da mencionada Lei no Congresso Nacional, também o entrevistado do Paraná revelou pormenores, de como a Uber determinava que os seus motoristas fossem até o escritório-sede, para buscar um formulário e entregar aos passageiros, para que cada um assinasse:

> "Só pra você ter uma ideia do poder da Uber, existe uma lei no Congresso Nacional, onde os municípios fazem a legislação, e cada um tem que fazer o seu decreto, cada município. **Teve toda uma propaganda da Uber pra aprovar a**

lei. Eles estavam com medo de não conseguir, naquela época. Pra isso, os motoristas serviam, nossa, eles mandavam a gente buscar (o formulário) no escritório lá, pra pegar assinatura de passageiro. Pra forçar que a lei fosse aprovada, eles nos davam um papel, com 50 linhas, dava três, quatro pra cada motorista pra pegar assinatura dos passageiros. Você ia lá no escritório da Uber pegar esse papel, porque senão, se não fosse aprovada a lei, nós íamos ficar sem nada também. O aplicativo não ficaria aqui." **(Entrevistado 13, PR, 26.08.2021)**

Segundo o entrevistado do Paraná, já existem informações de que duas lideranças fortes no Estado não quiseram se filiar ao sindicato, pois foram cooptados pelas plataformas. Afirma que "os líderes recebem porcentagem da Uber e da 99 para não deixar os caras fazerem muita pressão contra as plataformas". Um dos líderes é candidatado a Deputado estadual na próxima eleição, possuindo, no entendimento do entrevistado, interesse eminentemente político pessoal de sua atuação como liderança da categoria. O outro líder cobra mensalidade no valor de R$40,00 como cota de segurança dos motoristas, ou seja, "para fazerem a segurança deles". Vale ressaltar que o entrevistado se referiu a esses líderes de motoristas como formadores de "milícia".(459)

A legislação nacional não delimita o conceito de ato antissindical, podendo ser esse extraído da Convenção n. 98 da OIT, do direito comparado, da doutrina e da própria jurisprudência, em virtude da cláusula aberta do art. 8º da Constituição da República Federativa do Brasil de 1988. Para se assegurar o efetivo direito à liberdade sindical, é imprescindível a proteção dos trabalhadores e das entidades sindicais contra condutas que minem a coletividade.(460) No Brasil, a proteção em face de referidas práticas lesivas se dá prioritariamente em relação ao trabalhador que já foi prejudicado por se envolver em atividades sindicais, por meio da concessão de tutela inibitória por parte do Poder Judiciário. A dimensão coletiva, na maioria das vezes, fica relegada a um segundo plano.

Contudo, deve ser levada em consideração a "pluriofensividade da conduta antissindical"(461), pois, em determinadas situações, o ato ofensivo a um trabalhador inviabiliza a formação de toda a consciência coletiva. O termo "sindical", segundo Raquel Betty de Castro Pimenta, deve ser interpretado em sua forma mais ampla, não se restringindo às "organizações sindicais formalmente constituídas". Explica a autora que as condutas antissindicais podem atingir organizações de trabalhadores que ainda não se configuram como

---

(459) Atendendo determinação do Comitê de Ética, nenhuma pessoa ou grupo será identificado.

(460) Nesse sentido: BARBATO, Maria Rosaria; PEREIRA, Flávia Souza Máximo. A proteção em face de condutas antissindicais: a ausência de uma legislação sistemática protetiva e os novos ataques ao direito fundamental à liberdade sindical. *Anais do XXI Encontro Nacional do CONPEDI*. Florianópolis: CONPEDI, 2012. p. 3.395-3.421.

(461) PIMENTA, Raquel Betty de Castro. *Condutas antissindicais praticadas pelo empregador*. São Paulo: LTr, 2014. p. 110.

sindicatos, mas que podem trazer em si um "embrião de movimento sindical".(462) No mesmo sentido, Oscar Ermida Uriarte, em seu clássico "*La protección contra los actos antisindicales*", já afirmava, em 1989, que a "proteção da atividade sindical refere-se a todo ato que tenda a prejudicar um trabalhador ou uma organização de trabalhadores no desempenho da atividade sindical ou por causa dela"(463). Nesse contexto, as estratégias de manipulação da atuação das organizações sindicais praticadas pelas plataformas tanto contra líderes sindicais quanto em face do embrião do movimento sindical configuram, juridicamente, atos antissindicais.

Na categoria a seguir, analisar-se-á a reivindicação que aparece em primeiro lugar para todos os sindicatos entrevistados: a demanda por diálogo.

4.1.3. Categoria 3 — Demandas por diálogo

O diálogo com a empresa, por parte dos motoristas plataformizados, é a maior demanda encontrada uniformemente em todas as vozes dos sindicatos entrevistados. As empresas atuam de forma unilateral e, em grande parte, por meio de comandos automatizados do dispositivo eletrônico, além de manterem uma postura quase sempre inacessível ao diálogo e à negociação diante das reivindicações dos trabalhadores, tanto em caso de questões individuais, quanto no caso das demandas coletivas manifestadas pelo sindicato. O relato da entrevistada do Rio Grande do Sul é bem elucidativo quanto à ausência de diálogo das plataformas com os motoristas e com as entidades sindicais. Ela explicita como os sindicatos almejam esse diálogo, e de que forma ela acredita que esse diálogo ocorre:

> "[...] a gente não tem um diálogo com as plataformas hoje. Os diálogos são só a nível judicial, infelizmente, eles não sentam com a gente pra conversar. E isso faz muita diferença né? [...] As plataformas não conversam com a gente, não têm espaço, não têm diálogo com a categoria, com as entidades, na realidade, **a gente fica muito** à **mercê dessas plataformas**. Eles deveriam abrir um espaço." **(Entrevistada 17, RS, 31.08.2021)**

O entrevistado do Distrito Federal conseguiu uma reunião em São Paulo, na sede da Uber, e conta como a mesma foi improdutiva. Afirma que se sentiu "enrolado" pela plataforma, pois "eles inventam uma história de outro mundo, mudam de assunto e nada se resolve". Relata que o sindicato do Distrito Federal foi o primeiro a conseguir agendar uma reunião com a Uber em São Paulo e que, na ocasião, levou a minuta de acordo coletivo, e que "foi

(462) PIMENTA, Raquel Betty de Castro. *Condutas antissindicais praticadas pelo empregador*. São Paulo: LTr, 2014. p. 58.

(463) URIARTE, Oscar Ermida. *A proteção contra os atos antissindicais*. São Paulo: LTr, 1989. O autor destaca ainda que: "En los sistemas predominantes de Latinoamérica, dicha noción parte de una extensión o ampliación del 'foro sindical', originariamente limitada a la despedida de los dirigentes sindicales, mientras que en los sistemas norteamericanos está basada en el concepto de prácticas desleales, originariamente concebidas como cierta limitación moralizadora del libro juego de las relaciones colectivas."

a mesma coisa que nada", já que a representante da Uber guardou o documento dentro da bolsa e disse "nós vamos analisar", mas a resposta não veio. Em sua opinião, o resultado da reunião presencial foi desleal e mais frustrante que o esperado, o que leva quase à impossibilidade do trabalho, já que "a conta não fecha":

> "A Uber disse *que ia mexer na política das tarifas*. Eu fiquei feliz da vida. Quando cheguei em Brasília, com uma semana, entrou o Uber Promo. Cara, pense na decepção que eu fiquei. Porque em vez de aumentar, ela foi pro Uber Promo. Falei, caramba, se eu for de novo em São Paulo, quando voltar, o motorista vai trabalhar de graça agora, só pode. O diálogo não é favorável à categoria e nem leal. Ela falou que ia mexer nas políticas das tarifas, só que mexeu pra baixo, então não adianta. Nós estamos desde quando as plataformas começaram no Brasil, vamos falar de Uber, desde quando ela entrou no Brasil, acho que 2014, 2013, nunca teve aumento. Vou te dar um exemplo, em 2015, o nosso Km rodado em Brasília era em média R$ 1,50, R$ 1,52, nossa gasolina era R$ 2,29 R$2,39, uma coisa assim. Hoje, nós temos gasolina em Brasília de R$ 6,70 e o Km rodado de R$0,82. Me explica isso aí? A conta não fecha." **(Entrevistado 16, DF, 30.08.2021)**

O entrevistado 16 afirmou que a demanda por diálogo produtivo é de todos os sindicatos. Destacou que, ocasionalmente, são realizadas reuniões virtuais com a responsável pela empresa em São Paulo, mas "é só pra perder tempo, só pra encher linguiça".

O entrevistado do Pará reafirma a grande demanda dos sindicatos por diálogo com a plataforma digital. No trecho abaixo, descreve uma manifestação em que a intenção era "fechar a Uber", a fim de que algum representante da empresa se apresentasse para dialogar com a entidade sindical:

> "[...] fizemos várias manifestações, fechamos aqui a Uber um dia todo, eles se enclausuraram lá e chamaram a polícia, e nós dissemos: '*a gente não sai daqui enquanto não falar com um responsável da Uber*'. E aí foi que depois de 4 horas mais ou menos, veio uma responsável falar. Fechamos o prédio, ninguém entrava, ninguém saia. E hoje, quando eu entro lá no espaço da Uber, até o segurança diz "ah, você é do sindicato, né? Pode entrar". Enfim, hoje o sindicato ficou até respeitado nesse prédio. Mas eu queria que os motoristas, no tocante a todos, fossem respeitados." **(Entrevistado 3, PA, 19.07.2021)**

Ainda sobre o tema, chama a atenção a quantidade de vezes que tal demanda aparece na fala do entrevistado de São Paulo. Ele cita a necessidade de estabelecer um diálogo com a empresa por oito vezes durante a entrevista.

Inicialmente, comenta a importância de a plataforma "abrir no mínimo diálogo com eles" — os motoristas. A seu ver, "o negócio é desumano", já que eles não olham para o lado do trabalhador, então por isso os motoristas, por meio do sindicato, têm acionado o judiciário, então, enquanto os responsáveis "não sentarem e negociarem a melhor forma de tratar o trabalhador, é processo". Por isso, a estratégia junto com o setor jurídico "é dar trabalho pra eles [a empresa] poder sentar e negociar".

Em sua visão, "uma empresa que fatura, só em São Paulo, 250 milhões, então dinheiro não falta, o problema é ter uma conversa mais próxima de um sindicato". Na sequência, diz ainda que "as plataformas não querem falar com o sindicato porque sabem que, se o sindicato entrar na luta, de fato ganha."

Questionado pela pesquisadora sobre decisões favoráveis à categoria dos motoristas plataformizados no Reino Unido, ele comentou que "a Uber já sentou no Reino Unido com um sindicato e negociou, poxa, se negociou lá porque que não negocia aqui?" Continuou dizendo que o sindicato não se trata do "inimigo", mas do intermediador entre duas partes, a empresa e o trabalhador, e que, portanto, "um dia vai ter que sentar pra negociar."

Por fim, ao comentar acerca da carta sindical, ressaltou que "quando a gente conseguir uma carta sindical primeiro, aí as empresas vão ter que sentar pra negociar", explicitando que, em sua opinião, "de bate pronto, não tem como eles negociarem algo".

O entrevistado do Pará, por sua vez, afirmou que, na sua percepção, a carta sindical não irá alterar a situação de ausência de diálogo com as plataformas: "pra que a gente vai querer uma carta sindical? Se a gente não pode sentar com o patronal da empresa para definir teto e piso? Por que carta sindical vai te dar o direito de sentar na mesa de negociar né, e pra que? Se eles não ouvem. Não há necessidade, então não preciso de carta sindical."

Vê-se aí a interação recíproca dos múltiplos níveis de obstáculos no acesso à justiça. A sistemática de negação de diálogo e negociação acaba por afastar cada vez mais o movimento sindical incipiente do marco jurídico em que se são criadas e reguladas as regras de representação. Tal afastamento chega ao ponto de recusa e de desconsideração da importância, por exemplo, da carta sindical que é o instrumento legal para atos sindicais. Não se deixa de reconhecer que o mecanismo e a própria carta sindical são e podem ser seletivos, além de serem oriundos de mecanismos de poder do Estado e das plataformas. Mas, a recusa a atos que possibilitam acesso à condição de representante juridicamente legitimado é um bloqueio de acesso à justiça via direitos, em face à desinformação e até em virtude da demonstração de sentimento de frustração diante das diversas tentativas sem êxito de negociação com as plataformas. Com isso, as plataformas mantêm os trabalhadores distantes dos instrumentos legais de atuação e mantêm-se com o privilégio de dialogar ou negociar apenas quando lhes interesse e da forma como lhes aprouver. O que coerentemente se conecta com toda a percepção de que as estratégias das plataformas envolvem a manipulação constante da incidência e não incidência do Direito, seja no campo processual, seja no campo da atuação da plataforma, seja na própria qualificação jurídica para a atuação coletiva em prol dos direitos dos motoristas.

Como visto no capítulo 1, a concessão de carta sindical é um ato político e depende, muitas vezes, de apoio político ou *lobby*, junto ao órgão administrativo responsável pelo registro sindical.[464] O entrevistado de São Paulo informou que já requereu a carta sindical perante o Ministério do Trabalho e Previdência (MTP) e os demais informaram que estão aguardando a carta sindical do Sindicato de São Paulo sair para pleitearem a deles.

A demanda por diálogo é tão importante para os motoristas que virou "prêmio" da Uber para aqueles que alcançam a categoria diamante. Existem três categorias de motoristas, segundo a classificação da Uber: azul, platinum e diamante, sendo esta última atribuída aos motoristas que completarem o maior número de corridas em menor período de tempo. Assim, para o diálogo com a Uber não basta ser "ouro", é preciso trabalhar mais e conseguir atingir a categoria "diamante". Alcançado tal *status*, o motorista passa a ter o "privilégio" de um canal direto de acesso telefônico com a empresa:

> "Tudo pelo aplicativo. A gente reporta pro aplicativo e então ele deixa naquela de *stand by*, você manda mensagem, eles dizem *'ah! entendemos seu problema'*, aquelas mensagens automáticas, né? Mas tem uma novidade que é para motorista diamante da Uber, eles têm uma linha direta com a Uber. É tipo um 0800 que eles têm pra falar com a Uber. Mas você é diamante, eu não sou, eu tô com problema, aí ou você me empresta o teu aplicativo aí e liga no 0800, mesmo assim eles não me atendem." **(Entrevistado 16, DF, 30.08.2021)**

O Entrevistado 16 também relatou situação similar a relatada em alguns serviços públicos: "você vai até o `espaço Uber´ para ser atendido, chega lá, senta na frente do atendente, ele abre o computador, para, olha para você e diz: infelizmente não posso fazer nada." Nesses casos, de acordo com o entrevistado, o atendente recomenda que se procure "o suporte" mas, ao ser questionado sobre ele próprio ser o suporte da Uber, responde que "o suporte que a gente tá falando é um suporte acima da gente, então eu não posso fazer nada aqui". Para o entrevistado, "o camarada entra no 'espaço Uber' com uma dúvida e sai com 150, é um problema". Tal situação, seja na esfera pública, seja na iniciativa privada, é de

(464) O órgão responsável pelo controle do registro sindical para fins de unicidade, historicamente vinculado ao Ministério do Trabalho, passou a fazer parte, em 2018, Secretaria Nacional de Justiça do Ministério da Justiça e Segurança, com a extinção do Ministério do Trabalho, sendo posteriormente realocado na Secretaria Especial de Previdência e Trabalho do Ministério da Economia. Atualmente, com a recriação do Ministério do Trabalho e Previdência, voltou a estar ligado à pasta. Um dos entrevistados forneceu à pesquisadora cópia de ofício expedido por ordem do Ministro do Trabalho e Previdência, em agosto de 2021, respondendo a manifestação de um Senador da República que solicitou atenção ao pedido de registro sindical apresentado pelo sindicato e que ainda estava em trâmite administrativo aguardando a concessão da carta sindical.

negativa de acesso à justiça pela via de direitos, diante da ausência de instância efetiva de resolução de conflitos.[(465)]

A negativa de diálogo com a empresa faz com que os motoristas busquem a entidade sindical. A pesquisa revelou que, para os dirigentes sindicais, é sempre gratificante quando o motorista consegue, via assessoria do sindicato, resolver sua demanda com a Uber, já que, individualmente, não conseguem. Esse é o caso de motoristas que, após serem bloqueados na plataforma, conseguem retornar ao trabalho.

A fala do entrevistado do Pará ilustra uma situação em que ele, como Presidente do Sindicato, sentiu que seu trabalho de diálogo com a plataforma foi reconhecido ao ser presenteado por um motorista, e como esse reconhecimento para ele "não tem preço".[(466)] De acordo com o entrevistado 3, a situação lhe deixou "tão emocionado, que eu quase dou um beijo nele", pois o objetivo do trabalho sindical é "ver essa felicidade no motorista", além da consciência do dever cumprido, quando um motorista "vem e agradece". "A gente não quer dinheiro, a gente quer essa motivação para continuar", completa o entrevistado, alegando que não é fácil manter o trabalho do sindicato sem dinheiro e sem apoio da categoria, mas que esse "reconhecimento não tem preço".

A entrevistada 10 descreve situações em que ela, como Assessora Jurídica do Sindicato no Pará, sentiu que seu trabalho foi reconhecido, especialmente quando conseguiram para os motoristas a possibilidade de resolução de problemas junto às plataformas. Problemas que não puderam ser solucionados devido à falta de diálogo com as plataformas:

> "Se a gente parasse pra contar as histórias que a gente vê no sindicato, dinheiro nenhum no mundo compraria, sabe? Reações de motoristas que foram desbloqueados, gestos simples como ganhar uma caixa de chocolate, uma coisa linda de viver. É aquilo que eu te falo, foi tirado do cara o direito dele de trabalhar, não é de lazer." **(Entrevistada 10, PA, 18.08.2021)**

A demanda por diálogo do motorista, que não encontra via de acesso na plataforma, é acolhida pelo sindicato do Mato Grosso, como ilustra a fala da entrevistada 2. A adesão de mais de 18 mil motoristas sindicalizados à organização coletiva é uma forma de recompensa diante de todo o trabalho que desenvolveu, desde que foi eleita Presidente do Sindicato.

> "Eu gosto porque a gente tem a chance de conversar, ouvir as pessoas, cê entendeu? Tem motorista que começa hoje, aí você para no posto pra abastecer e

(465) AVRITZER, Leonardo; MARONA, Marjorie; GOMES, Lilian (Coords.). *Cartografia da Justiça no Brasil*. São Paulo: Saraiva, 2014. p. 17.

(466) "Eu tô numa tarde dessa aqui, era 4 e meia da tarde, movimento tranquilo, aí para um carro aí na frente, logo identifiquei que era um motorista filiado, ele desceu e disse, "vou pegar um negócio aqui pra vocês". Aí saiu e veio com duas caixas de bombom, "isso aqui é uma pro senhor e outra pra doutora, porque eu não sabia pra onde ir, né, eu não tinha o que fazer e vocês me salvaram assim mesmo" (Entrevistado 3, PA, 19.07.2021).

eles: Ah, você que é a presidente do sindicato, papapa, aí você começa explicar e de repente a pessoa já tá lá participando, cê entendeu? Então essa família do SINDIMAPP do Mato Grosso é muito gratificante, é muito bom estar presidente do sindicato aqui." **(Entrevistada 2, MT, 18.07.2021)**

O motorista trabalha sozinho, os clientes mudam o tempo todo, e a plataforma não lhe responde, senão por meio de mensagens automáticas que não resolvem suas demandas. O sindicato pode realizar o papel do diálogo e da resolução de questões ligadas ao trabalho realizado, às condições desse trabalho e ao ambiente laboral, seja no individual, seja no coletivo.

Assim, é possível dizer que as condições adversas de trabalho produziram o terreno fértil para a formação das organizações coletivas e os vínculos de solidariedade entre os motoristas e as próprias entidades sindicais. Na categoria a seguir, vê-se como essa demanda está intrinsecamente ligada a uma busca por acesso à justiça.

4.1.4. Categoria 4 — Acesso à Justiça

Todos os entrevistados relataram que a busca por acesso à justiça dos motoristas começa quando são bloqueados, no mais das vezes de forma arbitrária e incompreensível e, na falta de canal de diálogo efetivo com a empresa, buscam o sindicato com o intuito de voltar a trabalhar para a plataforma.

Nesse ponto, a fala de um dos entrevistados, do Pará, é bem elucidativa a respeito dessa realidade, quando diz que "muitos deles alugam carros, são bloqueados e ficam com a dívida do carro. Aí ficam sem pai nem mãe, com as mãos cruzadas e pra onde vão correr agora? Ah eu ouvi falar que o sindicato resolve, vai lá no sindicato".

O entrevistado relatou que 97% dos motoristas[(467)] que buscam a entidade sindical dizem respeito a bloqueios, o que, para ele, significa que "na verdade eles só querem rodar, querem trabalhar".

Ao mesmo tempo que querem o acesso ao aplicativo para realizar o trabalho, a pesquisa também mostrou que, segundo os entrevistados, os motoristas dizem querer melhorias nas condições laborais, por exemplo, "um canal aberto com as plataformas, reajuste no valor do quilômetro rodado, poder escolher as corridas". Todavia, como elencou a entrevistada 17, costumam alegar que não querem reconhecimento de vínculo de emprego.

Ao ver dos entrevistados, muitos motoristas manifestam a percepção de que, se tiverem carteira assinada, serão obrigados a trabalhar somente para uma das plataformas existentes e com horário pré-definido. Segundo os entrevistados, os motoristas, querem trabalhar também

(467) Indica-se que o percentual relatado de 97% dos motoristas buscarem a entidade sindical para resolver questões relacionadas a bloqueios não é comprovável por pesquisa científica.

para outras plataformas, além de não desejarem cumprir um horário pré-definido. Pensam que, com a carteira assinada, as plataformas irão estabelecer jornada e horário de trabalho pré-definido. Nas suas palavras: "8 horas durante o horário comercial", ou "o horário que for melhor para elas [as plataformas]".

De acordo com a entrevistada 17, os motoristas acreditam que, para se ganhar o salário-mínimo, será necessário cumprir o mínimo diário de 8 horas dentro do carro. Por tais motivos, "a categoria não almeja essa rigidez de horário".

Fica clara a dificuldade de acesso à informação acerca daquilo que poderiam ser as condições de trabalho como empregados da plataforma, já que o regime de emprego não é incompatível com a previsão contratual de liberdade de horário, como tampouco há exigência de exclusividade no regime de emprego. Nem sequer a obrigação de aceitação de chamados é inerente ao regime empregatício, como fica claro do art. 452-A, § 3º, da CLT, introduzido pela Lei n. 13.467/2017.

Embora haja diversos e complexos aspectos que poderiam ensejar uma regulação legislativa especial, ainda que partindo do enquadramento jurídico do emprego, o discurso das plataformas tem promovido deliberadamente a crença na incompatibilidade do vínculo de emprego com condições indicadas pelos motoristas de flexibilidade de horários e de aceitação de chamados, com uso, em suas peças publicitárias, de conhecidos slogans como "trabalhe com liberdade", "seja o seu próprio chefe", "tenha o seu tempo livre", "trabalhe quando quiser".

4.1.4.1. Dubiedade: vínculo de emprego x liberdade

A pesquisa revelou que, a par dessa falta de informação jurídica, há uma dubiedade na busca pelo acesso a direitos. Ao mesmo tempo que os motoristas dizem não querer o vínculo de emprego, admitem que buscam proteção jurídica. Afirmam receber ordens e que são penalizados pelo descumprimento de comandos impostos unilateralmente pela plataforma, sem ter mecanismos para reverter tais decisões individualmente.

A opinião do entrevistado do Distrito Federal acerca do pensamento da categoria sobre o vínculo de emprego, contrapondo com a ideia de liberdade, a princípio, parece contraditória. Todavia, é ilustrativa de como o tema do acesso à justiça pela via do reconhecimento do vínculo de emprego gera ambiguidades, inclusive nos próprios sindicalistas:

> "Eu já tô há quase seis anos nas plataformas. Então, no meu entendimento, o motorista por aplicativo não tá preparado pra ter vínculo empregatício com as empresas. Porque ele gosta de trabalhar solto, apesar de que, hoje, mesmo os aplicativos falando que não têm vínculo, gera realmente um vínculo. Se não atender uma corrida que me mandam, vou ser penalizado." **(Entrevistado 16, DF, 30.08.2021)**

A entrevistada do Rio Grande do Sul afirmou que enxerga "como uma relação de trabalho", porque "a gente tem muitos deveres com a plataforma, tem ali 12 horas de trabalho, tem que cuidar das aceitações, dos cancelamentos, dos tipos de corridas que a gente faz", explicitando que precisam também lidar com o passageiro e, apesar de todos esses deveres, "a gente não tem direito de defesa nenhuma". Afirma que, pessoalmente, acredita ser esta "uma relação de emprego", contudo, adverte que a maioria dos motoristas que compõem a categoria não quer carteira assinada, porque acha "que ainda é dona do próprio negócio, como um auto patrão, acha que é empreendedor de si". A entrevistada elenca os motivos pelos quais a categoria não "quer a carteira assinada". Sendo, essencialmente, os mesmos motivos já explicitados acima:

> "Com o vínculo, os motoristas acham que as empresas vão começar a colocar tempo de trabalho, então 'se a gente vai colocar, por exemplo, uma carteira assinada, vocês vão ter que trabalhar tanto tempo pra minha plataforma exclusivamente'. A categoria pensa mais ou menos assim, que vão ter que trabalhar tipo 6 horas, 8 horas naquela plataforma." **(Entrevistada 17, RS, 31.08.2021).**

O relato do entrevistado 12 da Bahia — que é casado com a entrevistada 11 —, constituindo uma "família que vive do aplicativo", ilustra o seu desejo, como sindicalista, de não formar um sindicato que defenda aquilo que chama de "ideologia do vínculo empregatício", mas ao mesmo tempo, admite a existência da subordinação dos motoristas à plataforma digital:

> "A categoria, por ser de mobilidade moderna, nova, com uma formatação diferente, **percebe que sindicato não seria sindicato com a ideologia do vínculo empregatício**. Mas mesmo entendendo que existem pontos dentro dessa questão da atividade em si, as plataformas conduzem de tal forma que configura essa subordinação né? **Então isso acaba gerando vínculo, a partir do momento que elas dizem que o motorista é parceiro, mas criam metas e, se ele não atender, é automaticamente excluído do processo. Claro, evidente que se for analisar todas essas questões, vai gerar o vínculo.** Então, o Sindicato tem essa visão, sabe que se deixar a questão do vínculo, ou se travar uma batalha, ou defender uma bandeira dessa natureza, nós podemos colocar em risco toda uma geração de renda de quem presta serviço." **(Entrevistado 12, BA, 19.08.2021)**

Além do discurso destinado a desqualificar a compreensão jurídica de enquadramento empregatício do trabalho dos motoristas plataformizados como uma "ideologia do vínculo empregatício" chama a atenção, a absorção da ideia de que a aplicação da legislação do trabalho acarretaria a inviabilidade da atividade econômica das empresas e que afeta a fonte de renda dos motoristas. Contraditoriamente, afirma que os trabalhadores é que teriam o encargo de não promover a aplicação da legislação do trabalho (CLT), sob pena de, assim o fazendo, a corporação encerrar sua atividade e suprimir a renda dos trabalhadores. Em que pese, reconhece a existência de subordinação jurídica na relação plataformas e motoristas.

A entrevistada 11, também do sindicato da Bahia, chega a afirmar que o vínculo empregatício pode acabar com a profissão dos motoristas que dirigem para plataformas digitais, em razão do imposto que seria devido pela empresa, em consequência do reconhecimento do vínculo de emprego:

> "Hoje tão buscando o vínculo empregatício no mundo inteiro, não é nem só no Brasil, porque o Reino Unido é um dos maiores exemplos. E a gente luta justamente ao contrário, não luta pelo vínculo empregatício, porque **a gente entende que ele pode matar a profissão no Brasil**. A gente sabe que, no nosso país, os impostos são absurdos e o número de motoristas que existe hoje já são milhões, isso tornaria inviável para as plataformas pagarem. Hoje estamos com a média de 37% de imposto em cima de cada trabalhador [...] a gente não pode matar as plataformas porque se a gente mata as plataformas não tem a geração de renda e aí o que é que esses desempregados vão fazer" **(Entrevistada 11, BA, 19.08.2021)**

O entrevistado do Pará explicou que o motivo pelo qual, na sua avaliação, a maioria dos motoristas se posiciona desfavorável ao reconhecimento do vínculo de emprego é a necessidade de trabalhar muitas horas para custear o próprio trabalho. Tal depoimento, até certo ponto contraditório, afirma existir por parte do trabalhador uma carga da culpabilização pela sua condição de precariedade, que lhe impõe a responsabilidade de custear os instrumentos de trabalho o que leva ao "medo de ganhar só salário-mínimo". Repete o seguinte raciocínio que geralmente é feito por motoristas: "se assinar carteira, terão que cumprir jornada de 8 horas", sendo que para "manter carro com gasolina, pneu novo, óleo em dia, aluguel da locadora e pelo menos o básico para comer, para trazer para casa, tem que ser no mínimo 12 horas".

O modelo de exploração do trabalho pelas plataformas, mediante a transferência dos riscos e custos ao trabalhador, baseia-se, desse modo, numa imputação de responsabilidade aos trabalhadores pela preservação da empresa mediante o esgotamento de todos os seus recursos humanos e patrimoniais.

De um lado, não podem ter direito a uma remuneração que lhes proporcione, no mínimo, "uma existência decente para eles e sua família" como determina o art. 7º, a, II, do Pacto Internacional sobre Direitos Econômicos, Sociais e Culturais (PIDESC)(468), sob

(468) BRASIL. *Decreto n. 591, de 6 de julho de 1992*. Atos Internacionais. Pacto Internacional sobre Direitos Econômicos, Sociais e Culturais. Promulgação. Disponível em: <http://www.planalto.gov.br/ccivil_03/decreto/1990-1994/d0591.htm>. Acesso em: 11 ago. 2022.

pena de "matar as plataformas" e a fonte de renda. De outro, então, estão obrigados a realizar jornadas exaustivas a valores baixos, sob pena de nem sequer se sustentarem e ficarem endividados com os custos dos instrumentos de trabalho.

4.1.4.2. Acesso à justiça e o "patrão" transnacional

A dificuldade em defender os direitos de uma categoria de trabalhadores, tendo por referência um "patrão" inacessível ou que se encontra em outro país, manifesta a estrutura básica do "ter direitos", que corresponde à necessidade de haver um ente responsável pelo cumprimento de deveres correspondentes à satisfação desse direito. A ausência, intangibilidade ou inacessibilidade de um tomador de serviços ou empregador responsável, ficção que as plataformas pretendem sustentar — algo precisaria "ser estudado pela NASA" — equivale ao esvaziamento do direito. Isso se mostra na fala do motorista e presidente do Sindicato do Pará:

> "É uma profissão totalmente diferente, a nossa, uma categoria que ainda a NASA precisa estudar, porque ninguém sabe dizer como é, né? Não tem patrão, mas também não tem direito. O patrão tá lá nos Estados Unidos e não tá nem aí pra gente, não dá o direito, não faz nada. A gente pensa que tá empregado, nunca viu o patrão, de repente a gente tá na rua, sem justificativa e sem direito de se justificar." **(Entrevistado 3, PA, 19.07.2021)**

Trabalhadores empregados, mas sem "patrão" acessível, portanto, sem direitos, nem sequer de se justificarem ou mesmo de acesso dialógico ao empregador. Logo em seguida, o entrevistado relaciona a inacessibilidade desse "patrão" transnacional à falta de acesso aos direitos, e à própria justiça via jurisdição:

> "E ali chega no juizado, o juiz diz assim: '*não posso fazer nada*', isso é muito complexo. '*Ah, não, isso é com o ministro*'. Aí chega na mão do ministro, e ele diz '*ó, isso aí não interessa resolver agora, deixa pra lá, vamos julgar mais lá na frente, quando a gente entender mais o que tá acontecendo*'." **(Entrevistado 3, PA, 19.07.2021)**

O entrevistado do Pará vai além ao expor sua frustração com o Judiciário. Além de expressar a decepção com o resultado das manifestações da categoria e com o desamparo dos poderes públicos e da legislação, destaca seu desencantamento ante a percepção mesmo da falta de independência da Justiça do Trabalho:

> "Fizemos várias manifestações e não teve jeito, tanto pra categoria que ainda continua se corrompendo por causa da uma tarifazinha um pouco mais alta, como por causa da plataforma que não é daqui do Brasil, não estão nem aí pra

gente. A nossa lei é uma lei pífia, falha, absurda, que faz com que eles façam o que querem, o que bem entendam, e a nossa esperança era que a justiça pudesse intervir, que pudesse estar do nosso lado. [...] Mas **a justiça do trabalho tem medo de sentenciar a favor do trabalhador**." **(Entrevistado 3, PA, 19.07.2021)**

Em sua entrevista, o entrevistado 3 relatou um caso de tentativa de diálogo com a plataforma, por meio de procedimento de mediação na Justiça do Trabalho. De acordo com ele, a primeira providência requerida pelas plataformas foi solicitar o desmembramento dos processos por plataforma. Em seguida, em uma nova audiência, a Uber disse que "não, nós não temos interesse de conciliar", quando, relata ele, a desembargadora disse "de fato, eu não posso fazer nada". Após um mês, em outra audiência, a empresa 99 falou o mesmo, "não temos interesses de conciliar". Nas palavras do entrevistado, "ficamos igual burro olhando pra igreja, sem entender absolutamente nada".

Questionado acerca das iniciativas de sindicatos de motoristas plataformizados em outros países e de como acessaram a justiça, o entrevistado do Pará respondeu que estava acompanhando as conquistas dos trabalhadores do Reino Unido, enxergando-as com positividade:

> "Acompanhei o que houve na Califórnia e no Reino Unido. Poxa, assim, pra nós já é uma alegria saber que algumas coisas estão sendo conquistadas, que em um futuro, espero que não tão longínquo, a gente possa também discutir isso aqui, porque o Brasil é o país que copia tudo. Vamos copiar as coisas boas né?" **(Entrevistado 3, PA, 19.07.2021)**

Por outro lado, a entrevistada do Rio Grande do Sul, que também afirmou acompanhar as conquistas dos trabalhadores do Reino Unido, relata em sua análise que parte dos motoristas não viam como vantagem o reconhecimento do vínculo no Brasil, porque iria limitar os seus ganhos:

> "Eu vejo como uma coisa totalmente positiva, mas a nossa categoria é 70% de direita, então eles têm um pensamento diferente quando se fala em direitos do trabalhador. Então, eles veem esse negócio do Reino Unido como sendo isso: *'Ah, vai vir pro Brasil, mas aqui a plataforma vai querer exigir horário, vai querer exigir um certo tempo praquele aplicativo específico, vai querer que a gente trabalhe somente pra ele'*. O que eu penso que não, mas a galera, discutindo nos grupos, chega a essa conclusão." **(Entrevistada 17, RS, 31.08.2021)**

4.1.4.3. Acesso ao Poder judiciário e a direitos

No contexto do acesso ao Judiciário, a pesquisa revelou estratégias da Uber para impedir o acesso à justiça dos motoristas plataformizados. A entrevistada do Ceará, que atuou na assessoria jurídica do Sindicato de seu estado, aponta a estratégia de "ganhar no cansaço", referindo-se à ação coletiva ajuizada pelo Sindicato:

> "Teve o mandado de segurança. Aí teve o RO da decisão. Porque a ação principal ainda tá na primeira instância, aguardando a oportunidade de uma audiência, porque a Uber pediu a oitiva de testemunhas e o adiamento da audiência, porque as testemunhas estavam viajando. Depois a Uber pediu adiamento, porque foi determinado que juntasse os relatórios de corrida e de média de renda, e ela teve 30 dias, depois pediu mais 45 dias. Enfim, agora foi adiado mais uma vez, porque a gente fez um pedido, aquele velho pedido de perícia sobre o código fonte. O Juiz concedeu e aí, outro mandato de segurança. E aí foi adiado de novo por conta disso. Então o Juiz retrocedeu na decisão. É muito complicado. Foi adiada pela terceira vez a audiência, então não temos nenhum tipo de perspectiva, **a estratégia da Uber é enrolar e ganhar no cansaço, ela vai procrastinando até perder o objeto.**" **(Entrevistada 4, CE, 20.07.2021)**

O entrevistado de Minas Gerais, que atua como assessor jurídico do sindicato desde a sua constituição e acompanha os casos ajuizados, relata que quase foi multado por litigância de má-fé, apenas por ter ingressado com a ação judicial na Justiça do Trabalho em Belo Horizonte, mas que hoje está aumentando o número de juízes que reconhecem o vínculo empregatício:

> "No início, aqui em BH, fui no tribunal e eu ia sair de lá com uma multa de litigância, por ter entrado com a ação. Na visão do desembargador, era muito claro que eu estava me aproveitando da justiça e que não havia vínculo nenhum, e que se o reclamante aceitou — ele falou isso na minha cara — quer dizer que está se aproveitando da justiça. Disse que "se ele aceitou e tem que assumir as consequências, então você vai tomar litigância porque entrou com ação". Foi na segunda instância, no Tribunal Mineiro. Graças à Deus, não foi o voto que prevaleceu. Mas a intenção dele era multar porque eu entrei com ação pedindo vínculo, o que, pra ele, era muito absurdo. Então, isso foi em 2017. Hoje eu vejo que houve um amadurecimento e **está aumentando muito o número de juízes que entendem que tem o vínculo. Eu vejo numa crescente, sabe?** Mas meu receio total é o TST e os tribunais superiores pacificarem essa matéria a favor do poder econômico, das empresas, encampar esses discursos neoliberais." **(Entrevistado 1, MG, 15.07.2021)**

O entrevistado de Minas Gerais conta que ficou muito abalado com o caso de um motorista que faleceu de Covid e sua família não teve qualquer amparo da Uber. Um motorista, pai de família, que fazia dupla jornada de trabalho, por conta de seus três filhos, sendo um doente, e da esposa, que sofria com depressão. Ele cuidava das crianças e dirigia entre 10 e 12 horas à noite para a Uber. Ele contraiu o vírus SARS-CoV-2 dirigindo durante a pandemia e, mesmo com sua categoria "diamante", não teve nenhum apoio da empresa, falecendo em duas semanas em um hospital da rede pública. A perda de sua vida deixou a família sem amparo nem benefício previdenciário.

O entrevistado reiterou que pretende defender o acesso à Justiça para essas pessoas até a última instância judicial e, inclusive, chegou a se manifestar perante a Desembargadora que julgou o mandado de segurança ajuizado pelo trabalhador diante da sentença de primeiro grau que negou o pedido de tutela de urgência de alimentos provisionais[(469)], pedindo sensibilidade, por se tratar de questão de humanidade:

> "Para mim isso é um acidente clássico de trabalho e a gente tem um responsável muito claro que se apropriou do trabalho do motorista e tem o dever de amparar e responsabilizar. Eu falei com o juiz, '*é um caso que todo mundo vai sofrer com isso e eu acho que a empresa tem uma oportunidade de fazer uma conciliação e tentar amparar minimamente essa família*', mas a empresa Uber se negou a qualquer tipo de conciliação. E falei pro juiz **que tem que ter coragem de decidir porque esse caso não vai ter na lei, não vai ter um manual, mas é hipótese de ponderar princípio, o que são mil reais pra uma empresa que ganha bilhões, transnacional, por outro lado tem ali uma família de quatro membros devastada e para eles mil reais é muito. Mas infelizmente a insensibilidade reinou.** E no Tribunal a desembargadora simplesmente extinguiu o mandado de segurança, e acabou o processo, sabe, assim, eu fiquei assustado porque não esperava isso, **eu esperava um pouco mais de sensibilidade.** O motorista que faleceu não está mais aqui. **A única coisa que ele tinha era a força de trabalho, que inexiste agora, e a Uber se apropriou anos e anos do trabalho dessa pessoa. Então, assim, é muito injusto essa situação, me choca até hoje." (Entrevistado 1, MG, 15.07.2021)**

O entrevistado de Minas Gerais relata também sentir tristeza ao perceber que os Tribunais Superiores apoiam a estratégia da Uber, inclusive trazendo à tona conversas "de bastidores" que teria ouvido:

---

(469) A demanda individual referida pelo entrevistado não foi objeto de análise na presente pesquisa. A título de informação, o número do processo é: ATOrd 0010402-54.2021.5.03.0016. Segundo informou o entrevistado 1, "os relatórios de viagem juntados pelo Uber indicam que o motorista na semana anterior de ser diagnosticado com Covid fez várias viagens às UPAS da região que eram referência no recebimento de doentes com o vírus".

> "Eu fico triste porque, no rito sumaríssimo, passar um agravo de instrumento é quase impossível e, em todos os casos assim que a gente fez, foi pra julgar a favor das empresas. Então, me assusta. **Eu espero que não seja verdade, mas eu converso com os advogados das empresas e eles falaram que tudo que querem é um julgamento favorável no TST, sabe pra quê? Pra levar pro STF e classificar de uma vez por todas que isso não é uma relação de trabalho." (Entrevistado 1, MG, 15.07.2021)**

Além das ações de *marketing*, da deturpação da linguagem, da manipulação do território, da manipulação da jurisprudência, dos atos antissindicais, das condições de trabalho adversas, das dificuldades para se organizarem coletivamente, da organização do trabalho que impossibilita o diálogo com a plataforma, da resposta do Judiciário que mostra não compreender esta suposta nova dinâmica laboral, também foi revelada a cooptação dos líderes que supostamente deveriam defender os direitos coletivos dos motoristas plataformizados, o que impede, ainda mais, o acesso à justiça.

Capítulo 5

Os Destinos: O Trabalho Juridicamente Protegido, Reconhecido, com Redistribuição e Participação

Seguida a rota, com apoio do mapa, percorreu-se o caminho e as estradas, com o intuito de chegar aos destinos. O debate crítico, a partir da bagagem teórica desenvolvida e trazida até aqui, será apresentado neste capítulo final. A fim de guiar o debate crítico sobre os múltiplos bloqueios no acesso à justiça pela via dos Direitos sob a luz da concepção tridimensional de Fraser, dividiu-se a análise em torno dos seguintes eixos: 1) a indivisibilidade das categorias redistribuição, reconhecimento e representação; 2) do gênero ao reconhecimento como pessoa; 3) o discurso defensivo quanto ao vínculo de emprego; 4) decisões judiciais e a alavancagem/desmobilização do movimento sindical. E, após, serão tecidas considerações acerca da dimensão crítica das críticas ao vínculo de emprego e apontado o que a empiria tem a dizer à normatividade positivada, para além dos direitos trabalhistas existentes.

5.1. Considerações críticas sobre os múltiplos bloqueios no acesso à justiça sob a luz da teoria tridimensional de Fraser

A análise dos dados da pesquisa de campo, realizada no capítulo 4, dedicou-se a apresentá-los, selecionando, categorizando e ressaltando aspectos pontuais das falas dos integrantes de organizações sindicais de motoristas plataformizados. Cumprida essa etapa da análise de dados, incumbe agora fazer a correlação do *corpus* pesquisado com o marco teórico desenvolvido nos capítulos 2 e 3, buscando compreender criticamente as demandas inseridas nos relatos, como demandas por justiça na concepção tridimensional.

Retomando-se os conceitos de Fraser para iluminar o debate crítico em torno da multiplicidade de bloqueios ao acesso à justiça pela via dos Direitos dos motoristas plataformizados, é preciso revisitar injustiças econômicas, culturais e políticas. Como foi visto, o acesso tridimensional à justiça passa por confrontar para buscar resolver demandas de três naturezas: redistribuição, reconhecimento e representação.

A injustiça econômica se baseia na estrutura econômico-política da sociedade e seus exemplos são: exploração, ou seja, ser apropriado do fruto do próprio trabalho em benefício de outros; a marginalização econômica, definida como ser obrigado a um trabalho indesejável e mal pago, como também não ter acesso a trabalho remunerado; e a privação, traduzida em não ter acesso a um padrão de vida material adequado.

Por sua vez, a injustiça cultural ou simbólica se radica nos padrões sociais de identificação, interpretação e comunicação, e seus exemplos são a dominação cultural — ser submetido a padrões de interpretação e comunicação associados a outra cultura, alheios e/ou hostis à sua própria; o ocultamento — tornar-se invisível por efeito de práticas comunicativas, interpretativas e representacionais autorizadas da própria cultura; e o desrespeito — ser difamado ou desqualificado rotineiramente nas representações culturais públicas estereotipadas e/ou nas interações da vida cotidiana.(470)

Como se viu, com o avanço da trajetória trilhada por Fraser, percebeu-se que uma visão mais complexa de justiça, baseado em uma dupla dimensão referente à distribuição e ao reconhecimento, ainda seria insuficiente. Assim, a autora acresceu a categoria da representação. A representação corresponde à injustiça política, sendo "o palco em que as lutas por distribuição e reconhecimento são conduzidas". Há dois tipos de injustiça política: 1) a falsa representação política-comum, quando as regras decisórias funcionam de modo a negar a algumas pessoas a possibilidade de participar como um par, junto com os demais, na interação social, e nas arenas políticas; 2) o mau enquadramento, em que decisões políticas excluem alguns indivíduos, os "não membros", do universo daqueles a serem considerados dentro de uma comunidade em questões de distribuição, reconhecimento e representação política-comum.(471)

Com o intuito de guiar o debate crítico sobre os múltiplos bloqueios no acesso à justiça pela via dos Direitos sob a luz da concepção tridimensional de Fraser, dividiu-se a análise em torno dos seguintes eixos: 1) a indivisibilidade das categorias redistribuição, reconhecimento e representação; 2) do gênero ao reconhecimento como pessoa; 3) o discurso defensivo quanto ao vínculo de emprego; 4) as decisões judiciais e a alavancagem/desmobilização do movimento sindical. E, após, serão tecidas considerações acerca da dimensão analítica das críticas ao vínculo de emprego, apontando o que a empiria tem a dizer à normatividade positivada, para além dos direitos trabalhistas normatizados.

5.1.1. Indivisibilidade das categorias: redistribuição, reconhecimento e representação

Dado que a globalização tem colocado a questão do enquadramento diretamente na agenda política, Fraser adota a concepção de que "não há redistribuição ou reconhecimento

---

(470) FRASER, Nancy. Da redistribuição ao reconhecimento? Dilemas da justiça numa era "pós-socialista". Tradução de Júlio Assis Simões. *Cadernos de Campo* (São Paulo – 1991), [S. l.], v. 15, n. 14-15, p. 231-239, 2006. p. 232.

(471) FRASER, Nancy. Reenquadrando a justiça em um mundo globalizado. *Lua Nova*, São Paulo, n. 77, p. 11-39, 2009. p. 22.

sem representação." Por isso, para ela, uma teoria da justiça adequada ao presente tempo deve ser tridimensional. Considera-se que essa abordagem tríplice permite melhor significar os aspectos presentes nas demandas dos motoristas. Vale iniciar revendo o trecho paradigmático de fala do Presidente do Sindicato do Pará (Entrevistado 3):

> "Não tem patrão, mas também não tem direito. O patrão tá lá nos Estados Unidos e não tá nem aí pra gente, não dá o direito, não faz nada. A gente pensa que tá empregado, nunca viu o patrão, de repente a gente tá na rua, sem justificativa e sem direito de se justificar." **(Entrevistado 3, PA, 19.07.2021)**

Essa fala ilustra bem o grave problema do déficit de representação que afeta esses trabalhadores. É algo que decorre diretamente do fato de que toda a estratégia de atuação territorial da plataforma está direcionada à construção de um espaço de ausência de direitos e de regulação clara para o trabalho e os trabalhadores. Tal feito busca situar a própria plataforma na condição ficcional de um ente que, mesmo onipresente na determinação das condições do espaço territorial e normativo, bem como na apropriação de valor, não está ali e, portanto, não é alcançável e não é responsabilizável.

A plataforma se diz mera intermediadora do contato entre motorista e usuário; ela procede à organização, controle e comando direto de toda a atividade mediante comunicações digitais aparentemente automáticas, mascarando a autoria humana das decisões implementadas; furta-se ao máximo a qualquer espécie de diálogo e atenção às demandas e reivindicações de motoristas e sindicatos; manipula a jurisprudência e a legislação nacionais, a fim de distorcer a seu favor os padrões regulatórios. Mesmo quando se considera a possibilidade de sua responsabilização, acena então com a ameaça da evasão, usando a sua mobilidade transnacional: assim os trabalhadores não podem exigir direitos, sob pena de perderem a fonte de renda. Há um disseminado receio dos trabalhadores de que o próprio Poder Judiciário não teria condições de confrontar o poder econômico privado transnacional. Realidade ou não, isso tudo acarreta, como consequência, própria inviabilização do "ter direitos". As plataformas de transportes que são responsáveis pelo adimplemento dos deveres e obrigações correspondentes a esses direitos acaba por se beneficiar de recursos e do espaço nacional para sua atividade, subtraindo-se à autoridade dos poderes públicos pelas suas ações, como explicitado no capítulo 2. A própria concepção e compreensão do "ter direitos" e do "direito a ter direitos" fica ainda mais inviabilizada no caso dos motoristas plataformizados.

A ausência de arenas políticas adequadas para a discussão e deliberação das demandas por justiça dos motoristas plataformizados trazem a ela imbrincadas as demandas redistributivas e por reconhecimento, como se verá a seguir. Todos os relatos são marcantes e pôde-se recorrer apenas a uma restrita seleção de toda a riqueza do campo, para os objetivos da presente obra.

Vale ainda retomar que todos os aspectos da realidade socioeconômica analisados são facetas que se contextualizam em um modo de exploração econômica dos trabalhadores em plataforma digitais que decorre do contexto do capitalismo globalizante, neoliberal e financeirizado. E, mais que isso, na quadra atual, coloca em dúvida as bases conceituais e normativas elementares, sobre as quais se pode estabelecer uma discussão em torno da (in)justiça, o que nos situa em tempos de anormalidade, quando a própria gramática da justiça é posta em dúvida, como exposto no capítulo 3.

A preocupação de Fraser acerca de como promover justiça em um mundo no qual as situações reais de injustiça transpassam cada vez mais os limites geográficos e políticos encaixa-se com perfeição na situação dos motoristas plataformizados. Sua luta se insere nesse cenário globalizante e de capitalismo neoliberal financeirizado. A moldura interpretativa para análise das lutas dos motoristas plataformizados por redistribuição, reconhecimento e representação é conformada pelo contexto temporal de crise da sociedade capitalista, que vem se intensificando desde a crise financeira de 2008, a qual "transbordou rapidamente da esfera financeira para as esferas fiscais, econômicas" e, após, "para a política e a sociedade, chacoalhando governos, União Europeia, instituições do Estado de bem-estar social e, de certo modo, o próprio tecido da integração social".(472)

Compreendido o capitalismo como "uma ordem social institucionalizada", em que "por trás da questão a respeito de quem recebe quanto por qual tipo de trabalho está a questão mais profunda do que conta como trabalho", "como ele é organizado", "do que essa organização demanda hoje das pessoas" e "do que está fazendo com elas"(473). O modo específico de exploração massiva do trabalho humano instituído pelas plataformas geridas por grandes corporações transnacionais surge já nesse contexto de globalização e de ascensão de regimes políticos neoliberais. No Brasil, como afirma Antunes, vivencia-se "um processo de precarização estrutural do trabalho, em que os capitais globais estão exigindo o desmonte da legislação trabalhista".(474) A degradação das condições de um mercado de trabalho já profundamente desigual, com aumento do desemprego e da insegurança no emprego, redução da renda do trabalho, aprofundamento das desigualdades, as alterações na legislação e jurisprudência do trabalho que fragilizam a regulação pública e favorecem o poder privado patronal, somados ao contexto pandêmico, acentuaram ainda mais a marca de precarização das relações trabalhistas, em um país que havia conquistado apenas alguns traços insipientes do estado de bem-estar social. É esse o cenário das lutas dos motoristas plataformizados.

Exemplo disso é o relato dos Entrevistados 11 e 12, da Bahia, ambos dirigentes sindicais, quando disseram que "vivem de aplicativo", que são "uma família sustentada por

---

(472) FRASER, Nancy; JAEGGI, Rahel. *Capitalismo em debate*. Uma conversa na teoria crítica. São Paulo: Boitempo, 2020. p. 13.

(473) *Ibidem*, p. 15

(474) ANTUNES, Ricardo. A crise, o desemprego e alguns desafios atuais. *Serv. Soc. Soc.*, São Paulo, n. 104, p. 632-636, out./dez. 2010.

um aplicativo", que a esposa foi cabeleireira, teve salão próprio, foi vigilante, trabalhou em *call center*, trabalhou com vendas e o marido "já foi soldador industrial, já trabalhou numa empresa do governo do estado na CERB, ele passava 15 dias fora, 15 dias em casa, só que aí aquela oscilação de terceirizadas, terceirizada você está, daqui a pouco você não tá" (ou seja, foi dispensado do seu emprego).

Estes motoristas uberizados, os "batalhadores"(475), também podem ser enquadrados no conceito de Ludmila Abílio de "viradores", uma vez que transitam entre ocupações formais e informais, "as quais compõem sua trajetória pela instabilidade e pela ausência de uma identidade profissional definida, raramente contando com uma rede de proteção e segurança socialmente instituída via mundo do trabalho".(476)

Há os viradores e também há os que se viram em situação de perda do emprego formal, transitando para a viração. Com exceção da entrevistada 2, do Mato Grosso, que relatou ter começado a dirigir para se distrair e recuperar-se de uma depressão causada pelo falecimento de sua mãe, os demais entrevistados que, no momento da entrevista, eram motoristas, relatam histórias semelhantes de perda do emprego, trabalho ou ocupação como a razão pela qual decidiram começar a dirigir para as plataformas, em busca do sustento próprio.

Todos os dirigentes sindicais entrevistados nesta pesquisa são motoristas e dirigem para as plataformas digitais, como forma de sustento de si e de suas famílias. Todos trabalham dirigindo e necessitam dos ganhos advindos do que eles chamam de "rodagem" para a sobrevivência. Nenhum dos entrevistados relatou receber remuneração pelo exercício da atividade sindical. Há uma forte demanda por sobrevivência, que está ligada à necessidade de implementação de medidas eficazes para combater injustiças de redistribuição, em primeiro lugar:

> "a gente não tem grana, vamos começar por aí, e aí por que que eu tô falando isso, porque pra gente parar nosso trabalho e dedicar totalmente a isso a gente precisa ter grana, né? E a gente não tem essa condição, nenhum de nós temos. E aí a gente tem que, **a gente vive assim, faz uma corrida, pára, vai numa reunião, faz outra corrida, pára, vai fazer uma coisa com o motorista**, vai, então isso demora, demanda tempo, é um trabalho de formiguinha [...] Se pelo menos o sindicato tivesse condição de remunerar essas pessoas que trabalham lá, o sindicato ia crescer, porque ele já tá crescendo sem ter essa dedicação total, porque a gente cresce de acordo com a necessidade do motorista e o motorista tem muitas necessidades. [...] até hoje eu ainda trabalho como motorista de

---

(475) SOUZA, Jessé. *Os batalhadores brasileiros:* nova classe média ou nova classe trabalhadora? 2. ed. Belo Horizonte: UFMG, 2012. p. 307.

(476) ABILIO, Ludmila Costhek. *Uberização:* gerenciamento e controle do trabalhador just-in-time. Uberização, Trabalho digital e Indústria 4.0. Ricardo Antunes (Org.). São Paulo: Boitempo, 2020. p. 113.

> aplicativo, tem motorista que trabalha 15, 16, 17 horas por dia, hoje eu não faço mais isso, antes eu pegava 6 horas da noite até 6 horas da manhã, pra você ter noção. Então, hoje eu não consigo ficar muito, mas tem gente que, tem gente que fica muitas horas e usa algumas coisas pra se manter acordado e aí começa a ter os problemas de doenças ocupacionais, começa a ter problema de coluna, pra você ter noção, a minha cervical e os meus ombros, **eu sinto dor todos os dias, todos os dias, todos.** Fora outras coisas, estresse, ansiedade, várias outras coisas que causa e o aplicativo, **ele não nos dá nenhum suporte em relação a isso porque eu posso tá com dor, eu posso tá doente, qualquer coisa, se eu não trabalhar, eu não recebo."** **(Entrevistada 5, MG, 21.07.2021)**

Situações como a descrita pela presidente da federação, a entrevistada 5, de Minas Gerais, reforçam o quão significativa é a demanda redistributiva, ao relatar que mesmo depois de ser empossada no cargo de dirigente sindical da organização nacional, representativa dos sindicatos de âmbito estadual, ela continua trabalhando como "motorista de aplicativo" e sofre de doenças ocupacionais em razão do exercício da profissão: "a minha cervical e os meus ombros, eu sinto dor todos os dias, todos os dias, todos". Citou também "estresse, ansiedade, várias outras coisas que causa, e o aplicativo, ele não nos dá nenhum suporte em relação a isso porque eu posso tá com dor, eu posso tá doente, qualquer coisa, se eu não trabalhar, eu não recebo".

O relato acima também envolve a demanda por reconhecimento como trabalhador, ser humano que é digno e como tal deve ser considerado. O trabalhador deve ter direitos e proteção legal. Isso inclui a cobertura previdenciária e securitária diante dos casos de adoecimento e mesmo morte por doença contraída durante o trabalho, como as situações relatadas pelo Entrevistado 1.

Os dados colhidos na pesquisa levam a percepção de que as demandas dos motoristas plataformizados não podem ser analisadas separadamente, como sustenta a própria Fraser, estando imbrincadas as três dimensões de justiça. Ao adotar a visão de justiça como paridade participativa, o que significa poder "participar como pares de pleno direito na interação social em condições de igualdade",[477] os obstáculos a esta paridade só podem ser compreendidos adequadamente e removidos com o apoio de uma teoria que abarque representação, juntamente com redistribuição e reconhecimento, como dimensões necessárias da justiça.

Na pesquisa de campo, observou-se que, no caso dos motoristas plataformizados, não há representação adequada sem redistribuição. Quando as decisões políticas excluem alguns indivíduos, os "não membros", do universo daqueles a serem considerados dentro de uma comunidade em questões de distribuição, reconhecimento e representação política-comum,

---

(477) FRASER, Nancy. *Escalas de justicia*. Tradução de Antoni Martínez Riu. Barcelona: Herder Editorial, 2008. p. 117. (tradução de: FRASER, Nancy. *Scales of Justice* — Reimagining Political Space in a Globalizing World. New York: Columbia University Press, 2008).

há um problema de mau enquadramento.(478) Os dados obtidos mostram como não há a adequada representação dos motoristas no processo político, tanto nas reivindicações perante as empresas, quanto no processo legislativo. A representação é muito prejudicada pela falta de recursos financeiros e na própria estrutura das organizações coletivas, que, muitas vezes, acaba por ser uma das consequências da precária situação econômica dos motoristas. Mas não só. Como visto, a fragmentação da categoria, o trabalho individual e sozinho em um "veículo-mundo", se não quebrado pela solidariedade das redes, é um fator importante para ser considerado como umas das causas das dificuldades de organização e representação sindical. O resultado é a obstrução de sua participação, máxime em condições paritárias.

Situações como a descrita pela entrevistada 5, de Minas Gerais, que mencionou falta de recursos financeiros e disponibilidade de tempo para as ações sindicais, demonstram que a demanda por representação se encontra intrinsicamente jungida à demanda por redistribuição. "Pra gente fazer nosso trabalho e se dedicar totalmente a isso, a gente precisa ter grana, e nenhum de nós tem essa condição", diz a entrevistada, por isso conta que o que consegue realizar atualmente na federação é um trabalho de "formiguinha".

Mesmo assim, nota-se, apesar dos poucos recursos, os sindicatos conseguiram, de certa forma, alcançar alguns espaços de atuação organizativa e de defesa dos direitos dos motoristas. Mas a injustiça caracterizada na falta de paridade participativa é evidente.

Situações observadas em que a plataforma não transmite informações adequadas para o motorista aprender e desempenhar seu ofício, como disse a entrevistada 17, do Rio Grande do Sul ("não ensina nada"), demonstra que a organização do trabalho plataformizado leva à necessidade de os trabalhadores se organizarem coletivamente e cooperarem, para que aprendam uns com outros a como trabalhar. Como não há diálogo com a plataforma (representação), mesmo que seja para ministrar a formação necessária para compreender os comandos da empresa e os conhecimentos e habilidades necessários para a realização do próprio ofício, emerge a necessidade de agremiação, de união, de busca de suporte, tanto material (redistribuição), quanto de pertencimento coletivo (reconhecimento), a fim de suprir esse déficit de representação. A plataforma explora, então, esses recursos cooperativos dos trabalhadores.

Foram observadas situações com a demanda clássica por reconhecimento, como, por exemplo, na descrição da entrevistada 2, do Mato Grosso, que sofreu preconceito por ser mulher e lésbica, na chamada "bandeira branca", resultante do mecanismo de avaliação pelos passageiros, por pertencer a um grupo vulnerável atingido silenciosamente. Tal situação influencia negativamente a condição de trabalho, em uma presença típica de marcador social da diferença, afetando a redistribuição e, por sua vez, interferindo no acesso à representação.

---

(478) FRASER, Nancy. Reenquadrando a justiça em um mundo globalizado. *Lua Nova*, São Paulo, n. 77, p. 11-39, 2009. p. 22.

A pesquisa empírica permitiu verificar que, além da demanda de reconhecimento ligada à classe, gênero, raça e minorias sociais, há uma demanda dos trabalhadores plataformizados para que sejam "vistos", para além dos marcadores sociais de diferença, como sujeitos sociais. Eles possuem uma demanda muito presente por reconhecimento como pessoa que trabalha em um ofício de destaque no dia a dia de inúmeras cidades mundiais, em busca de um valor social reconhecido e para se sentirem parte de uma sociedade.

O sentimento de "somos números" é marcante nas entrevistas, como mencionado na categorização supracitada, independente do gênero do entrevistado, o que nos remete à figura do "motorista invisível", que busca o *status* de pessoa, em um contexto de precarização do trabalho de baixa renda (demanda por redistribuição), como acontece com porteiro, varredor de rua, empregada doméstica, entre outros.

A fala do entrevistado 7, do Rio Grande do Norte, de que a Uber só está preocupada com o passageiro, "ela não tá nem aí se assassinaram o motorista", porque "todos nós somos apenas um número dentro do algoritmo, mais nada", é muito elucidativa. Ele repete "quando a gente liga o aplicativo, a gente é mais um número", evidenciando que a demanda por reconhecimento como pessoa é anterior à busca por enquadramento jurídico. Mas, como visto, o reconhecimento jurídico propicia o caminho de valorização social da condição de trabalhador.

O mau enquadramento atinge, por outro lado, a questão redistributiva, e também a demanda por reconhecimento como sujeito que importa. É o que se pode ler dos dados obtidos com o entrevistado 6, de São Paulo, ao adjetivar o bloqueio injustificado como "desumano" e afirmar que "tá mexendo com a cabeça do trabalhador". Ele relata que tem motoristas que chegam a chorar e que dizem "*eu não fiz nada*", e como é difícil para eles chegar em casa e ter que explicar para a esposa o porquê ele foi excluído. O entrevistado diz "eles tão criando uma coisa na cabeça do ser humano" e que "o cara tá tão chocado com a exclusão dele da plataforma, que ele ficou imaginando, '*será que eu fiz alguma coisa?*'" e "o cara vai pra dentro de casa sem saber o que que aconteceu". Emerge, mais uma vez, a percepção de que os motoristas são tratados como "números," que podem ser excluídos pelo algoritmo, sem sequer saber ou terem como saber o motivo, o que demonstra desconsideração do trabalhador como parte dessa relação.

Os motoristas buscaram a plataforma como forma de sustento (redistribuição), diante da crise financeira e social da sociedade capitalista em momento ultraliberal. O "patrão" transnacional, por meio do seu algoritmo, dita a organização do trabalho, enquadrando os trabalhadores na condição de números. O reconhecimento como sujeitos sociais, merecedores de igual valor e consideração, é negado, sendo mantidas em condições longínquas da paridade de participação. Tal situação faz com que os trabalhadores se unam em busca de união e força para o agir coletivo. Um dos objetivos, como visto, é estabelecer diálogo com a plataforma e os poderes públicos. Contudo, essas organizações coletivas, no contexto de reformas trabalhistas, quando "todos estavam jogando pedra nos sindicatos", demandavam por redistribuição, para que pudessem representar os trabalhadores adequadamente. Primeiro tiveram que priorizar demandas de primeira necessidade, formando vínculos de solidariedade para preservar condições elementares de sustento e proteção sanitária da vida dos trabalhadores. No contexto da pandemia do vírus SARS-CoV-2, ante a ausência de redes de solidariedade públicas ou institucionais, a atuação dos sindicatos foi importante para preservar vidas, o trabalho dos motoristas e o sustento de suas famílias.

A ausência de representação levou os trabalhadores a se unirem na busca por melhores condições de trabalho (redistribuição), sendo que, por sua vez, para haver o êxito na organização coletiva dos motoristas, foi necessário "arrumar a casa do motorista". A pesquisa trouxe dados referentes a ações dos sindicatos, no sentido de fornecer cestas básicas, alimentos, material de construção e até mesmo legumes, frutas e verduras, a preços abaixo do mercado, convênios com planos de saúde mediante mensalidades de 100 reais, bem como parcerias com creches, escolas infantis, colônias de férias e faculdades, como também mutirão para construção de casa própria dos motoristas. Ou seja, foram necessárias ações iniciais, inclusive, assistenciais (ou melhor, mutualistas) para que houvesse acesso a bens básicos (redistribuição). As ações visavam resolver problemas elementares, diante da falta do enquadramento jurídico. A redistribuição criou bases para que o vínculo coletivo buscasse e efetivasse a representação, no sentido de Fraser.

A entrevistada 2, ao afirmar que "nós arrumamos a casa do motorista", explicita efeito agregador da atuação de modo a gerar novas adesões de motoristas ao sindicato. No caso, os motoristas passaram a defender o trabalho do sindicato, afirmando configurar "políticas públicas" que substituiriam a ação do Estado.

Sabe-se que quem deve, primordialmente, realizar política pública é o Estado, mas em um contexto de ausência de redes de solidariedade institucional, a rede de solidariedade formada pelo vínculo coletivo decorrente da ação sindical preservou vidas, inegavelmente. A estrutura de suporte que os sindicatos fornecem aos motoristas auxilia o fortalecimento da organização coletiva em torno da entidade sindical. Os dirigentes entrevistados consideram favorecer o trabalho de compreensão e identificação pelos trabalhadores de que possuem direitos e, dada a situação delicada que enfrentam, em muitos casos, a atuação dos sindicatos é o que propicia que continuem trabalhando.

O movimento sindical conseguiu, em certa medida, resgatar o senso de comunidade, senso que o capitalismo busca destruir induzindo ao individualismo e a avaliação pela meritocracia, além de propagar que cada um é microempresário, parceiro de si mesmo, ou seja, empreendedor.

Portanto, as demandas dos motoristas plataformizados, no que se refere à busca por redistribuição, reconhecimento e representação são interdependentes. Essa interdependência é o pressuposto da abordagem específica que segue, das questões de gênero, expressadas nas falas pesquisadas.

5.1.2. *Do gênero ao reconhecimento como pessoa*

As questões de gênero não estavam entre os objetivos centrais no planejamento da pesquisa, mas apareceram fortemente no trabalho de campo, o que motiva a abordagem. Fraser, Arruzza, e Bhattacharya, em "Feminismo para os 99%", mostram como o capitalismo se aproveita das diversas estruturas de dominação e discriminação pré-existentes, como divisão racial, patriarcado, discriminação de gênero e classe e desigualdades geopolíticas para conformar e alimentar a sua própria estrutura de dominação. Por isso, a luta feminista de feição tipicamente liberal só atende ao interesse de 1% da população, ao se contentar com que mulheres tenham iguais oportunidades que os homens de serem exploradas, ou mesmo de ocupar, em nome do feminismo, os papéis de destruição social, normalmente exercidos por homens. Nesse sentido, mesmo o acesso aos postos de trabalho regular, embora possa contribuir para a emancipação feminina, em grande parte dos casos está longe de ser uma experiência libertadora:

> Precário e mal remunerado, sem oferecer acesso a direitos trabalhistas ou benefícios sociais, não é suficiente para pagar por autonomia, autorrealização ou oportunidade de adquirir ou exercer habilidades. Em contrapartida, o que esse trabalho oferece de fato é a vulnerabilidade ao abuso e ao assédio.(479)

Foi exatamente o que se observou acontecer com a entrevistada 17. Trata-se de mulher, já referida, que é "mãe solo"(480). A entrevistada começou a trabalhar como motorista plataformizada para sustentar a si e à filha, após ser dispensada e não conseguir outro emprego com CTPS assinada, além de também não receber "ajuda" do pai da criança. Como motorista, em uma corrida a ela direcionada pela Uber, teve de enfrentar situação de assédio sexual por um passageiro que propôs se masturbar na sua presença e dentro do veículo, em total desprezo por sua condição de pessoa humana, e mulher. No episódio, a entrevistada 17 relatou que sua reação poderia resultar em exclusão arbitrária pela plataforma, sem diálogo ou defesa. E quando a plataforma a direcionou imediatamente a uma nova corrida, que disse que não poderia cancelar, nem sequer pôde se recompor do ocorrido, pelo risco de penalização, vivenciou mais um desrespeito e, agora, pela plataforma. Reportou o ocorrido à Uber, que lhe retornou uma resposta automática, não lhe proporcionando o acesso aos dados do passageiro, para que pudesse registrar uma ocorrência policial, adequada e necessária, sob qualquer dimensão de justiça que se analise.

Outras pesquisas sobre motoristas plataformizadas também identificaram a vulnerabilidade e a exposição dessas mulheres, durante o exercício da atividade laborativa, a assédios

---

(479) ARRUZZA, Cinzia; BHATTACHARYA, Tithi; FRASER, Nancy. *Feminismo para os 99%*. Um manifesto. São Paulo: Boitempo, 2019. p. 113.

(480) Terminologia contida no Projeto de Lei n. 371/2021, que visa instituir a "Lei dos Direitos da Mãe Solo". Trata-se de expressão consolidada na luta feminista para designar mulheres provedoras de famílias monoparentais.

moral e sexual, além de violências que, como já visto, além de consequências no âmbito do Direito do Trabalho, também podem ser enquadradas no tipo penal de "importunação sexual", previsto no art. 215-A do CP(481).

Um sentimento comum às mulheres entrevistadas, segundo Maíra Morato Araújo Machado, é o medo: "existe sempre uma sombra de medo que paira constante em seus discursos, é o pavor de ser assediada, agredida, maltratada, estuprada, assaltada"(482). As experiências de assédio durante o trabalho em plataformas de transporte não se limitam "aos comentários pejorativos, cantadas e ao envio de mensagem por passageiros com segundas intenções", conforme pesquisa realizada por Maria Júlia Tavares Pereira. A pesquisadora relatou um caso de uma motorista que foi vítima de assédio sexual em três situações diferentes: "Já me disseram que eu passava a marcha de um jeito sexy"; "um rapaz se sentou no banco ao meu lado, fomos conversando e ele colocou, apoiou, a mão na minha perna" e "uma outra vez foi com um senhor, de uns setenta e poucos anos, ele elogiou meu sotaque e colocou a mão na minha barriga"(483).

A motorista entrevistada por Maria Júlia Tavares Pereira relatou que, ao reportar o assédio sexual à plataforma, a empresa lhe enviou "mensagem dizendo que lamentava o ocorrido, que não iria destinar corridas daquele passageiro para mim". A motorista entrevistada por ela mostrou indignação pelo fato de a empresa não excluir esse cliente da plataforma, a mesma indignação que a entrevistada 17 verbalizou no sentido de ser uma "injustiça", porque permite que outras motoristas possam vir a ser vítimas também desse homem.

Por sua vez, Viviane Vidigal relatou que uma das entrevistadas da pesquisa que realizou durante o mestrado detalhou o assédio que sofreu: "bom, foi um passageiro que chamou pelo aplicativo e durante o trajeto colocou seu órgão sexual para fora e tirou fotos dentro do carro, quando escutei o flash olhei para o lado e gritei para ele se retirar imediatamente do meu veículo".(484)

Nesse cenário, a confluência de diferentes estruturas de injustiça em um mesma situação revela tal denegação de consideração e respeito como pessoa, a ponto de configurar uma

---

(481) BIANCHINI, Alice; BAZZO, Mariana; CHAKIAN, Silvia. *Crimes contra mulheres:* Lei Maria da Penha, crimes sexuais, feminicídio. Salvador: JusPodivm, 2019. p. 268).

(482) MACHADO, Maíra Morato Araújo. *Plataformizadas:* uma reflexão sobre o trabalho feminino nas plataformas digitais de transporte e entrega. Dissertação (Mestrado em Direito) – Programa de Pós-graduação em Direito da Pontifícia Universidade Católica de Minas Gerais, 2022.

(483) PEREIRA, Maria Júlia Tavares. *A plataformização do trabalho não tem rosto de mulher:* as experiências e percepções de condutoras. Dissertação (Mestrado em Ciênciais Sociais) – Programa de Pós-graduação em Ciências Sociais da Universidade Federal de Juiz de Fora, 2022. Disponível em: <https://repositorio.ufjf.br/jspui/bitstream/ufjf/14068/1/mariajuliatavarespereira.pdf>. Acesso em: 30 jul. 2022.

(484) VIDIGAL, Viviane. *As ilusões da uberização:* um estudo à luz da experiência de motoristas Uber. 303 f. 2020. Dissertação (Mestrado em Sociologia) – Instituto de Filosofia e Ciências Humanas, Universidade Estadual de Campinas, Campinas, 2020.

"metainjustiça", explicada por Fraser(485), citando a expressão de Hannah Arendt(486) da "perda do direito de ter direitos". De fato, o desenrolar da pesquisa de campo demonstrou que não há como olhar o mundo sem a lente dos marcadores sociais de diferença de raça, gênero e classe. Por mais que não se tivesse como objetivo a análise de gênero, os vínculos e vivências que apareceram nas entrevistas deixaram evidenciado que a pesquisa não poderia deixar de considerar aspectos de gênero.

O assédio sofrido pela entrevistada 17 – e de outras mulheres que também foram vítimas de violência sexual – aconteceu pelo fato de ser mulher e estar na posição de motoristas de plataforma, inserida numa organização de trabalho em que o "patrão" é inacessível, não se responsabilizando por um sistema de segurança que seja minimamente eficaz. Os relatos acima descritos demonstram que não há suporte efetivo às trabalhadoras diante desse tipo de violência. Além disso, relação de consumo da plataforma com o passageiro cria também outras vulnerabilidades, pois a reação da plataforma ao acontecido à trabalhadora não é previsível, de modo que, inexistindo um código de conduta e comportamento a ser respeitado pelo passageiro, a Uber permitiu que o cliente pensasse poder fazer o que quisesse, menosprezando-a e desrespeitando a trabalhadora como pessoa, com o requinte absurdo de garantir à motorista que poderia ficar tranquila, que não iria "sujar o carro dela".

O desrespeito à mulher é incomensurável, uma vez que o trabalho na plataforma Uber, além de expô-la a situações como a descrita, levou um passageiro a considerá-la como objeto do seu "fetiche sexual", objetivando-a e desconsiderando-a no espaço de labor. É possível avançar essa análise para se chegar ao machismo estrutural, pois esse homem não a considerou sujeito, quanto mais de direitos.

Ao mesmo tempo, para além dos marcadores sociais clássicos (de raça, gênero e classe), todos querem ser olhados como sujeitos, ficando marcada a demanda por reconhecimento como pessoa, ser notado como sujeito merecedor de respeito, como pessoa que importa, que merece ter uma vida digna, como parte de determinada sociedade, com igual valor às demais pessoas, para além da sua utilidade instrumental como portador de força de trabalho.

As discriminações baseadas em marcadores sociais como classe, raça, gênero, podem se concretizar em ações de clientes, gestores e mesmo se perpetrar por meio de comandos automatizados no algoritmo, cuja capacidade de aprendizagem de máquina pode, inclusive, ampliar vieses que aprofundam estruturas discriminatórias presentes na sociedade. A par disso, cabe notar que só o fato de ser gerido em seu trabalho por um algoritmo, que é o olho e a mão do empregador transnacional, mas que não justifica suas ações, não dialoga, não ouve, é vivenciado pelo trabalhador como injustiça, ao ser reduzido a apenas um número, ou seja, uma não pessoa.

---

(485) FRASER, Nancy. Reenquadrando a justiça em um mundo globalizado. *Lua Nova*, São Paulo, n. 77, p. 11-39, 2009. p. 23.

(486) ARENDT, Hannah. *The origins of totalitarianism*. New York: Harcourt. 1973. p. 269-284

Como se afirmou, o contexto de tais injustiças — na qual se incluem, as injustiças de gênero — é o do capitalismo neoliberal, que se aproveita das diversas estruturas de dominação e discriminação pré-existentes para conformar e alimentar a sua própria estrutura de dominação. Por tal razão é que a análise destas injustiças de gênero não pode ser feita de forma descolada da moldura interpretativa trazida por Fraser, ao teorizar sobre a questão do enquadramento e do *frame* em que estão inseridas as motoristas, tratado no item 3.3, em que se afirmou que a ausência de um marco institucional adequado de participação produz a metainjustiça do mau enquadramento.

5.1.3. O discurso defensivo quanto ao vínculo de emprego

Um dos pontos de debate crucial é a discussão acerca dos motoristas "quererem ou não" o vínculo de emprego. As demandas por sobrevivência aparecem com força, manipulando as vulnerabilidades e se associam às ações múltiplas das plataformas que acentuam a percepção de que o enquadramento jurídico que lhes assegure direitos igualitários seria impossível. Como alguns dos entrevistados relataram, se for reconhecido o vínculo de emprego, "a Uber vai embora", já que o "imposto" que seria devido pela empresa, em consequência do reconhecimento do vínculo de emprego, acabaria com a profissão de motorista, ainda que essa crença não se apoie em uma avaliação concreta dos fatores da equação econômico-financeira da companhia.

A própria UBER já declarou, diante da perspectiva de uma possível legislação europeia que designasse motoristas como empregados, ou fornecesse direitos adicionais, como férias e benefícios previdenciários, que "qualquer modelo pode funcionar economicamente para nós. É isso que nossos motoristas querem. Na Espanha provamos que um modelo de emprego na frota funciona. Não só funciona, mas cresce com margens próximas das nossas margens de longo prazo"(487).

Outras crenças relativas ao regime de emprego, carentes de fundamento legal, são a obrigação de trabalho exclusivo, incompatibilidade com jornada flexível e diversos desconhecimentos quanto ao próprio cálculo financeiro do rendimento líquido, diante dos custos e riscos assumidos pelos motoristas, em contraste com os valores que receberiam como salário profissional. Caso houvesse vínculo de emprego, acreditam, isso implicaria muito mais horas de trabalho, assim como o medo de não poderem arcar com esses custos e ficarem endividados. Tudo isso se soma à culpabilização pela própria precariedade e, diante dela, acaba por surgir o dever de preservar a empresa às custas de renunciar à perspectiva de reconhecimento de direitos igualitários.

Há demandas de sobrevivência, no contexto da precarização neoliberal, que vêm antes de lutas por reconhecimento e representação. Os motoristas precisam continuar trabalhando

---

(487) *UBER fireside chat with UBS*. Lee Fang [Canal Youtube], 14 dez. 2021. Disponível em: <https://www.youtube.com/watch?v=YDsOFNIET5U>. Acesso em: 30 jun. 2022.

e, estando mal enquadrados como autônomos, têm medo de perder o trabalho e a renda, ao "defender uma bandeira dessa natureza". Emerge, aí, a necessidade de se agarrar a um discurso de justificação dessa condição de estar obrigado a permanecer assujeitado a uma relação de trabalho, na qual estão impedidos do direito de acesso a ter direitos, o que Fraser denomina de metainjustiça. Conviver com essa condição de negação da própria dignidade impõe recorrer a estratégias discursivas de autoproteção, de negação da realidade sofrida,[(488)] que são a porta escancarada para os *slogans* propagandeados pelas plataformas quanto à "liberdade e autonomia", de "ser seu próprio chefe" e "trabalhar quando quiser". É assim que se constrói essa relação de poder, na qual os sujeitos dominados e explorados passam a defender a manutenção das condições de dominação e exploração.

As falas, de modo geral, afirmam expressamente que é possível identificar, na relação com as plataformas, um vínculo de trabalho subordinado com um "patrão", mesmo que esse se apresente como intangível. Mas diversos entrevistados manifestam ao mesmo tempo a rejeição à perspectiva concreta da "carteira assinada", dizendo que perderiam a liberdade ao estarem vinculados a um empregador, externalizando uma contradição que revela a estratégia discursiva de justificação.

O relato do entrevistado de São Paulo é ilustrativo de como o discurso defensivo do vínculo de emprego "é a maior besteira que criaram na cabeça do trabalhador", porque se "eu não sou empregado, eu não tenho chefe". Acontece que os motoristas estão "morrendo sem dinheiro", então afirma ser uma contradição o discurso defensivo. Acrescenta dizendo que "o trabalhador não quer vínculo? No dia que o carro dele tiver quebrado 15 dias, ele vai ver o que é não ter o vínculo, ou quando ele tiver doente no hospital ele vai ver o que é não ter vínculo". Conclui que "esse discurso, ele se quebra a partir do momento que você fica dependente da plataforma e não tem dinheiro pra pagar suas contas".

As lideranças sindicais relataram que não conseguiriam unir a categoria, caso lutassem declaradamente por direitos, como o reconhecimento do vínculo de emprego. Têm, inclusive, receio de utilizarem tal expressão. Percebem que tudo que realizam está dentro de um contexto de precarização e privação de direitos, não lhes sendo plausível transcenderem a moldura interpretativa em que estão inseridos para acessar as esferas deliberativas com as plataformas, com o legislativo ou com o judiciário, de modo a obterem um enquadramento condizente com suas demandas por redistribuição, reconhecimento e representação. Todos os dirigentes manifestaram a necessidade de implementação de uma regulação, mas não demonstraram avançar no sentido concreto de o que ela deveria conter – ao menos nesse dado momento histórico e contexto nacional. É, pois, um contexto caracterizador da anormalidade da justiça: os motoristas supõem não dispor de uma gramática de justiça que dê suporte às suas demandas.

---

(488) Sobre a utilização de discursos de justificação como estratégia defensiva de proteção psíquica, ver DEJOURS, Christophe. *A banalização da injustiça social*. Rio de Janeiro: FGV, 1999.

Os dirigentes relatam que chegaram a mobilizar-se, fazer manifestações, carreatas e paralisações, mas sem conseguirem efetividade. Como explicou a entrevistada 5, "você pode reunir todos os motoristas, as plataformas vão fazer o que quiserem fazer. Por quê? Porque amanhã o motorista está trabalhando de novo, do mesmo jeito que estava". A leitura que se faz é de mau enquadramento, pois a ação coletiva não tem potencial de atingir o "patrão algoritmo", potência transnacional, e a manipulação da necessidade de sobrevivência dos motoristas prevalece. "Não temos acesso", diz. Falta o acesso efetivo a fóruns adequados de solução. "É uma luta que a gente não vai conseguir se não for juridicamente e através de uma legislação que lute, que tenha ali realmente garantido os nossos direitos". A par disso, a gramática desses direitos, a ver dos próprios motoristas, padece de certa indefinição.

A gramática normal vigente de acesso à justiça pela via dos direitos trabalhistas, própria do regime de emprego, seria a via prevista para a função de reconhecimento jurídico e estabelecimento de limites igualitários à exploração do trabalho, no território brasileiro. É preciso ainda ressaltar que praticamente não há legislação protetiva do trabalho considerado autônomo, que é relegado à regulação estrita da contratação civil. Ocorre, porém, que toda a ação capitaneada pelas plataformas, no sentido de obstruir o acesso a essa gramática de direitos trabalhistas existente, deixa os trabalhadores sem acesso à dizibilidade jurídica(489) das injustiças que vivenciam.

A complexidade das lutas dos motoristas plataformizados necessita, realmente, ser compreendida a partir das suas demandas, que são em parte anteriores à luta por direitos. No extremo, alguns entrevistados nem sequer conseguem verbalizar sua demanda por direitos, tal o processo de invisibilização e privação de direitos, que acaba por produzir o rebaixamento das suas expectativas quanto ao horizonte daquilo que, de modo plausível, poderiam esperar. O "ocultamento", à luz de Fraser, ocorre ao tornar-se o sujeito invisível por efeito de práticas comunicativas, interpretativas e representacionais que o desabilitam como sujeito reivindicante. Referido "mau enquadramento" é, portanto, também uma denegação de reconhecimento.

Por outro lado, referido processo não é invencível e, nem mesmo, absoluto. Emerge nas entrevistas a superação do discurso defensivo, quando se afirma compreender ser a conscientização contra esse discurso alimentado pela ideologia empresarial e a luta por direitos o foco da organização coletiva, como na fala já transcrita do Entrevistado 6: "O foco primeiro é organizar a categoria, é mostrar que eles têm direito sim. Que o que colocam na cabeça deles é uma invenção. Eles dizem que, não, se for CLT, a Uber vai embora, a Uber não vai embora de lugar nenhum. A marca dela é muito forte, entendeu?".

Fica claro, aqui, o papel da auto-organização coletiva como modo de superar o rebaixamento das expectativas e alavancar as lutas coletivas em um processo de alimentação recíproca. Nesse ponto, o apoio ou desalento que pode vir a partir decisões do poder público,

---

(489) Dizibilidade jurídica significa: sem poder dizer juridicamente.

tanto legislativo, mas também do Poder Judiciário, ganha um papel decisivo, como se avalia no próximo subitem.

Para além da questão do vínculo de emprego como gramática existente de acesso a direitos, cabe, no entanto, iniciar uma reflexão que vai além do quadro jurídico existente. Pode-se também suspeitar que a desconfiança que os motoristas plataformizados expressam em relação ao vínculo de emprego, como vinculação ao "patrão" e à perda da liberdade, carregue também, a par do discurso defensivo alimentado pela ideologia empresarial, uma carga crítica, de superação transformadora, no sentido de que as suas demandas por (in) justiça transcendem muito aquilo que lhes é prometido pelo marco jurídico do trabalho assalariado, como será visto em tópico adiante.

5.1.4. Decisões judiciais e a alavancagem /desmobilização do movimento sindical

Por maiores que sejam a coerência e fecundidade do pensamento de Fraser com os dados obtidos na pesquisa, percebe-se certa limitação na ausência de análise específica dos processos judiciais como elemento da representação política e seu impacto nas lutas. Fraser trabalha representação política *stricto sensu*, mas é preciso pensar a representação ampliada para outras esferas, incluindo o Poder Judiciário como espaço fundamental de disputa, o que fica claro no caso das lutas coletivas dos motoristas plataformizados, seja em ações individuais como coletivas.

Sobre o acesso ao Judiciário, o entrevistado 1 relata sentir tristeza ao perceber que os tribunais superiores estariam apoiando, senão permitindo a estratégia da Uber. Referido entrevistado afirma que em "conversas de bastidores", os advogados das empresas falaram que "tudo que querem é um julgamento favorável no TST, sabe pra quê? Pra levar pro STF e classificar de uma vez por todas que isso não é uma relação de trabalho", o que poderia ser decisivo para a desmobilização da luta por direitos, pelo menos os trabalhistas *stricto sensu.*

O caso da organização sindical do Ceará, em que a entrevistada 4 relatou que, em seu Estado, foram feitas grandes manifestações, quando foi possível perceber a mobilização da categoria. Contudo, após a suspensão, pelo TST, da decisão liminar do TRT do Ceará, que reconheceu, em sede de mandado de segurança, o direito dos motoristas ao salário mínimo, máscara e álcool em gel[(490)], relata a entrevistada o enfraquecimento da categoria. Afirma

(490) A Uber apresentou Correição Parcial perante o Tribunal Superior do Trabalho. Na peça de ingresso, a empresa requereu a concessão de efeito suspensivo ao agravo regimental interposto em sede de mandado de segurança ao argumento de que lhe foram impostas obrigações operacionalmente impossíveis, gerando insegurança jurídica e "comprometendo a manutenção das assistências voluntárias que a UBER já vem prestando aos motoristas parceiros em todo o Brasil". A decisão da reclamação correcional deferiu a liminar requerida para conceder efeito suspensivo ao agravo regimental interposto à decisão no mandado de segurança n. 0080115-90.2020.5.07.0000 e, em consequência, cessar os efeitos da decisão constante da ACP (autos do processo n. 0000295-13.2020.5.07.0003), até que ocorresse o exame da matéria pelo órgão jurisdicional competente. Ver: ORSINI, Adriana Goulart de Sena; LEME, Ana Carolina Reis Paes. Salário mínimo, máscara e alquingel: acesso ao

que chegou a ouvir de um motorista que os advogados do sindicato foram "vendidos para a Uber". Segundo relata, o sindicato do Ceará ficou "completamente desmobilizado, sem legitimidade na categoria", já que "a ação gerou um efeito contrário, porque a gente conseguiu uma decisão muito boa, mas os efeitos da decisão foram suspensos e a Uber está apresentando vários óbices processuais, a audiência já foi adiada por 3 vezes". Isso, segundo ela, gerou "um sentimento de descredibilidade do sindicato".

Os dirigentes entrevistados relatam que as decisões do Poder Judiciário negativas quanto ao pedido de reconhecimento da relação de emprego, geram dúvidas nos próprios dirigentes e na categoria, por via reflexa. O Entrevistado 6 chegou a afirmar que: "Infelizmente quem tá nos atrapalhando é o próprio setor judiciário, porque cê vê cada decisão de cada juiz que cê fica abismado. Mas num é CLT, mas o [trabalhador] CLT é o que então?"

O entrevistado 3 demonstrou a expectativa que depositava no acesso a direitos pela via do Poder Judiciário: "a nossa esperança é que a justiça pudesse intervir, que pudessem estar do nosso lado". Expectativa frustrada com as decisões judiciais desfavoráveis aos motoristas, que leva à percepção de receio também do Poder Judiciário:

> "Mas aí quando nós começamos a intensificar esse processo judicial, a gente tem visto também que não é suficiente, que a própria justiça, ela tem medo de sentenciar em prol da categoria, isso a justiça do trabalho, eu tô falando da justiça do trabalho, né? Não tô falando a civil, comum, enfim, tô falando a justiça do trabalho. Eles têm medo de sentenciar a favor do trabalhador." **(Entrevistado 3, PA, 19.07.2021)**

Em sentido oposto, quando há pronunciamento judicial favorável ao sindicato, há reflexo em termos de empoderamento da ação sindical:

> "Ah, o pessoal falou que o sindicato não tem legitimidade porque não tem a carta sindical né? Aí eu disse, vamos lá, tá bom, primeiro que a gente já foi reconhecido aqui [no Pará], né? Em segunda instância lá, o desembargador já disse que o sindicato é reconhecido como representante legal da categoria." **(Entrevistado 3, PA, 19.07.2021)**

Se, como visto, a generalidade dos relatos identifica que os motoristas fazem um trabalho subordinado, com "patrão", mostra-se decisivo entender melhor o peso das decisões judiciais favoráveis ou contrárias em termos de alavancagem ou não da ação sindical. Decisões

---

mínimo ou mínimo de acesso? *Revista Direito.UnB*, v. 4, n. 2, p. 171-197, maio/ago. 2020. Disponível em: <https://periodicos.unb.br/index.php/revistadedireitounb/article/view/32405/27452#:~:text=O%20Sindicato%20venceu%20a%20a%C3%A7%C3%A3o,humanos%2Ct%C3%AAm%20direitos%2C%20trabalham!>. Acesso em: 23 abr. 2022.

favoráveis, como visto, apoiam a superação do discurso defensivo que diz "não podemos ter direito aos direitos trabalhistas", afastando eventual desmobilização, abandono e mesmo negação da reivindicação.

Embora não seja objetivo da pesquisa analisar os processos de luta dos motoristas em outros países, em toda sua complexidade, como tampouco fazer análise de direito comparado, cabe referir como as decisões judiciais na Califórnia e no Reino Unido contribuíram para a alavancagem do movimento sindical e empoderamento de líderes dos motoristas naqueles contextos.

É preciso dizer que as lutas dos motoristas plataformizados no Reino Unido mereceria ser objeto de uma tese exclusiva, tão rica foi a experiência dos líderes Yassen Aslam e James Farrar. Jamie Woodcock, pesquisador inglês, escreveu em coautoria com Yassen Aslam um artigo[(491)] em que detalha a experiência de organização sindical dos motoristas plataformizados no Reino Unido. Yaseen Aslam *é o Secretário Geral Nacional da UPHD (United Private Hire Drivers), uma filial do IWGB (Independent Workers Union of Great Britain).* Ele é coautor, com James Farrar, de processos judiciais de direitos trabalhistas contra a Uber.[(492)]

Aslam relata como conseguiu articular, a partir de um grupo de *WhatsApp* com motoristas, o que ele denomina de "organização invisível", que culminou no seu bloqueio da plataforma:

> Antes de começar a trabalhar para o Uber, eu tinha um grupo de *WhatsApp* com 50-60 motoristas. Usamos o grupo para conversar sobre onde estava a demanda, ou o trânsito a evitar. Essas redes, e muitas delas que trouxemos mais tarde, foram uma forma inicial de 'organização invisível' (Alquati 2013). Em dezembro de 2013, começamos a ouvir cada vez mais problemas de motoristas, principalmente "desativações" com motoristas expulsos da plataforma por pouco ou nenhum motivo. Em resposta, decidimos começar a organizar. No começo, o Uber queria falar conosco e eu podia entrar no escritório e sentar com o gerente. Em agosto de 2014, a Uber começou a reduzir significativamente as taxas. Foi nesse ponto que comecei a ver o quadro maior. Entrei em contato com motoristas em Nova York e São Francisco nas mídias sociais.
>
> Em setembro de 2014, começamos a organizar reuniões. Convocamos motoristas em centros comunitários superlotados e começamos a conversar sobre nosso trabalho. Isso rapidamente chamou a atenção do Uber. Enquanto

(491) ASLAM, Yaseen; WOODCOCK, Jamie. A history of Uber organizing in the UK. *South Atlantic Quarterly*, v. 119, n. 2, p. 412-421, 2020. Disponível em: <https://www.jamiewoodcock.net/blog/a-history-of-uber-organizing-in-the-uk/amp/>. Acesso em: 23 jun. 2022.

(492) Interessante apontar que o artigo usa método de escrita entre trabalhadores e acadêmicos.

eles inicialmente marcavam reuniões e diziam que ouviriam nossas preocupações, nós pensamos que tínhamos conseguido algo. No entanto, quando eles se encontraram conosco, o tom foi diferente. Nossa maior preocupação foi a redução das tarifas. O pagamento estava caindo com a comissão subindo — primeiro para 20%, depois para 25% — e depois os bônus desapareceram. O argumento do Uber era "você vai conseguir mais trabalho, então você vai ganhar mais dinheiro". Não acreditávamos neles, pois isso significava trabalhar mais para ganhar a mesma quantia. Queríamos uma opção de gorjeta e uma opção de "ir para casa" para que, se trabalhássemos todas as noites, pudéssemos conseguir um emprego indo na direção de nossa casa e não na direção oposta.

O grupo de *WhatsApp* e as reuniões entre motoristas deram origem à nossa primeira organização: LPHADA (*London Private Hire App Based Drivers Association*). No entanto, o Uber rapidamente parou de falar conosco. A associação visava melhorar a forma como a Uber tratava os motoristas, principalmente em termos de comunicação e transparência.

Quando comecei a dirigir para a Uber, senti que era uma boa empresa para trabalhar e ajudei a recrutar muitos outros motoristas por esse motivo. No entanto, senti que agora isso havia mudado. Na época, meu foco principal era obter respeito pelos pilotos. Começamos a perguntar por que o regulador não estava ajudando os motoristas. A cada dia me deparava com casos mais graves de racismo verbal e abuso físico. Começamos a tentar encontrar maneiras de obter justiça para os motoristas do Uber.

As condições mudaram em fevereiro de 2015. Quando tentei fazer login, descobri que tinha sido "desativado" pela primeira vez. Não houve nenhuma razão dada ou aviso. Eu acreditava que eles fizeram isso para impedir minha organização. Depois de enviar um e-mail e exigir uma explicação, acabei sendo "reativado" e comecei a trabalhar novamente. Nessa época, problemas no Uber começaram a ser relatados na imprensa — tanto em torno de motoristas sendo atacados quanto daqueles — como eu — que haviam sido "desativados". Também houve especulações nas mídias sociais de que o Uber não estava verificando documentos de seguro para motoristas. Trabalhei com um jornalista para testar isso, enviando um documento em branco pelo sistema da Uber. A Uber aceitou o documento e me tornei delator. Apesar de ter um seguro ativo, fui suspenso e depois permanentemente "desativado" de trabalhar para o Uber.(493)

(493) ASLAM, Yaseen; WOODCOCK, Jamie. A history of Uber organizing in the UK. *South Atlantic Quarterly*, v. 119, n. 2, p. 412-421, 2020. Disponível em: <https://www.jamiewoodcock.net/blog/a-history-of-uber-organizing-in-the-uk/amp/>. Acesso em: 23 jun. 2022.

Afirma que foi um momento divisor de águas, pois se os direitos dos trabalhadores pudessem ser garantidos nos tribunais, não apenas os motoristas teriam o salário mínimo garantido, bem como obrigação de segurança no trabalho e o dever de cuidado poderiam ser imputados à plataforma. Relata que entraram em contato com o "GMB", um grande sindicato geral, que permitiu que acionassem a Uber perante o tribunal trabalhista, em 2016:

> Reivindicamos que deveríamos receber o salário mínimo e receber férias anuais remuneradas. Isso significava argumentar que éramos "trabalhadores", um *status* intermediário entre empregado e autônomo, enquanto a Uber alegava que éramos "parceiros" e autônomos contratados. Minha experiência no tribunal foi estressante. No tribunal, fomos confrontados pela mídia e pressionados pelos advogados do Uber. Antes do caso, **nos diziam que o Uber compraria os juízes e não poderíamos competir com seus advogados, todos pensavam que estávamos lutando uma batalha perdida e deveríamos desistir**. Em setembro de 2016, recebemos o veredicto. **A condenação foi desfavorável para o Uber e achei que o juiz realmente acreditou no nosso lado. Foi então que comecei a me sentir esperançoso novamente.**[(494)] (grifos nossos)

Aslam diz que "o GMB falhou conosco como motoristas" e, por tal razão, criaram o UPHD (United Private Hire Drivers), ao perceber que a luta não estava progredindo com o GMB. Afirma que, apesar de ter vencido o primeiro tribunal, a Uber recorreu da decisão:

> James e eu lutamos contra o Uber, e cada vez mais nos vimos lutando contra o GMB também. Em 2017 eu não queria mais fazer parte do sindicato. Construímos a UPHD como uma organização independente enquanto estávamos na GMB, que era gratuita para os motoristas participarem. Em 2017, votamos para nos tornarmos um ramo autônomo do sindicato IWGB — um pequeno sindicato alternativo que "é uma organização não burocrática, de base, de baixo para cima".[(495)]

No dia 19 de fevereiro de 2021, a Suprema Corte do Reino Unido publicou acórdão sobre o caso Aslam e outros *v.* Uber[(496)], mantendo as decisões dos tribunais trabalhistas e

---

(494) ASLAM, Yaseen; WOODCOCK, Jamie. A history of Uber organizing in the UK. *South Atlantic Quarterly*, v. 119, n. 2, p. 412-421, 2020. Disponível em: <https://www.jamiewoodcock.net/blog/a-history-of-uber-organizing-in-the-uk/amp/>. Acesso em: 23 jun. 2022.

(495) *Idem.*

(496) INGLATERRA; GALES. England and Wales Court of Appeal (Civil Division) Decisions. HHJ Eady QC, UKEAT/0056/17/DA. Uber b.v., Uber London Limited, Uber Britannia Limited *v.* Yaseen ASLAM, James FARRAR, Robert DAWSON & others. Disponível em: <https://www.bailii.org/ew/cases/EWCA/Civ/2018/2748.html>. Acesso em: 30 jun. 2022.

a classificação dos motoristas como "trabalhadores", apontadas no capítulo 1, reafirmando o direito dos motoristas ao salário mínimo, às férias e às limitações de jornada de trabalho. A decisão da Suprema Corte explicitou que a Uber oferece um serviço padronizado e é a grande beneficiária da lealdade dos consumidores, sendo que os trabalhadores não possuem meios de melhorar sua situação econômica por meio de suas habilidades profissionais, a única forma de aumentar os seus ganhos é trabalhando mais, evidenciando a dependência econômica deles frente à plataforma.

Aslam falou de lições que aprendeu ao longo de todo esse processo de luta: "quando começamos a organizar, as pessoas diziam que nunca teríamos sucesso — incluindo sindicalistas, acadêmicos e jornalistas que pensávamos que estariam do nosso lado". Afirmou que poucas pessoas deram o apoio que precisavam, em vez disso, "as pessoas falaram conosco, conseguiram o que queriam e foram embora" e "nunca mais ouvimos falar da maioria deles".(497) No entanto, o que impulsionou a continuar na luta por direitos foi a consciência de que as plataformas usam a luta de classes como termômetro para implantar novas estratégias de gestão contra outros trabalhadores:

> [...] eu sabia que o que acontece na Uber também é importante para os trabalhadores de outras indústrias. Plataformas como Uber são 'laboratórios de luta de classes' (Cant Forthcoming) usados pela gestão para testar novas estratégias. Se funcionarem, serão usados contra mais trabalhadores. Nossa luta na Uber é, portanto, parte de uma luta muito maior.(498)

A percepção de que a luta de uma determinada categoria de trabalhadores afeta e interessa a toda classe trabalhadora, que se empodera diante de uma vitória judicial também se mostra no caso dos motoristas plataformizados da Califórnia. Veena Dubal fala sobre o projeto de lei denominado AB5, transformado em lei na Califórnia em setembro de 2019 e que se tornou a lei-marco que serve de referência mundial aos debates atuais, trazendo para o âmbito e a proteção do Direito do Trabalho os trabalhadores plataformizados, distinguindo-os criteriosamente dos autônomos. Segundo Dubal:

> A AB5 traz esses trabalhadores de volta sob o guarda-chuva "empregado", codificando a presunção da condição de empregado sob a lei estadual e apresentando um teste rígido e articulado que as entidades contratantes devem cumprir se desejarem contratar trabalhadores como não empregados.(499)

---

(497) ASLAM, Yaseen; WOODCOCK, Jamie. A history of Uber organizing in the UK. *South Atlantic Quarterly*, v. 119, n. 2, p. 412-421, 2020. Disponível em: <https://www.jamiewoodcock.net/blog/a-history-of-uber-organizing-in-the-uk/amp/>. Acesso em: 23 jun. 2022.

(498) *Idem*.

(499) DUBAL, Veena B. AB5 para democracia: segurança econômica e a regulação do trabalho do bico na Califórnia. In: CARELLI, Rodrigo L.; CAVALCANTI, Tiago M.; FONSECA, Vanessa p. (Orgs.). *Futuro do trabalho:* os efeitos da revolução digital na sociedade. Brasília: ESMPU, 2020. p. 375.

Ao entrevistar uma série de motoristas de plataformas que viviam em seus carros ou que dormiam de favor em casas de amigos, Veena Dubal conta que:

> Eles não ganhavam o suficiente para pagar o aluguel. Alguns deles tinham — incitados pela Uber — comprado veículos para trabalhar e estavam agora presos em empréstimos predatórios. Outros motoristas que conheci — trabalhadores migrantes — vieram do sul da Califórnia e do Vale Central para dirigir onde as tarifas eram mais altas. Eles estavam todos cansados de trabalhar sob condições de incerteza. Embora nem todos quisessem o controle que temiam que viesse com a condição de empregado, todos queriam direitos básicos como piso salarial e seguros de saúde e acidente de trabalho.(500)

Dubal relata que, cansados de depender de atores estatais e sindicatos para lutar por eles, vários motoristas frustrados começaram a se organizar. Fundaram a *Ride-share Drivers United* (RDU) em 2018, em Los Angeles. Eles orquestraram ações para pressionar os atores estatais e não estatais e até planejaram uma greve global sem precedentes contra Uber e Lyft, em 8 de maio de 2019. Como relatado por Veena Dubal, em um período de tempo curto e sem financiamento, a RDU aumentou seu número de filiados para 5 mil trabalhadores e inspirou outros grupos afiliados em San Diego e São Francisco. Assim, a RDU, junto com outros grupos de motoristas, incluindo alguns filiados a sindicatos e centros de trabalhadores "endossaram prontamente a AB-5" e "lutaram apaixonadamente para que fosse aprovada".

As plataformas, então, fizeram propostas de acordos que previam um piso salarial, mas não contabilizava o tempo de espera do motorista, também não era previsto o pagamento de horas extras, nem seguro-desemprego, e não previa também fornecimento de indenização adequada aos trabalhadores. Ela conta que os membros da RDU disseram a ela terem ficado "chocados e alarmados" com a proposta das empresas que pretendiam trocar direitos básicos dos empregados por "benefícios portáteis" e propunha criar uma espécie de "associação de trabalhadores" fundada pela empresa. Ademais, caso os motoristas fossem considerados empregados e a associação fosse criada, tal associação, nos EUA, seria ilegal, pelo National Labor Relations Act.

Vale aqui uma reflexão, um parêntesis. Pensando em quão forte a demanda por diálogo apareceu nas entrevistas realizadas com os trabalhadores organizados coletivamente em sindicatos no Brasil, ao passo que não foram observadas reivindicações por uma pauta clara de direitos trabalhistas, pode-se cogitar a hipótese seguinte. Caso a Uber e a 99 fizessem esse tipo de proposta, de conceder alguns direitos como piso salarial e um suposto canal de

---

(500) DUBAL, Veena B. AB5 para democracia: segurança econômica e a regulação do trabalho do bico na Califórnia. In: CARELLI, Rodrigo L.; CAVALCANTI, Tiago M.; FONSECA, Vanessa p. (Orgs.). *Futuro do trabalho:* os efeitos da revolução digital na sociedade. Brasília: ESMPU, 2020. p. 375.

diálogo, como aquela "associação de trabalhadores com a empresa" — proposta rechaçada pelos trabalhadores da Califórnia —, referida proposta teria grandes chances de ser aceita no Brasil, a par da legislação vigente.

Voltando aos Estados Unidos, Veena Dubal aponta como caminho promissor para esse grupo de motoristas que compõem a RDU "continuarem a construir o poder coletivo". Se persistirem na união de trabalhadores com consciência coletiva até implementarem os requisitos legais para postularem o reconhecimento como ente sindical, estarão legitimados para exercer o direito a paralisações, greves e participação em ações coletivas concertadas. Veena Dubal conclui com importância da luta destes trabalhadores da *gig economy*, para a ampliação do objeto do Direito do Trabalho:

> Em uma reviravolta irônica, a chamada *gig economy* pode ser um catalisador político tanto para a organização conduzida pelos trabalhadores quanto para a revitalização do Direito do Trabalho. Sob o regime de emprego autorizado pela AB5, os trabalhadores precários de plataforma da Califórnia terão o poder de efetivamente combater a pobreza enquanto constroem uma democracia justa e vibrante — no local de trabalho e além.(501)

Em suma, os sindicatos possuem forte potencial de atuação no acesso à justiça dos motoristas plataformizados, como mostraram os movimentos na Califórnia e Reino Unido. Quando as decisões judiciais são favoráveis aos trabalhadores, eles, os sindicatos, recebem força importante no campo das disputas e lutas por justiça. As legislações na Califórnia, como também na Espanha(502), vieram após decisões judiciais favoráveis ao reconhecimento de direitos trabalhistas aos trabalhadores plataformizados. A lei sedimentou o enquadramento, em um espaço de litígio altamente acirrado. Na pesquisa de campo, percebeu-se que, quando o Judiciário atua reconhecendo direitos trabalhistas, os sindicatos ganham força e passam a protagonizar a luta por reconhecimento, redistribuição e representação.

As decisões judiciais reconhecendo direitos aos motoristas cooperam para a superação do rebaixamento de expectativa e do discurso defensivo, identificados nas entrevistas. A despeito da litigância manipulativa das plataformas e da prevalência de decisões oriundas

---

(501) DUBAL, Veena B. AB5 para democracia: segurança econômica e a regulação do trabalho do bico na Califórnia. In: CARELLI, Rodrigo L.; CAVALCANTI, Tiago M.; FONSECA, Vanessa p. (Orgs.). *Futuro do trabalho:* os efeitos da revolução digital na sociedade. Brasília: ESMPU, 2020. p. 375.

(502) Em maio 2021 foi aprovada a lei espanhola (Real Decreto-ley 9/2021) que presume o vínculo de emprego entre entregadores e corporações empresárias na Espanha. Batizada de Ley Rider, editada logo após decisão do Tribunal Superior Espanhol no caso "Rider vs. Glovo". (ESPANHA. *Real Decreto-ley 9/2021*. Disponível em: <https://www.boe.es/diario_boe/txt.php?id=BOE-A-2021-7840>. Acesso em: 30 jun. 2022). Vitor Araújo Filgueiras informa que os entregadores se referiram ao dia do julgamento como "nossa final de Copa do Mundo", revelando a importância das decisões judiciais na alavancagem do movimento sindical. In: FILGUEIRA, Vitor. *"É tudo novo", denovo:* as narrativas sobre grandes mudanças no mundo do trabalho como ferramenta do capital. São Paulo: Boitempo, 2021. p. 180-181.

de turmas do TST desfavoráveis ao reconhecimento do vínculo de emprego, o acórdão da 3ª Turma do TST, em 06.04.2022, reconhecendo o vínculo de emprego de motorista com a Uber mantém aberto o horizonte de efetividade na luta por justiça dos motoristas plataformizados. Vale ressalvar que se trata de processo individual, passível, ainda, de eventual reanálise pelo STF. Lembra-se, mais uma vez, que há ação civil pública tramitando na Justiça do Trabalho, proposta pelo MPT com pedido de enquadramento como empregados de toda a categoria (dos motoristas plataformizados) contratados no território nacional pela Uber e da 99 Tecnologia.

O acesso à justiça pela via dos direitos trabalhistas passa, então, pelo reenquadramento, na categoria de Fraser. Reenquadramento que, nos termos da AB5, corresponde a classificar como *employees* todos os motoristas plataformizados e, nos termos da lei brasileira, reconhecê-los como empregados e, com isso, alberga-los com todos os direitos sociais constitucionais.

Não obstante, é preciso pontuar que o enquadramento jurídico que permite o acesso à justiça pela via dos direitos trabalhistas é importantíssimo. Todavia, considerando a complexidade de demandas por redistribuição, reconhecimento e representação desses trabalhadores ainda é insuficiente.

Por fim, outro obstáculo, que se agrega à falta de confiança nos tribunais, são as reiteradas iniciativas das plataformas voltadas à cooptação das lideranças e mesmo a criação de entidades concorrentes, como revelado na pesquisa de campo. Como diz o entrevistado 3, "a gente foi muito assediado e aí o problema é esse, que o pessoal quer comprar, né?".

O Entrevistado 6, detalha, em fala já transcrita, a estratégia das empresas de incentivar a criação de associações paralelas ao sindicato com dirigentes cooptados, inclusive remunerando os líderes, e relata como ele próprio chegou a ser abordado pela Uber para fazer parte de um grupo de lideranças de motoristas plataformizados, que iria receber salário diretamente da empresa, para constituir uma associação. Segundo o relato, a Uber estaria "organizando várias associações no Brasil, onde todas as lideranças vão estar dentro de um corpo de organização". Essas lideranças cooptadas e remuneradas pela empresa seriam as responsáveis por decidir sobre as reivindicações a serem levadas adiante. Segundo a Uber, aqueles que participassem "vão dar risada, outros não". Assim, comentou o Entrevistado 6: "Eles jogam sujo de verdade".

Evidente que a cooptação de lideranças, além de afetar diretamente a legitimidade e efetividade da ação sindical, também reforça, para os trabalhadores, o sentimento de impotência diante do porte da corporação gigante que, segundo diferentes relatos, seria supostamente capaz de subornar todos aqueles a quem fosse necessário: lideranças sindicais, advogados, legisladores, juízes.

5.2. A dimensão crítica das críticas ao vínculo de emprego: o que a empiria tem a dizer à normatividade positivada para além dos direitos trabalhistas existentes

Chegamos ao fim desta jornada, o último campo deste mapa aberto e, após a bagagem ter sido preparada, o percurso estabelecido, o passaporte carimbado e o destino a vista, o farol joga luz novamente sobre os conceitos de remédios afirmativos e remédios transformativos, explicados no capítulo 2. Retomando-os, Fraser esclarece que os remédios afirmativos são aqueles "voltados para corrigir efeitos desiguais de arranjos sociais, sem abalar a estrutura subjacente que os engendra" e contrastam com os remédios transformativos, que estão "voltados para corrigir efeitos desiguais precisamente por meio da remodelação da estrutura gerativa subjacente"(503).

O caráter interdependente das múltiplas demandas decorrentes de injustiças redistributivas, de reconhecimento e representação dos motoristas plataformizados foi firmada no decorrer da pesquisa. O que se coloca agora sob análise é o quanto essas demandas podem ser atendidas adequadamente apenas mediante o acesso aos direitos trabalhistas reconhecidos ao grupo padrão de trabalhadores empregados, ou seja, dentro do quadro jurídico do regime de emprego. Indaga-se: as demandas em sentido tridimensional apontam para a necessidade de tal consolidação e de ir além? Em que medida?

Como bem define Fraser, os remédios afirmativos tendem a reforçar a diferenciação dos grupos beneficiários. Assim é que a disputa em torno da inclusão/exclusão dos uberizados, no padrão de proteção trabalhista, atrai todo o peso da luta social para a identificação com o grupo dos "empregados", contrastando-os com os trabalhadores não empregados. Por esse motivo é que a ação territorial das empresas se concentra na evasão desse círculo de regulação mais protegido, mediante a diversidade estratégica já analisada. Essa força atrativa do padrão do vínculo de emprego protegido que, reitera-se com Delgado, é o que de melhor o capitalismo propiciou à classe trabalhadora, acaba ocultando e reforçando outras situações de injustiça da qual ela padece, como um todo.

A primeira delas, mais evidente, está em que, essencialmente, apenas os trabalhadores reconhecidos como empregados têm acesso à maior parte dos direitos e garantias previstos na Constituição e na legislação. Mesmo os trabalhadores em situações muito próximas do emprego, como o trabalho pessoal autônomo, parceria, microempreendimento individual, economia familiar rural, não têm tido reconhecida a maior parte dos direitos básicos de proteção do trabalho. Isso a despeito do fato de a Constituição, no art. 7º referir-se a "todos os trabalhadores". Idêntica previsão é encontrada no do art. 7º do PIDESC(504), que assegura

(503) FRASER, Nancy. Da redistribuição ao reconhecimento? Dilemas da justiça numa era "pós-socialista". Tradução de Júlio Assis Simões. *Cadernos de Campo* (São Paulo – 1991), [S. l.], v. 15, n. 14-15, p. 231-239, 2006. p. 237.

(504) Pacto Internacional sobre Direitos Econômicos, Sociais e Culturais, incorporado ao direito interno brasileiro e divulgado pelo Decreto n. 591, de 06.07.1992.

condições justas e favoráveis de trabalho a todos.(505) Se, de um lado, trata-se de não permitir o esvaziamento do padrão protetivo do emprego, inclusive mediante a atualização constante do seu conceito, como foi o caso da alteração no art. 6º da CLT, por outro lado, os trabalhadores que, afinal, não sejam considerados empregados, também são merecedores de um nível equivalente de proteção, ainda que regulados por normativos distintos e mais próximos da situação específica dos trabalhadores.

Como reiterado na doutrina internacional de direitos humanos(506), trabalhadores não empregados também têm o direito humano a condições justas e favoráveis de trabalho. A proteção jurídica das formas não empregatícias de trabalho deve observar dois requisitos: a) que isso não implique a redução da definição do campo de proteção do trabalho sob regime de emprego e, b) mesmo que haja esquemas de proteção diferentes daqueles do padrão básico do emprego, tais trabalhadores devem gozar de condições justas e favoráveis de trabalho, equivalentes àquelas dos trabalhadores empregados.(507)

No caso dos motoristas plataformizados, ainda que se sustente aqui o seu enquadramento como empregados – ao menos no primeiro momento da luta por reconhecimento –, não se pode desconsiderar que existem condições ou situações fáticas pontuais em que o trabalho seja eventual, *v.g.* Não obstante, isso não significa que tais trabalhadores possam ser alijados do acesso à justiça por meio de direitos a condições justas e favoráveis de trabalho. Além disso, se trabalhadores não empregados alcançam padrões normativos protetivos equivalentes, garante-se a inclusão no modelo padrão de emprego como base segura e equânime para as lutas que se seguirão.

O vínculo de emprego como "única" possibilidade pode contribuir para ocultar e reforçar outro aspecto de injustiça muito mais ampla e profunda. Trata-se das injustiças

---

(505) Como ressalta o Comentário Geral n. 23, do Comitê de Direitos Econômicos, Sociais e Culturais da ONU, de 2016: "O direito a condições justas e favoráveis de trabalho é um direito de todos, sem distinção de qualquer tipo. A referência a "todos" destaca o fato de que o direito se aplica a todos os trabalhadores em todos os contextos, independentemente de gênero, bem como trabalhadores jovens e idosos, trabalhadores com deficiências, trabalhadores do setor informal, trabalhadores migrantes, trabalhadores de minorias étnicas e outras, trabalhadores domésticos, trabalhadores autônomos, trabalhadores agrícolas, trabalhadores refugiados e trabalhadores não remunerados.

(506) NAÇÕES UNIDAS. Conselho de Direitos Humanos. 31ª sessão. Documento A/HRC/31/32. Realization of the right to word. *Report of the United Nations High Commissioner for Human Rights*. 21 dez. 2015. Disponível em: <https://ap.ohchr.org/documents/dpage_e.aspx?si=A/HRC/31/32>. Acesso em: 02 jul. 2022. p. 15.

(507) "The right to work encompasses all forms of work, whether independent work or dependent, wage-paid work. Human work is worthy of social value in its various forms. Although some rights, such as paid holidays, are specific to wage-paid workers, self-employed and cooperative workers also have the right to just and favourable conditions of work. The appreciation of other forms of work depends on two conditions: (a) that it does not undermine the definition or the protection of waged work; and (b) that regardless of the different protection schemes applicable to unwaged workers, they should enjoy just and favourable conditions of work equivalent to wage-paid workers." (NAÇÕES UNIDAS. Conselho de Direitos Humanos. 31ª sessão. Documento A/HRC/31/32. Realization of the right to word. *Report of the United Nations High Commissioner for Human Rights*. 21 dez. 2015. Disponível em: <https://ap.ohchr.org/documents/dpage_e.aspx?si=A/HRC/31/32>. Acesso em: 02 jul. 2022. p. 15).

inerentes ao próprio assalariamento na sociedade capitalista. Por mais que ser trabalhador excluído do acesso aos direitos trabalhistas assegurados pelo direito vigente seja uma extrema injustiça — que pode mesmo chegar à condição da "metainjustiça" — há, sem dúvida um grau de injustiça mais profundo que diz respeito à própria condição de assalariado no capitalismo, mesmo "com todos os direitos" previstos na legislação.

Não é inteiramente sem motivo que os motoristas plataformizados expressam tanta resistência ao enquadramento jurídico do emprego, com a distópica perda de liberdade e flexibilidade. Muito dessa resistência é medo de perderem a única fonte de renda que possuem no momento — e sem perspectiva de conseguir outro trabalho —, muito disso é também produto da manipulação das plataformas que disseminam uma compreensão errônea em vários aspectos do contrato de emprego, além de manipular diferentes ameaças, inclusive de forma velada, bem como do discurso defensivo ante a falta de perspectivas concretas de superar esse patamar de denegação de justiça. Mas não se pode desconsiderar que, nessa resistência crítica ao vínculo de emprego, reside uma aspiração de algo mais. Aspectos que o mundo do assalariamento juridicamente protegido jamais propiciou aos trabalhadores e que, possivelmente, tenha contribuído para denegar o acesso a eles.

O trabalho uberizado foi introduzido com a ajuda de inovações tecnológicas que serviram para intensificar modos de exploração do trabalho mantidos à margem das proteções legais desenvolvidas ao longo do último século e meio. As respostas ao desastre social do capitalismo liberal vieram com o capitalismo administrado pelo Estado e suas formas de bem-estar que, no Brasil, somente alcançou aspectos muito limitados, já que o sul global continuou sendo espoliado pelo norte. Essas conquistas relativas não eliminaram a mercantilização do trabalho humano. Pelo contrário, justificaram-na, trazendo junto a generalização do trabalho assalariado, subordinado, com "patrão", detentor do poder empregatício e, via de consequência, da disciplina sobre os trabalhadores. Mesmo nos tempos da chamada "era de ouro" do capitalismo, os anos 1945-1975, difundiu-se a crítica social ao caráter disciplinar e burocrático do trabalho assalariado, como da própria exploração de classe. Assim, surgiram novas demandas relativas à igualdade racial, de gênero, juventude, que embalaram a chamada Nova Esquerda, no capitalismo central, e que a social-democracia não conseguia atender.(508)

É certo, como ressalta Fraser, que essa crítica ao "imaginário político social-democrata, centrado em questões de salário e trabalho" por parte daqueles que queriam mais, ir além, ampliar as conquistas e romper com os limites da administração social-democrata do capitalismo, foi apropriada pelo discurso neoliberal, que a deturpou como crítica a todo paternalismo, tributação e à regulação estatal e levaram à derrocada do papel do Estado na regulação pública da economia e do trabalho. O capitalismo neoliberal financeirizado ganha

(508) FRASER, Nancy; JAEGGI, Rahel. *Capitalismo em debate*. Uma conversa na teoria crítica. São Paulo: Boitempo, 2020. p. 96-104.

hegemonia, esforçando-se por disfarçar que o substituto do emprego formal predominantemente masculino é o trabalho precário, sem proteção legal e baixos salários, em que são necessárias muitas horas de trabalho de toda a família para sustentar um domicílio. Uma necessidade que se amolda ao modelo de exploração massiva do trabalho uberizado. Isso revela que a liberdade pretendida não foi restituída, sequer minimamente garantida.

Portanto, mesmo quando se critica a ideologia do empreendedorismo, as manipulações grosseiras no discurso das plataformas quanto aos aspectos jurídicos do emprego e o discurso defensivo que adere aos slogans das empresas, não se pode ignorar a resistência dos motoristas ao vínculo de emprego.

Essa dupla dimensão, de um papel necessário, no contexto atual, do acesso à justiça pela via dos direitos trabalhistas, com a necessidade sempre latente de transcender os limites da mercantilização e dominação no trabalho próprios do capitalismo, pode ser veiculada pela associação articulada de remédios afirmativos que sirvam de estímulos à construção de remédios transformativos aos motoristas plataformizados. Seguindo nessa visão, é importante reforçar a relevância do enquadramento jurídico da relação existente entre os motoristas plataformizados, que dirigem habitualmente, e as plataformas de transporte privado de passageiros como emprego, nos moldes da CLT, como vem sendo defendido ao longo de todo o livro.

Nesse panorama, poder-se-ia pensar, a fim de escapar da celeuma jurisprudencial que se instalou no Brasil acerca do tema, na edição de uma lei que discipline, como de emprego, a relação dos motoristas que trabalhem, por exemplo, mais de "x" horas por semana para uma determinada plataforma, e estabeleça direitos mínimos aos que dirijam menos que o total de horas que se considere não eventual, independentemente da jornada que cumpram. Como consequência, a partir dessa legislação específica para os motoristas plataformizados, poder-se-ia ampliar também o marco regulatório para outros trabalhadores uberizados, ou para os aqui denominados de motoristas plataformizados.

Não se está, aqui, propondo uma regulação intermediária, como se os motoristas plataformizados fossem uma categoria nova de trabalho "dependente", figura intermediária entre o trabalho autônomo e subordinado. O que está se cogitando, a fim de ultrapassar a celeuma jurisprudencial apontada é a criação de marco regulatório específico em face as especificidades do labor e do vínculo. Assim, afirma-se existir interesse genuíno na edição de uma lei em que fique positivado o vínculo de emprego entre motoristas e as plataformas de transporte, desde que dirijam em número "x" horas a ser debatido com os motoristas nas arenas democráticas, por exemplo, para determinada plataforma. E que preveja que o ônus de comprovação da jornada é da empresa, pois detém o controle telemático e o geolocalizado do trabalho prestado. Nessa mesma lei, outra sugestão seria a positivação também de direitos para os trabalhadores que dirijam menos horas do que o considerado habitual, com fundamento no art. 7º da CF/1988, que se dirige a "todos os trabalhadores".

A título de elucidação, esses direitos mencionados acima para os motoristas plataformizados, considerados eventuais por tal legislação que se cogitou ser editada, poderiam ser, por exemplo, alguns dos elencados por Renan Kalil, em sua tese de doutorado(509). Kalil os denomina de trabalhador "dependente", com os seguintes direitos: (i) escolher como, quando e quanto trabalhar; (ii) salário mínimo (ou piso salarial estabelecido em instrumento coletivo) proporcional à carga horária mensal e um preço dinâmico para o cálculo da remuneração; (iii) o pagamento de salário com periodicidade máxima mensal; (iv) 13º salário e férias, proporcionais ou integrais, conforme a carga horária; (v) Fundo de Garantia por Tempo de Serviço; (vi) regramento sobre término do contrato e remuneração de salário *in natura* e utilidade conforme as regras vigentes na CLT; (vii) limitação da jornada de trabalho em 44 horas semanais e 8 diárias, podendo realizar até 2 horas extraordinárias por dia, sendo que o cálculo do tempo de trabalho leva em consideração o período em que o trabalhador desempenhar a atividade; (viii) descanso semanal remunerado; (ix) reembolso dos custos necessários para a prestação do trabalho, como combustível e manutenção de veículos para os casos das plataformas de transporte; e (x) regras de segurança e saúde no trabalho.

Contudo, não há a pretensão, aqui, de fazer uma proposição legislativa, até porque não seria legítimo a partir de uma compreensão individual da pesquisadora, propor o que seriam as respostas legislativas adequadas, sem ferir a paridade de participação, tão defendida nesta obra, dos envolvidos diretos no conflito.(510)

No tocante à qual seria uma resposta legislativa adequada(511), acresça-se o fato de que não foi possível obter, a partir da pesquisa de campo realizada, a definição de uma pauta

(509) KALIL, Renan Bernardi. *Capitalismo de plataforma e Direito do Trabalho: crowdwork* e trabalho sob demanda por meio de aplicativos. 366 f. Orientador: Otavio Pinto e Silva. 2019. Tese (Doutorado em Direito) – Universidade de São Paulo, USP, Programa de Pós-Graduação em Direito, Direito do Trabalho e da Seguridade Social, São Paulo, 2019. p. 154.

(510) No período final de escrita desta tese, teve-se notícia da realização de audiência pública, no dia 05 de julho de 2022, das comissões de Desenvolvimento Econômico, Indústria, Comércio e Serviços; e de Trabalho, Administração e Serviço Público da Câmara dos Deputados para debater o Projeto de Lei n. 5069/19, "que pretende reconhecer o vínculo empregatício entre as empresas operadoras do sistema de plataforma de aplicativos de transporte e os seus motoristas", com a presença do vice-coordenador da Coordenadoria Nacional de Combate às Fraudes nas Relações de Trabalho (Conafret) do Ministério Público do Trabalho (MPT), Renan Bernardi Kalil; o presidente da Associação Nacional de Magistrados da Justiça do Trabalho (Anamatra), Luiz Antonio Colussi; o diretor-executivo da Associação Brasileira de Mobilidade e Tecnologia (Amobitec), André Porto; o presidente da Associação Brasileira Online to Offline (ABO2O), Vitor Magnani, oportunidade em que Renan Kalil, como representante do Ministério Público, defendeu o papel do Direito do Trabalho na regulação pública da relação entre motoristas e plataformas de transporte. In: *AUDIÊNCIA Conjunta* — Relação de emprego em aplicativos de transporte terrestre – 05/07/2022. Vídeo [1h58min]. Publicado no canal da Câmara dos Deputados. Disponível em: <https://www.youtube.com/watch?v=8_QWStJMVQ4>. Acesso em: 11 jul. 2022.

(511) A propósito, Valério de Stefano comenta a proposta de Diretiva sobre Trabalho de Plataforma na União Europeia sobre Trabalho de Plataforma, destacando algumas das suas deficiências e sugere uma proteção mais robusta tanto para o projeto de capítulo sobre a presunção de emprego, que corre o risco de ser amplamente ineficaz,

reivindicatória de direitos trabalhistas dos motoristas plataformizados já organizados coletivamente em sindicatos. Os entrevistados mencionaram, de forma unânime, que a categoria busca a redução das tarifas, a diminuição do preço de gasolina ("a queda do combustível é prioritária pro motorista"), o fim dos bloqueios injustificados ("bloqueio de motorista é o que mais o corpo jurídico tem entrado") e o diálogo, pois cogitam estabelecer "uma negociação direta com a plataforma".

O entrevistado de São Paulo chegou a mencionar que "o nosso trabalhador, hoje, ele não quer nem a CLT, mas pelo menos os direitos básicos de como pessoa comum". O entrevistado do Pará disse: "décimo terceiro, férias, que tivesse aí alguma coisa para plano de saúde, aposentadoria" porém, alertou que "essas coisas tudo teria que ter uma lei". O entrevistado da Bahia, por outro lado, demonstrou preocupação caso sejam instituídas férias como direito do motorista plataformizado, com relação a quem iria controlar quem estaria de férias ("se são várias plataformas, cê pode sair de férias na Uber e rodar na 99, o pessoal tá colocando chifre na cabeça de cavalo, quem que vai pagar isso? A Uber, a 99? Tem 300 plataformas, o cara roda em 200. Como é que você controla isso?)".

O relato acima revela, mais uma vez, a preocupação de um trabalhador, líder sindical dos trabalhadores, com questões atinentes à dinâmica empresarial, as quais seriam resolvidas pelas plataformas via controle algorítmico. Chama novamente a atenção o fato de que um trabalhador (e líder sindical) possa cogitar abrir mão de um direito constitucional por preocupação com a potencial inviabilidade da prestação dos serviços pelo "patrão".

De forma oposta e com uma postura mais proativa e direcionada à reivindicações de direitos trabalhistas à categoria dos motoristas plataformizados, o entrevistado do Rio Grande do Sul informou que o sindicato se manifestou acerca do projeto de lei apresentado pelo Deputado Henrique Fontana e "não foram ouvidas todas as demandas do sindicato", pois pediram "taxa máxima de 15 a 20%, ele colocou 25%; 30 dias de férias, ele colocou 20 dias de férias, e o restante ele fez um meio termo entre CLT e autônomo"; comentou que "perto do que a gente tá vivendo atualmente é um grande avanço", mas, reforçou, há luta "pra que a gente tenha reconhecido a categoria de emprego pelo que tá posto", demonstrando o seu conhecimento jurídico acerca da existência de norma legal para reger a relação entre os motoristas plataformizados e a plataforma.

Nesse sentido, propor aqui um projeto de lei seria, além de ilegítimo, precipitado, diante do contexto atual descortinado no capítulo 2 e do estágio em que se encontram as lutas dos motoristas apresentados neste capítulo. As respostas legislativas adequadas dependem da efetiva participação dos envolvidos diretos no conflito na conformação do direito.

---

como para o capítulo sobre gestão algorítmica, cuja proteção precisaria de uma extensão total aos trabalhadores por conta própria. Ele defende direitos coletivos mais substanciais para os trabalhadores e o alargamento do âmbito de aplicação a toda a força de trabalho da União Europeia. In: DE STEFANO, Valerio. The EU commission's proposal for a directive on platform work: an overview. *Italian labour law e-journal*, i. 1, v. 15, p. 1-11, 2022. Disponível em: <https://illej.unibo.it/article/view/15233 >. Acesso em: 27 jul. 2022.

Como já mencionado, uma concepção de acesso à justiça pela via dos direitos perpassa, em uma primeira dimensão, a informação acerca dos direitos, um conhecimento que permita o recurso a uma instância ou entidade capaz de resolver eventuais conflitos e depois a efetiva reparação de injustiça ou desigualdade ocasionada pela violação de um direito. A segunda dimensão do acesso à justiça pela via dos direitos diz respeito à possibilidade de participação na configuração do próprio direito, o que envolve a criação e, inclusive, o reconhecimento de novas categorias de direito.

Outro agravante que impede a efetiva participação dos envolvidos na conformação do próprio direito é dinâmica legislativa do Congresso Nacional, além de inexistir indícios de que os projetos de lei(512), que lá tramitam com a proposta de positivar o vínculo de emprego com as plataformas, serão aprovados. Como mostrado, essas corporações (Uber, 99, *Ifood*, etc) estão unidas e dispostas a gastar milhões para afastar a incidência do direito laboral nas relações travadas com os seus motoristas, o que inclui fazer *lobby* no Congresso Nacional brasileiro, como indicado no capítulo 2.

Somando-se a isso, os dados da empiria demonstram que os trabalhadores não conhecem o conteúdo do contrato de trabalho. Vão descobrindo aos poucos como funciona a organização do trabalho unilateralmente imposta pelas plataformas. Por outro lado, não conseguem alterar, influenciar ou participar de decisões inseridas no algoritmo, acerca do conteúdo de seu contrato de trabalho. Não há, como já frisado antes, autonomia individual e coletiva quando não há informação. Em uma sociedade democrática, o conteúdo do contrato de trabalho, ainda que inserido no algoritmo, não pode ser secreto.(513)

Retomando a classificação de Fraser, a defesa do próprio vínculo de emprego para os motoristas habituais e a normatização de direitos aos motoristas eventuais podem ser consideradas remédios afirmativos, no sentido de compensar a má-distribuição, mesmo que sem reestruturar o sistema produtivo, e corrigir o mau enquadramento de serem classificados como trabalhadores autônomos. Além, acresça-se, de gerar certo reconhecimento como sujeitos sociais, eis que serão reconhecidamente dignos de proteção laboral.

No entanto, como se viu, mesmo no quadro do emprego, estes trabalhadores, tanto os habituais como os eventuais, demandam outros direitos. O enquadramento jurídico na relação de emprego, ou de trabalhador subordinado eventual, é imprescindível, mas as demandas vão além desse reconhecimento básico e universal. Seguindo tal linha de raciocínio, é preciso

---

(512) A análise do conteúdo dos 38 projetos de lei em tramitação que se relacionam a condições de trabalho de trabalhadores em plataformas digitais, incluindo motoristas, motoboys e trabalhadores de plataformas em geral pode ser encontrada em: MACHADO, Sidnei; ZANONI, Alexandre Pilan (Orgs.). *O trabalho controlado por plataformas digitais:* dimensões, perfis e direitos. Curitiba: UFPR, Clínica de Direito do Trabalho, 2022. E-book. p. 188.

(513) Nesse sentido, live do Rodrigo Carelli em que critica decisões do Tribunal Superior do Trabalho em que foi negada a perícia no código-fonte da Uber e/ou 99: JUSTA Questão — uberização do trabalho. 1 vídeo (1h59min). Publicado pelo canal Escola Judicial – TRT1. Disponível em: <https://www.youtube.com/watch?v=YtRlueqC_hs>. Acesso em: 03 jun. 2022.

ir além do vínculo de emprego também e acessar o reconhecimento de serem vistos como sujeitos sociais, merecedores de dignidade em termos de valor social, e não apenas números. Há também a demanda das motoristas de não serem expostas a assédios e discriminações de diversas formas. Mesmo com o vínculo de emprego reconhecido, a necessidade de diálogo continua e o vínculo não impede que as plataformas continuem negando tratativas com os motoristas e entidades sindicais; a organização do trabalho seguiria sendo ditada unilateralmente pelas plataformas e materializada via controle algorítmico; os motoristas permaneceriam sem conhecer os critérios da própria concorrência inseridos no segredo do código-fonte do aplicativo; o "patrão" continuaria se apresentando como transnacional e inacessível, sendo que também perduraria a ausência de fóruns de debates e discussão das condições de trabalho pelas partes envolvidas.

Além destas demandas, carecem de regulação nacional as limitações da gestão *gamificada*, as métricas de trabalho, os critérios de concorrência dentro do aplicativo, a política de cancelamentos e o acesso dos sindicatos ao algoritmo. A gestão gamificada merece ser regulamentada, pois, como se tratou ao abordar o uso de *neuromarketing* pela Uber para convencer, seduzindo os motoristas a trabalharem mais, como se estivessem em um jogo, a adoção de técnicas de psicologia aliada à neurociência faz com que a vontade fique viciada, influenciando a tomada de decisão dos trabalhadores, que não conseguem sequer raciocinar se determinada corrida compensa financeiramente ou não, sempre induzidos pelos sinais sonoros e luminosos, e pelo movimento do "carrinho" no aplicativo da plataforma.(514)

Sobre as métricas, interessante apontar o projeto de lei AB-701(515), do Estado da Califórnia, redigido em resposta ao alto número de violações relatadas pelos trabalhadores da Amazon, que pretende regular as cotas de desempenho aplicadas por algoritmos, positivando o direito dos trabalhadores, questionando as metas de desempenho.

Esse projeto de lei se traduz, na opinião de Lorena Gonzalez, na "primeira tentativa de criar transparência e proteção contra sistemas inseguros de cotas impostos por algoritmos que são usados por empresas para levar os corpos dos trabalhadores do depósito [da Amazon] ao limite".(516) Os critérios de concorrência dentro do aplicativo que causam o

(514) O uso de neuromarketing pela Uber foi relatado em artigo científico, no qual descreveu que a UBER chegou a incluir um gráfico de um indicador de motor com uma agulha que se aproximava tentadoramente de um sinal de dólar. Afirmou-se que todas essas métricas podem estimular os impulsos competitivos que impulsionam o jogo compulsivo. In: LEME, Ana Carolina Reis Paes. Neuromarketing e sedução dos trabalhadores: o caso Uber. CARELLI, Rodrigo L.; CAVALCANTI, Tiago M.; FONSECA, Vanessa P. (Osrgs.). *Futuro do trabalho:* os efeitos da revolução digital na sociedade. Brasília: ESMPU, 2020. p. 139.

(515) ESTADO DA CALIFÓRNIA. AB-701 Warehouse distribution centers. *Assembly Bill No. 701 CHAPTER 197*. Disponível em: <https://leginfo.legislature.ca.gov/faces/billNavClient.xhtml?bill_id=202120220AB701>. Acesso em: 30 jun. 2022.

(516) CALIFÓRNIA apresenta projeto de lei visando algoritmos de trabalho da Amazon. *Hitech Glitz*, s/d. Disponível em: <https://hitechglitz.com/brazil/california-apresenta-projeto-de-lei-visando-algoritmos-de-trabalho-da-amazon/>. Acesso em: 30 jun. 2022. Original: KELLY, Makena. California passes law targeting Amazon labor algorithms. *The verge*, 23 set. 2021. Disponível em: <https://www.theverge.com/2021/9/9/22664846/amazon-labor-algorithms-warehouse-newsom-california-senate>. Acesso em: 30 jun. 2022.

“”leilão do menor preço”[517], em que os motoristas são incentivados pela plataforma a trabalhar mais e, ao mesmo tempo, ganhar menos, diante do “preço dinâmico”[518], necessitam de regulação pública. A política de cancelamento, que esconde e abafa tanta os critérios discriminatórios, quanto incentivos quase irresistíveis para extrapolação da jornada de trabalho acima do limite legal, também demanda normatização legal.

A respeito do acesso dos sindicatos ao algoritmo, tem-se a lei espanhola[519], que, de forma inovadora, positivou o direito das entidades sindicais de conhecerem as informações inseridas no algoritmo e tem servido como fundamento para que as Cortes Espanholas autorizem perícia no código-fonte. O algoritmo, como já visto, é o emissor de ordens para os trabalhadores e por organizar o trabalho, portanto, ele não pode ser secreto. A lei espanhola, em razão dessa previsão, vem sendo considerada “a mais moderna do mundo, porque liberou o sindicato para conhecer o algoritmo”[520], sendo que o Brasil, de forma oposta, continua vetando a perícia no código-fonte.[521]

Novamente trazem-se as reflexões de Chaves Júnior, publicadas no *Twitter*, de que “plataformas são *marketplace* de trabalho, operado por um oligopsônio de compradores de trabalho humano barato”, porque reforçam e vêm ao encontro do que se vem até aqui sustentando, no sentido de que a proteção jurídica laboral dos motoristas plataformizados, pelo Direito do Trabalho, é o mínimo, mas que é preciso ir além.[522]

---

(517) Cf. o conceito de “subasta a la bajo”, de TODOLÌ SIGNES, Adrián. *El trabajo en la era de la economía colaborativa*. Valência: Tirant lo blanch, 2017.

(518) Sobre as mediações algorítmicas no âmbito do trabalho plataformizado, consultar a cartografia feita por Ana Guerra e Carlos D'Andréa. (GUERRA, Ana; D'ANDRÉA, Carlos. Dimensões algorítmicas do trabalho plataformizado: cartografando o preço dinâmico da Uber. *E-Compós*, [S. l.], v. 24, 2021. Disponível em: <https://www.e-compos.org.br/e-compos/article/view/2046>. Acesso em: 2 jul. 2022).

(519) ESPANHA. *Real Decreto-ley 9/2021*. Disponível em: <https://www.boe.es/diario_boe/txt.php?id=BOE-A-2021-7840>. Acesso em: 30 jun. 2022. O Decreto-lei n. 9/2021, de 11 de maio, que alterou o texto do Estatuto dos Trabalhadores para acrescentar o direito de “ser informado pela empresa dos parâmetros, regras e instruções em que se baseiam os algoritmos ou sistemas de inteligência artificial que afetem a tomada de decisões que possam afetar as condições de trabalho, o acesso e a manutenção do emprego, incluindo a definição de perfis”.

(520) Rodrigo Carelli comentou acerca da lei espanhola que concedeu ao sindicato o direito de acessar as informações inseridas no algoritmo em live para o canal da Escola Judicial do TRT1. (*JUSTA Questão* — uberização do trabalho. 1 vídeo (1h59min). Publicado pelo canal Escola Judicial – TRT1. Disponível em: <https://www.youtube.com/watch?v=YtRlueqC_hs>. Acesso em: 3 jun. 2022).

(521) A exemplo da decisão proferida pelo TST na TutCautAnt-1000825-67.2021.5.00.0000, que não autorizou a perícia em código-fonte. Sobre o assunto, importante a reflexão de Leonardo Wandelli, que considerou mais adequado que a perícia no código-fonte seja realizada no bojo de um processo coletivo, embora deixe claro que também tem cabimento em processo individual. In: UBERIZAÇÃO em tempos de proteção ao código fonte. Vídeo [2h40min]. Canal *ACAT-RJ* no Youtube. Disponível em: <https://www.youtube.com/watch?v=hpbvtvamA0U>. Acesso em: 30 jul. 2022.

(522) Relembra-se aqui que Chaves Júnior afirmou, recentemente, que as plataformas garantem a arregimentação de verdadeiro exército de reserva à sua disposição, muito superior ao que seria o contingente de mão de obra tradicional necessária, para, com isso, produzir a competição entre os trabalhadores. Ademais, ao não remunerarem o tempo em que o trabalhador está à disposição, conectado para trabalhar, “mais do que simples 'redução',

Como já dito, a empiria apontou que os trabalhadores estão mal-informados e, de certa forma, confusos quanto aos direitos que possuem e como podem reivindicá-los, o que não é surpresa em face ao contexto complexo e de múltiplas variáveis no qual estão inseridos, além das manipulações identificadas e do cenário de justiça anormal. É essencial que o Direito possa intervir no processo de participação das pessoas na vida democrática, sendo o direito de informação o mais básico e elementar a ser assegurado. Ele precede o direito de negociação, pois sem informação não há como e nem o que negociar, ficando afastada, assim, a possibilidade de atuação com autonomia.

Despontou, na pesquisa empírica, a importância da Academia para o acesso à justiça pela via dos direitos dos trabalhadores plataformizados, em especial das pesquisas científicas produzidas pelos Programas de Pós-Graduação em Direito no Brasil, que têm servido de substrato teórico e possibilidades de reflexões para os trabalhadores, informando-lhes acerca dos fundamentos jurídicos que embasam as suas lutas.

Ao ser questionado sobre quem seriam os aliados da categoria na luta por direitos, o Entrevistado 7 (RN), citou alguns nomes, dentre eles, José Eduardo Resende Chaves Júnior, conhecido como "Pepe", afirmando que "são pessoas assim que a gente sempre vai ter junto com a gente, né? Porque foi através das ideias de vocês e dessa troca de experiência que a gente conseguiu formular, né? Um sonho, né? E tornar isso verídico, né? Tá acontecendo". O nome do José Eduardo ("Pepe") também foi citado pelos Entrevistados 4, 6, 7, 11, 12, 15 e 16, o nome do Ricardo Antunes foi citado pelo Entrevistado 16 e a Mariah Brochado foi citada pelos Entrevistados 6 e 7, como aliados na luta pelo acesso à justiça dos motoristas plataformizados.

A informação jurídica é imprescindível e direito de todos os cidadãos. Para se mudar a Justiça a que se tem acesso, é necessário proporcionar capacitação jurídica aos cidadãos. Aproximar o cidadão da Justiça também é primordial, e a meta, segundo Boaventura de Sousa Santos, deve ser a criação de uma "cultura jurídica que leve os cidadãos a sentirem-se mais próximos da justiça"[(523)]. Nesse sentido, relevante frisar a atuação do Programa de Ensino, Pesquisa e Extensão em Acesso à Justiça e Solução de Conflitos (RECAJ UFMG) como ator importante para a construção dessa mudança na cultura jurídica. Como afirmaram *Adriana Goulart de Sena Orsini e Anelice Teixeira Costa, é preciso* estruturar "um modelo de educação" que envolva "a articulação entre ensino, pesquisa e extensão para consolidar

---

operaria uma verdadeira 'oclusão' da porosidade do trabalho humano". Esses fatores, para Chaves Júnior, justificam que os motoristas plataformizados possuam proteção jurídica laboral superior à dos trabalhadores tradicionais, explicitando que, para os motoristas plataformizados, não existe proteção jurídica do tempo à disposição, nos moldes do art. 4º da CLT. CHAVES JR., José Eduardo de Resende. *Post* no *Twitter*, 30 jul. 2022. Disponível em: <https://twitter.com/PepeChaves/status/1553348388036530176>. Acesso em: 30 jul. 2022.

(523) SANTOS, Boaventura de Sousa. *Para uma revolução democrática da justiça*. São Paulo: Cortez, 2008. p. 124.

uma atuação voltada à gestão sustentável de disputas e conflitos sociais, cada vez mais multidimensionais e transdisciplinares"(524).

A visão da justiça como paridade participativa, como reafirma Fraser, pode fornecer o tipo de reflexão necessária em um mundo globalizado. Nesse sentido, questiona-se: como o Direito pode contribuir no processo de participação? Há ou não desequilíbrio no processo de participação?

Em primeiro lugar, a paridade de participação é afetada, segundo a empiria, pela própria situação econômica dos motoristas. Sem recursos suficientes sequer para o sustento próprio, motoristas dificilmente conseguem custear a organização coletiva. Além disso, fica clara a falta de uma legislação que dê suporte à atuação sindical baseada em princípios democráticos(525) e que assegure direitos como o de greve (independente da intervenção do Poder Judiciário), de ter ouvidas e consideradas as reivindicações, direito de obtenção de informações da empresa, padrões de boa-fé negocial, garantias de preservação dos patamares conquistados, formas legais de custeio e, também, proteção contra atos antissindicais. Embora sejam padrões normativos presentes em normas internacionais em parte internalizadas pelo Brasil(526), a falta de uma legislação especificadora que disponha sobre diversos aspectos dessas garantias à ação sindical(527) dificulta a representação dos trabalhadores em geral, obstruindo gravemente a paridade de participação e, dadas as suas peculiaridades aqui analisadas, afeta ainda mais os motoristas plataformizados.

Uma jurisprudência que não expresse o real debate sobre a aplicabilidade ou não da legislação do trabalho em face às práticas de manipulação também prejudica a condição de participação dos motoristas como pares na arena judiciária de discussão dos seus direitos e dos termos do contrato de trabalho.

A empiria mostrou também que houve mobilização coletiva em praticamente todos os Estados da Federação, segundo os entrevistados, porém, as manifestações, em si, por maior que fosse a adesão dos motoristas nesse momento, não alcançam o resultado almejado, porque "amanhã o motorista está trabalhando de novo do mesmo jeito que estava", diante da necessidade premente de sustento.

---

(524) Em relação ao papel da educação para o acesso à justiça, cf.: ORSINI, Adriana Goulart de Sena; COSTA, Anelice Teixeira. Educação para o acesso à justiça: a transformação dos paradigmas de solução de conflitos. *Revista da Faculdade de Direito da UFMG*, Belo Horizonte, n. 69, p. 23-43, jul./dez. 2016.

(525) Acerca das contradições antidemocráticas do texto original da Constituição de 1988 ao manter alguns pilares do sistema sindical corporativista no Brasil, consultar: DELGADO, Mauricio Godinho. *Curso de Direito do Trabalho*. 18. ed. São Paulo: LTr, 2019. p. 1.623.

(526) O Brasil internalizou as Convenções ns. 98, 144 e 154 da OIT, mas não ratificou a Convenção n. 87, sobre liberdade sindical.

(527) Para José Carlos Arouca, referindo-se ao abandono das propostas resultantes do Forum Nacional do Trabalho, apresentadas em 2005: "A reforma da legislação sindical foi esquecida por todos, governo, legislativo, juristas, organizações sindicais de empregadores e de trabalhadores." AROUCA, José Carlos. *Comentários à legislação sindical: da CLT à reforma trabalhista*. São Paulo: LTr, 2018. p. 741.

O panorama trazido pelos dados empíricos pesquisados demonstra que a adequada representação dos motoristas no processo político, tanto nas reivindicações perante as empresas, quanto no processo legislativo, é extremamente prejudicada pela falta de recursos financeiros e estrutura das organizações coletivas, que é consequência da precária situação econômica dos motoristas. O resultado é a obstrução de sua participação, máxime em condições paritárias. Tal raciocínio reforça a forte demanda por sobrevivência dos motoristas, razão pela qual o Direito deve olhar para os "remédios transformativos" enumerados por Fraser, na medida em que aliam programas universalistas de bem-estar social, impostos elevados, políticas macroeconômicas voltadas para criar pleno emprego, vasto setor público não mercantil, propriedades públicas e/ou coletivas significativas e decisões democráticas quanto às prioridades socioeconômicas básicas. Todavia, a implementação dos remédios transformativos depende de mobilização, lutas, participação na criação e implementação de legislação e políticas públicas.

Ao buscar garantir a todos o acesso ao emprego, enquanto intentam desvincular a parte básica de consumo e emprego, a tendência é, nas palavras de Fraser, "dissolver a diferenciação de classe" e, por isso, "tendem, portanto, a promover reciprocidade e solidariedade nas relações de reconhecimento"(528), que é exatamente o que foi identificado como demanda por justiça dos motoristas plataformizados. A injustiça de classe e de reconhecimento que afeta a paridade de participação não acontece apenas com os trabalhadores plataformizados. Trata-se da tensão de quem tem apenas a força de trabalho para colocar à disposição de outrem, e não detém os meios de produção, como apontado por Ana Cláudia Moreira Cardoso. Em sua tese de doutorado, que abordou a negociação coletiva dos trabalhadores com a Volkswagen(529), Cardoso demonstrou como os trabalhadores com vínculo empregatício com a empresa possuem medo de serem dispensados e são forçados a negociar condições de trabalho sob a ameaça de acontecer o pior: "perder o emprego".

Quanto à possibilidade de intervirem na formação dos projetos de lei que tramitam no Congresso Nacional, os dados indicam que os trabalhadores às vezes são chamados para audiência pública para falar, mas não são ouvidos. A Entrevistada 5, de MG, contou que foi chamada para participar de uma audiência pública na OAB e que "eles entraram em contato e lá tinha, a Tábata até faltou, e lá tinha o Henrique Fontana, que o projeto dele era até muito interessante, bem legal... Só que eu fui lá, falei, ele falou, em nenhum momento ele me procurou". Informou, ainda, que foi a única audiência pública que participou como representante da Federação.

---

(528) FRASER, Nancy. Da redistribuição ao reconhecimento? Dilemas da justiça numa era "pós-socialista". Tradução de Júlio Assis Simões. *Cadernos de Campo* (São Paulo – 1991), [S. l.], v. 15, n. 14-15, p. 231-239, 2006.

(529) CARDOSO, Ana Claudia Moreira. *Tempos de trabalho, tempos de não trabalho:* vivências cotidianas de trabalhadores. 2007. Tese (Doutorado em Sociologia) – Faculdade de Filosofia, Letras e Ciências Humanas, Universidade de São Paulo, São Paulo, 2007. <DOI:10.11606/T.8.2007.tde-20032008-101721>. Acesso em: 2022-06-30. Cardoso aborda como a questão do medo do desemprego e um certo medo em relação aos tempos futuros exerce um papel fundamental: "Medo de perder o emprego na Volkswagen e não conseguir outro, pois citam parentes que estão desempregados e casos de trabalhadores que, ao sair da Volkswagen, passam a ganhar muito menos." (p. 261).

Em relação à jurisprudência, como visto no capítulo 2, se não fosse verificada e apontada a litigância manipulativa via conciliações seletivas motivada por predições acerca do órgão julgador realizada pela Uber e 99 em ações individuais e se os tribunais não tivessem se recusado a homologar os acordos, tais processos muito provavelmente teriam sido arquivados, sem a possibilidade de que os órgãos judiciais proferissem decisão acerca do enquadramento jurídico. Caso a venda da deusa Têmis não fosse retirada, o mapa das injustiças contra os motoristas plataformizados não seria revelado ao Judiciário ou seria revelado de forma segmentada e ao interesse do litigante mais forte economicamente. Porém, não há indicativos de que essa atuação manipulativa tenha se encerrado.(530) Espera-se que novas pesquisas sejam desenvolvidas sobre o tema da litigância manipulativa e estratégica realizada pelas plataformas de transporte com dados atualizados, pois há indícios de que continua acontecendo. O poder de influência das empresas é evidente e a Uber sempre sustenta que os precedentes lhe são favoráveis.

A empiria apontou, também, a falta de sensibilidade de parte dos julgadores para lidar com casos envolvendo a morte ou internação(531) de motorista que contraiu o vírus SARS-CoV-2 durante o trabalho para as plataformas. Ao seu turno, os relatos dos entrevistados demonstraram plena consciência de que as plataformas se utilizam, além da litigância manipulativa, de várias estratégias de procrastinar ou até mesmo "eternizar" o processo, incluindo aposição de sigilo em documentos e processos e de procrastinação do andamento processual com incidentes para a permanência do sigilo.

Dados da pesquisa empírica demonstram que a homogeneidade da categoria advém das condições de trabalho às quais os motoristas de plataforma amoldam-se. A realidade de precarização de condições adversas e unilateralmente impostas a todos os trabalhadores ligados àquela determinada plataforma de transporte individual de passageiros acaba produzindo as mesmas similitudes de condições de vida, como prevê o conceito de categoria profissional do art. 511 da CLT.

---

(530) Em 08.03.2022, após incluir o processo em pauta e depois retirá-lo de pauta, em audiência de conciliação na modalidade telepresencial, o ministro Lelio Bentes Corrêa homologou acordo entre a Uber do Brasil Tecnologia Ltda. e um motorista de Belo Horizonte (MG) para extinguir relação jurídica entre as partes. O vínculo não havia sido reconhecido pela 46ª Vara do Trabalho de Belo Horizonte, que se apoiou em declaração do próprio motorista de que não tinha horário fixo para trabalhar e que "se não quisesse trabalhar determinado dia, não precisava avisar para Uber" e, mesmo assim, a Uber propôs o acordo no valor de 12 mil reais (RR – 10254-58.2020.5.03.0184).

(531) A título de informação, cita-se que o Entrevistado 1 relatou o caso de um motorista, segundo ele, jovem, 24 anos, que "trabalhava horas e horas pra Uber, pegou Covid no auge da pandemia, os leitos públicos estavam lotado, a mãe dele em ato de desespero internou ele no Materdei, que é um hospital privado aqui de BH, muito caro. Ele deu entrada lá, só foi complicando, ficou 30 dias entubado na CTI, ele teve uma inflamação no pulmão e no rim, fez hemodiálise, mas felizmente ele saiu vivo. Mas saiu com uma conta de 400 mil reais. 400 mil reais. E pô, um rapaz de 20 e poucos anos, 400 mil reais, a família simples, o pai dele é caminhoneiro, a mãe dona de casa. Mas assim, pelo menos ele sobreviveu". Segundo informou o entrevistado 1, "os relatórios de viagem juntados pelo Uber indicam que o motorista na semana anterior de ser diagnosticado com Covid fez várias viagens às UPAS da região que eram referência no recebimento de doentes com o vírus". Essa demanda individual não foi objeto de análise na presente pesquisa. O número do processo é: ATOrd 0010434-47.2021.5.03.0020.

Retomando aos conceitos de Fraser, acerca dos remédios transformativos, podem ser consideradas experiências que apontam no sentido da emancipação, como o cooperativismo de plataforma.[532] Foi observado na pesquisa empírica que os motoristas almejam outras formas de organização[533], tanto é que a Uber está atenta e tenta cooptá-las, enfraquecendo-os. Da observação das experiências de lutas dos entregadores no Brasil, é possível perceber lideranças que lutam pela reestruturação do sistema, por uma outra divisão social do trabalho, a exemplo do movimento dos entregadores antifascistas liderado por Paulo Galo.[534]

Falas de Paulo Galo, como "A nossa luta tem o potencial de unir a classe trabalhadora" e "Ninguém aqui é empreendedor de porra nenhuma. Nóis é força de trabalho nessa porra!", ganharam as manchetes. O movimento liderado por Galo, ao mesmo tempo que denuncia a hiperexploração dos trabalhadores pelo capitalismo de plataforma, também propõe formas solidárias e denominadas de "pós-capitalistas" de organização. Como exemplo, Galo aponta a criação de um fundo solidário para os entregadores do movimento, no caso de se acidentarem no trabalho, adoecerem ou precisarem para alguma despesa emergencial.[535]

O "Breque dos Apps" foi um conjunto de manifestações grevistas que, como o próprio nome diz, pretenderam impor freios às plataformas. Projetaram, também, a criação de uma cooperativa que se utilizasse de tecnologia aberta e conectasse gratuitamente fornecedores

---

(532) A propósito, no período final de escrita desta tese, foi divulgada, em mídia estrangeira, notícia sobre uma cooperativa de motoristas de Nova York que criaram o aplicativo *"Co-Op Ride"*, com o auxílio da Academia, por meio do *"Platform Cooperativism Consortium"*, instituto fundado e dirigido por Trebor Scholz, da The New School. Segundo a reportagem, o aplicativo foi baixado 40.000 vezes em poucos meses e seus motoristas cooperados ganham cerca de 8 a 10 por cento a mais do que aqueles que trabalham para Uber ou Lyft e, com 6.000 membros, é a maior cooperativa de propriedade de trabalhadores nos EUA. Segundo Trebor Scholz: "As cooperativas de plataforma oferecem uma alternativa mais democrática e equitativa às empresas tradicionais e têm potencial para criar bons empregos, impulsionar as economias locais e aumentar a resiliência diante de choques futuros. Em um mundo pós-pandemia, as cooperativas de plataforma podem ajudar a construir uma economia mais justa e sustentável que funcione para todos." In: CARNEGIE, Megan. Worker-Owned Apps Are Redefining the Sharing Economy. *Wired*, 30 jun. 2022. Disponível em: <https://www.wired.com/story/gig-economy-worker-owned-apps/>. Acesso em: 11 jul. 2022.

(533) Entrevistados de São Paulo, Minas Gerais e do Rio Grande do Norte mencionaram projetos de criação de uma plataforma que tenha um aplicativo administrado pelos motoristas em cooperativa, mediante convênio do sindicato com ente público municipal ou iniciativas privadas. Foram observadas também organizações coletivas de trabalhadores por meio de grupos de Whatsapp e uma experiência que se aproxima de um cooperativismo de plataforma, chamado de "Bora Ali", sobre o qual serão tecidas considerações no final desta tese.

(534) "O movimento é liderado por Paulo Lima, conhecido como Galo, de 31 anos, morador da periferia de São Paulo. Foi em março que, cansado de passar fome sentindo cheiro de comida nas costas, de ser punido pelo aplicativo ao não completar uma corrida por um pneu furado da moto, começou a articular as mobilizações. Empenha-se em organizar a categoria, mas de forma mais "política e combativa", destaca, em torno da defesa da democracia — e desmontar os mitos da Era dos Bicos". (LIMA, Paulo "Galo". Os novos planos dos entregadores rebelados. *Outras Palavras*, 9 set. 2020. Disponível em: <https://outraspalavras.net/videos/os-novos-planos-dos-entregadores-rebelados/>. Acesso em: 30 jun. 2022).

(535) LIMA, Paulo "Galo". Os novos planos dos entregadores rebelados. *Outras Palavras*, 9 set. 2020. Disponível em: <https://outraspalavras.net/videos/os-novos-planos-dos-entregadores-rebelados/>. Acesso em: 30 jun. 2022.

de alimentos, clientes e entregadores e contasse com voluntários da área de tecnologia e do Direito para viabilizar essa cooperativa de entregadores.[(536)] Galo se expressa no sentido de que há "direitos mínimos que devem ser dados a qualquer trabalhador, mas isso é só o primeiro modo de se mostrar respeito".[(537)] Nesse sentido, pode-se dizer que o movimento dos entregadores antifascistas faz uso tático do Direito do Trabalho[(538)], pois seu líder, Paulo Galo, nitidamente reconhece os direitos trabalhistas a partir de uma perspectiva tática.[(539)]. Ele entende que os direitos trabalhistas não são um fim em si mesmo, mas são indispensáveis para galgar melhores condições de vida e deverão levar ao fortalecimento dessa luta e o impulsionar de novas outras lutas. Referida forma de atuar revela-se bem distinta das experiências observadas junto aos motoristas plataformizados pesquisados. Os entrevistados não possuem sequer uma pauta reivindicatória de direitos bem definida a fim de corresponder a um objetivo a ser alcançado, ainda mais como um degrau para lutas maiores.

Nesse contexto em que a uberização decorre diretamente do neoliberalismo e do capitalismo financeirizado, o acesso à justiça pela via dos Direitos passa ser via de contestar o próprio sistema econômico/financeiro. Como dito no capítulo 2, resolver a crise, na visão de Fraser, requer uma transformação estrutural do capitalismo financeirizado, com uma nova maneira de relacionar a economia com a política, a produção com a reprodução, a sociedade humana com a natureza não humana, o que demanda como solução, "um projeto que seja, no mínimo, antineoliberal, se não anticapitalista"[(540)]. Dessa forma, a perspectiva desenvolvida por Fraser visa oferecer um ingrediente ao Direito, em termos de "esperança social"[(541)], a

---

(536) LIMA, Paulo "Galo". Os novos planos dos entregadores rebelados. *Outras Palavras*, 9 set. 2020. Disponível em: <https://outraspalavras.net/videos/os-novos-planos-dos-entregadores-rebelados/>. Acesso em: 30 jun. 2022.

(537) CARDOSO, Ana Claudia Moreira; ALMEIDA, Paula Freitas de. A essência rebelde do "Breque dos *Apps*". *Outras mídias*, 8 jun. 2020. Disponível em:https://outraspalavras.net/outrasmidias/a-essencia-rebelde-do-breque-dos-apps/>. Acesso em: 30 jun. 2022.

(538) MACHADO, Gustavo Seferian Scheffer. *Direito do trabalho como barricada:* sobre o papel tático da proteção jurídica do trabalhador. 2017. Tese (Doutorado) – Universidade de São Paulo, São Paulo, 2017. p. 329. Seferian, ao se referir ao uso tático do Direito do Trabalho para resistências e investidas, o faz à luz da tônica de que "uma vez conquistado o ponto de avanço tático na guerra de posições e erigida nova barricada, serve ela de referência para novas e futuras incursões, bem como de ponto fortificado para resistência das classes trabalhadoras postas em luta contra os ataques dos seus históricos opressores" (p. 257).

(539) "A carteira de trabalho não é mil maravilhas, né? Não é! Só que eu queria que a luta dos Entregadores Antifascistas fosse uma luta para melhorar a CLT, não para recuperar a CLT. E que também não fosse uma luta para garantir que a democracia não acabe, mas para garantir que a democracia chegue para todo mundo" (Paulo Galo, em entrevista a DigiLabour, In: GROHMANN, Rafael; ALVES, Paula. É luta de classes mesmo, sem conversinha: entrevista com Galo, dos Entregadores Antifascistas. *Digilabour*, 2020. Disponível em: <https://digilabour.com.br/2020/07/02/e-luta-de-classes-mesmo-sem-conversinha-entrevista-com-galo-dos-entregadores-antifascistas/amp/>. Acesso em: 6 jul. 2022).

(540) FRASER, Nancy. *O velho está morrendo e o novo não pode nascer*. Tradução de The old is dying and the new cannot be born/Verso, 2019. São Paulo: Autonomia Literária, 2020. p. 66.

(541) Nancy Fraser, ao conceituar a justiça anormal, cita a expressão "esperança social" de Richard Rorty, para expressar o ingrediente que faltava na teoria hegemônica. FRASER, Nancy. Justiça anormal. Tradução de Norman

formulação de soluções que passam pela normatividade, para as injustiças vivenciadas pelos trabalhadores e, no caso da tese, vivenciada pelos motoristas plataformizados.

Fraser elucida que o quadro anormal reconhece o poder do discurso de justiça, acrescentando à justiça tida como "normal" uma "insistência na necessidade da reconstituição da gramática da justiça para possibilitar ao subalterno que se expresse de forma autoritativa"[(542)]. Assim, a abordagem adotada nesta obra possibilitou vislumbrar os múltiplos obstáculos ao acesso à justiça dos motoristas plataformizados. O enquadramento realizado poderá contribuir para que os trabalhadores, organizações coletivas, instituições públicas, o Poder Judiciário, o Poder Legislativo, o Poder Executivo e a Academia visualizem cenários políticos e soluções normativas voltadas a superar ou reduzir injustiças em tempos anormais. O enquadramento ora realizado amplia as lentes, com o propósito de enxergar o potencial da gramática existente e verificar a necessidade de ela ser reafirmada, complementada ou, até mesmo reconstruída.

Para se mudar a Justiça a que se tem acesso, é preciso, portanto, que o sistema judicial assuma sua quota-parte de responsabilidade na solução de problemas causados pelas múltiplas injustiças sociais e se articule com outras organizações e instituições da sociedade, de modo a assumir a sua relevância republicana, gerando justiça em concreto.[(543)]

Como mencionado anteriormente, a Justiça precisa não apenas se desvendar, mas olhar de perto, perceber as demandas anteriores ao reconhecimento jurídico, para que a sua visão alcance os olhos das pessoas que estão mal enquadradas, com demandas redistributivas, de reconhecimento e também de representação, gritando por Justiça.

Michael Rodi com coordenação da tradução por Eduardo Carlos Bianca Bittar. *Revista da Faculdade de Direito*, Universidade de São Paulo, [S. l.], v. 108, p. 739-768, 2013. Disponível em: <https://www.revistas.usp.br/rfdusp/article/view/68001>. Acesso em: 24 jun. 2022. p. 768.

(542) FRASER, Nancy. Justiça anormal. Tradução de Norman Michael Rodi com coordenação da tradução por Eduardo Carlos Bianca Bittar. *Revista da Faculdade de Direito*, Universidade de São Paulo, [S. l.], v. 108, p. 739-768, 2013. Disponível em: <https://www.revistas.usp.br/rfdusp/article/view/68001>. Acesso em: 24 jun. 2022. p. 768.

(543) SANTOS, Boaventura de Sousa. *Para uma revolução democrática da justiça*. São Paulo: Cortez, 2008. p. 40.

Conclusão

"[...] a gente não tem grana, vamos começar por aí, e aí por que que eu tô falando isso, porque pra gente parar nosso trabalho e dedicar totalmente a isso a gente precisa ter grana, né? E a gente não tem essa condição, nenhum de nós temos. E aí a gente tem que, **a gente vive assim, faz uma corrida, pára, vai numa reunião, faz outra corrida, pára, vai fazer uma coisa com o motorista**, vai, então isso demora, demanda tempo, é um trabalho de formiguinha [...] Se pelo menos o sindicato tivesse condição de remunerar essas pessoas que trabalham lá, o sindicato ia crescer, porque ele já tá crescendo sem ter essa dedicação total, porque a gente cresce de acordo com a necessidade do motorista e o motorista tem muitas necessidades. [...] até hoje eu ainda trabalho como motorista de aplicativo, tem motorista que trabalha 15, 16, 17 horas por dia, hoje eu não faço mais isso, antes eu pegava 6 horas da noite até 6 horas da manhã, pra você ter noção. Então, hoje eu não consigo ficar muito, mas tem gente que, tem gente que fica muitas horas e usa algumas coisas pra se manter acordado e aí começa a ter os problemas de doenças ocupacionais, começa a ter problema de coluna, pra você ter noção, a minha cervical e os meus ombros, **eu sinto dor todos os dias, todos os dias, todos**. Fora outras coisas, estresse, ansiedade, várias outras coisas que causa e o aplicativo, **ele não nos dá nenhum suporte em relação a isso porque eu posso tá com dor, eu posso tá doente, qualquer coisa, se eu não trabalhar, eu não recebo.**" **(Entrevistada 5, MG, 21.07.2021)**

A viagem foi realizada, o mapa do sindicalismo dos motoristas plataformizados traçado. A bagagem definida e fundamentalmente utilizada durante todo o percurso, que trouxe como viajantes, as vozes dos motoristas plataformizados. Os empecilhos econômicos, culturais e políticos ao acesso à justiça foram apontados pelo caminho. O passaporte foi carimbado, as vozes impressas em palavras e a análise realizada.

No entanto, chega-se ao fim desta viagem sem, de fato, chegar ao fim da jornada. A saga continua. Como destacado em trecho acima, os motoristas estão "*sem grana*", cansados, com dores, sem suporte das empresas-plataforma e/ou cobertura previdenciária, sentindo-se como "números", com suas vozes silenciadas. Foi nesse contexto de privação de direitos, precarização e desigualdades exacerbadas, que esta obra revelou como se travam as lutas por acesso à justiça dos motoristas plataformizados. Num contexto em que "*todo mundo estava jogando pedra em sindicato*", o desempenho da atividade sindical demandou ainda mais esforço, tempo e dedicação, e acabou se revelando como um "*trabalho de formiguinha*": quase ninguém vê e muitas pessoas pisam. O esforço científico, e também pessoal, da autora deste livro para mapear as inúmeras entidades sindicais representativas da categoria dos motoristas plataformizados existentes no Brasil foi, sobretudo, para dar-lhes visibilidade.

Todos os dirigentes sindicais são motoristas e necessitam dos ganhos advindos do que eles chamam de "*rodagem*" para a sobrevivência. Nenhum dos entrevistados relatou receber remuneração pelo exercício da atividade sindical. Portanto, no chamado capitalismo de plataforma, **a liderança é da viração:** eles se desdobram para conseguir exercer atividade sindical em concomitância com a "rodagem". Como destacou a Entrevistada de Minas Gerais, que além de Presidente do Sindicato também exercia, à época da entrevista, o cargo de Presidente da Federação: "*a gente vive assim, faz uma corrida, pára, vai numa reunião, faz outra corrida, pára, vai fazer uma coisa com o motorista, vai, então isso demora, demanda tempo, é um trabalho de formiguinha*". Há uma forte demanda, portanto, por sobrevivência, que dimensiona as possibilidades de sua atuação na luta coletiva e na capacidade de angariar recursos para a organização. Trata-se de injustiças de redistribuição, em primeiro lugar, que obstruem a sua representação no espaço político.

Por sua vez, as empresas-plataforma se utilizam de dispositivos digitais capazes de arregimentar e controlar o trabalho humano, clientes e dados em grande escala, contudo, o seu intento de domínio depende de um arsenal estratégico muito mais amplo, que compreende a necessidade de construção e exploração de um espaço territorial local que viabilize e seja dócil, receptivo ao modelo de negócio dessas empresas. Por isso, para pensar as questões pertinentes à (in)justiça no trabalho dos motoristas plataformizados, mostrou-se relevante uma abordagem que perceba a ação das plataformas, em termos de construção do espaço e conformação do seu território de atuação (capítulo 2).

A disrupção da empresa-plataforma de transporte não está na "*nuvem*", ou seja, na tecnologia que utilizam ou em seu "*novo modelo de negócio*", a disrupção está "*para além da nuvem*": **a disrupção encontra-se na violação do Direito (*law breakers*)**, no caso do Brasil, tanto na violação do Direito nacional, como na construção de um espaço de suposta ausência de lei aplicável ao contrato de trabalho pactuado com os motoristas. Houve uma construção forjada pelas plataformas de transporte individual de passageiros de um espaço de não incidência do Direito, em especial do Direito do Trabalho, campo social e econômico no qual as plataformas construíram e seguirão construindo suas teses de afastabilidade do seu espectro protetivo.

Diante da percepção do que se passa, de fato, nas relações de trabalho a partir das abrangentes transformações introduzidas pelas plataformas digitais de trabalho, algo que precisa ser mais que imaginado ou suposto pelos profissionais do Direito na aplicação da lei, concluiu-se que o campo jurídico não conseguiria, sozinho, atribuir sentido aos conceitos jurídicos de forma autorreferente. Para tanto, buscou-se investigação empírica e diálogo transdisciplinar consistente com outras ciências, notadamente, no caso, a sociologia, a ciência política, as ciências da tecnologia, a economia, aplicadas ao campo do trabalho humano dos motoristas plataformizados que dirigem para empresas-plataforma.

O marco teórico que embasa esta pesquisa sobre o acesso à justiça dos motoristas plataformizados e suas lutas por redistribuição, reconhecimento e representação centra-se no conceito do acesso à justiça que se pretende iluminar com a concepção tridimensional de justiça de Fraser. As lutas dos motoristas plataformizados indicam dimensões de injustiça, cuja resolução não se viabiliza apenas pelo acesso a direitos, em especial daqueles assegurados pelo quadro típico do Estado nacional. Por tal razão, buscou-se como embasamento um marco teórico que contemplasse a justiça, no que se refere ao acesso aos direitos, o que foi feito no capítulo 3.

A investigação empírica, por sua vez, foi construída a partir de entrevistas em profundidade com os trabalhadores já organizados coletivamente em sindicatos. Os motoristas buscaram trabalho na plataforma como forma de sustento, diante da crise financeira e social da sociedade capitalista em sua fase neoliberal, com a finalidade da redistribuição. O "*patrão*" transnacional, por meio do seu algoritmo, organiza o trabalho e enquadra esses trabalhadores na condição de números. As plataformas negam reconhecimento aos trabalhadores como sujeitos sociais, merecedores de igual valor e consideração, os quais estão em condições longínquas da paridade de participação. Tal situação fez com que os trabalhadores se unissem em busca de força para agir coletivamente e com o objetivo de estabelecer um diálogo com a plataforma e os poderes públicos. Foi preciso formar organizações coletivas. A ausência de representação levou os trabalhadores a se unirem na busca por melhores condições de trabalho (redistribuição), e, por sua vez, para que houvesse o êxito da organização da categoria, era necessário que as entidades se organizassem internamente.

A pesquisa trouxe dados referentes a ações dos sindicatos, no sentido de fornecer cestas básicas, alimentos, material de construção e até mesmo legumes, frutas e verduras, a preços abaixo do mercado, convênios com planos de saúde, bem como parcerias com creches, escolas infantis, colônias de férias e faculdades, além de mutirão para a construção de casa própria de motoristas. Acesso a bens básicos (redistribuição), para resolver problemas elementares, diante da falta do enquadramento jurídico. A redistribuição permitiu o vínculo que formou a representação coletiva.

Entre os pontos em comum que se repetiram nas falas dos entrevistados, destacaram-se a demanda por diálogo, o fato de os motoristas se sentirem invisibilizados como indivíduos, e a sua necessidade de união e organização em entidade coletiva, para conquistarem melhores condições de trabalho. Em cada categoria, foi possível identificar demandas por reconhecimento, redistribuição e representação. Como se concluiu, tais demandas são dimensões que não se estabelecem isoladamente, mas sim de maneira tridimensional. A efetivação de apenas uma delas não basta para que se realizem as demandas por justiça, como também foi demonstrado. Foi possível, assim, perceber que as demandas se repetem, em especial por diálogo e melhores condições de trabalho, e que, por mais dificuldades que os sindicatos enfrentaram e enfrentam para se manterem em funcionamento sem receita pública, sobretudo durante a pandemia do vírus SARS-CoV-2, a organização do movimento sindical foi e é essencial para, por meio dos vínculos, defender e elevar as condições de vida dos motoristas plataformizados, por isso, a escolha o título *De Vida e Vínculos*.

Os relatos são intrigantes e permitiram perceber os múltiplos bloqueios no acesso à justiça pela via dos direitos sob a luz da concepção tridimensional de Fraser. Mesmo que, em um primeiro momento, tenha se cogitado atrelar determinada categoria a um dos "R"s de Fraser, na verdade, a pesquisa mostrou a indivisibilidade das categorias de redistribuição, reconhecimento e representação. Em cada um dos relatos, foi possível identificar mais de um "R" de Fraser, exatamente porque redistribuição, reconhecimento e representação são concepções imbrincadas.

A análise dos dados da pesquisa empírica também levou ao debate crítico acerca tanto do gênero como do reconhecimento como pessoa, inseridos nas demandas por reconhecimento. Nesse campo, saltou aos olhos que, por maiores que sejam a coerência e fecundidade do pensamento de Fraser com os dados obtidos na pesquisa, percebe-se certa limitação na ausência de análise específica dos processos judiciais como elemento da representação política e seu impacto nas lutas. Fraser trabalha representação política *stricto sensu*, mas é preciso pensar, em pesquisas futuras, a representação ampliada para outras esferas, incluindo o Poder Judiciário como espaço fundamental de disputa, o que fica claro no caso das lutas coletivas dos motoristas plataformizados, seja em ações individuais como coletivas.

No capítulo 5 foi apontada a correlação entre as decisões judiciais e a alavancagem/desmobilização do movimento sindical, e também problematizado o discurso defensivo quanto ao vínculo de emprego. Após, foram tecidas considerações acerca da dimensão crítica das posições quanto ao vínculo de emprego, revelando o que a empiria pôde dizer à normatividade positivada, para além dos direitos trabalhistas existentes. Com a lanterna dos conceitos de remédios afirmativos e remédios transformativos, explicados no capítulo 2 e retomados no capítulo 4, chegou-se à conclusão de que centrar no vínculo de emprego a solução para todos os problemas dos motoristas plataformizados contribui para ocultar e reforçar outro aspecto de injustiça muito mais amplo e profundo, que é a injustiça inerente ao próprio assalariamento na sociedade capitalista.

Por mais que ser trabalhador excluído do acesso aos direitos trabalhistas assegurados pelo direito vigente seja uma extrema injustiça, que pode mesmo chegar à condição da metainjustiça de que fala Fraser, há, sem dúvida um grau de injustiça, até mais profundo, que diz respeito à própria condição de assalariado no capitalismo, mesmo "com todos os direitos" previstos na legislação.

Não é inteiramente sem motivo que os motoristas plataformizados expressam tanta resistência ao enquadramento jurídico do emprego, com a distópica perda de liberdade e flexibilidade. Muito dessa resistência é medo de perder a única fonte de renda que acessam no momento, muito disso também é produto da manipulação das plataformas que disseminam uma compreensão errônea em vários aspectos do contrato de emprego, além de manipular diferentes ameaças, inclusive de forma velada, bem como do discurso defensivo ante a falta de perspectivas concretas de superar esse patamar de denegação de justiça. Mas não se pode desconsiderar que, nessa resistência crítica ao vínculo de emprego, reside uma aspiração de algo mais, que se denomina aqui de "*CLT MAIS*". Aspectos que o mundo do assalariamento juridicamente protegido jamais propiciou aos trabalhadores e que, possivelmente, tenha contribuído para denegar direitos ainda mais importantes no sentido de cidadania e participação.

Fato é que a estratégia das empresas-plataforma é deslocar o centro do atual debate acerca da regulação para a discussão acerca de as motoristas e os motoristas "*quererem ou não*" o vínculo de emprego, enquanto os dados da pesquisa revelam que esse "*desejo*" é intermediado por "*medo*" de perder o trabalho, evidenciando que o Estado Brasileiro deve intervir para introduzir limites éticos à contratação da mão de obra que garanta trabalho com direitos e dignidade.

O discurso dos motoristas plataformizados está estruturado a partir do medo. Medo de pleitearem o reconhecimento pleno como merecedores dos mesmos direitos dos demais trabalhadores. Em síntese, os motoristas não defendem o reconhecimento do vínculo de emprego pelo receio "*de a Uber ir embora*" e eles perderem o trabalho. E essa ameaça é produzida pelas empresas e reproduzida diariamente entre os trabalhadores. Os motoristas são "*viradores*", como já mencionado, usando a expressão de Vera Telles e Ludmila Abílio, ou seja, transitaram entre ocupações formais e informais, "*se virando*" e fazendo bicos para se sustentarem. Por isso, compõem sua trajetória pela instabilidade e pela ausência de uma identidade profissional definida, raramente contando com uma rede de proteção e segurança socialmente instituída via mundo do trabalho. Assim como já se sabe de outras populações socialmente vulnerabilizadas, negros, mulheres, domésticas e outros, o processo por eles vivido acabou por naturalizar a vulnerabilidade e incutir o medo, a ponto de que eles próprios negarem a possibilidade de romper com o processo, o que demonstra sua característica de vulnerabilização.[544]

Os sindicatos da categoria, como dito, estão inteiramente imersos na luta por sobrevivência imediata dos trabalhadores. **Todos os dirigentes sindicais entrevistados na pesquisa são motoristas** e sobrevivem e sustentam suas famílias com os ganhos diários advindos do

---

(544) VIDIGAL, Viviane. *Capitalismo de plataforma:* as facetas e as falácias. Leme: Ed. Mizuno, 2023. (no prelo)

que eles chamam de "rodagem". **Nenhum dos entrevistados relatou receber remuneração pelo exercício da atividade sindical.** Há uma forte demanda, portanto, por sobrevivência, que, repita-se, limita as possibilidades de sua atuação na luta coletiva e na capacidade de angariar recursos para a organização.

As empresas-plataforma usam diversas estratégias para obstruir o crescimento de um movimento sindical forte, ao inibir que seu embrião se forme, impedindo ou dificultando a atuação das lideranças insurgentes. A prática de condutas antissindicais por empresas de transporte plataformizado foi já relatada em artigo acadêmico datado de 2017.(545) Há diversos casos de lideranças bloqueadas do acesso no aplicativo e, em pelo menos um deles, foi reconhecida a conduta antissindical da empresa-plataforma, que bloqueou a dirigente do Sindicato do Rio Grande do Sul no curso das negociações em mediação pré-processual, sendo a empresa condenada ao pagamento de indenização por ato-ilícito em acórdão do TRT-4, publicado em 23.06.2022.(546)

No caso das plataformas de entrega, recentemente foi noticiada a manipulação realizada pela empresa IFood(547), que contratou uma agência de publicidade para atuar nas redes sociais, por meio de perfis falsos, que se passavam por entregadores em meio a manifestações pelo reconhecimento de direitos trabalhistas, com o claro intuito de desmontar o movimento grevista e desvirtuar a pauta reivindicatória para propostas aceitáveis para a empresa, obstruindo estrategicamente as manifestações favoráveis ao reconhecimento de direitos empregatícios. Usando slogans pensados pelo marketing, era a empresa quem defendia sua própria pauta: "*SEM patrão e salário mínimo. No corre bem feito a gente tira mais e não tem chefe pra encher o saco. A gente quer liberdade pra 'trampar' pra quem a gente quiser!*". Ou seja, importa à empresa substituir as pautas de direitos igualitários pelas "*pautas da viração*".

No capítulo 4, colacionam-se relatos de que lideranças estavam sendo aliciadas e cooptadas pelas empresas, inclusive com promessa de remuneração, para se afastarem da luta sindical ativa e se restringirem às reivindicações às pautas mais palatáveis.

Grande parte das demandas de motoristas que buscam as entidades sindicais diz respeito aos "*bloqueios*" (o que bem pode ser chamado de suspensão, se temporário ou demissão, se definitivo) do perfil do motorista feito pela empresa direto na plataforma, por motivos arbitrários ou sem explicação, o que dimensiona o desmesurado poder das empresas sobre

(545) LEME, Ana Carolina Reis Paes. A relação entre o implemento das inovações tecnológicas disruptivas e a potencialização de práticas antissindicais. In: LEME, Ana Carolina Reis Paes; RODRIGUES, Bruno Alves; CHAVES JÚNIOR, José Eduardo de Resende (Coords.). *Tecnologias disruptivas e a exploração do trabalho humano*. São Paulo: LTr, 2017. p. 304-317.

(546) BRASIL. Tribunal Regional do Trabalho da 4ª Região. *Processo n. 0020882-91.2021.5.04.0201*. Recorrente: 99 tecnologia Ltda. Recorrido: Carina Mineia dos Santos Trindadero. Relator: Marcos Fagundes Salomão, 2022. Julgamento da 5ª Turma do TRT 4, em 23.06.2022.

(547) LEVY, Clarissa. A máquina oculta de propaganda do iFood. *A pública*, 4 abr. 2022. Disponível em: <https://apublica.org/2022/04/a-maquina-oculta-de-propaganda-do-ifood/>. Acesso em: 27 jun. 2022.

o meio de sobrevivência, de modo que é esse primeiro degrau elementar que constitui o atual estágio e o horizonte imediato das pretensões dos motoristas. Por isso, tantos relatos expressando que "*na verdade eles só querem rodar, querem trabalhar*".

Contudo, ao mesmo tempo que querem o acesso à empresa para realizar o trabalho, a pesquisa também mostrou que há o forte desejo por melhorias nas condições laborais, como, por exemplo, "*um canal aberto com as plataformas, reajuste no valor do quilômetro rodado, poder escolher as corridas*", condições de segurança frente à violência, acesso a condições sanitárias, de higiene e alimentação, acesso a informações e proteção em face das arbitrariedades do sistema automatizado, necessidades de descanso, de férias, proteção em face de acidentes e doenças. **Há múltiplas demandas por reconhecimento e por direitos específicos dos motoristas e comuns a todas as trabalhadoras e a todos os trabalhadores.** Mesmo que muitos expressem que não querem reconhecimento de vínculo de emprego, logo se sucedem demandas que constituem as mesmas vulnerabilidades que justificam a necessidade do modelo de regulação pública do trabalho dos demais empregados.

Conforme as entrevistas com os dirigentes sindicais, **a grande maioria deles afirma a defesa do reconhecimento do vínculo de emprego para os motoristas como pauta prioritária.** No entanto, relatam que muitos motoristas da base manifestam a percepção de que, se tiverem "*carteira assinada*", serão obrigados a trabalhar somente para uma das empresas-plataformas existentes e com horário pré-definido. É compreensível que as motoristas e os motoristas queiram trabalhar também para outras empresas-plataformas, pois o rendimento advindo do trabalho em apenas uma empresa-plataforma é insuficiente, além de não desejarem cumprir um horário pré-definido. Pensam que, com a carteira assinada, as empresas-plataformas irão estabelecer unilateralmente a jornada e horário de trabalho e acreditam que, para se ganhar o salário-mínimo, será necessário cumprir o mínimo diário de 08 horas dentro do carro. Por tais motivos, chegam a afirmar que "*a categoria não almeja essa rigidez de horário*".

Dentre os relatos colhidos dos dirigentes, é paradigmático o exemplo da fala dos dirigentes sindicais da Bahia, casados entre si, constituindo, segundo eles, uma "*família que vive do aplicativo*". Nesse caso, diferentemente da maioria entrevistada, são os próprios dirigentes que expressam o receio manifesto da luta pelo vínculo. Ele, o vice-presidente, manifesta o seu desejo, como sindicalista, de não formar um sindicato que defenda aquilo que chama de "*ideologia do vínculo empregatício*". Ao mesmo tempo que reconhece a existência da subordinação dos motoristas à empresa-plataforma digital, demonstra que o medo da perda da fonte de renda lhe impediria de sustentar essa bandeira.

Além do discurso destinado a desqualificar a compreensão jurídica de enquadramento empregatício do trabalho dos motoristas plataformizados como uma "*ideologia do vínculo empregatício*", chama a atenção a absorção da ideia de que a aplicação da legislação do trabalho acarretaria a inviabilidade da atividade econômica das empresas, colocando em risco a fonte de renda das motoristas e dos motoristas. Contraditoriamente, o entrevistado afirma que as trabalhadoras e os trabalhadores é que teriam o encargo de não promover a aplicação da legislação do trabalho (CLT), sob pena de, assim o fazendo, a corporação encerrar suas atividades e suprimir a renda das trabalhadoras e dos trabalhadores. Sustenta isso, mesmo que manifeste com clareza que reconhece a existência de subordinação jurídica na relação entre empresas-plataformas e motoristas: *"a partir do momento que elas dizem que o motorista é parceiro, mas criam metas e, se ele não atender, é automaticamente excluído do processo"*.

Já a Presidente do sindicado, casada com o Entrevistado 12, chega a afirmar que o vínculo empregatício pode acabar com a profissão dos motoristas que dirigem para empresas-plataformas digitais no Brasil, em razão do imposto que seria devido pela empresa, mesmo sabendo que no Reino Unido foram reconhecidos direitos trabalhistas dos motoristas e que no mundo inteiro isso está sendo buscado. Manifesta, inclusive com supostos percentuais, que seria ônus dos trabalhadores brasileiros lutarem contra o reconhecimento de direitos em prol da preservação das empresas no país, o que sintomaticamente não considera ser a situação dos trabalhadores de outros países.

A fala da Entrevistada da Bahia é muito elucidativa, quando confrontada com a declaração do CEO da própria UBER, feita em 2022, diante da perspectiva de uma legislação europeia que designe seus motoristas como empregados, ou forneça direitos adicionais, como férias e benefícios previdenciários. Dara Khosrowshahi garante que *"qualquer modelo pode funcionar economicamente para nós. É isso que nossos motoristas querem. Na Espanha provamos que um modelo de emprego na frota funciona. Não só funciona, mas cresce com margens próximas das nossas margens de longo prazo"*.[548] Ou seja, diante da necessidade de afirmar a sua sustentabilidade, a maior empresa do setor foi obrigada a desmentir o fato pressuposto na chantagem velada, tão disseminado e que hoje aprisiona as expectativas dos trabalhadores de que a empresa não suportaria o reconhecimento do regime de emprego.

O modelo de exploração do trabalho pelas empresas-plataforma, mediante a transferência dos riscos e custos ao trabalhador, se vale, desse modo, de uma imputação de responsabilidade aos trabalhadores pela preservação da empresa, mediante o esgotamento de todos os seus recursos humanos e patrimoniais. De um lado, não podem ter direito a uma remuneração que lhes proporcione, no mínimo, *"uma existência decente para eles e sua família"*

(548) UBER fireside chat with UBS. *Lee Fang* [Canal Youtube], 14 dez. 2021. Disponível em: https://www.youtube.com/watch?v=YDsOFNIET5U.Acesso em: 30 jun. 2022. "So any model can work economically for us" (no original), disse Khosrowshahi quando perguntado sobre uma possível legislação da UE que exigiria que o Uber designasse motoristas como funcionários ou fornecesse direitos adicionais, como férias e pensão. Disse Steve Smith, porta-voz da Federação do Trabalho da Califórnia, em um comunicado ao The Intercept que "o reconhecimento de Dara Khosrowshahi de que a empresa pode — e se adaptou — a tratar os trabalhadores como funcionários em outros países é um tapa na cara de todos os motoristas nos EUA que o Uber continua a explorar". E acrescentou Smith que: "Tudo se resume à pura ganância de executivos ricos que farão qualquer coisa ao seu alcance para impedir que os trabalhadores tenham uma parte dos lucros que seu trabalho gera." (FANG, Lee. Uber CEO admits company can afford labor protections for drivers. *The Intercept*, 7 jan. 2022. Disponível em: <https://theintercept.com/2022/01/07/uber-drivers-labor-protections-dara-khosrowshahi-european-union/>. Acesso em: 28 jul. 2022).

como determina o art. 7º, a, ii, do Pacto Internacional sobre Direitos Econômicos, Sociais e Culturais (PIDESC), sob pena de *"matar as empresas-plataformas"* e a fonte de renda. De outro, então, os trabalhadores estão obrigados a realizar jornadas exaustivas a valores baixos, sob pena de nem sequer se sustentarem e ficarem endividados com os custos dos instrumentos de trabalho, como veículo, celular, *internet*.

É por isso que a estratégia das empresas é deslocar o centro do debate para a discussão acerca de as motoristas e os motoristas "*quererem ou não*" o vínculo de emprego. As demandas por sobrevivência aparecem com força, manipulando as vulnerabilidades e o medo pela chantagem do "*ir embora*", e se associam às ações múltiplas das empresas-plataforma que disseminam falsas informações, acentuam a percepção de que o enquadramento jurídico que lhes assegure direitos igualitários seria impossível e distorcem as possibilidades de atender às demandas específicas dos motoristas dentro do modelo de emprego.

Ante a ausência de percepção de perspectivas concretas para superar esse patamar de denegação de Justiça, os motoristas se agarram a um discurso de justificação da condição em que realmente se encontram, a de **trabalhadores impedidos do direito de acesso a ter direitos.** Tal situação é o que Nancy Fraser denomina de metainjustiça. Conviver com essa condição de negação da própria dignidade impõe recorrer a estratégias discursivas de autoproteção, de negação da realidade sofrida, tão bem estudadas por Christophe Dejours[(549)], que são a porta escancarada para os slogans propagandeados pelas empresas-plataformas quanto à "*liberdade e autonomia*", de "*seja seu próprio chefe*" e "*trabalhe quando quiser*". É assim que se constrói essa relação de poder, na qual os sujeitos dominados e explorados passam a defender a manutenção das condições de dominação e exploração.

O trabalhador absorve o discurso do empregador e se propõe a lutar por trabalho, sem direito de ter direito ao trabalho, evidenciando a urgência da intervenção do Estado para garantia de um patamar civilizatório mínimo. Ora, **quer-se fazer crer que o regime de emprego é incompatível com a previsão contratual de liberdade ou flexibilidade de horário, o que não é verdade, havendo diversas hipóteses na legislação nesse sentido**. Tampouco há qualquer exigência legal de exclusividade no regime de emprego. Nem sequer a obrigação de aceitação de chamados é absolutamente inerente ao regime empregatício, como previsto no art. 452-A, § 3º, da CLT, introduzido pela Lei n. 13.467/2017 para o trabalho intermitente. Portanto, fica clara a difusão de informações não verdadeiras e a dificuldade dos motoristas, inclusive dos líderes sindicais, de ter acesso ao conhecimento daquilo que poderiam ser suas condições de trabalho como empregados, uma vez reconhecidos em igualdade de direitos com os demais, ainda que a lei e acordos coletivos tratem de aspectos especiais da categoria.

Mas não se pode desconsiderar que, nessa resistência crítica ao vínculo de emprego, reside uma aspiração de algo mais: ***"a CLT MAIS"***. Além do reconhecimento do vínculo de

---

(549) DEJOURS, Christophe. *A banalização da injustiça social*. Rio de Janeiro: FGV, 1999.

emprego em igualdade de direitos com as demais trabalhadoras e trabalhadores, as motoristas e os motoristas expressam necessidades específicas de novas garantias legais, tais como i) a regulação da organização do trabalho de modo a propiciar maior qualidade na relação coletiva de trabalho, porque hoje é gamificada(550), com ordens ditadas algoritmicamente, de forma unilateral e não transparente, sem espaços de diálogo entre os trabalhadores entre si e com as empresas, espaços de informação e de proteção em face de abusos; ii) definição e disciplina de um modelo flexível de jornada de trabalho, regulação de tempos de espera, jornada excedente, direito de desconexão e recusa; iii) discussão e regulação dos critérios igualitários de distribuição de chamados/corridas, de fixação e alteração dos valores pagos e retidos pelas empresas-plataformas, direitos de explicação e revisão de decisões automatizadas, inclusive de aplicação de sanções; iv) o direito à efetiva negociação coletiva em condições de paridade de participação com as empresas; v) uma legislação de suporte ao sindicato, que inclua reconhecimento da representatividade, forma de financiamento, acesso a informações dos critérios automatizados, dentre outros. São demandas especialmente relevantes para os motoristas plataformizados, mas o seu atendimento não pode significar nunca menos do que o patamar de direitos mínimos previstos na legislação para a generalidade das trabalhadoras e dos trabalhadores subordinados. As trabalhadoras e os trabalhadores plataformizados não podem ser considerados uma subcategoria, uma subcidadania laboral.

Antes de centrar o debate na questão do "*querer ou não querer o vínculo*", ou seja, a igualdade de direitos, é preciso que se entendam as condições de distorção comunicativa e da vivência de precariedade e vulnerabilidade dessas trabalhadoras e trabalhadores, suas vidas e vínculos. Há um claro rebaixamento de expectativas de direitos, estrategicamente construído, quando se veiculam pautas restritas a "*um aumento da tarifa*", ou mesmo um leque diminuto de direitos secundários reduzidos a plano odontológico, seguro saúde, seguro de vida, sem a garantia de um estatuto jurídico de reconhecimento em condições de igualdade com os demais empregados. Mas, sobretudo, é preciso que o Estado e a Sociedade definam qual modelo social querem construir, diante do enorme perigo, já visto antes na História, de alargar-se cada vez mais a brecha de desigualdade, inclusive entre grupos de trabalhadoras e trabalhadores.

A plataformização é um fenômeno que afeta a organização do trabalho tanto nas formas recentes sob demanda multitudinária, quanto em espaços tradicionais de trabalho. Por isso, o futuro das relações de trabalho está sendo jogado, hoje, no debate sobre a solução política, legislativa e jurídica que será dada para o enquadramento dos motoristas plataformizados. Se for aprovada uma lei que defina um estatuto juridicamente rebaixado às motoristas e aos motoristas e a outras trabalhadoras e trabalhadores plataformizados subordinados, será a cunha que promoverá a uberização de todas as demais profissões no Brasil, institucionalizando-se a precarização do trabalho humano.

---

(550) VIDIGAL, Viviane. *Capitalismo de plataforma:* as facetas e as falácias. Leme: Ed. Mizuno, 2023. (no prelo)

A união dos motoristas é, portanto, extremamente necessária, pois individualmente estão inseridos num sistema de exploração, expropriação e espoliação que os deixa invisibilizados. Por esse mesmo motivo, sua organização acaba se dando primordialmente como luta por reconhecimento como pessoa, como sujeito social. Porém, a luta por enquadramento jurídico é importantíssima. Além das discussões acerca da regulação pública do trabalho dos plataformizados, os sindicatos devem continuar acionando o Judiciário, preferencialmente por meio de ações coletivas, a fim de obter o enquadramento jurídico dos motoristas plataformizados como empregados.

As lutas por direitos trabalhistas dos trabalhadores plataformizados estão sendo travadas no mundo todo. As lutas aqui travadas deverão se abeberar, de forma transnacional, como a empresa, das melhorias das condições de trabalho e de acesso via direitos, em concepção tridimensional da justiça. Ademais, a Constituição da República Federativa do Brasil erige o trabalho humano digno como um de seus pilares e, como tal, não pode ser olvidado em benefício de grandes corporações. O poderio econômico não é motivo para afastar a via dos Direitos.

Traçamos a rota, abrimos o mapa, levantamos a bagagem, percorremos o caminho, escutamos as vozes dos motoristas e, chegando ao destino, a presente corrida é assim encerrada. No entanto, as lutas dos trabalhadores plataformizados por reconhecimento, redistribuição e representação, lutas que são de fato por suas Vidas e Vínculos, estão acontecendo e vão continuar, já que os trabalhadores se encontram unidos e em busca de Justiça. Diante da iminência da regulamentação da categoria, devem fortalecer ainda mais esta união, para que consigam alçar o patamar de trabalhadores com direitos.

Considerações Finais

"É uma profissão totalmente diferente, a nossa, **uma categoria que ainda a NASA precisa estudar**, porque ninguém sabe dizer como é, né? **Não tem patrão, mas também não tem direito**. O patrão tá lá nos Estados Unidos e não tá nem aí pra gente, não dá o direito, não faz nada. **A gente pensa que tá empregado, nunca viu o patrão, de repente a gente tá na rua, sem justificativa e sem direito de se justificar**." (Entrevistado 3, PA, 19.07.2021)

Em tempos de viração, tudo está virado.

Algo que supostamente deveria ser simples, o acesso dos motoristas aos direitos do trabalho que exercem, gera uma complexidade de situações fáticas e jurídicas, uma encruzilhada de vias que, até o presente momento, não obteve definição no sistema normativo. Microempresário, empreendedor, parceiro, usuário, consumidor, terceirizado, trabalhador. As múltiplas denominações levam a enquadramentos normativos diversos e, a partir do momento em que o trabalhador não sabe nem sequer o "nome" da função que exerce, a lei não resolve, o Estado não interfere e a empresa o desenquadra. Nesse congestionamento, a única saída se faz olhando para o trabalhador ao lado, que partilha das mesmas condições de trabalho. Como diz a CLT, a similitude de condições de vida oriunda da profissão ou trabalho em comum, em situação de emprego na mesma atividade econômica ou em atividades econômicas similares ou conexas, compõe a expressão social elementar compreendida como categoria profissional.

Muitos motoristas olharam de fato para o lado e, diante disso, muitos grupos se formaram. Existem de lideranças formais a líderes de grupo de *WhatsApp*, passando por associações, cooperativas e lideranças da contemporaneidade, formadores de opinião. Todos resultantes de um fenômeno social consubstanciado na organização coletiva de motoristas plataformizados, que utilizam redes sociais para comunicação. Os líderes formais organizam-se em entidades sindicais, como vistos neste livro, representando Amazonas, Pará, Amapá, Ceará, Natal, Sergipe, Bahia, Distrito Federal, Mato Grosso, Mato Grosso do Sul, São Paulo, Minas Gerais, Rio de Janeiro, Paraná, Rio Grande do Sul, sendo um dos sindicatos com mais de 18 mil filiados.

Os de grupos de mensagens possuem linguagem própria, pontos de encontro ("*QGs*") escolhidos por votação, sistema autogestionado de segurança, com adesão ampla dos trabalhadores e demonstrações de respeito aos líderes. Contudo, como mencionado neste trabalho, há denúncias de que teriam sido cooptados pelas plataformas, na medida em que os líderes receberiam porcentagem da Uber e da 99 para "não deixar os caras fazerem muita pressão contra as plataformas", segundo disse o entrevistado do Paraná. Tal caminho investigativo ainda merece ser trilhado. Alguns dos grupos de WhatsApp deram origem a associações, organizações coletivas cujas lideranças fizeram a opção por não se constituírem enquanto sindicatos.

Já as lideranças da contemporaneidade possuem forte presença nas redes sociais, grande poder de influência e, até a publicação deste trabalho, em uma rápida investigação, foi possível averiguar quinze influenciadores digitais de alcance nacional(551), estando um dos *youtubers* à frente de um canal com 400 mil seguidores. Tal fenômeno é digno de ser estudado mais a fundo, já que aponta que tais formadores de opinião são inegáveis lideranças, devido à interação e adesão do público-alvo, no caso, os próprios motoristas plataformizados.

Quanto à formação de cooperativismo, pôde ser observada uma iniciativa específica, na cidade de Dourados, no estado do Mato Grosso, que, a partir da união de motoristas bloqueados pela plataforma, optou por abrir a própria empresa, buscando patrocínios para estabelecerem sua plataforma, a "*Bora Ali*". Também foi verificada a existência de um líder de movimento associativo de motoristas, muito atuante no Rio de Janeiro, que tomou a frente em greves e manifestações, sem contudo existir intervenção sindical e com reinvindicações reduzidas ao simples aumento de ganho, pelo fato de "o vínculo CLT não ser uma pauta da maioria".(552)

Mesmo que tais fenômenos e movimentos sociais acabaram não sendo tratados neste livro de forma aprofundada, pois escaparam ao objeto da presente tese, certo é que os trabalhadores organizados coletivamente merecem o reconhecimento de existência e que o caminho para as lutas apenas começou. Em um contexto onde as lideranças não possuem estrutura, apoio do Estado ou financiamento público para a formação de sindicatos, impossível avançarem com um discurso único, uma pauta comum reivindicatória de direitos e, com isso, as plataformas parecem ganhar a batalha. Enquanto as lideranças divergem entre si, as empresas se unem em uma associação, espalham *fake news* e continuam lucrando.

Neste cenário em que o judiciário brasileiro até hoje não reconheceu de forma uníssona o enquadramento jurídico dos motoristas contratados por empresas-plataformas no emprego, e o Executivo se propõe a estabelecer um marco normativo para a categoria, é

(551) @fernandouberfloripa; @uberhistórias; @uberdochefe; @marceloforadacurva; @atan_uber; @monsterdriver; @drivernatalense; @ian_motoristas; @uber_pensador; @umamotoristaa; @uber24hssp; @claudiao; @motoristasupremo; @brankauberfloripa; @trimotorista.

(552) @liviolunaa.

necessário que, no mínimo, se façam audiências públicas, onde todas essas lideranças sejam realmente ouvidas. Que suas vozes sejam levadas em consideração. Diante dessa profissão que *"a NASA precisa estudar"*, quando ainda não há um foguete para impulsionar a conquista de direitos trabalhistas pelos motoristas, a união de todas as formas de liderança se torna a saída dessas múltiplas vias congestionadas.

É possível perceber que essa ampliação dos vários tipos de lideranças é resultado do impedimento do acesso à justiça dos próprios líderes sindicais que precisam "se virar" para exercer a atividade sindical em concomitância ao sustento financeiro advindo da "rodagem". Há uma forte demanda dos sindicatos por sobrevivência, o que limita as possibilidades de sua atuação na luta coletiva e na capacidade de angariar recursos para a organização. Trata-se de injustiças de redistribuição que, em primeiro lugar, obstruem a sua representação no espaço político e, por fim, geram dificuldade para a organização sindical formal. Ou seja, todos os entraves que os líderes sindicais enfrentam acabam por direcionar os trabalhadores para outro tipo de organização de motoristas, por outras vias que não a sindical.

Como amplamente noticiado na mídia(553), tem sido travada a disputa pela regulação do trabalho dos motoristas contratados por empresas-plataforma, tanto com ou sem reconhecimento de vínculo empregatício, nas várias opções legislativas até então apresentadas. Os líderes sindicais brasileiros têm protagonizado o debate nos grupos de trabalho formados pelo Ministério do Trabalho. O atual presidente da Federação dos Sindicatos de Motoristas (FENASMAPP) apresentou proposta contendo sete pontos de reivindicação(554) ao Ministro

(553) Disponível em: <https://reporterbrasil.org.br/2023/02/lula-diz-que-trabalhadores-de-aplicativos-atuam-quase-como-escravos-e-defende-regulamentacao/>.

(554) A FENASMAPP – FEDERAÇÃO NACIONAL DOS SINDICATOS DOS MOTORISTAS DE APLICATIVO, diante da criação de grupo de pesquisa para a regulamentação do trabalho dos motoristas de empresas-plataforma, pelo Governo Federal, vem apresentar as seguintes breves considerações iniciais para, depois, elencar sua pauta de reivindicações. O controle do trabalho via plataforma é um fenômeno cada vez mais geral. No entanto, os motoristas plataformizados são os mais afetados pelas condições precárias de trabalho. Todo motorista contratado por empresas-plataforma é hipossuficiente, pois ele depende totalmente do aplicativo pra trabalhar e é controlado de modo automático por ele, mas não acessa sequer o conteúdo do seu contrato de trabalho. As empresas-plataforma não possibilitam transparência acerca das regras e das condições de trabalho, que ela cria e muda em segredo, por meio dos algoritmos. Existe, portanto, uma hiper-regulação privada, em que as empresas-plataforma definem o valor das viagens, a clientela, os critérios de direcionamento das corridas aos motoristas, controlam frenagem, "taxa de aceitação", impõem "bloqueios" e suspensões, sem que se saiba as razões... e até gravam as conversas. As empresas garantem o seu ganho e transferem os custos do carro, celular, internet, acidentes, saúde, para os motoristas. Os fatos acima enumerados potencializam a hipossuficiência dos motoristas, razão pela qual, nós, da FENASMAPP, reivindicamos: 1. ENQUANDRAMENTO JURÍDICO DO MOTORISTA COMO EMPREGADO, os motoristas são trabalhadores dependentes e controlados pelas empresas-plataforma e devem ter o mesmo tratamento dos demais trabalhadores. Não se justifica sermos uma "subcategoria com menos direitos" (como as manicures, por exemplo). Queremos que todo motorista que trabalha de forma não eventual seja considerado empregado de cada uma das plataformas para qual dirigir (a exclusividade não é requisito do vínculo de emprego). 2. MANUTENÇÃO DA FLEXIBILIDADE DE CONTRATAÇÕES E DE JORNADAS, com possibilidade de diversidade de contratos e diferentes modalidades de jornada (por escala, por temporada, regime de tempo parcial e regime sob demanda, com direito de recusa), conforme a necessidade do trabalhador. 3. GARANTIA DE PISO SALARIAL E REDUÇÃO DE

do Trabalho e ao Ministro da Previdência Social.[555]

No entanto, ainda que se fixe legislação classificando o motorista como avulso, autônomo, celetista, *CLT MAIS* ou em um novo gênero de trabalhador contratado sob demanda, o resultado de tal processo legislativo não colocará fim às lutas por vidas e vínculos. Considera-se, assim, que essa corrida não chegou ao fim. Diante de legislações que venham a surgir de um jeito ou de outro, o marco regulatório por vir estabelecerá determinadas condições para o contrato de trabalho, mostrará as opções existentes no espaço político, mas, certamente, não eliminará as demandas por justiça dos motoristas. Apontados neste livro os entraves institucionais, econômicos, culturais e políticos ao acesso à justiça dos motoristas, a concepção tridimensional fraseana continuará válida e útil para compreender as lutas destes trabalhadores. O marco regulatório não colocará fim às injustiças e nem às obstruções ao acesso à justiça.

Por tudo que se viu, compreende-se que há desinformação quanto ao tema, sobretudo entre os principais interessados, os trabalhadores, que encontram-se confusos quanto aos direitos que possuem e de que forma podem reivindicá-los, sem compreensão jurídica acerca da relação com as empresas-plataforma. Em face ao contexto complexo e de múltiplas variáveis no qual estão inseridos, além das manipulações identificadas e do cenário de justiça anormal, este trabalho tem como intuito contribuir para tal esclarecimento, já que a informação jurídica é imprescindível e direito de todos os cidadãos.

Tanto que, em complemento ao conteúdo aqui exposto, foi realizado pela autora um convite[556] dirigido a pesquisadores brasileiros para produzirem conteúdos, fazerem *lives* e dialogarem com os motoristas a fim de esclarecê-los sobre seus direitos. A partir deste convite, seis pesquisadoras formaram o grupo "*Pesquisadoras da Viração*", composto por

---

ALÍQUOTA DE IMPOSTO DE RENDA E PREVIDENCIÁRIO, considerando o custo e necessidade de reembolso da principal ferramenta (o veículo), além de celular, internet, alimentação durante o trabalho, devendo ser considerado salário apenas o valor líquido efetivo que remunera o trabalho, garantindo-se um piso salarial para esse valor líquido. 4. GARANTIA DE APLICAÇÃO DO PRINCÍPIO DA TRANSPARÊNCIA COM RELAÇÃO AO SALÁRIO POR TAREFA E A TODOS OS CRITÉRIOS DE REGULAÇÃO E CONTROLE DO TRABALHO E INFORMAÇÕES COLETADAS. Os motoristas e os sindicatos devem ter o direito de conhecer os critérios utilizados na fixação da remuneração, na distribuição dos chamados e das consequências de recusas e avaliações, bem como conhecimento prévio de qualquer alteração. Os motoristas têm direito a que os critérios, especialmente de preço e distribuição de chamados sejam igualitários, sem qualquer discriminação ou arbitrariedade. Têm direito de conhecer as razões de eventuais suspensões ou desligamentos e direito de se defender previamente. Têm direito de saber os dados que são coletados do seu trabalho, conversas, trajetos, informações e qual a destinação dada a esses dados e informações relativas ao seu trabalho. 5. APLICAÇÃO DO PRINCÍPIO DA TRANSPARÊNCIA COM RELAÇÃO ÀS INFORMAÇÕES DE TRAFEGABILIDADE PARA FINS DE SAÚDE E SEGURANÇA DO TRABALHADOR. A omissão dessas informações e da rota ao motorista aumenta, de forma ilícita, os riscos do trabalho e é obrigação das empresas fornecê-las. 6. TRANSFORMAR O TEMPO DE ESPERA DO PASSAGEIRO E DE HORAS "*ONLINE*", AGUARDANDO CHAMADO, EM TEMPO À DISPOSIÇÃO, COM REMUNERAÇÃO. 7. RECONHECER A REPRESENTATIVIDADE DAS ENTIDADES SINDICAIS E ASSEGURAR O DIREITO À NEGOCIAÇÃO COLETIVA EFETIVA.

(555) @leandro_stattesp; @stattesp.oficial.

(556) Canal de *Youtube*: Ana Carolina Paes Leme. In: @anacarolinapaesleme766.

Viviane Vidigal, Cyntia Ruiz Braga, Isaura Barbosa de Oliveira Lanza, Nívea Maria Santos Souto Maior, Sol Corrêa e pela autora, que se "viraram" e se reinventaram para responderem à demanda por informação jurídica dos motoristas plataformizados. Diante do "trabalho de formiguinha", perceberam que precisariam ser seis mil pesquisadoras para conseguirem levar informação a seis milhões de trabalhadores da viração.

Face a uma realidade em que um motorista diz "*eu não quero o vínculo*", enquanto o outro briga por seus direitos, percebeu-se que havia uma desinformação estratosférica quanto à legislação que irá reger suas vidas. A discussão no Ministério do Trabalho e no Congresso Nacional sobre a regulação do trabalho dos motoristas e entregadores irá influenciar no estabelecimento de marco normativo para os demais trabalhadores contratados por empresas-plataforma. Um panorama de tal magnitude, que impacta não apenas as vidas dos motoristas que estão atualmente na "rodagem", mas coloca todo o Futuro do Trabalho em discussão. Se for aprovada uma legislação que não garante direitos trabalhistas e sociais aos motoristas, a precarização das relações de trabalho atingirá também outras profissões.

Enquanto o foguete "da NASA" não vem com uma solução pronta, enquanto não há um discurso único entre os trabalhadores, enquanto as informações jurídicas não são acessíveis a todos e, sobretudo, enquanto as empresas-plataforma continuam escondendo exploração atrás de inovação e péssimas condições de trabalho por trás do algoritmo, é preciso que estes trabalhadores se lembrem da força que têm como multidão. São pessoas juntas com as mesmas condições de vida e de vínculos. Como disse o líder do sindicato do Rio Grande do Norte:

> "Nós somos motoristas, juntamente com nossas famílias, somos cinco milhões de pessoas, somos povo brasileiro, temos força política."

Posfácio

No ano de **1969**, ocorreram relevantes fatos para a história da humanidade. Foi nesse ano que *Richard Nixon* tomou posse como Presidente dos Estados Unidos (em 20 de janeiro, e se tornaria o primeiro e único presidente a renunciar ao cargo), os *Beatles* se apresentaram pela última vez (*Rooftop Concert*, em 30 de janeiro), o homem pisou pela primeira vez na lua (*Neil Armstrong*, em 20 de julho) e aconteceu o Festival de *Woodstock* nos Estados Unidos (de 15 a 17 de agosto), entre muitos outros acontecimentos.

Também no distante ano de **1969**, mais precisamente em **29 de outubro**, nascia a *Internet*. Nesse dia, ocorreu a primeira conexão entre os computadores do *Stanford Research Institute* (SRI) e da Universidade da Califórnia — UCLA, em Los Angeles, como parte integrante da Rede ARPA (*Advanced Research Projects Agency* — Agência de Projetos Avançados de Pesquisa) ou ARPANET, que interligava as duas instituições mencionadas e as Universidades da Califórnia, em Santa Bárbara, e de Utah.

Nesse mesmo ano de **1969**, "nasceram" alguns veículos considerados icônicos, como a *Ferrari Dino*, o *Porshe 914*, o *Ford Corcel* e o *Renault 12*, como afirma Renan Rodrigues, em matéria veiculada no *site* WM1, "O Canal de Notícias da Webmotors".(1)

Em **1969**, a PUC Minas contava com 11 anos, desde a publicação no Diário Oficial da União (em 12 de dezembro de 1958) do decreto presidencial assinado pelo então Presidente da República, Juscelino Kubitschek, e pelo ministro da Educação e Cultura, Clóvis Salgado, de reconhecimento oficial como Universidade Católica de Minas Gerais.

Nesse interregno de quase 54 anos, a *Internet* não é mais novidade na nossa vida, mas se pode afirmar, com segurança, que a cada dia ela introduz novidades em nossas vidas. Parte delas, de alguma forma, correlaciona a **pessoa humana**, o **trabalho**, a **internet** e o **automóvel** e, na PUC Minas, agora com **quase 65 anos** de "idade", se tornou o centro do exercício da docência da ilustre autora, *Ana Carolina Paes Leme*.

---

(1) RODRIGUES, Renan. Dez carros que "nasceram" com a internet em 1969. *WM1 — O canal de notícias da Webmotors*. 24 maio 2020. Disponível em: <https://www.webmotors.com.br/wm1/noticias/dez-carros-que-nasceram-com-a-internet-em-1969>. Acesso em: 19 abr. 2023.

Iniciados com obra já considerada de destaque na doutrina especializada (*Da Máquina à Nuvem — Caminhos para o acesso à justiça pela via de direitos dos motoristas da Uber*. São Paulo: LTr, 2019), em que analisou o trabalho das pessoas que se encontram vinculadas às relações jurídicas estabelecidas no transporte contratado por meio do aplicativo multiplataforma — ou simplesmente *"app"* — , agora ela foi a campo, verdadeiramente, motivada pela sua "inquietude científica" em busca de conhecer a luta por direitos dos chamados "trabalhadores plataformizados", a forma como a organizam (ou tentam organizar), aglutinam as suas reivindicações, as respostas dadas pelo Poder Judiciário às demandas formuladas, em especial a inquietante questão jurídica em torno da relação de emprego e as discussões travadas no Congresso Nacional em torno da regulamentação dessa relação jurídica por meio de norma própria.

Respaldada em densa base teórica, a autora, ao final, apresentou alternativas a serem por eles perseguidas, de modo particular a aglutinação do processo reivindicatório no qual as ferramentas tecnológicas possam ser utilizadas como instrumentos aptos a viabilizar e ampliar o debate e as entidades sindicais atuem como legítimas interlocutoras desse importante segmento da sociedade contemporânea.

No percurso, ela identificou necessidades e desejos, conheceu pessoas, vivenciou a experiência comum da pandemia do SARS-CoV-2 e constatou que, apesar de todos os avanços na sociedade contemporânea, a consolidação da luta coletiva é um dos caminhos — quiçá o mais importante — aptos a promover a melhoria das condições de vida dos trabalhadores, a fim de que possam usufruir do "bolo" construído também com o fruto do seu labor.

A obra nos leva a pensar que os avanços tecnológicos não pode ignorar ou desprezar a essencialidade da condição humana, mais particularmente da pessoa humana trabalhadora, origem e essência do Direito do Trabalho, para cuja construção foi essencial a luta sindical, responsável pela aglutinação das reivindicações coletivas, pois, nas palavras de *Alain Supiot*,[(2)]

> A redefinição do regime de trabalho é (...) necessária para colocar a serviço do progresso social a revolução informática, que traz em si o melhor e o pior. O melhor se a informatização e a robotização são utilizadas para reduzir a pena dos homens e aumentar a autonomia e a realização pessoal no trabalho. O pior caso se pense o homem no modelo no computador ao invés de pensar o computador como um meio de humanizar o trabalho.

A tarefa por ela empreendida, como se pôde constatar, não foi fácil, assim como será igualmente difícil avançar-se no cumprimento da promessa feita, em 1988, de construção de "uma sociedade livre, justa e solidária" (art. 1º, III, Constituição da República). Se há,

---

(2) SUPIOT, Alain. Para além do emprego: os caminhos de uma verdadeira reforma do direito do trabalho. *Revista LTr*, v. 83, n. 10, out. 2019, p. 1.195.

como muitos afirmam, um "novo Direito do Trabalho", retorno a *Alain Supiot* no texto citado: "Esse novo Direito do Trabalho não sairá da cabeça dos especialistas, mas da ação política e sindical, aberta para a diversidade das configurações históricas e culturais".

Brasília, abril de 2023.

Cláudio Brandão
Ministro do Tribunal Superior do Trabalho.
Doutor em Direito pela Universidade Autônoma de Lisboa "Luís de Camões".
Mestre em Direito pela Universidade Federal da Bahia.
Membro da Academia Brasileira de Direito do Trabalho (Cadeira n. 39).
Membro da Academia de Letras Jurídicas da Bahia (Cadeira n. 19).
Membro do Instituto Baiano de Direito do Trabalho.
Membro do Instituto Brasileiro de Direito Processual.
Membro Correspondente da Academia Paulista de Letras Jurídicas.
Investigador Integrado do *Ratio Legis* — Centro de Investigação e Desenvolvimento em Ciências Jurídicas da Universidade Autônoma de Lisboa [Projeto: Cultura de Paz e Democracia].

Referências

99. *Cidades*. Disponível em: <https://99app.com/sobre-a-99/cidades/>. Acesso em: 21 set. 2021.

99POP é condenada por bloquear dirigente sindical. *Extra Classe*, 12 abr. 2022. Disponível em: <https://www.extraclasse.org.br/justica/2022/04/99-pop-e-condenada-por-bloquear-dirigente-sindical/>. Acesso em: 14 abr. 2022.

A GREVE dos entregadores de aplicativo: a precarização do trabalho em pauta. Fábio Tozi e Mariah Brochado. Vídeo (56min). Publicado no canal [continente] OPD – UFMG. Disponível em: <https://www.youtube.com/watch?v=leXmF_KrfuA>. Acesso em: 2 jul. 2022.

ABÍLIO, Ludmila Costhek. Uberização do trabalho: subsunção real da viração. *Passa Palavra*, 19 fev. 2017. Disponível em: <http://passapalavra.info/2017/02/110685>. Acesso em: 16 out. 2020.

ABILIO, Ludmila Costhek. Uberização: gerenciamento e controle do trabalhador just-in-time. In: ANTUNES, Ricardo (Org). *Uberização, trabalho digital e indústria 4.0.* São Paulo: Boitempo, 2020. p. 111-124.

ACRE. Tribunal de Justiça. *Apelação Cível n. 0712434-80.2017.8.01.0001*. Relª. Regina Ferrari, Data de Julgamento: 03.07.2018, Segunda Câmara Cível, Data de Publicação: 05.07.2018.

ALESSANDRA Ambrosio. *Pure People*. Disponível em: <https://www.purepeople.com.br/famosos/alessandra-ambrosio_p2835>. Acesso em: 27 jun. 2022.

AMADO, João Leal; SANTOS, Catarina Gomes. A Uber e os seus motoristas: mind the gap! In: LEME, Ana Carolina Reis Paes; RODRIGUES, Bruno Alves; CHAVES JÚNIOR, José Eduardo de Resende (Coords.). *Tecnologias disruptivas e a exploração do trabalho humano*. São Paulo: LTr, 2017. p. 334-348.

ANTUNES, Ricardo. A crise, o desemprego e alguns desafios atuais. *Serv. Soc. Soc.*, São Paulo, n. 104, p. 632-636, out./dez. 2010.

______. *Capitalismo pandêmico*. São Paulo: Boitempo, 2022.

______. Capítulo II: Trabalho e precarização numa ordem neoliberal. In: ANTUNES, Ricardo. *A cidadania negada*. Políticas de exclusão na educação e no trabalho. Buenos Aires: Consejo Latinoamericano de Ciencias Sociales, 2000. p. 35-48. Disponível em: <http://bibliotecavirtual.clacso.org.ar/clacso/gt/20101010021549/3antunes.pdf>. Acesso em: 11 jun. 2022.

______. Trabalho intermitente e uberização do trabalho no limiar da Indústria 4.0. In: ANTUNES, Ricardo (Org.). *Uberização, Trabalho digital e Indústria 4.0.* São Paulo: Boitempo, 2020. p. 16.

ARENDT, Hannah. *The origins of totalitarianism*. New York: Harcourt. 1973.

AROUCA, José Carlos. *Comentários à legislação sindical:* da CLT à reforma trabalhista. São Paulo: LTr, 2018.

______. *Organização sindical no Brasil:* passado, presente e futuro (?). 2. ed. São Paulo: LTr, 2019.

ARRUZZA, Cinzia; BHATTACHARYA, Tithi; FRASER, Nancy. *Feminismo para os 99%.* Um manifesto. São Paulo: Boitempo, 2019.

ASLAM, Yaseen; WOODCOCK, Jamie. A history of Uber organizing in the UK. *South Atlantic Quarterly*, v. 119, n. 2, p. 412-421, 2020. Disponível em: <https://www.jamiewoodcock.net/blog/a--history-of-uber-organizing-in-the-uk/amp/>. Acesso em: 23 jun. 2022.

AUDIÊNCIA Conjunta — *Relação de emprego em aplicativos de transporte terrestre* — 05.07.2022. Vídeo [1h58min]. Publicado no canal da Câmara dos Deputados. Disponível em: <https://www.youtube.com/watch?v=8_QWStJMVQ4>. Acesso em: 11 jul. 2022.

AVRITZER, Leonardo *et al.* (Orgs.). Introdução. In: AVRITZER, Leonardo *et al.* (Orgs.). *Dimensões políticas da justiça.* Rio de Janeiro: Civilização Brasileira, 2013.

______; MARONA, Marjorie; GOMES, Lilian (Coords.). *Cartografia da Justiça no Brasil.* São Paulo: Saraiva, 2014.

AZAÏS, Christian; DIEUAIDE, Patrick; KESSELMAN, Donna. Zona cinzenta do emprego, poder do empregador e espaço público. In: CARELLI, Rodrigo L.; CAVALCANTI, Tiago M.; FONSECA, Vanessa P. (Orgs.). *Futuro do trabalho:* os efeitos da revolução digital na sociedade. Brasília: ESMPU, 2020. p. 441-458.

BARBATO, Maria Rosaria; PEREIRA, Flávia Souza Máximo. A proteção em face de condutas anti-sindicais: a ausência de uma legislação sistemática protetiva e os novos ataques ao direito fundamental à liberdade sindical. *Anais do XXI Encontro Nacional do CONPEDI.* Florianópolis: CONPEDI, 2012. p. 3.395-3.421.

BARDIN, Laurence. *Análise de Conteúdo.* Tradução de Luís A. Reto e Augusto Pinheiro. 5. ed. Lisboa: Edições 70, 2009.

BARROS, Alice Monteiro de. *Curso de Direito do Trabalho.* São Paulo: LTr, 2008.

BARROS, José D'Assunção. Fixos e fluxos: revisitando um par conceitual. *Cuadernos de Geografía:* Revista Colombiana de Geografía, v. 29, n. 2, p. 493-504, 2020. Disponível em: <https://doi.org/10.15446/rcdg.v29n2.81618>. Acesso em: 27 jun. 2022.

BIANCHINI, Alice; BAZZO, Mariana; CHAKIAN, Silvia. *Crimes contra mulheres:* Lei Maria da Penha, crimes sexuais, feminicídio. Salvador: JusPodivm, 2019.

BLOISI, Fabricio. Novas regras para novas relações de trabalho. *Folha de S. Paulo*, 22 jun. 2021. Disponível em: <https://www1.folha.uol.com.br/opiniao/2021/07/novas-regras-para-novas-relacoes-de-trabalho.shtml>. Acesso em: 22 jun. 2022.

BOURDIEU, Pierre. *Contrafogos:* táticas para enfrentar a invasão neoliberal. Rio de Janeiro: Jorge Zahar, 1998.

BRANT, Sebastian. *A nau dos insensatos.* Trad. Karin Volobuef. São Paulo: Octavo, 2010.

BRASIL. *Decreto n. 591, de 6 de julho de 1992.* Atos Internacionais. Pacto Internacional sobre Direitos Econômicos, Sociais e Culturais. Promulgação. Disponível em: <http://www.planalto.gov.br/ccivil_03/decreto/1990-1994/d0591.htm>. Acesso em: 11 ago. 2022.

______. *Decreto n. 89.817, de 20 de junho de 1984*. Estabelece as Instruções Reguladoras das Normas Técnicas da Cartografia Nacional. Brasília, DF, jun 1984. Disponível em: planalto.gov.br/ccivil_03/decreto/1980-1989/D89817.htm#:~:text=DECRETO%20N.%2089.817%2C%20DE%2020,Normas%20Técnicas%20da%20Cartografia%20Nacional>. Acesso em: 28 jun. 2022.

______. IBGE. *Especificações e normas gerais para levantamentos geodésicos*. Resolução PR 22/83, Boletim de Serviço – Suplemento, Rio de Janeiro, 12 p., 1983. Disponível em: ftp://geoftp.ibge.gov.br/metodos_e_outros_documentos_de_referencia/normas/bservico1602.pdf>. Acesso em: 28 jun. 2022.

______. IBGE. *Portal de Mapas*. Disponível em: <https://portaldemapas.ibge.gov.br>. Acesso em: set. 2021.

______. Tribunal Regional do Trabalho da 1ª Região. *Processo n. 0101291-19.2018.5.01.0015 (ROT)*. Recorrente: Erica Abade Rodrigues. Recorrido: Uber do Brasil Tecnologia Ltda.; relª. Carina Rodrigues Bicalho. 2020.

______. Tribunal Regional do Trabalho da 2ª Região. *Processo n. 1000123-89.2017.5.02.0038 (ROT)*. Recorrente: Márcio Vieira Jacob. Recorrido: Uber do Brasil Tecnologia Ltda.; relª. Desª. Beatriz de Oliveira Lima. 2018. Disponível em: <https://pje.trt2.jus.br/consultaprocessual/detalhe-processo/1000123-89.2017.5.02.0038/2#14899d9>. Acesso em: 08 ago. 2022.

______. Tribunal Regional do Trabalho da 3ª Região. 33ª Vara do Trabalho de Belo Horizonte. *Sentença no processo n. 0011359-34-2016.5.03.0112*. Juiz Márcio Toledo Gonçalves. Disponível em: <http://www.migalhas.com.br/arquivos/2017/2/art20170214-02.pdf>. Acesso em: 20 jun. 2022.

______. Tribunal Regional do Trabalho da 3ª Região. Acórdão da Primeira Turma, proferido em 14 de dezembro de 2020. Sentença proferida pela 26ª Vara do Trabalho de Belo Horizonte, proferida em 23 de setembro de 2020. *Sicovap x Cabify ATOrd 0010251-49.2020.5.03.010*, protocolada em 13 abr. 2020.

______. Tribunal Regional do Trabalho da 3ª Região. *Processo n. 0011863-62.2016.5.03.0137*. Exceção de Suspeição. 2017.

______. Tribunal Regional do Trabalho da 4ª Região. *Processo n. 0020882-91.2021.5.04.0201*. Recorrente: 99 tecnologia Ltda. Recorrido: Carina Mineia dos Santos Trindadero. Rel. Marcos Fagundes Salomão, 2022. Julgamento da 5ª Turma do TRT 4, em 23.06.2022.

______. Tribunal Regional do Trabalho da 4ª Região. *Processo n. 0020750-38.2020.5.04.0405 (RORSum)*. Recorrente: MARCIO ANTUNES CORREA. Recorrido: Uber do Brasil Tecnologia Ltda.; rel. MARCELO JOSÉ FERLIN D AMBROSO. 8ª turma. 2021.

______. Tribunal Regional do Trabalho da 7ª Região. 3ª Vara do Trabalho de Fortaleza/CE. *Petição inicial do Sindiaplic na Ação Civil Pública ATSum 0000295-13.2020.5.07.0003*, protocolada em 06 abr. 2020.

______. Tribunal Regional do Trabalho da 11ª Região. *Processo n. 0000416-06.2020.5.11.0011 (ROT)* Recorrente: Dennis Neves dos Santos. Recorrido: Uber do Brasil Tecnologia Ltda.; relª. Ruth Barbosa Sampaio. 2021.

______. Tribunal Regional do Trabalho da 15ª Região. *ROT: 00117101520195150032 0011710-15.2019.5.15.0032*, rel. João Batista Martins Cesar, 11ª Câmara, Data de Publicação: 26.04.2021.

______. Tribunal Superior do Trabalho. *Processo n. 100353-02.2017.5.01.0066 (ROT).* Recorrente: Elias do Nascimento Santos. Recorrido: Uber do Brasil Tecnologia Ltda.; rel. Min. Mauricio Godinho Delgado. 2022.

BROCHADO, Mariah; PORTO, Lucas. Novas tecnologias e relação de emprego: app-trabalho e direitos sociais no Brasil. In: VASCONCELOS, Antônio Gomes de; CHIMURIS, Ramiro (Orgs.). *Direito e economia:* neocolonialismo, dívida ambiental, tecnologia, trabalho e gênero no sistema econômico global. Napoli: La Cittá del Sole, 2020. p. 305-341.

BUTLER, Judith. *Quadros de guerra:* quando a vida é passível de luto? Rio de Janeiro: Civilização Brasileira, 2019.

CALIFÓRNIA apresenta projeto de lei visando algoritmos de trabalho da Amazon. *Hitech Glitz*, s/d. Disponível em: <https://hitechglitz.com/brazil/california-apresenta-projeto-de-lei-visando-algoritmos-de-trabalho-da-amazon/>. Acesso em: 30 jun. 2022.

CAPPELLETTI, Mauro; GARTH, Bryant. *Acesso à Justiça.* Trad. Ellen Gracie Northfleet. Porto Alegre: Fabris, 1988.

CAPUTO, Victor. *App* de caronas em carros de luxo Uber chega a São Paulo. *Exame*, 27 jun. 2014. Disponível em: <https://exame.com/tecnologia/app-de-caronas-em-carros-de-luxo-chega-a-sao--paulo/>. Acesso em: 28 abr. 2022.

CARDOSO, Ana Cláudia Moreira *et al.* A pandemia da Covid-19 e o agravamento da precariedade do trabalho dos motoristas em empresas-plataforma de transporte individual em uma cidade brasileira de médio porte. *Revista ABET*, 2022 (no prelo).

CARDOSO, Ana Claudia Moreira. *Tempos de trabalho, tempos de não trabalho:* vivências cotidianas de trabalhadores. 2007. Tese (Doutorado em Sociologia) – Faculdade de Filosofia, Letras e Ciências Humanas, Universidade de São Paulo, São Paulo, 2007. doi:10.11606/T.8.2007.tde-20032008-101721>. Acesso em: 30 jun. 2022.

CARDOSO, Ana Claudia Moreira; ALMEIDA, Paula Freitas de. A essência rebelde do "Breque dos *Apps*". *Outras mídias*, 8 jun. 2020. Disponível em:https://outraspalavras.net/outrasmidias/a-essencia-rebelde-do-breque-dos-apps/>. Acesso em: 30 jun. 2022.

CARDOSO, Ana Claudia Moreira; ARTUR, Karen; OLIVEIRA, Murilo Carvalho Sampaio. O trabalho nas plataformas digitais: narrativas contrapostas de autonomia, subordinação, liberdade e dependência. *Revista Valore*, [S.l.], v. 5, p. 206-230, set. 2020. ISSN 2526-043X. Disponível em: <https://revistavalore.emnuvens.com.br/valore/article/view/657>. Acesso em: 16 jun. 2022.

CARELLI, Rodrigo de Lacerda. O caso Uber e o controle por programação: de carona para o século XIX. In: LEME, Ana Carolina Reis Paes; RODRIGUES, Bruno Alves; CHAVES JÚNIOR, José Eduardo de Resende (Coords.). *Tecnologias disruptivas e a exploração do trabalho humano*. São Paulo: LTr, 2017. p. 130-146.

CARELLI, Rodrigo. Aula sobre a uberização do trabalho. Canal da Escola Judicial TRT5 – BA. *Youtube*, 19 maio 2017. Disponível em: <https://www.youtube.com/watch?v=cAFEkEiFSls>. Acesso em: 20 jun. 2018. Minuto 3:07.

CARELLI, Rodrigo de Lacerda; OLIVEIRA, Murilo de Carvalho Sampaio. *As Plataformas Digitais e o Direito do Trabalho:* como entender a tecnologia e proteger as relações de trabalho no século XXI. Belo Horizonte: Editora Dialética, 2021.

CARNEGIE, Megan. Worker-Owned Apps Are Redefining the Sharing Economy. *Wired*, 30 jun. 2022. Disponível em: <https://www.wired.com/story/gig-economy-worker-owned-apps/>. Acesso em: 11 jul. 2022.

CASAGRANDE, Cássio. California dreamin': o caso Dynamex e a esperança contra o pesadelo uberista. *Jota*, 24 jun. 2019. Disponível em: <https://www.jota.info/opiniao-e-analise/colunas/o-mundo-fora-dos-autos/california-dreamin-o-caso-dynamex-e-a-esperanca-contra-o-pesadelo-uberista-24062019?amp>. Acesso em: 27 jun. 2022.

CEARÁ. Tribunal de Justiça do Ceará. *Apelação Cível n. 0626461-25.2017.8.06.0000*, rel. Luiz Evaldo Gonçalves Leite, Data de Julgamento: 18.04.2018, 2ª Câmara Direito Público, Data de Publicação: 18.04.2018.

CEO da Uber vem ao Brasil na véspera da votação no Senado. *Convergência digital*, 27 out. 2017. Disponível em: <https://www.convergenciadigital.com.br/Governo/Legislacao/CEO-da-Uber-vem-ao-Brasil-na-vespera-da-votacao-no-Senado-46586.html>. Acesso em: 27 jun. 2022.

CHAVES JÚNIOR, José Eduardo de Resende. A categoria profissional da CLT, entre *crowd* e multitude. *Trab21*, 17 jun. 2020. Disponível em: <https://trab21blog.wordpress.com/2020/06/17/a-categoria-profissional-da-clt-entre-crowd-e-multitude-jose-eduardo-de-resende-chaves-junior/>. Acesso em: 27 jun. 2022.

______. Desafio do Direito do Trabalho é limitar o poder do empregador-nuvem. *Conjur*, 16 fev. 2017. Disponível em: <https://www.conjur.com.br/2017-fev-16/desafio-direito-trabalho-limitar-poder-empregador-nuvem>. Acesso em: 16 jun. 2022.

______. *Post no Twitter*, 30 jul. 2022. Disponível em: <https://twitter.com/PepeChaves/status/1553348388036530176>. Acesso em: 30 jul. 2022.

CHAVES, Letícia Righi Rodrigues de Xavier. Informe sobre ações envolvendo a Uber no Direito Comparado. In: LEME, Ana Carolina Reis Paes; RODRIGUES, Bruno Alves; CHAVES JÚNIOR, José Eduardo de Resende (Coords.). *Tecnologias disruptivas e a exploração do trabalho humano*. São Paulo: LTr, 2017. p. 330-333.

COLL, Liana. Capitalismo virótico: um sistema destrutivo que só será superado através das lutas sociais, diz Ricardo Antunes. *Cultura e sociedade*, 08 out. 2020. Disponível em: <https://www.unicamp.br/unicamp/noticias/2020/10/08/capitalismo-virotico-um-sistema-destrutivo-que-so-sera--superado-atraves-das>. Acesso em: 27 jun. 2022.

DE MASI, Domenico. *Alfabeto da sociedade desorientada:* para entender nosso tempo. Tradução de Federico Carotti e Silvana Cobucci. São Paulo: Objetiva, 2017.

DE STEFANO, Valerio; ALOISIO, Antonio. *European legal framework for "digital Labour platforms"*. Luxembourg: Publications Office of The European Union, 2018.

DEJOURS, Christophe. *A banalização da injustiça social*. Rio de Janeiro: FGV, 1999

DELGADO, Mauricio Godinho. *Capitalismo, trabalho e emprego:* entre o paradigma da destruição e os caminhos de reconstrução. São Paulo: LTr, 2005.

______. *Curso de Direito do Trabalho*. 18. ed. São Paulo: LTr, 2019.

______. *O poder empregatício*. São Paulo: LTr, 1996.

______; PORTO, Lorena Vasconcelos. O Estado de Bem-Estar Social (*Welfare State*) no capitalismo contemporâneo. In: DELGADO, Mauricio Godinho; PORTO, Lorena Vasconcelos (Orgs.). *Welfare State:* os grandes desafios do estado de bem-estar social. São Paulo: LTr, 2019. p. 23-46.

DERANTY, Jean-Philippe; CORBIN, Thomas. *Artificial Intelligence and work:* a critical review of recent research from the social sciences. 13 abr. 2022. Disponível em: <https://papers.ssrn.com/sol3/papers.cfm?abstract_id=4083455>. Acesso em: 22 jun. 2022.

DIÓGENES, Juliana. Após táxis, Uber agora enfrenta seus motoristas. *O Estado de S. Paulo Website*, 26 mar. 2016. Disponível em: <http://tinyurl.com/jyfx2hh>. Acesso em: 08 dez. 2016.

DOCUMENTOS vazados mostram que Uber violou leis, diz jornal britânico. *Jornal O Tempo*, 10 jul. 2022. Disponível em: <https://www.otempo.com.br/mundo/documentos-vazados-mostram-que-uber-violou-leis-diz-jornal-britanico-1.2697195>. Acesso em: 11 jul. 2022.

DUARTE, Rosália. Pesquisa qualitativa: reflexões sobre o trabalho de campo. *Cadernos de Pesquisa*, n. 115, p. 139-154, mar. 2002. Disponível em: <http://www.scielo.br/pdf/cp/n115/a05n115.pdf>. Acesso em: 26 abr. 2022.

DUBAL, Veena B. AB5 para democracia: segurança econômica e a regulação do trabalho do bico na Califórnia. In: CARELLI, Rodrigo L.; CAVALCANTI, Tiago M.; FONSECA, Vanessa p. (Orgs.). *Futuro do trabalho:* os efeitos da revolução digital na sociedade. Brasília: ESMPU, 2020. p. 373-386.

ECONOMIDES, Kim. Lendo as ondas do Movimento de Acesso à Justiça: epistemologia versus metodologia? In: PANDOLFI, Dulce *et al.* (Orgs.). *Cidadania, justiça e violência.* Rio de Janeiro: Fundação Getulio Vargas, 1999. p. 61-76.

ESPANHA. *Real Decreto-ley 9/2021*. Disponível em: <https://www.boe.es/diario_boe/txt.php?id=BOE-A-2021-7840>. Acesso em: 30 jun. 2022.

ESTADO DA CALIFÓRNIA. AB-701 Warehouse distribution centers. *Assembly Bill No. 701* CHAPTER 197. Disponível em: <https://leginfo.legislature.ca.gov/faces/billNavClient.xhtml?bill_id=202120220AB701>. Acesso em: 30 jun. 2022.

EXCLUSIVO: mais de 40 motoristas de aplicativo foram assassinados em 2021 no Brasil, aponta levantamento. *G1 Website*, 6 jun. 2021.Disponível em: <https://g1.globo.com/fantastico/noticia/2021/06/06/exclusivo-mais-de-40-motoristas-de-aplicativo-foram-assassinados-em-2021-no-brasil-aponta-levantamento.ghtml>. Acesso em: 1º ago. 2022.

FILGUEIRA, Vitor. *"É tudo novo", de novo:* as narrativas sobre grandes mudanças no mundo do trabalho como ferramenta do capital. São Paulo: Boitempo, 2021.

FONSECA, Ricardo Marcelo. *A Justiça Pelas Imagens:* história e iconografia. Palestra proferida em 2017 no Instituto dos Advogados do Paraná. Disponível em https://www.youtube.com/watch?v=Hs2jH-Sz_lU>. Acesso em: 02 maio 2022.

FRASER, Nancy. A justiça social na globalização: redistribuição, reconhecimento e participação. Tradução de Teresa Tavares. *Revista Crítica de Ciências Sociais*, v. 63, p. 7-20, out. 2002.

______. Da redistribuição ao reconhecimento? Dilemas da justiça numa era "pós-socialista". Tradução de Júlio Assis Simões. *Cadernos de Campo* (São Paulo – 1991), [S. l.], v. 15, n. 14-15, p. 231-239, 2006.

______. Distorted Beyond All Recognition. A Rejoindre to Axel Honneth. In: FRASER, Nancy; HONNETH, Axel. *Redistribution or recognition?* A political-philosophical Exchange. Tradução de Joel Golb, James Ingram e Christiane Wilke. London: Verso, 2003. p. 198-222.

______. Do neoliberalismo progressista a Trump — e além. *Política & Sociedade* — Florianópolis, v. 17, n. 40, p. 43-64, set./dez. 2018. Disponível em: <https://periodicos.ufsc.br/index.php/politica/article/download/2175-7984.2018v17n40p43/38983/215885>. Acesso em: 02 maio 2022. p. 63.

______. *Escalas de justicia*. Tradução de Antoni Martínez Riu. Barcelona: Herder Editorial, 2008.

______. From redistribution to recognition? Dilemmas of justice in a "post-socialist" age. *New left review*, n. 212, jul./ago. 1995.

______. From redistribution to recognition? Dilemmas of justice in a "postsocialist" age. In: SEIDMAN, S.; ALEXANDER, J. (Orgs.). *The new social theory reader*. Londres: Routledge, 2001. p. 285-293.

______. Justiça Anormal. Tradução de Norman Michael Rodi com coordenação da tradução por Eduardo Carlos Bianca Bittar. *Revista da Faculdade de Direito*, Universidade de São Paulo, [S. l.], v. 108, p. 739-768, 2013. Disponível em: <https://www.revistas.usp.br/rfdusp/article/view/68001>. Acesso em: 24 jun. 2022

______. *Mapeando a imaginação feminista:* da redistribuição ao reconhecimento e à representação. Florianópolis: Estudos Feministas, 2007.

______. Mapping the Feminist Imaginations: From Redistribution to Recognition to Representation. Tradução de Ramayana Lira. *Constellations*, Oxford: Blackwell Publishing Ltd., v. 12, n. 3, p. 295-307, 2005.

______. *O velho está morrendo e o novo não pode nascer*. Tradução de The old is dying and the new cannot be born/ Verso, 2019. São Paulo: Autonomia Literária, 2020.

______. Por trás do laboratório secreto de Marx. Por uma concepção expandida do capitalismo. *Revista Direito e Praxis*, Rio de Janeiro, v. 06, n. 10, p. 704-728, 2015.

______. Reconhecimento sem ética? Tradução de Ana Carolina Freitas Lima Orgando e Mariana Prandini Fraga Assis. *Lua Nova*, São Paulo, v. 70, p. 101-138, 2007.

______. Redistribuição ou reconhecimento? Classe e status na sociedade contemporânea. Tradução de Paulo Martins Garchet. *Interseções — Revista de Estudos Interdisciplinares*, UERJ, RJ, a. 4, n. 1, p. 7-32, jan./jun. 2002.

______. Reenquadrando a justiça em um mundo globalizado. *Lua Nova*, São Paulo, n. 77, p. 11-39, 2009.

______. *Scales of Justice* – Reimagining Political Space in a Globalizing World. New York: Columbia University Press, 2009.

______. Social Justice in the Age of Identity Politics: Redistribution, Recognition and Participation. In: FRASER, Nancy; HONNETH, Axel. *Redistribution or recognition?* A political-philosophical Exchange. Tradução de Joel Golb, James Ingram e Christiane Wilke. London: Verso, 2003. p. 7-88.

______. Por trás do laboratório secreto de Marx: por uma concepção expandida do capitalismo [Behind Marx's Hidden Abode, for an Expanded Conception of Capitalism]. Trad. Mayra Cotta; Miguel Patriota. *Direito & Práxis*, v. 6, n. 10, p. 704-728, 2015.

______; HONNETH, Axel. Introduction. In: FRASER, Nancy; HONNETH, Axel. *Redistribution or recognition?* A political-philosophical Exchange. Tradução de Joel Golb, James Ingram e Christiane Wilke. London: Verso, 2003, p. 1-5.

______; HONNETH, Axel. *Redistribution or recognition?* A political-philosophical Exchange. Tradução de Joel Golb, James Ingram e Christiane Wilke. London: Verso, 2003.

______; JAEGGI, Rahel. *Capitalismo em debate.* Uma conversa na teoria crítica. São Paulo: Boitempo, 2020.

GIOVANAZ, Daniel. Ações da Uber despencam após decisões judiciais favoráveis a motoristas nos EUA e no Canadá. *Brasil de Fato*, 23 ago. 2021. Disponível em: <https://www.brasildefato.com.br/2021/08/23/acoes-da-uber-despencam-apos-decisoes-judiciais-favoraveis-a-motoristas-nos-eua-e-no-canada>. Acesso em: 27 jun. 2022.

GOVERNO de Jair Bolsonaro quer aniquilar sindicatos e associações. *Informativo da Adupe*, 28 mar. 2019. Disponível em: <http://adupe.org/wp-content/uploads/2020/01/INFORMATIVO-28-MAR.pdf>. Acesso em: 11 ago. 2022.

GROHMANN, Rafael; ALVES, Paula. É luta de classes mesmo, sem conversinha: entrevista com Galo, dos Entregadores Antifascistas. *Digilabour*, 2020. Disponível em: <https://digilabour.com.br/2020/07/02/e-luta-de-classes-mesmo-sem-conversinha-entrevista-com-galo-dos-entregadores-antifascistas/amp/>. Acesso em: 6 jul. 2022.

GUERRA, Ana; D'ANDRÉA, Carlos. Dimensões algorítmicas do trabalho plataformizado: cartografando o preço dinâmico da Uber. *E-Compós*, [S. l.], v. 24, 2021. Disponível em: <https://www.e-compos.org.br/e-compos/article/view/2046>. Acesso em: 2 jul. 2022.

GUSTIN, Miracy Barbosa de Souza. Resgate dos direitos humanos em situações adversas de países periféricos. *Revista da Faculdade de Direito UFMG*. Belo Horizonte, n. 47, 2005, p. 181-212.

HAN, Byung-Chul. *Psicopolítica*. Barcelona: Herder, 2015.

HONNETH, Axel. *Luta por reconhecimento:* a gramática moral dos conflitos sociais. São Paulo: Editora 34, 2003.

______. Redistribution as recognition. A response to Nancy Fraser. In: FRASER, Nancy; HONNETH, Axel. *Redistribution or recognition?* A political-philosophical Exchange. Tradução de Joel Golb, James Ingram e Christiane Wilke. London: Verso, 2003. p. 110-160.

IGREJA, Rebecca Lemos. O Direito como objeto de estudo empírico. In: MACHADO, Maíra Rocha (Org.). *Pesquisar empiricamente o direito*. São Paulo: Rede de Estudos Empíricos em Direito, 2017. p. 11-38.

INDÚSTRIA 4.0: entenda seus conceitos e fundamentos. Disponível em: <https://www.portaldaindustria.com.br/industria-de-a-z/industria-4-0/>. Acesso em: 27 jun. 2022.

INGLATERRA; GALES. England and Wales Court of Appeal (Civil Division) Decisions. *HHJ Eady QC, UKEAT/0056/17/DA*. Uber b.v., Uber London Limited, Uber Britannia Limited v. Yaseen ASLAM, James FARRAR, Robert DAWSON & others. Disponível em: <https://www.bailii.org/ew/cases/EWCA/Civ/2018/2748.html>. Acesso em: 30 jun. 2022.

INVESTIGAÇÃO revela lobby da Uber para mudar leis trabalhistas. *G1 Website*, 10 jul. 2022. Disponível em: <https://g1.globo.com/globonews/jornal-das-dez/video/investigacao-revela-lobby-da-uber-para-mudar-leis-trabalhistas-10746289.ghtml>. Acesso em: 11 jul. 2022.

IOWA STATE UNIVERSITY. *GIS and Geoespacial Technology*. 2017. Disponível em: <https://store.extension.iastate.edu/product/QGIS-Digitizing-I-Creating-New-Shapefiles>. Acesso em: 09 ago. 2022.

JEAMMAUD, Antoine. Le droit du travail dans le capitalism, question de fonctions et de fonctionnement. In: JEAMMAUD, Antoine. (Dir.). *Le droitt du travail confronte à l'économie*. Paris: Dalloz, 2005. p. 15-38.

JUSTA Questão – uberização do trabalho. 1 vídeo (1h59min). Publicado pelo canal Escola Judicial – TRT1. Disponível em: <https://www.youtube.com/watch?v=YtRIueqC_hs>. Acesso em: 3 jun. 2022.

KALIL, Renan Bernardi. *Capitalismo de plataforma e Direito do Trabalho:* crowdwork e trabalho sob demanda por meio de aplicativos. 366 f. Orientador: Otavio Pinto e Silva. 2019. Tese (Doutorado em Direito) – Universidade de São Paulo, USP, Programa de Pós-Graduação em Direito, Direito do Trabalho e da Seguridade Social, São Paulo, 2019.

KELLY, Makena. California passes law targeting Amazon labor algorithms. *The verge*, 23 set. 2021. Disponível em: <https://www.theverge.com/2021/9/9/22664846/amazon-labor-algorithms-warehouse-newsom-california-senate>. Acesso em: 30 jun. 2022.

LEME, Ana Carolina Paes. *Da máquina à nuvem:* caminhos para o acesso à justiça pela via de direitos dos motoristas da Uber. São Paulo: LTr, 2019.

______. A relação entre o implemento das inovações tecnológicas disruptivas e a potencialização de práticas antissindicais. In: LEME, Ana Carolina Reis; RODRIGUES, Bruno Alves; CHAVES JÚNIOR, José Eduardo de Resende (Coords.). *Tecnologias disruptivas e a exploração do trabalho humano*. São Paulo: LTr, 2017. p. 304-317.

______. *Da máquina à nuvem:* caminhos para o acesso à justiça pela via de direitos dos motoristas da Uber. Dissertação (Mestrado em Direito) – Programa de pós-graduação em Direito da Faculdade de Direito da UFMG, 2018. Disponível em: <https://repositorio.ufmg.br/handle/1843/40138>. Acesso em: 28 abr. 2020.

______. *Neuromarketing* e sedução dos trabalhadores: o caso Uber. CARELLI, Rodrigo L.; CAVALCANTI, Tiago M.; FONSECA, Vanessa P. (Orgs.). *Futuro do trabalho:* os efeitos da revolução digital na sociedade. Brasília: ESMPU, 2020. p. 139-156.

______; COSTA, Anna Jéssica Araújo; MENEGUINI, Nancy Vidigal. Assembly Bill n. 5 da Califórnia e tratamento penal da contratação fraudulenta: uma tradição do Common Law norte-americano e breves considerações de Direito Comparado em relação ao ordenamento brasileiro. In: ORSINI, Adriana Goulart de Sena; CHAVES JÚNIOR, José Eduardo de Resende; MENEGHINI, Nancy Vidal (Orgs.). *Trabalhadores plataformizados e o acesso à justiça pela via dos direitos:* regulações e lutas em países das Américas, Europa e Ásia voltadas ao reconhecimento, redistribuição e representação. Belo Horizonte, Expert, 2021. p. 104-125.

LEVY, Clarissa. A máquina oculta de propaganda do iFood. *A pública*, 4 abr. 2022. Disponível em: <https://apublica.org/2022/04/a-maquina-oculta-de-propaganda-do-ifood/>. Acesso em: 27 jun. 2022.

LIMA, Paulo "Galo". Os novos planos dos entregadores rebelados. *Outras Palavras*, 09 set. 2020. Disponível em: <https://outraspalavras.net/videos/os-novos-planos-dos-entregadores-rebelados/>. Acesso em: 30 jun. 2022.

MACHADO, Gustavo Seferian Scheffer. *A ideologia do contrato de trabalho:* contribuição à leitura marxista da relação jurídica laboral. Dissertação (Mestrado em Direito do Trabalho). São Paulo: Faculdade de Direito, Universidade de São Paulo, 2012.

______. *Direito do trabalho como barricada:* sobre o papel tático da proteção jurídica do trabalhador. 2017. Tese (Doutorado) – Universidade de São Paulo, São Paulo, 2017. >. Acesso em: 19 jun. 2022.

MACHADO, Maíra Morato Araújo. *Plataformizadas:* uma reflexão sobre o trabalho feminino nas plataformas digitais de transporte e entrega. Dissertação (Mestrado em Direito) – Programa de Pós-graduação em Direito da Pontifícia Universidade Católica de Minas Gerais, 2022.

MACHADO, Sidnei; ZANONI, Alexandre Pilan (Orgs.). *O trabalho controlado por plataformas digitais:* dimensões, perfis e direitos. Curitiba: UFPR, Clínica Direito do Trabalho, 2022. E-book.

MANZANO, Marcelo; KREIN, André. A pandemia e o trabalho de motoristas e de entregadores por aplicativo no Brasil. *CESIT*, 1º jul. 2021. Disponível em: <https://www.cesit.net.br/a-pandemia-e-o-trabalho-de-motoristas-e-de-entregadores-por-aplicativo-no-brasil/>. Acesso em: 27 jun. 2022.

MARONA, Marjorie Corrêa. *Acesso à qual justiça?:* a construção da cidadania brasileira para além da concepção liberal. 2013. Tese (Doutorado) – Universidade de Minas Gerais, Belo Horizonte, 2013>. Acesso em: 10 jun. 2022. p. 13-54.

MARQUES, Gilvan. Em busca de dinheiro, motoristas por aplicativo fazem sexo com passageiros em corridas. *Folha de S. Paulo*, 02 jul. 2022. Disponível em: <https://www1.folha.uol.com.br/cotidiano/2022/07/em-busca-de-dinheiro-motoristas-por-aplicativo-fazem-sexo-com-passageiros-em-corridas.shtml>. Acesso em: 11 jul. 2022.

MENDONÇA, Ricardo Fabrino. Reconhecimento em debate: os modelos de Honneth e Fraser em sua relação com o legado Habermasiano. *Revista sociologia política*, Curitiba, n. 29, p. 169-185, nov. 2007.

MENEZES, Bianca Caroline Bento. O ridículo mosaico de 30.000 Small Businesses: a Uber no Reino Unido e as contribuições para classificação laboral dos motoristas de aplicativos. In: ORSINI, Adriana Goulart de Sena, CHAVES JÚNIOR, José Eduardo de Resende; MENEGHINI, Nancy Vidigal. *Trabalhadores plataformizados e o acesso à justiça pela via dos direitos:* regulações e lutas em países das Américas, Europa e Ásia voltadas ao reconhecimento, redistribuição e representação. Belo Horizonte, 2021: Editora Expert. p. 309-325.

MINAYO, Maria Cecília de Souza *et al.* Métodos, Técnicas e Relações em Triangulação. In: MINAYO, Maria Cecília de Souza; ASSIS, Simone Gonçalves de; SOUZA, Edinilsa Ramos de (Orgs.). *Avaliação por triangulação de métodos:* Abordagem de Programas Sociais. Rio de Janeiro: Fiocruz, 2010. p. 59-93.

MORAES, Rodrigo Bombonati de Souza; OLIVEIRA, Marco Antonio Gonsales de; ACCORSI, André. Uberização no contexto da economia de compartilhamento: um estudo sobre o trabalho dos motoristas de transporte particular por aplicativo em São Paulo. *Revista Interface*, v. 16, n. 2, p. 72-92, jul./dez. 2019.

MOREIRA, Ranúlio Mendes. O neoliberalismo e a banalização da injustiça social. *Revista do Tribunal Regional do Trabalho 3ª Região*, Belo Horizonte, v. 45, n. 75, p. 173-184, jan./jun. 2007. Disponível em: <http://as1.trt3.jus.br/bd-trt3/handle/11103/27364.Acesso em: 27 jun. 2022.

MPT ALERTA para precarização do trabalho em empresas por aplicativos. *Portal Correio*, 02 jul. 2020. Disponível em: <https://portalcorreio.com.br/mpt-alerta-para-precarizacao-do-trabalho-em-empresas-por-aplicativos/>. Acesso em: 27 jun. 2022.

MPT requer que 99, Uber, Rappi e Lalamove reconheçam vínculo trabalhista. *PRT 2 Website*, 2021. Disponível em: <https://www.prt2.mpt.mp.br/925-mpt-requer-que-99-uber-rappi-e-lalamove-reconhecam-vinculo-trabalhista>. Acesso em: 2 maio 2022.

NAÇÕES UNIDAS. Conselho de Direitos Humanos. 31ª sessão. *Documento A/HRC/31/32*. Realization of the right to word. Report of the United Nations High Commissioner for Human Rights. 21 dez. 2015. Disponível em: <https://ap.ohchr.org/documents/dpage_e.aspx?si=A/HRC/31/32>. Acesso em: 02 jul. 2022.

O TRABALHO controlado por plataformas digitais no Brasil: dimensões, perfis e direitos. *Canal da Clínica de Direito do Trabalho da UFPR*. Disponível em: <https://www.youtube.com/watch?v=hxrbLPM2Y98>. Acesso em: 2 jul. 2022.

OHARA, João Vitor Calabuig Chapina; CARVALHO, Rafaela Teixeira; CARDOSO, Jair Aparecido. Caso UBER: A utilização de acordos extrajudiciais como estratégia de litigância na Justiça do Trabalho. *Anais do III Congresso Internacional da Rede Ibero-americana de Pesquisa em Seguridade Social*, p. 265-287, nov. 2021. Disponível em: <https://revistas.unaerp.br/rede/article/view/2681>. Acesso em: 11 ago. 2022.

OLIVEIRA, Murilo Carvalho Sampaio; ASSIS, Anne Karoline Barbosa de; COSTA, Joelane Borges; Relatório de Pesquisa Pibic 2018-2019. *Uberização do Trabalho:* análise crítica das relações de trabalho prestadas por aplicativos. Salvador: Universidade Federal da Bahia, 2019.

OLIVEIRA, Murilo Carvalho Sampaio; CARELLI, Rodrigo de Lacerda; GRILLO, Sayonara. Conceito e crítica das plataformas digitais de trabalho. *Revista Direito e Práxis*, Rio de Janeiro, v. 11, n. 4, p. 2609-2634, 2020.

ORGANIZAÇÃO INTERNACIONAL DO TRABALHO. *Constituição da Organização Internacional do Trabalho (OIT) e seu anexo.* (Declaração de Filadélfia). 1944. Disponível em: <https://www.ilo.org/wcmsp5/groups/public/---americas/---ro-lima/---ilo-brasilia/documents/genericdocument/wcms_336957.pdf>. Acesso em: 11 ago. 2022.

ORSINI, Adriana Goulart de Sena. *Acesso à justiça pela via dos direitos trabalhistas*. 2018. Disponível em: <https://www.academia.edu/49266501/ACESSO_%C3%80_JUSTI%C3%87A_PELA_VIA_DOS_DIREITOS_TRABALHISTAS#:~:text=Consciente%20de%20que%20o%20acesso,litig%C3%A2ncia%20na%20Justi%C3%A7a%20do%20Trabalho>. Acesso em: 19 jun. 2022.

ORSINI, Adriana Goulart de Sena; COSTA, Anelice Teixeira. Educação para o acesso à justiça: a transformação dos paradigmas de solução de conflitos. *Revista da Faculdade de Direito da UFMG*, Belo Horizonte, n. 69, p. 23-43, jul./dez. 2016.

______; LEME, Ana Carolina Reis Paes. *Acórdão do TRT 3ª Região* — Vínculo de emprego de motorista com a Uber — íntegra da decisão em português, inglês e espanhol. Disponível em: <https://rodrigocarelli.wordpress.com/2019/08/13/acordao-do-trt-3a-regiao-vinculo-de-emprego-de-motorista-com-a-uber-integra-da-decisao-em-portugues-ingles-e-espanhol/>. Acesso em: 1º ago. 2022.

______; ______. Litigância manipulativa da jurisprudência e plataformas digitais de transporte: levantando o véu do procedimento conciliatório estratégico. *Revista eletrônica [do] Tribunal Regional do Trabalho da 9ª Região*, v. 10, n. 95, p. 24-44, jan. 2021. Disponível em: <https://juslaboris.tst.jus.br/handle/20.500.12178/182394>. Acesso em: 18 abr. 2022.

______; ______. ORSINI, Adriana Goulart de Sena; LEME, Ana Carolina Reis Paes. Empleador en la nube: implicaciones para el acceso de los conductores de Uber a la justicia. In: VASCONCELOS, Antônio Gomes de; CHIMURIS, Ramiro. (Orgs.). *Direito e economia: neocolonialismo, dívida ambiental, tecnologia, trabalho e gênero no sistema econômico global*. Napoli: La Cittá del Sole, 2020. p. 287-304.

______; ______. Salário mínimo, máscara e alquingel: acesso ao mínimo ou mínimo de acesso? *Revista Direito.UnB*, v. 4, n. 2, p. 171-197, maio/ago. 2020. Disponível em: <https://periodicos.unb.br/index.php/revistadedireitounb/article/view/32405/27452#:~:text=O%20Sindicato%20venceu%20a%20a%C3%A7%C3%A3o,humanos%2Ct%C3%AAm%20direitos%2C%20trabalham!>. Acesso em: 23 abr. 2022.

______; ______. TRT3 reconhece que motorista da Uber é empregado. *Jota*, 16 ago. 2019. Disponível em: <https://www.jota.info/opiniao-e-analise/artigos/trt3-reconhece-que-motorista-da-uber-e--empregado-16082019>. Acesso em: 27 jun. 2022.

PAIVA, Letícia. TRT1 não admite acordo e Uber terá de registrar e pagar direitos a motorista. *Jota*, 03 ago. 2021. Disponível em: <https://www.jota.info/tributos-e-empresas/trabalho/uber-trt1-acordo-negado-registrar-carteira-03082021>. Acesso em: 2 maio 2022.

PEREIRA, Maria Júlia Tavares. *A plataformização do trabalho não tem rosto de mulher:* as experiências e percepções de condutoras. Dissertação (Mestrado em Ciênciais Sociais) – Programa de Pós-graduação em Ciências Sociais da Universidade Federal de Juiz de Fora, 2022. Disponível em: <https://repositorio.ufjf.br/jspui/bitstream/ufjf/14068/1/mariajuliatavarespereira.pdf>. Acesso em: 30 jul. 2022.

PESQUISA com condutores Apresentação AMOAPLIC JF. Vídeo [1h46min]. *Canal Professor Victor Paradela*. Disponível em: <https://youtu.be/fkvdyQ_CIUg>. Acesso em: 12 set. 2020.

PIMENTA, Raquel Betty de Castro. *Condutas antissindicais praticadas pelo empregador*. São Paulo: LTr, 2014.

POZZEBON, Marlei; PETRINI, Maira de Cassia. Critérios para Condução e Avaliação de Pesquisas Qualitativas de Natureza Crítico-Interpretativa. In: TAKAHASHI, Adiana Roseli Wünsch. *Pesquisa Qualitativa em Administração:* fundamentos, métodos e usos no Brasil. São Paulo: Atlas, 2013. p. 51-72.

PROTESTO contra a chegada do Uber na cidade do Rio de Janeiro em 2014. Disponível em: <https://pt.wikipedia.org/wiki/Uber#/media/Ficheiro:Protesto_contra_o_Uber_no_Rio_02.jpg>. Acesso em: 27 jun. 2022.

RAMOS FILHO, Wilson. *Direito capitalista do trabalho:* história, mitos e perspectivas no Brasil. São Paulo: LTr, 2021.

REIS, Daniela Muradas; CORASSA, Eugênio Delmaestro. Aplicativos de Transporte e Plataforma de Controle: o mito da tecnologia disruptiva e a subordinação por algoritmo. In: LEME, Ana Carolina Reis Paes; RODRIGUES, Bruno Alves; CHAVES JÚNIOR, José Eduardo de Resende (Coords.). *Tecnologias disruptivas e a exploração do trabalho humano*. São Paulo: LTr, 2017. p. 162-164..

RIBEIRO, Ailana; CUNHA, Raissa Lott Caldeira da. Um estudo sobre os direitos trabalhistas e sociais dos trabalhadores enquadrados na Assembly Bill 5: desmistificando o discurso neoliberal da desregulamentação trabalhista nos EUA. In: ORSINI, Adriana Goulart de Sena; CHAVES JÚNIOR, José Eduardo de Resende; MENEGHINI, Nancy Vidal (Orgs.). *Trabalhadores plataformizados e o acesso à justiça pela via dos direitos:* regulações e lutas em países das Américas, Europa e Ásia voltadas ao reconhecimento, redistribuição e representação. Belo Horizonte, Expert, 2021. p. 21-42.

RIBEIRO, Gabriel Francisco. Uber tem 500 mil motoristas no Brasil e diz: "modelo fica inviável com PL". *Uol Tecnologia Website*, 27 out. 2017. Disponível em: <http://tecnologia.uol.com.br/noticias/redacao/2017/10/27/uber-tem-500-mil-motoristas-no-brasil-e-diz-modelo-fica-inviavel-com-pl.htm>. Acesso em: 20 jun. 2018.

RODRIGUES, Paloma. Uber fica no Brasil com regra rígida, mas motoristas 'vão sofrer', diz CEO. *Poder 360*, 31 out. 2017. Disponível em: <https://www.poder360.com.br/congresso/uber-fica-no-brasil-com-regra-rigida-mas-motoristas-vao-sofrer-diz-ceo/>. Acesso em: 27 jun. 2022.

RODRIGUES, Vanessa. Motoristas do Uber criam sindicato no Pernambuco e se filiam à CUT. *Ilisp Website*, 10 jan. 2017. Disponível em: <http://www.ilisp.org/noticias/motoristas-do-uber-criam-sindicato-no-pernambuco-e-se-filiam-cut/>. Acesso em: 20 jun. 2018.

SANTOS, Boaventura de Sousa. *Para uma revolução democrática da justiça*. São Paulo: Cortez, 2008. p. 124.

SANTOS, Milton. *A natureza do espaço:* técnica e tempo, razão e emoção. 4. ed. São Paulo: Edusp, 2009.

______. *Por uma Geografia Nova:* da crítica da Geografia a uma Geografia Crítica. 2. ed. São Paulo: Editora da Universidade de São Paulo, 2012.

______. *Técnica, Espaço, Tempo:* globalização e meio técnico científico e informacional. 5. ed. São Paulo: Editora da Universidade de São Paulo, 2013.

______; SILVEIRA, Maria Laura. *Brasil:* território e sociedade no início do século XXI. Rio de Janeiro: Record, 2001.

SARLET, Ingo; MARINONI, Luís Guilherme; MITIDIERO, Daniel. *Curso de direito constitucional.* 4. ed. São Paulo: Saraiva, 2015.

SCHMIDT, Florian. *Digital Labour markets in the platform economy:* mapping the political challenges of crowd work and gig work. Bonn: Friedrich-Ebert-Stiftung, 2017.

SCHOLZ, Trebor. Platform Cooperativism vs. The Sharing Economy. *Medium Website*, 5 dez. 2014. Disponível em: <https://medium.com/@trebors/platform-cooperativism-vs-the-sharing-economy-2ea737f1b5ad#.moydlbsf8>. Acesso em: 20 jun. 2018.

SILVA, Tiago Falchetto. *As novas tecnologias e o devido processo legal.* Monografia (Graduação em Direito). Faculdade de Direito da Universidade Federal de Minas Gerais, 2014.

SNIRCEK, Nick. *Platform Capitalism.* Cambridge: Polity Press, 2017.

SOUTO JR., José Fernando. Práticas assistenciais em sindicatos. Do "novo sindicalismo": a persistência da roda. *24º Encontro anual da ANPOCS*, 2018. Disponível em: <https://www.anpocs.com/index.php/encontros/papers/24-encontro-anual-da-anpocs/gt-22/gt18-18/4870-jsoutojr-praticas/file>. Acesso em: 28 jul. 2022.

SOUZA, Jessé. *Os batalhadores brasileiros:* nova classe média ou nova classe trabalhadora? 2. ed. Belo Horizonte: UFMG, 2012.

______. *Os batalhadores brasileiros:* nova classe média ou nova classe trabalhadora? 2. ed. Belo Horizonte: UFMG, 2012.

STRAUSS, Anselm; CORBIN, Juliet. *Basics of qualitative research:* techniques and procedures for developing grounded theory. Thousand Oaks, London, New Delhi: SAGE Publication, 1998.

SUPIOT, Alain. *La justice au travail.* Paris: Le Seuil, 2022.

TODOLÍ SIGNES, Adrián. El impacto de la "ubereconomy" en las relaciones laborales: los efectos de las plataformas virtuales en el contrato de trabajo. *IUSLabor*, n. 3, 2015, p. 1-25. Disponível em: <https://www.upf.edu/iuslabor/_pdf/2015-3/Todoli.pdf>. Acesso em: 8 dez. 2021.

TODOLÍ SIGNES, Adrián. *El trabajo en la era de la economía colaborativa.* Valência: Tirant lo blanch, 2017.

TOZI, Fábio. Da nuvem ao território nacional: uma periodização das empresas de transporte por aplicativo no Brasil. *GEOUSP Espaço e Tempo (On-line)*, [S. l.], v. 24, n. 3, p. 487-507, 2020. DOI: 10.11606/issn.2179-0892.geousp.2020.168573. Disponível em: <https://www.revistas.usp.br/geousp/article/view/168573>. Acesso em: 27 abr. 2022.

TOZI, Fábio; DUARTE, Leandro Ribeiro; CASTANHEIRA, Gabriel Rocha. As plataformas digitais de transporte por aplicativos no Brasil: atritos e tensões entre o território e as corporações. In: VIII Simpósio Nacional de Ciência, Tecnologia e Sociedade. As plataformas digitais de transporte por aplicativos no Brasil: atritos e tensões entre o território. *Anais...*, ESOCITE.BR, p. 186-196, 2019.

TOZI, Fábio; DUARTE, Leandro Ribeiro; CASTANHEIRA, Gabriel Rocha. Trabalho precário, espaço precário: as plataformas digitais de transporte e os circuitos da economia urbana no Brasil. *Ar@cne*, Revista Electrónica de Recursos de Internet sobre Geografía y Ciencias Sociales. Barcelona: Universidad de Barcelona, 1 de marzo de 2021, vol. XXV, n. 252. DOI: https://doi.org/10.1344/ara2021.252.33968>. Acesso em: 28 abr. 2022.

TRIBUNAL DE JUSTIÇA EUROPEU. *Acórdão do Tribunal de Justiça Europeu no processo C434/15-* ECLI:EU:C:2017:981.

UBER entrega 20 mil peças para a Campanha do Agasalho. *O sul Website*. Disponível em: <https://www.osul.com.br/uber-entrega-20-mil-pecas-para-campanha-agasalho/>. Acesso em: 20 jun. 2018.

UBER Files: Documentos vazados mostram como a empresa interferiu em leis locais. *Estadão*, 10 jul. 2022. Disponível em: <https://link.estadao.com.br/noticias/empresas,uber-files-documentos-vazados-mostram-como-a-empresa-interferiu-em-leis-locais,70004113081>. Acesso em: 11 jul. 2022.

UBER fireside chat with UBS. *Lee Fang* [Canal Youtube], 14 dez. 2021. Disponível em: <https://www.youtube.com/watch?v=YDsOFNlET5U. Acesso em: 30 jun. 2022.

UBER movimenta o mercado de aluguel de carros. *Mano a Mano Rent a Car Website*, 28 ago. 2016. Disponível em: <http://manoamanorentacar.com.br/uber-movimenta-o-mercado-de-aluguel-de-carros/>. Acesso em: 20 jun. 2018.

UBER. *Coronavírus*. Disponível em: <https://www.uber.com/pt-BR/newsroom/coronavirus/>. Acesso em: 14 set. 2020.

______. *Em quais cidades a Uber está no Brasil*. Disponível em: <https://www.uber.com/pt-BR/blog/em-quais-cidades-a-uber-esta-no-brasil/>. Acesso em: 21 set. 2021.

______. *Termos e condições*. Disponível em: <https://www.uber.com/legal/en/document/?country=brazil&lang=pt-br&name=general-terms-of-use>. Acesso em: 08 maio. 2022.

UBER: an EU lobby profile. *Corporate Europe*, 11 jul. 2022. Disponível em: <https://corporateeurope.org/en/uber-eu-lobby-profile>. Acesso em: 1º ago. 2022

UBERIZAÇÃO em tempos de proteção ao código fonte. Vídeo [2h40min]. *Canal ACAT-RJ* no Youtube. Disponível em: <https://www.youtube.com/watch?v=hpbvtvamA0U>. Acesso em: 30 jul. 2022.

URIARTE, Oscar Ermida. *A proteção contra os atos antissindicais*. São Paulo: LTr, 1989.

VEIGA, Edison. "'Plataformização' do trabalho é uma bomba-relógio política". Entrevista com Rosana Pinheiro-Machado. *DMT em debate*, 16 abr. 2022. Disponível em: <https://www.dmtemdebate.com.br/plataformizacao-do-trabalho-e-uma-bomba-relogio-politica-entrevista-com-rosana-pinheiro-machado/>. Acesso em: 2 maio 2022.

VENTURI, Thaís G. Pascoaloto. Os desafios da regulação e da resolução de conflitos gerados pelas GIG Economy Companies: o caso da Uber. *Migalhas*, 21 fev. 2022. Disponível em: <https://www.migalhas.com.br/coluna/direito-privado-no-common-law/360072/regulacao-e-resolucao-de-conflitos-gerados-pelas-gig-economy-companies>. Acesso em: 27 jun. 2022.

VIANA, Márcio Túlio. A proteção social do trabalhador no mundo globalizado – O Direito do Trabalho no limiar do século XXI. *Revista de Faculdade de Direito da UFMG*, n. 37, p. 153-186, 2000. Disponível em: <https://www.direito.ufmg.br/revista/index.php/revista/article/view/1145>. Acesso em: 11 ago. 2022.

______. O direito, a química e a realidade sindical. *Revista do Tribunal Regional do Trabalho 3ª Região*, Belo Horizonte, n. 59, p. 49-51, jan./jun. 1999. Disponível em: <http://as1.trt3.jus.br/bd-trt3/handle/11103/27120>. Acesso em: 11 ago. 2022.

VIDIGAL, Viviane. Game Over: a gestão gamificada do trabalho. *MovimentAção*, [S. l.], v. 8, n. 14, p. 44–64, 2021. DOI: 10.30612/mvt.v8i14.15018. Disponível em: <https://ojs.ufgd.edu.br/index.php/movimentacao/article/view/15018>. Acesso em: 16 jun. 2022.

______. A classe plataformizada tem dois sexos: trabalho, algoritmização e resistência. *Revista Jurídica Trabalho e Desenvolvimento Humano*, Campinas, v. 4, p. 1-37, 2021.

______. *As ilusões da uberização:* um estudo à luz da experiência de motoristas Uber. 303 f. 2020. Dissertação (Mestrado em Sociologia) – Instituto de Filosofia e Ciências Humanas, Universidade Estadual de Campinas, Campinas/SP, 2020.

______; ANTUNES, Ricardo. "Bate-papo na labuta" com Ricardo Antunes. *Democracia e mundo do trabalho em debate*, 6 jan. 2022. Disponível em: <https://www.dmtemdebate.com.br/bate-papo-na-labuta-com-ricardo-antunes/>. Acesso em: 27 jun. 2022.

VINUTO, Juliana. A amostragem em bola de neve na pesquisa qualitativa: um debate em aberto. *Temáticas*, Campinas, 22, (44): 203-220, ago./dez. 2014. Disponível em: <https://revistas.unipar.br/index.php/empresarial/article/download/8346/4111>. Acesso em: 27 abr. 2022.

WANDELLI, Leonardo Vieira. Comentário ao art. 7º. In: CANOTILHO, J. J. Gomes; MENDES, Gilmar F.; STRECK, Lenio L. (Coords.). *Comentários à Constituição do Brasil*. São Paulo: Saraiva Educação, 2018. p. 584-592.

______. *O direito humano e fundamental ao trabalho:* fundamento e exigibilidade. São Paulo: LTr, 2012.

XAVIER, José Roberto Franco. Algumas notas sobre a entrevista qualitativa de pesquisa . In: MACHADO, Maíra Rocha (Orgs.). *Pesquisar empiricamente o direito*. São Paulo: Rede de Estudos Empíricos em Direito, 2017. p. 119-160.